TAXNET

법인 경영 시 발생하는 이슈사항별 경영전략과 절세전략을 설명한 실무서

법인경영과 절세전략

성공적인 법인경영에 필수요소인

Dress-up
Investment
Strategy
Risk hedge

DISAR 소개

안성희 세무사 저

중소기업 CEO, 세무사, 회계사, 컨설턴트 필독서

Value 창출을 통해
기업가치를 높이는
성공적인 법인경영!

조세통람

PREFACE

과거에는 대표이사가 밤낮 없이 현장에서 뛰고 몸을 축내서라도 열심히 영업하여 일정규모 이상의 매출을 달성하는 것을 성공적인 법인경영으로 보았지만, 최근에는 영업활동을 통한 value 외에 치밀한 전략으로 추가적인 value를 창출하고 기업가치를 높이는 것을 진정 성공적인 법인경영으로 평가하고 있습니다.

이의 배경으로는 산업생태계의 변화로 어떤 사업분야든 기업이 창출할 수 있는 부가가치의 한계점이 낮아진 점을 들 수 있을 것입니다.

영업활동 외 기업 value를 높일 수 있는 성공적인 법인경영을 위한 핵심 필수전략을 꼽자면, DISAR로 요약할 수 있습니다.

첫 번째, D는 Dress up이라 할 수 있습니다.

법인경영에 Dress up이 웬말이냐 할 수 있겠지만, 사람도 본인이 전략적으로 대외적으로 보이고자 이미지를 잘 살리는 옷차림을 했을 때 호감과 신뢰가 가는 것과 마찬가지로, 법인도 법인 사업목적에 맞게 전략적으로 재무제표를 관리하고 지적재산권을 보유하면서 각종 인증등을 획득한다면 외부투자자, 거래처, 금융기관등의 호감과 신뢰를 얻을 수 있을 것입니다.

두 번째, I는 Investment, Attract Funds라 할 수 있습니다.

법인경영시 시설투자, 능력있는 인재영입, R&D 기술투자등을 하기 위해서는 결국 모든 문제가 자금마련으로 귀결됩니다.

특히 긴급하게 투입한 자금이 마중물이 되는 경우, 예컨대 R&D 기술투자에 조금만 더 자금을 투입시 그동안의 R&D 기술개발에 대한 결과가 나오는 상황등의 경우에는 안정적인 지분비율을 유지하면서 투자를 받거나 낮은 금리로 대출받는 등의 일이 법인의 앞날을 좌지우지할 수 있습니다.

세 번째, Sa는 Strategy라 할 수 있습니다.

성공적인 법인경영을 한마디로 표현하면 "전략싸움"이라고도 할 수 있습니다.

법인에서 발생하는 모든 거래와 의사결정이 필요한 사항들을 그냥 시간의 흐름에 따라 그때 그때 결정하여 처리하면 안 된다는 의미입니다.

법인경영 시 설립 후 1년 내, 3년 내, 안정기, 성숙기에 맞추어 상황별로 치밀한 계획하에 의사결정이 필요한 시점마다 법인성장, 2세 자산승계, 절세,

법인자산과 개인자산의 균형, 가업승계 등 제반사항을 고려하여 전략적인 의사결정을 한다면 영업활동을 통하지 않고서라도 그 자체로 커다란 Value를 창출할 수 있게 됩니다.

네 번째, R은 Risk Hedge라 할 수 있습니다.

아무리 완벽한 지분구조, 적정한 법인자산과 대표이사 개인자산의 균형, 최소한의 세부담, Dress up한 상태를 유지하면서 성장가도를 달리고 있더라도 법인과 대표이사 개인에게 치명적인 타격을 줄 수 있는 risk에 무방비한 상태에 있다면 아무런 소용이 없을 수 있습니다.

즉, 성공적인 법인경영을 위해서는 법인과 대표이사에게 치명타가 될 수 있는 Risk Hedge전략이 필수입니다.

법인경영 시 반드시 관리와 대비가 필요한 리스크를 보면,

별다른 해결방안 없이 누적되는 가지급금, 주식평가액이 높은 상태에서의 명의신탁주식, 최근 가장 많은 이슈가 되고 있고 대표이사에게 치명타가 될 수 있는 중대재해처벌법, 무방비 상태에서의 고강도 세무조사, 한때 같이 공생하는 관계였지만 가장 무서운 적이 될 수 있는 직원문제, 막대한 상속세 부담을 수반하는 높은 주식평가액 그리고 5차 산업혁명이라 불리는 AI, GPT등 등장에 따른 산업환경 변화를 들 수 있습니다.

필자는 오랜기간 동안 법인컨설팅을 주업무로 세무사 활동을 하면서 영업활동에만 치우친 채 전체적인 법인의 관리 경영에 소홀하여 예상치 못한 문제점에 봉착해 있거나 턱없이 낮은 기업value를 가진 경우를 많이 볼 수 있었습니다.

이 책은 여러 여건상 치밀한 전략수립과 전략적인 의사결정이 어려운 많은 중소기업의 CEO분들이 DISAR을 실행하여 법인의 value를 높이면서 법인자산과 개인자산의 균형을 이루는 데 도움을 주기 위한 목적으로 집필되었으며 미력하나마 지금 이 순간에도 어려운 산업환경에서 고군분투하고 있는 중소기업의 CEO분들에게 도움이 되었으면 합니다.

책을 출판하기까지 많은 도움을 주신 조세통람사 임직원분들, 그간 필자가 많은 경험과 노하우를 쌓는데 도움을 주신 대표님들께 감사의 말씀을 전하며, 사랑하는 딸 규림이에게 응원의 말을 전합니다.

2024.7.6.

저자 안 성 희 세무사

Contents

01 CEO가 꼭 알아야 할 전략적인 신설법인 설립전략

Contents

02 CEO가 꼭 알아야 할 설립 후 3년 이내 법인 실행전략

Contents

03 CEO가 꼭 알아야 할 법인결산과 법인세 절세 전략

Contents

Contents

04 CEO가 꼭 알아야 할 기본 상법 상식

05 CEO가 꼭 알아야 할 CEO 개인의 세무적·법적 리스크

Contents

Contents

Contents

07 CEO가 꼭 알아야 할 법인의 배당전략

Contents

Contents

Contents

10 CEO가 꼭 알아야 할 가지급금 관리 전략

Contents

11 CEO가 꼭 알아야 할 전략적인 법인의 가수금 관리 전략

12 CEO가 꼭 알아야 할 자본거래 전략

Contents

13 CEO가 꼭 알아야 할 명의신탁주식 정리 전략

Contents

Contents

14 CEO가 꼭 알아야 원활한 직원채용을 위한 전략

Contents

01

CEO가 꼭 알아야 할 전략적인 신설법인 설립전략

PART 01

법인설립등기와 사업자등록 신청

I 법인설립등기

> 전략가이드
>
> 법인사업자의 경우 법인설립등기를 한 후 사업자등록을 하게 된다.
> 법인설립등기 시에는 다음의 사항을 준비하여야 하는데 법무사사무실에서 안내하는 준비서류만 준비해서는 안되며 자본금, 사업목적, 주주구성 등을 전략적으로 계획을 세운 상태에서 법인 설립등기를 하여야 한다.

1 상호 검색

동일한 관할등기소 내에 동일한 상호 사용이 불가능하므로 상호사용이 가능한지 검색해야 함(등기소가 다른 경우 동일한 상호 사용 가능).

⇒ "인터넷등기소(www.iros.go.kr)" 접속해서 동일상호 있는지 검색

2 본점소재지

소유건물 또는 임대차 계약을 맺은 건물의 소재지(설립등기 시에는 임대차계약서 없어도 됨)

3 자본금 및 1주의 금액

▸ 자본금: 상법개정으로 최소 자본금 제한 없음

자본금을 불입한 경우 해당 자본금 불입액을 인출하기 위해서는 균등액면가 감자 외에는 세금을 부담하면서 인출하여야 하므로 너무 높게 할 필요 없음.

다만 너무 자본금이 낮은 경우 페이퍼컴퍼니로 보아 사업자등록 신청이 반려될 수 있으

므로 최소한 100만 원 이상으로 하는 것이 적정함.

▸ 1주의 금액: 금액 제한 없음(100원 이상으로 정하면 됨)

4 주주(발기인)명부(성명, 주민등록번호, 주소, 보유주수, 지분율 기재)

주주의 경우 특별한 제한은 없으나 감사가 주식을 소유할 경우 법원에 감사인 선임 등 절차를 밟아야 하는 등 번거로운 절차가 있으므로 감사는 주식을 소유하지 않는 것이 좋음.

주주명	주민등록번호	주 소	인수주식수	액면금액
소 계			발행주식총수	자본금

▸ 명의신탁주식은 금물

실제 신주인수대금을 부담하지 않는 자를 등재하는 명의신탁주식은 법인경영 시 중대한 리스크에 해당하므로 실제 주주로 발기인을 구성하여야 함.

▸ 자녀 주주구성

이익실현이 확실한 법인의 경우 설립 시부터 신주인수대금을 증여하는 방식으로 자녀를 발기인으로 등재하여 주주로 구성하는 경우 가장 강력한 사전증여가 될 수 있으므로 자녀 주주 구성여부를 검토하여야 함.

5 발기인 대표 통장명의로 발급받은 주금납입증명서 (자본금 10억 원 미만인 경우 대표이사 통장 잔고증명서로 대체 가능)

① 대표이사 명의로 통장 발급(기존 보유통장도 가능) → ② 새로운 통장에 각 주주가 투자 비율로 입금 → ③ 잔고증명서 발급

6 최소 설립인원(2인): 이사 1인, 감사 1인(주식 미보유) 총 2명 또는 이사 2인(1인 이사 주식 미보유)

자본금 10억 원 미만인 경우 감사가 없어도 되고 상법상 최소 설립인원에 대한 제한이 없으므로 대표이사가 100% 주식을 보유한 1인 법인의 설립도 가능하지만 법인설립등기 시에는 설립등기에 필요한 조사보고서를 작성할 조사보고자가 있어야 한다.

조사보고자는 주식을 보유하지 않은 임원 또는 공증변호사만이 가능하지만 공증변호사에게 조사보고서 작성을 대행하는 경우에는 최소 100만 원 이상의 공증료를 부담하여야 하므로 가까운 가족을 주식이 없는 이사나 감사로 등재하여 법인을 설립한 후 임기만료 시 퇴임등기를 하거나 법인설립 등기 후 사임등기를 하는 것이 유리하다.

■ **최소설립인원으로 법인설립하는 경우**
① 100%주주 + 주식을 보유하지 않은 이사
② 100%주식을 보유한 이사 + 주식을 보유하지 않은 이사 또는 감사

7 이사 · 감사 필요서류

인감도장, 인감증명서 2통, 주민등록등본 1통(발급일 3개월 이내)

8 사업목적 기재

▶ 앞으로 진행하고자 하는 모든 사업목적 정리

사업목적 추가의 경우 법인정관, 법인등기부등본 변경사항으로 비용이 수반되고 번거로울 수 있으므로 설립 시 사업목적에는 앞으로 진행하고자 하는 모든 사업 목적으로 정리하는 것이 유리함.

⇒ 부동산 임대업, 부동산 전대업은 필수적으로 기입하는 것이 유리

9 법인설립비용

(단위: 원)

과밀억제권역*			과밀억제권역 외		
구 분	5천만 원	1억 원	구 분	5천만 원	1억 원
등록세(1.2%)	600,000	1,200,000	등록세(0.4%)	200,000	400,000
교육세(0.24%)	120,000	240,000	교육세(0.08%)	40,000	80,000
그 외(수입증지등)	85,000	85,000	그 외(수입증지등)	85,000	85,000
합계	805,000	1,525,000	합계	325,000	565,000

* 소프트웨어 개발업의 경우 수도권과밀억제권역에서 설립하는 경우에도 중과배제

⑩ 공고방법

▶ 매일경제신문, 서울경제신문, 아주경제신문, 지방신문, 자사홈페이지 중 선택

⇒ 매일경제신문의 경우 공고비용이 400,000원, 그 외 신문의 경우 공고비용 70,000원, 자사 홈페이지의 경우 공고비용이 없으므로 이러한 점을 고려하여 결정

⑪ 정관

▶ 자체적으로 준비하기 어려운 경우 법무사와 협의하여 작성

⇒ 설립 시 정관은 공증을 받아야 효력이 발생하지만 자본금 10억 원 미만인 경우 발기인 서명으로 대체

01

Ⅱ 법인사업자 사업자등록

전략가이드

법인설립등기가 마무리되면 아래와 같은 방법으로 사업개시일로부터 20일 이내에 사업자등록을 신청하여야 한다(사업개시 전에도 사업자등록 신청 가능함).
이 경우 목적사업이 건설업 등 인허가 사업인 경우에는 사업자 등록 전 인허가 신청을 하여 인허가증을 첨부하여야 해당 업종으로 사업자등록이 가능하다.

① 법인사업자등록 신청 시 필요서류

- 법인 등기부등본, 법인 인감증명서
- 정관사본
- 주주명부
- 부동산 등기부등본(자가), 임대차계약서(타가), 무상사용계약서(대표이사 집주소로 하는 경우 대표이사 본인 주민등록등본)
- 대표이사 신분증, 법인도장(재외국민의 경우 재외국민등록증 사본, 재외국민등록부 사본, 여권 사본)
- 인허가 사업인 경우 사업허가증, 신고필증 면허증
- 외국인투자법인 추가 필요서류(외국인투자신고서 사본, 외화매입증명서, 대표자가 외국인인 경우 여권 사본, 외국인등록증 사본)

❷ 인허가 업종조회 후 사업자등록 신청절차

(1) **국세청 홈택스 접속 ⇒ 공동금융인증서 등으로 로그인**

https://www.hometax.go.kr/websquare/websquare.html?w2xPath=/ui/pp/index.xml

(2) **홈페이지 상단에 있는 메뉴 중 〔국세증명 · 사업자등록 · 세금관련 신청/신고〕 ⇒ 〔사업자등록신청 · 정정 · 휴폐업〕 ⇒ 〔사업자등록신청(법인)〕 클릭**

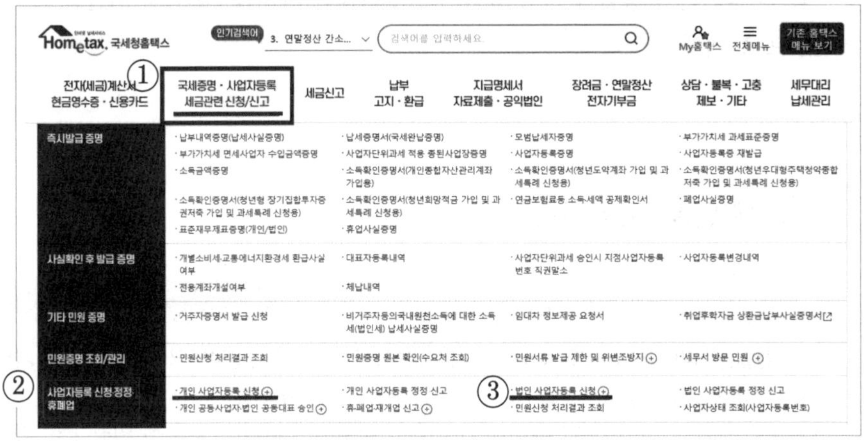

(3) **사업자등록신청(법인) 화면에서 〔법인현황〕, 〔설립등기일 현재 기본 재무현황〕, 〔업종선택〕⇒ 〔업종입력/수정〕**

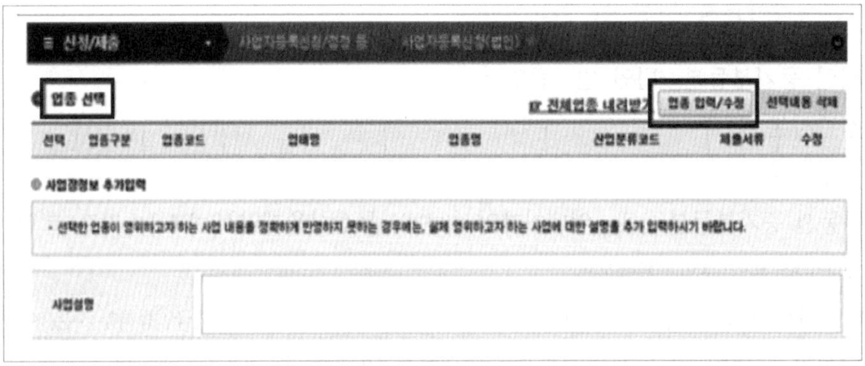

(4) **업종선택 화면의 업종코드에서 〔검색〕 클릭**

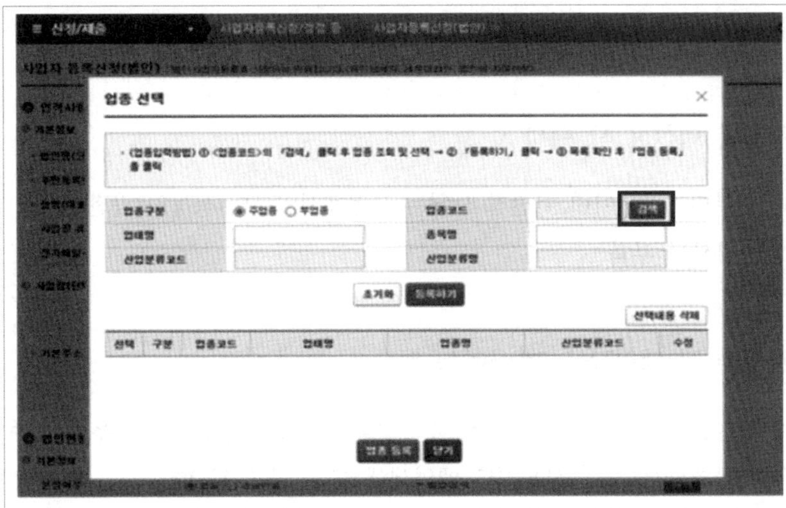

(5) **인허가 업종 조회 ⇒ 업종에 하고자 하는 업종 입력 후 〔조회하기〕 클릭 ⇒ 〔선택〕 클릭**

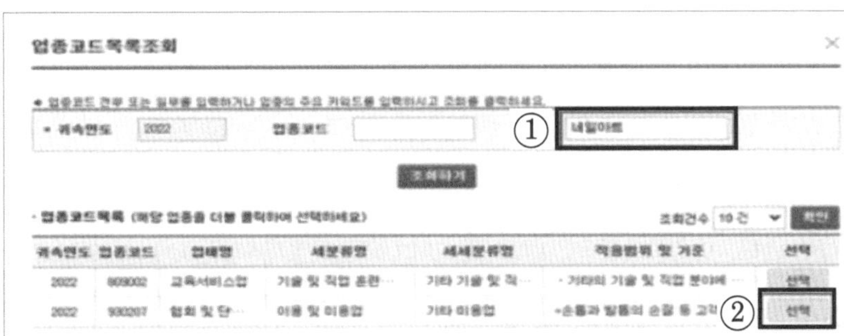

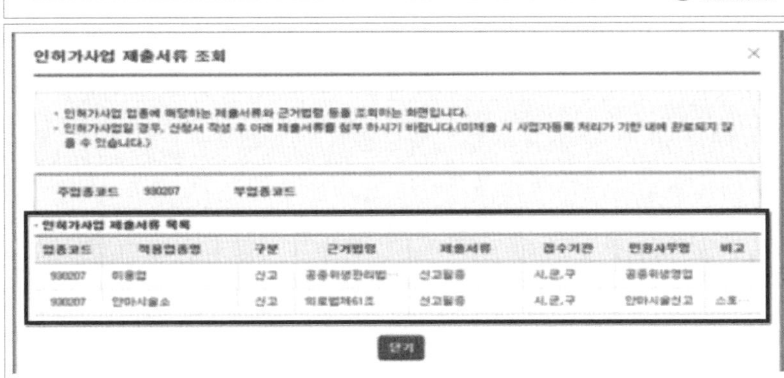

(6) **인허가 사업제출서류 목록 참조하여 시, 군, 구청에 접수**

❸ 사업자등록증 처리기한

2일 이내 발급하는 것이 원칙, 현장실사가 필요한 경우 현장실사 할 수 있음.

❹ 사업자등록 미신청 시 제재

사업개시일부터 20일 이내 미신청 시에는 사업개시일부터 신청일 직전까지의 공급가액에 대해 1% 가산세 부과

❺ 사업자등록 전 매입자산 매입세액공제

공급받은 날이 속하는 과세기간 종료 후 20일 이내 등록신청하는 경우에는 주민등록번호로 받은 세금계산서 또는 신용카드 매입세액 모두 공제가능함.

ex 1.20. 사업개시하여 제품매출 후 7.20. 사업자등록신청
⇒ 1.1.~ 6.30.까지 주민등록번호로 교부받은 세금계산서, 개인 신용카드 사용분에 대해 매입세액공제 가능

PART 02

신설법인 설립 시 전략적인 의사결정사항

I 법인의 상호를 이용해서도 절세가 가능하다

전략가이드

법인설립 후에는 세금을 부담하여야 하는 급여, 배당, 상여 외에 적법하게 법인자금을 인출할 수 있는 방법이 거의 없다.
이 경우 법인설립 전 대표이사 명의로 상표권 출원하여 등록하고 법인실적이 안정화된 시기에 상표권 가치를 평가받아 양도하는 경우에는 법인자금을 적법하게 인출하면서 대표이사는 상대적으로 낮은 기타소득에 대한 소득세를 부담하는 장점이 있다.

1 상호결정 시 주의점

법인의 경우 동일한 관할 등기소 내에 동일한 상호 사용이 불가능하므로 www.iros.go.kr(대한민국법원 인터넷 등기소)에 접속하여 관할등기소 선택 후 원하는 상호를 검색하여 동일한 상호가 있는지 여부를 검색하여야 한다.

이 경우 법인등기부등본과 사업자등록증상 상호는 반드시 한글로 표기되어야 하므로 영문인 경우 한글로 표기된 상호를 정하여야 한다.

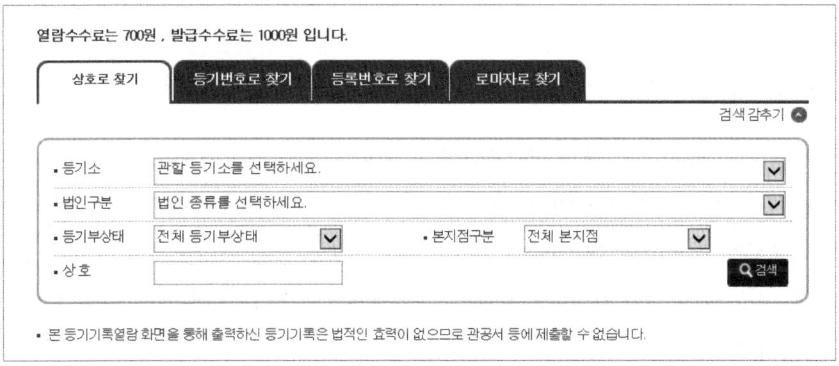

열람수수료는 700원 , 발급수수료는 1000원 입니다.

상호로 찾기 | 등기번호로 찾기 | 등록번호로 찾기 | 로마자로 찾기

검색 감추기

- 등기소: 관할 등기소를 선택하세요.
- 법인구분: 법인 종류를 선택하세요.
- 등기부상태: 전체 등기부상태 · 본지점구분: 전체 본지점
- 상호: [ ] 검색

- 본 등기기록열람 화면을 통해 출력하신 등기기록은 법적인 효력이 없으므로 관공서 등에 제출할 수 없습니다.

2 상표권 활용한 절세전략

법인설립 전 대표이사 명의로 상표권 등록 신청하여 등록에 수반되는 제비용을 대표이사 개인이 부담하고 상표권 등록이 마무리된 상태에서 법인설립등기 신청한 후 법인실적이 정상화된 시점에 상표권 가치를 평가받아 대표이사가 법인으로부터 상표권 임대료를 수취하거나 상표권을 법인에 양도하는 전략을 구사할 수 있다.

Case

김절세씨는 법인설립을 계획하고 있던 차에 좋은 상호가 떠올라서 해당 상호를 선점하고자 "㈜잘나가"를 김절세 명의로 상표권 출원하여 등록하였다.

상표권 등록하고 1년 후 ㈜잘나가 법인을 설립하였고 ㈜잘나가는 설립 후 3년 이후부터 급성장하였다.

설립 후 5년이 되는 시점에 김절세는 ㈜잘나가 상표권을 감정평가법인으로부터 10억 원에 평가받아 ㈜잘나가에 양도하여 법인으로부터 상표권 양도대가(10억 원에서 원천징수세액 제외한 금액)를 적법하게 수령하였다.

- 김절세의 상표권 양도에 따른 기타소득에 대한 세금

〔10억 원 – 6억 원(필요경비: 10억 원 × 60%)〕 × 소득세율

Ⅱ 본점 소재지도 전략적으로 결정할 필요가 있다

전략가이드

통상 본점소재지는 임대료가 저렴하거나 임차가 용이한 곳으로 결정하는 경우가 많은데 법인의 본점 소재지는 정기세무조사 측면, 세액감면 측면 등에 있어 매우 중요한 사항이므로 법인의 본점 소재지는 제반사항을 고려하여 전략적으로 결정하여야 한다.

1 정기세무조사 선정 측면에서 유리한 곳을 검토하여야 한다

국세청은 정기세무조사 대상 법인 선정 시 전산분석시스템인 CAF(Compliance Analysis Function) 시스템을 통해 400여 개 항목을 평가하여 정기세무조사 대상을 선정하게 된다.

구체적으로는 동일지역 내 매출액 규모, 동일 업종을 그룹화하여 동일 그룹 내 성실도를 평가한 후 신고불성실 개연성 등 성실도 검증필요성이 높은 법인에게 종합성실도 점수를 낮게 부여하게 된다.

이 경우 동일지역 내 동일업종을 영위하는 법인을 그룹화하여 성실도를 평가하므로 동일업종을 영위하는 법인이 많은 경우에는 정기세무조사 선정대상 가능성이 낮아지지만 동일지역 내 해당업종을 영위하는 유일한 법인인 경우(예컨대 기업들이 전혀 없는 시골지역에 소재하는 법인)에는 정기세무조사 선정가능성이 높아질 수 있다.

따라서 정기세무조사 대상 선정가능성을 낮추기 위해서는 해당 업종을 영위하는 법인이 많은 지역을 본점소재지로 하는 것이 유리할 수 있다.

2 수도권 과밀억제권역 내 창업이 유리한 경우

수도권 과밀억제권역 내에서 창업하는 경우에는 자본금 등록세의 3배 중과 · 5년 이내 부동산 취득 시 취득세 3배 중과 등의 불이익이 있지만 수도권과밀억제권역에서 창업하고 3년이 경과한 이후에 수도권 밖으로 본점을 이전하는 경우에는 본점 이전일 이후 7년간 법인세가 100%가 감면되고 다음 3년간 법인세가 50% 감면된다(조특법 §63, §63의2).

따라서 공장신설 등의 사유로 향후 지방이전계획이 있는 경우라면 전략적으로 수도권 중 수도권 과밀억제권역에 본점을 설치하고 3년 정도 경과한 후 실적이 호전되는 시점에 지방으로 이전하여 법인세 절세효과를 극대화하는 전략이 유리할 수 있다.

다만 수도권과밀억제권역 내에서 창업하는 경우에는 창업중소기업에 대한 세액감면이 불가능하므로 수도권과밀억제권역 내 창업이 절대적으로 유리한 경우는 수도권과밀억제권역 외 지역으로 이전 후 소득이 급증하는 경우라 할 수 있다.

참조 수도권과밀억제권역

- 서울특별시
- 인천광역시[강화군, 옹진군, 서구 대곡동 · 불로동 · 마전동 · 금곡동 · 오류동 · 왕길동 · 당하동 · 원당동, 인천경제자유구역(경제자유구역에서 해제된 지역 포함) 및 남동 국가산업단지는 제외]
- 의정부시/구리시/하남시/고양시/수원시/성남시/안양시/부천시/광명시/과천시/의왕시/군포시/시흥시[반월특수지역(반월특수지역에서 해제된 지역 포함)은 제외]
- 남양주시(호평동, 평내동, 금곡동, 일패동, 이패동, 삼패동, 가운동, 수석동, 지금동 및 도농동만 해당)

※ 용인시, 광주오포, 일산, 파주는 수도권과밀억제권역 아님

※ 수도권과밀억제권역에 대한 제재 : 창업중소기업에 대한 세액감면 배제, 통합투자세액공제 배제, 설립 후 5년 이내 부동산 취득시 취득세 중과

3 수도권 과밀억제권역 외 창업이 유리한 경우

가. 창업중소기업 세액감면이 가능한 경우

다음의 업종을 주된 사업으로 영위하는 법인이 2024년까지 수도권과밀억제권역 외에서 창업하는 경우에는 최초 소득이 발생한 사업연도 사업개시일(5년간 소득이 발생하지 않은 경우에는 5년이 되는 사업연도)부터 5년간 법인세의 50%(최저한세 7% 적용, 청년창업중소기업은 5년간 100% 감면되면서 최저한세 미적용)가 감면된다(조특법 §6).

따라서 해당 업종을 영위하는 경우로서 수도권과밀억제권역 외에 창업이 가능한 경우에는 수도권과밀억제권역 외의 지역을 본점소재지로 결정하는 전략이 필요하다.

수도권 과밀억제권역 외에서 창업 시 감면 가능 업종

광업 / 제조업 / 수도, 하수 및 폐기물 처리, 원료 재생업 / 건설업 / 통신판매업 / 육상 · 수상 · 항공 운송업 / 화물 취급업 / 보관 및 창고업 / 육상 · 수상 · 항공 운송지원 서비스업 / 화물운송 중개 · 대리 및 관련 서비스업 / 화물포장 · 검수 및 계량 서비스업 / 「선박의 입항 및 출항 등에 관한 법률」에 따른 예선업 / 「도선법」에 따른 도선업 / 기타 산업용 기계 · 장비 임대업 중 파렛트 임대업 / 음식점업 / 정보통신업 / 블록체인 기반 암호화자산 매매 및 중개업 / 금융 및 보험업 중 대통령령으로 정하는 정보통신을 활용하여 금융서비스를 제공하는 업종 / 전문, 과학 및 기술 서비스업 / 사업시설 관리 및 조경 서비스업 / 사업 지원 서비스업(고용 알선업 및 인력 공급업은 농업노동자 공급업 포함) / 사회복지 서비스업 / 예술, 스포츠 및 여가관련 서비스업(자영예술가, 오락장 운영업 등 제외) / 개인 및 소비용품 수리업 / 이용 및 미용업 / 「학원의 설립 · 운영 및 과외교습에 관한 법률」에 따른 직업기술 분야를 교습하는 학원을 운영하는 사업 또는 「국민 평생 직업능력 개발법」에 따른 직업능력개발훈련시설을 운영하는 사업(직업능력개발훈련을 주된 사업으로 하는 경우로 한정) / 「관광진흥법」에 따른 관광숙박업, 국제회의업, 유원시설업 및 대통령령으로 정하는 관광객 이용시설업 / 「노인복지법」에 따른 노인복지시설을 운영하는 사업 / 「전시산업발전법」에 따른 전시산업

주의 도소매업은 감면대상 아님

나. 부동산구입계획이 있는 경우

(1) 수도권과밀억제권역 외 지역에서 창업한 중소기업에 대한 혜택

2026년 12월 31일까지 과밀억제권역 외의 지역에서 창업한 중소기업이 법인설립등기일부터 4년 이내(청년창업기업은 5년)에 취득하는 부동산으로서 ① 법인설립등기일 당시 업종을 영위하기 위해 취득하는 부동산에 대해서는 취득세의 75%를 경감하고, ② 법인설립등기일 당시 업종의 사업에 과세기준일 현재 직접 사용하는 부동산(임대 제외, 공장입지기준면적과 용도지역별 적용배율 이내)에 대해서는 창업일부터 3년간 재산세를 면제하며, 그 다음 2년간 재산세의 50%를 경감하는 혜택이 있다(지방세특례제한법 §58의3 ①, 농어촌특별세 비과세).

(2) 수도권과밀억제권역 내에서 부동산 취득에 대한 제재

① 본점의 신축 · 증축에 대한 중과

법인이 수도권과밀억제권역 내에서 본점이나 주사무소의 사업용 건축물[1)]을 신축 · 증축하는 경우(지점용 부동산은 중과대상 아님)와 그 부수토지를 취득하는 경우(타인으로부터 매입하는 경우는 제외되며 취득기한 제한 없음)에는 취득세 과세 시 중과세율(표준세율 + 2% × 2)이 적용된다.

수도권과밀억제권역 내 본점의 신축 · 증축에 대한 취득세 중과는 설립 후 5년 이상의 법인에게도 적용되는 점을 주의하여야 한다.

② 수도권과밀억제권역 내에서 설립 후 5년 이내 취득하는 일체 부동산 취득세 중과

수도권 과밀억제권역 내(산업단지 제외)에서 법인설립 전 또는 법인설립 후 5년 이내 부동산을 취득(지점용, 타인으로부터 매입 불문하고 모두 중과)하는 경우에는 취득세 과세 시 중과세율(표준세율 × 3배 – 2%×2)이 적용된다.

다만 지방세법 시행령 제26조에서 열거하고 있는 업종을 영위하는 경우에는 중과대상에서 제외된다.

③ 공장 신설 · 증설에 대한 중과

수도권 과밀억제권역 내(산업단지 · 유치지역 · 공업지역 제외)에서 공장을 신설 · 증설하는 경우(취득기한 제한 없음)에는 취득세 과세 시 중과세율(표준세율 × 3배 – 2%×2)이 적용된다(지법 §13).

다만 지방세법 시행령 제26조에서 열거하고 있는 업종을 영위하는 경우에는 중과대상에서 제외된다.

(3) 부동산구입계획이 있는 법인(부동산 시행사)의 본점소재지 결정전략

부동산구입계획이 있는 경우에는 취득세 중과를 반드시 고려하여 본점소재지를 결정하여야 하며, 통상적으로 법인설립 후 5년 이내에 본점으로 사용목적이 아닌 분양사업에 사용할 목적으로 거액의 수도권과밀억제권역 내에 있는 건설용지를 구입하는 부동산 시행사의 경우 수도권과밀억제권역 내에 본점소재지가 있는 경우에는 취득세가 중과되지만 그렇지 않은 경우에는 취득세가 중과되지 않으므로 부동산 시행사의 경우 반드시 본점소재지를 수도권과밀억제권역 외의 지역으로 결정하여야 한다.

---

1) 법인의 본점 또는 주사무소의 사무소로 사용하는 부동산과 그 부대시설용 부동산(기숙사, 합숙소, 사택, 연수시설, 체육시설 등 복지후생시설과 예비군 병기고 및 탄약고 제외)

Ⅲ 법인의 사업목적! 전략적으로 결정할 필요가 있다!

전략가이드

통상 법인설립 시 법무사사무실에 모든 사항을 위임하고 구체적인 사업목적 정리를 간과하는 경우가 있는데 사업목적 정리가 잘되지 않은 경우 비용을 들여 법인등기부등본을 변경해야 할 뿐만 아니라 대외적으로 법인의 주사업이 잘 드러나지 않는 문제점 등이 있으므로 법인설립 시에는 법인의 사업목적도 신중하게 결정할 필요가 있다.

1 최대한 많은 사업목적을 정리할 것

법인의 목적사업을 변경하거나 추가하는 것은 정관과 법인등기부등본 변경사항으로 주주총회 특별결의를 필요로 하고 법무사사무실 비용이 수반되는 문제가 있으며 특히나 주주총회 개최가 쉽지 않고 주주총회 시 많은 비용이 수반되는 상장법인의 경우에는 목적사업 변경 또는 추가가 쉽지 않은 측면이 있으므로 사업목적 정리에 신중해야 한다.

따라서 목적사업 정리 시에는 법인이 하고자 하는 모든 사업을 방대하게 정리(부동산 임대 · 전대, 소프트웨어개발, 디자인업 등은 필수적으로 기재할 것)하여 기재하는 것이 유리할 수 있다.

2 건설업 법인과 시행법인 업태 · 종목 결정 시 주의사항

법인이 주택을 취득하는 경우에는 법인을 이용한 주택투기를 막고자 하는 취지로 취득세 중과세율이 적용되어 12%의 취득세율이 적용(전용면적 85㎡ 이하 12.4%, 85㎡ 초과 13.4%)된다(지법 §13의2 ①).

다만 주택시장 안정에 기여하는 주거용 건물 건설업과 주거용 건물 개발 및 공급업을 영위하는 경우로서 부가가치세법에 따라 사업자등록을 하고 1년 이내 멸실하거나 3년 이내 신축하는 경우에는 중과대상에서 제외하는 것으로 규정하고 있다(지령 §28의2 8호).

이 경우 중과제외대상 여부를 판단할 때는 제외요건을 엄격하게 판단하여 부동산 취득 전 법인등기부등본에 반드시 주거용 건물 개발 및 공급업 또는 주거용 건물 건설업이 사업목적으로 되어 있고 해당 업태 · 종목으로 사업자등록을 한 경우에 한하여 중과대상에서 제외하므로 주택건설 법인이나 주택분양 시행법인의 경우에는 반드시 법인등기부등본에 주거용 건물 개발 및 공급업 또는 주거용 건물 건설업을 사업목적으로 기재하고 사업자등록 신청 시에는 건설업/주거용 건물건설업(451102, 451103), 부동산업/주거용 건물 개발 및 공급업(703011, 703012)으로 업태 · 종목을 하여야 하는 점을 주의하여야 한다.

▌시행법인이 주택취득 시 취득세 · 중과세 배제되는 사업자 등록 업종코드▐

<table>
<tr><th>구 분</th><th colspan="2">국세청 업종코드</th><th colspan="2">한국표준산업분류코드</th></tr>
<tr><td>대분류 · 중분류</td><td rowspan="4">703011</td><td>부동산업</td><td rowspan="4">68121</td><td>부동산업</td></tr>
<tr><td>소분류</td><td>부동산 임대 및 공급업</td><td>부동산 임대 및 공급업</td></tr>
<tr><td>세분류</td><td>부동산 개발 및 공급업</td><td>부동산 개발 및 공급업</td></tr>
<tr><td>세세분류</td><td>주거용 건물 개발 및 공급업</td><td>주거용 건물 개발 및 공급업
(토지보유 5년 미만)</td></tr>
<tr><td>대분류 · 중분류</td><td rowspan="4">703012</td><td>부동산업</td><td rowspan="4">68121</td><td>부동산업</td></tr>
<tr><td>소분류</td><td>부동산 임대 및 공급업</td><td>부동산 임대 및 공급업</td></tr>
<tr><td>세분류</td><td>부동산 개발 및 공급업</td><td>부동산 개발 및 공급업</td></tr>
<tr><td>세세분류</td><td>주거용 건물 개발 및 공급업</td><td>주거용 건물 개발 및 공급업
(토지보유 5년 이상)</td></tr>
</table>

▌건설업 법인이 주택 취득세 · 중과세 배제되는 사업자등록 업종코드▐

<table>
<tr><th>구 분</th><th colspan="2">국세청 업종코드</th><th colspan="2">한국표준산업분류코드</th></tr>
<tr><td>대분류 · 중분류</td><td rowspan="3">451102</td><td>건설업/종합건설업</td><td rowspan="3">68121</td><td>부동산업</td></tr>
<tr><td>세분류</td><td>주거용 건물 건설업</td><td>부동산 개발 및 공급업</td></tr>
<tr><td>세세분류</td><td>주거용 건물 건설업</td><td>주거용 건물 개발 및 공급업
(건축시행사 토지보유 5년 미만)</td></tr>
<tr><td>대분류 · 중분류</td><td rowspan="3">451103</td><td>건설업/종합건설업</td><td rowspan="3">68121</td><td>부동산업</td></tr>
<tr><td>세분류</td><td>주거용 건물 건설업</td><td>부동산 개발 및 공급업</td></tr>
<tr><td>세세분류</td><td>주거용 건물 건설업</td><td>주거용 건물 개발 및 공급업
(건축시행사 토지보유 5년 이상)</td></tr>
</table>

❸ 업종구분을 유리하게 할 것

간혹 원자재를 매입하여 외주가공 후 판매하는 형태여서 제조업에 해당함에도 불구하고 도매업으로 구분하여 중소기업특별세액감면을 과소하게 받고 제조업에게 주어지는 기술신용보증기금 대출 등 여러 가지 혜택을 받지 못하는 사례를 볼 수 있다.

따라서 조세감면과 기타부분에서 혜택 차이가 큰 도매업과 제조업은 명확하게 구분하여야 하며, 도매업의 경우 OEM을 통해 제조로 전환 가능한 경우에는 당연히 제조업으로 업태 · 종목을 하는 것이 유리하다.

4 추가 조세지원 가능한 업종을 체크할 것

세법상 신성장서비스업에 해당하는 경우에는 창업중소기업 세액감면과 중소기업 사회보험료세액공제 시 추가혜택이 있으므로 법인설립 시에는 해당 업종에 해당하지 않는지 검토할 필요가 있다.

- **신성장서비스업의 창업중소기업 세액감면 적용 시 추가 혜택**
  수도권과밀억제권역 외의 지역에서 창업 시 최초로 소득이 발생한 연도부터 3년간 75% 감면, 다음 2년간 50% 감면(신성장서비스업이 아닌 경우 5년간 50%)
- **신성장서비스업의 중소기업사회보험료 세액공제 적용 시 추가혜택**
  청년등외 증가인원수에 대한 사회보험료 세액공제액 : 청년등외 증가인원수 × 사회보험료율 × 75%(신성장서비스업이 아닌 경우 50%)

신성장서비스업

1. 컴퓨터 프로그래밍, 시스템 통합 및 관리업, 소프트웨어 개발 및 공급업, 정보서비스업(뉴스제공업 제외) 또는 전기통신업
2. 창작 및 예술관련 서비스업(자영예술가는 제외), 영화 · 비디오물 및 방송 프로그램 제작업, 오디오물 출판 및 원판 녹음업 또는 방송업
3. 엔지니어링사업, 전문 디자인업, 보안 시스템 서비스업 또는 광고업 중 광고물 문안, 도안, 설계 등 작성업
4. 서적, 잡지 및 기타 인쇄물 출판업, 연구개발업, 「학원의 설립 · 운영 및 과외교습에 관한 법률」에 따른 직업기술 분야를 교습하는 학원을 운영하는 사업 또는 「국민 평생 직업능력 개발법」에 따른 직업능력개발훈련시설을 운영하는 사업(직업능력개발훈련을 주된 사업으로 하는 경우로 한정한다)
5. 물류산업(창고업 가능, 화물운송 해당, 여객운송 미해당)
6. 「관광진흥법」에 따른 관광숙박업, 국제회의업, 유원시설업 또는 제10항에 따른 관광객이용시설업
7. 전시산업, 그 밖의 과학기술서비스업, 시장조사 및 여론조사업, 광고업 중 광고대행업, 옥외 및 전시 광고업

5 주된 사업이 10년 이상 유지되도록 관리할 것

가업승계에 대한 증여세 과세특례나 가업상속공제의 경우 동일업종(대분류 내에서는 변경 가능)을 10년 이상 계속하여 영위한 기업을 증여자, 피상속인이 10년 이상 계속 경영한 경우에 한하여 적용가능하다.

이 경우 10년 이상 계속하여 영위한 기업 판단 시에는 주된 사업(매출액이 큰 사업)이 10년 이상 계속되었는지 여부로 판단하는 것으로서 대분류가 다른 도매업과 제조업이 몇 년 주기로 주된 사업으로 변경되는 경우에는 가업승계 또는 가업상속공제 요건을 충족하지 못하는 문제점이 있으므로 주의하여야 한다.

6 신용보증기금, 기술보증기금 대출 우대업종을 파악할 것

시중은행보다 좋은 조건으로 대출해주는 신용보증기금, 기술보증기금의 경우 정부의 산업장려 정책을 반영하여 중점지원대상 업종이 있다.

이러한 중점지원대상은 고정된 것이 아니라 변동되지만 사업초기 좋은 조건으로 신용보증기금, 기술보증기금에서 대출받을 수 있는 것은 중요한 자금원동력이 될 수 있으므로 신용보증기금, 기술보증기금 중점지원대상 업종을 파악하여 해당 업종으로 등록이 가능한 경우에는 해당 업종으로 등록하는 것이 유리하다.

신용보증기금, 기술보증기금 중점지원대상 사례

- 탄소중립 효과 기업
  온실가스 감축 예상시설 도입, 온실가스 감축관련 친환경 제품, 기술 생산, 개발기업
- 지식재산, 소부장(소재, 부품, 장비), 문화콘텐츠 개발, 뿌리산업, 4차 산업, 핀테크, 기술력 양호기업, 플랫폼 스타트업 등

Ⅳ 자본금과 1주의 금액 결정전략

> 전략가이드
>
> 설립 시 납입자본금이 과다한 경우 또는 과소한 경우 모두 문제가 있을 수 있으므로 설립 시 자본금도 전략적으로 결정할 필요가 있다.

1 최소자본금으로 설립할 것

상법개정으로 설립 시 납입자본금은 제한이 없는바 자본금은 100원 이상이기만 해도 법인설립은 가능하다.

설립 시 납입자본금을 법인에 불입한 후 해당 금원을 인출하는 경우에는 인출하는 시점에 바로 가지급금이 되므로 법정자본금 제한이 있는 건설업 등이 아닌 경우에는 우선 최소자본금을 불입하고 향후 증자가 필요한 경우에 균등액면가 증자방식(불균등증자방식으로 증자하는 경우 과세문제가 발생하므로 주의)으로 증자하는 것을 추천한다.

다만 납입자본금이 너무 과소한 경우에는 사업자등록 시 페이퍼 컴퍼니로 보아 사업자등록 신청이 반려되는 문제가 될 수 있고 법인의 재무비율로 평가받는 사업진행 시에는 불이익이 있을 수 있으므로 이러한 점을 반드시 검토하여야 한다.

2 주식발행초과금 활용이 가능하도록 할 것

사업의 특성상 법인설립 초기에 거액의 자금이 필요한 경우가 있을 수 있다.

법인설립 초기에 거액의 자금집행이 필요하여 많은 금액의 납입자본금이 필요하지만 법정자본금 제한이 없는 경우라면 액면가액 이상 발행을 통해 자본금은 최소로 하여 설립 시 등록세 등을 절세하고 액면가를 초과하여 납입된 금액은 주식발행초과금으로 계상한 후 이익배당 한도와 관계없이 언제든지 배당받을 수 있도록 설계(개인주주의 경우 주식발행초과금을 재원으로 배당받는 경우 배당소득세 없는 장점 있음)하는 것이 유리하다.

3 1주의 금액

액면가액, 즉 1주의 금액은 향후 법인이 성장하여 투자받거나 상장하는 과정에서 액면분할이 되는 것을 가정하여 최소 1,000원 이상으로 정하는 것이 유리하다.

V 주주구성은 법인설립 시 가장 중요한 전략이다!

전략가이드

법인설립 시 전략적으로 주주구성을 하지 않거나 명의신탁주식이 있는 상태에서 법인이 성장한 후 지분이동을 하는 경우에는 거액의 과세문제가 발생하므로 법인설립 시 가장 중요한 의사결정사항 중 하나는 주주구성 전략이라 할 수 있다.
주주구성 전략은 향후 가업상속계획이 있는 경우와 그렇지 않은 경우에 따라 다르게 접근하는 전략이 필요하다.

1 가업상속계획이 있는 법인은 법인설립 시부터 가업상속공제를 준비하라!!

01

가업상속계획이 있는 법인의 경우에는 설립 시부터 가업상속공제를 준비하여야 가업상속공제를 통해 절세효과를 극대화할 수 있다.

가업상속계획이 있는 법인으로서 사업의 성격상 대표이사가 일정지분율 이상을 보유하고 있어야 하는 경우에는 설립 시 향후 배당을 고려하여 상속인에게 일정지분을 배정하되 가업상속공제는 최대주주 1인에 한하여만 가능하므로 배우자에게는 최소한의 지분율만 갖게 하는 것이 유리하다.

이 경우 자녀가 여러 명인 경우로서 설립 시부터 가업을 승계할 자녀를 마음속으로 결정한 경우에는 가업을 승계할 자녀만 주주로 구성하거나 향후 유류분 청구를 대비하여 가업을 승계하지 않을 자녀의 경우 설립 시 신주인수대금을 증여하여 주주로 참여하게 하는 것이 아닌 대표이사 주식을 증여하는 형태로 이전하는 전략이 필요할 수 있다.

향후 대표이사 사망 시 유류분 청구가액의 경우 사전증여 받은 재산은 상속 당시 가액으로 환산하여 계산하므로 가업을 승계하지 않을 자녀에게는 신주인수대금을 증여하여 설립 시 신주를 인수하게 하는 것보다 대표이사가 설립 시 신주를 인수한 후 대표이사 주식을 증여하는 것이 유류분청구액을 최소화할 수 있기 때문이다.

2 가업상속계획이 없는 법인은 대표이사 지분을 최소화하라!

가업상속계획이 없는 법인이라면 최대한 가족 구성원으로 지분을 분산하는 것이 유리하다.

즉, 자녀 지분율을 최대한 높여서 향후 주식이동에 대한 세금이 발생하지 않도록 하고 적극적인 배당을 통해 사전증여효과를 극대화하는 전략이 필요하다.

이 경우 부모가 일정수준 이상의 재산이 있는 경우로서 대외협력업체 등록하는 사업 등이 아니어서 부모가 지분을 보유하지 않아도 사업에 걸림돌이 없는 경우에는 법인설립 시 납입자본금을 자녀에게 증여하여 자녀지분 100%인 법인을 설립하는 것이 가장 강력한 상속세 절세 전략이 될 수 있다.

하지만 대표이사가 주식을 가지고 있지 않은 경우에는 신보 등에서 자금조달 시 책임경영 체크리스트 통과(실제 경영자의 대주주 지위요건)에 문제가 될 수 있고 대외협력업체 등록 시 문제가 될 수 있으므로 이러한 점을 체크한 후 진행하여야 한다.

3 34세 이하의 자녀가 설립법인에 근무하는 경우에는 자녀를 대표이사로 등재하는 것이 유리하다

법인설립 당시 34세 이하(병역을 이행한 경우 설립 당시 연령에서 병역이행기간 최대 6년을 한도로 차감하여 계산)인 자녀가 설립법인에 근무하는 경우에 자녀를 대표이사로 하고 자녀가 지배주주등으로서 최대출자자에 해당(청년창업중소기업)하는 경우에는 수도권 과밀억제권역에서 창업하는 경우에도 창업중소기업감면(50%, 최저한세 적용)이 가능할 뿐만 아니라 수도권과밀억제권역 외에서 창업하는 경우에는 법인세가 100% 감면(최저한세 없음)된다(조특법 §6).

또한 청년창업중소기업에 해당하는 경우로서 수도권과밀억제권역 외에서 창업하는 경우에는 설립 후 5년(일반적인 경우 4년) 이내 취득하는 부동산 취득세의 75%가 경감된다(지방세특례제한법 §58의3).

따라서 34세 이하의 자녀가 법인설립 시부터 근무하는 경우라면 자녀를 최대주주로 구성하고 자녀를 대표이사로 하는 것도 좋은 절세전략이 될 수 있다.

청년(34세 이하)창업중소기업에 대한 혜택

- **청년창업중소기업**
  설립 당시 대표이사 나이 34세 이하 & 대표이사가 지배주주로서 최대주주(설립 당시 충족하여야 하고 설립 후 충족하는 경우에는 해당 안 됨)
- **창업중소기업 법인세 감면**
  - 수도권 과밀억제권역에서 창업하는 경우(일반적인 경우 감면 배제)
    최초 소득발생연도부터 5년간 50% 감면(법인세 과세표준의 7% 이상은 법인세 부담하여야 함)
  - 수도권 과밀억제권역 외에서 창업하는 경우
    최초 소득발생연도부터 5년간 100% 감면(최소한의 법인세 부담하여야 하는 한도 없이 전액 감면)
- **창업중소기업 지방세 감면**
  수도권과밀억제권역 외에서 창업 시 설립 후 5년(일반적인 경우 4년) 이내 취득하는 부동산 취득세의 75%가 경감

4 명의신탁주식은 절대 금물이다

최근에는 다른 사람 명의로 주주로 참여하는 경우가 많이 줄었지만 주식을 명의신탁하는 경우에는 회사가 성장 시 엄청난 세부담을 통해 지분을 환원해야 하는 문제가 발생할 수 있으므로 법인 설립 시에는 반드시 실제 주주명의로 주주구성을 하여야 하는 점을 주의하여야 한다.

Ⅵ 대표이사 결정도 법인의 중요한 전략이 될 수 있다

전략가이드

대표이사가 누구인지에 따라 법인의 대외신용도, 가업상속공제 등이 달라질 수 있다. 따라서 법인설립 시에는 가업상속공제 계획, 대외신용도 등을 모두 고려하여 전략적으로 대표이사를 선정할 필요가 있다.

1 가업상속공제 계획이 있는 법인

가업상속공제액의 한도는 가업영위기간에 따라 가업영위기간이 10년 이상 20년 미만인 경우에는 300억 원, 20년 이상 30년 미만인 경우에는 400억 원, 30년 이상인 경우에는 600억 원이 적용된다.

이 경우 가업영위기간 판단은 계속적으로 대표이사 재임한 기간으로 판단하므로 가업상속공제 계획이 있는 경우에는 가업의 주식을 보유한 최대주주가 대표이사로 취임하여 계속적으로 대표이사로 재임하도록 설계하여야 한다.

2 34세 이하의 자녀가 설립법인에 근무하는 경우

법인설립 당시 34세 이하(병역을 이행한 경우 설립 당시 연령에서 병역이행기간 최대 6년을 한도로 차감하여 계산)인 자녀가 설립법인에 근무하는 경우로서 자녀를 대표이사로 하고 자녀가 최대출자자에 해당하는 경우에는 추가적인 조세혜택을 받을 수 있다(☞ 조세혜택은 위 Ⅴ의 3.참조).

따라서 자녀가 설립법인에 근무하는 경우에는 자녀를 대표이사로 하는 것도 좋은 전략이 될 수 있다.

다만 자녀를 대표이사로 하는 경우에는 대표이사 경력, 대표이사 능력을 고려하여 판단하는 금융기관 신용도에서 불리한 점이 있다는 것을 반드시 고려하여야 하며 청년 아닌 자가 공동대표이사 또는 각자대표이사가 되는 경우에는 청년창업중소기업에 대한 혜택이 배제되므로 주의하여야 한다.

❸ 자금력이 없는 경우 책임경영 체크리스트를 검토할 것

실적이 없는 신규법인의 경우 일반 금융기관 대출이 어려우므로 자금조달이 필요한 경우에는 기술보증기금, 신용보증기금을 통한 대출이 절실할 수 있다.

기술보증기금, 신용보증기금 대출 시 법인기업의 경우에는 책임경영 체크리스트를 반드시 통과하여야 한다.

기술보증기금, 신용보증기금에서 사전요건으로 체크하는 책임경영 체크리스트에서는 실제경영자가 대표이사 또는 대주주인지 여부, 납입자본금 규모, 대표이사 신용도를 심사하게 된다.

따라서 사업초기에 기술보증기금, 신용보증기금에서 자금조달계획이 있는 법인의 경우에는 신용도가 높은 법인의 실제 경영자가 대표이사로 등재되어야 하고 해당 대표이사가 납입자본금의 일정액 이상을 불입하면서 최대주주 지위를 유지하여야 하는 점을 주의하여야 한다.

Ⅶ 공고비용이 낮은 공고방법을 선택하라!

법인이 감자 등을 하는 경우에는 채권자보호절차를 거치게 되며 채권자보호절차는 신문 등에 한 달간 공고하는 방식으로 진행한다.

공고하는 방법은 법인이 선택할 수 있는데 공고비용의 경우 매일경제신문 400,000원, 아주경제신문 70,000원, 지방신문 70,000원이 소요되지만 법인 홈페이지를 통하는 경우에는 무료로도 가능하다.

따라서 법인설립 시 통상 법무사사무실 작성 내용대로 그냥 진행하는 경우가 많은데 반드시 법무사사무실에 자사 홈페이지 또는 지방신문에 공고하는 것으로 할 것을 요청할 필요가 있다.

법인경영과 절세전략

02

CEO가 꼭 알아야 할 설립 후 3년 이내 법인 실행전략

PART 01

주식증여는 설립 후 3년 이내 마무리하는 것이 유리하다!

I 법인 CEO가 알아야 할 비상장주식 평가방법

전략가이드

통상적으로 거래되지 않는 비상장주식은 환가성이 낮음에도 불구하고 세법상으로는 높게 평가되는 문제 때문에 양도, 증여, 상속 시 거액의 세금문제가 발생한다. 법인 CEO가 지분이동거래에 대한 과세리스크를 피하기 위해서는 세법상 비상장주식 평가구조를 개략적으로 이해할 필요가 있다.

1 일반적인 경우 비상장주식 평가방법

비상장주식은 특성상 특수관계 없는 제3자 간 거래가 활발하게 이루어지지 않아 시장에서 형성되는 시가가 없다.

세법은 비상장주식의 시가가 확인되지 않는 경우 일정 공식에 따라 비상장주식을 평가할 수 있도록 상속세 및 증여세법에 평가방법을 규정하고 있는데 비상장주식은 통상 상속세 및 증여세법에 따라 평가하게 된다.

주식평가 시에는 회사가 보유한 자산과 향후 창출할 수익을 고려하여야 하므로 상속세 및 증여세법도 1주당 순자산가치와 1주당 순손익가치에 2: 3의 가중평균을 두고 평가하는 구조로 규정하고 있다.

이 경우 수익가치를 미래 수익으로 예측하는 경우 자의적으로 평가하는 문제가 있어 수익가치의 경우 직전 3년간 순손익을 가중평균하여 평가한다.

가. 비상장주식의 평가: Max(①, ②)

① $1주당\ 가중평균액 = \dfrac{1주당\ 순손익가치 \times 3 + 1주당\ 순자산가치 \times 2}{5}$

② 1주당 순자산가치의 80%

나. 1주당 순손익가치의 평가

- $1주당\ 순손익가치 = \dfrac{1주당\ 최근\ 3년간\ 순손익액의\ 가중평균액}{순손익가치환원율(10\%)}$

- $1주당\ 최근\ 3년간\ 순손익액의\ 가중평균액 = \dfrac{A \times 3 + B \times 2 + C \times 1}{6}$

A: 평가기준일 이전 1년이 되는 사업연도의 1주당 순손익액
B: 평가기준일 이전 2년이 되는 사업연도의 1주당 순손익액
C: 평가기준일 이전 3년이 되는 사업연도의 1주당 순손익액

다. 1주당 순자산가치의 평가

- 1주당 순자산가치 = 당해 법인의 순자산가액 ÷ 발행주식총수

❷ 부동산 과다보유법인의 비상장주식 평가

부동산, 부동산에 관한 권리, 법인이 보유한 타법인 주식가액에 타법인의 부동산비율을 곱한 금액의 합계액이 전체 자산 중 50% 이상인 경우에는 부동산 과다보유법인에 해당한다.

부동산 과다보유법인의 경우에는 1주당 순자산가치와 1주당 순손익가치를 3:2의 가중을 두어 평가하며 부동산을 감정평가액으로 평가하므로 주식평가액이 높아진다.

다만 부동산, 주식 등의 가액이 80% 이상인 법인의 경우에는 순자산가치로만 평가하는 특이점이 있다.

따라서 연말 결산 시에는 반드시 부동산 과다보유법인 해당 여부를 검토할 필요가 있다.

- 부동산 과다보유법인의 비상장주식의 평가: Max(①, ②)
  - ① 1주당 가중평균액

    $1주당\ 평가액 = \dfrac{1주당\ 순손익가치 \times 2 + 1주당\ 순자산가치 \times 3}{5}$

  - ② 1주당 순자산가치의 80%

Ⅱ 설립 후 3년 이내 반드시 지분구조를 정비하여야 한다

전략가이드

세법상 비상장주식 평가액이 높은 가장 큰 이유는 손익가치 산정 시 10배를 곱하여 계산하는 구조로서 PER을 10으로 보아 평가하는 것과 동일하다고 할 수 있다.
다만 설립 후 3년 이내에는 순자산가치만을 기준으로 평가하므로 이익실현법인의 경우 설립 후 3년 이내 가족 간 증여 등 지분이동을 마무리하는 전략을 반드시 실행할 필요가 있다.

1 세법상 비상장주식 평가액이 높게 평가되는 이유

많은 CEO분들에게 세법상 비상장주식 평가액을 계산해서 안내하면 높은 주식가액에 놀라는 경우가 대부분이다. 당연히 거의 대부분의 비상장법인 주식은 세법상 평가액으로 실제 양수도 거래가 이루어지는 경우가 없다고 할 수 있다. 즉, 세법상 주식평가액으로 주식을 양수할 양수자가 없음에도 세법상 주식평가액만 과도하게 높게 평가되는 측면이 있다고 할 수 있다.

세법상 주식평가액은 순손익가치 계산 시 순손익가치의 가중평균액에 순손익가치환원율 10%를 나누어 계산하므로 결국 손익가치 계산 시에는 PER(Price Earning Ratio: 주가/당기순이익)을 10으로 보아 계산하는 구조라 할 수 있다.

또한 순손익가치가 낮은 법인의 경우에는 순자산가치의 80%를 주식평가액으로 하므로 PBR(Price Book Value Ratio: 1주당 주가/1주당 순자산가치) 최저한도를 0.8로 계산하는 구조이다.

상장법인의 경우에도 PER이 10 이하인 경우가 많은데 비상장법인 주식 평가 시 PER을 10으로 하는 것은 현재 당기순이익이 10년간 지속되어야 하는 것을 가정하는 것으로 세법상 비상장주식 평가액이 높게 평가되는 가장 큰 이유는 이익이 발생하는 법인의 경우 PER을 10으로 보아 평가하는 구조 때문이라 할 수 있다.

또한 금융주 등 건실한 상장법인의 경우에도 PBR이 0.8 이하인 경우가 많은데 결손법인의 경우에도 비상장주식 평가 시 PBR 최저한도를 0.8로 하므로 현실적으로 세법상 비상장주식 평가방법은 과도하게 높게 평가되는 측면이 있다.

비상장주식평가액이 높은 이유

- **순손익가치 산정**
  1주당 최근 3년간 순손익액의 가중평균액 × "무려 10배"
- **결손법인 또는 순손익가치가 낮은 법인**
  주식평가액의 하한선 = 순자산가치의 0.8배

2 설립 후 3년 이내 법인의 세법상 주식평가방법

세법상 비상장주식 평가 시 PER을 10으로 보아 평가하는 구조이므로 이익실현 법인의 경우에는 평가액이 급등하여 세법상 평가액이 과도하게 높게 되지만, 설립 후 3년 이내 법인의 경우에는 직전 3년간 많은 이익이 실현된 경우에도 손손익가치를 고려하지 않고 1주당 순자산가치만 고려하여 평가하게 된다.

따라서 이익실현법인의 경우에는 설립 후 3년이 경과하는 경우 세법상 주식평가액이 급등하게 되므로 반드시 설립 후 3년 이내 자녀에게 지분증여 또는 명의신탁주식 환원 또는 지분 양수도를 마무리하는 전략을 실행하여야 한다.

설립 후 3년 내 지분증여를 마무리해야 하는 이유

- **순손익가치 산정**
  1주당 최근 3년간 순손익액의 가중평균액 × "무려 10배" ⇒ 미적용
- **순자산가치의 0.8배로만 주식평가**
  이익실현 법인의 경우 3년 경과 시 주식평가액 급등!

PART 02

반드시 설립 후 3년 이내에 벤처기업으로 확인받아야 한다

I 설립 후 3년 이내 중소벤처기업 확인 시 혜택

전략가이드

설립 후 3년 이내 벤처기업으로 인정받은 경우에 한하여 법인세법상 세액감면, 지방세특례제한법상 지방세 감면의 혜택을 받을 수 있으므로 벤처기업 확인은 반드시 설립 후 3년 이내에 확인받아야 한다.

1 중소창업벤처기업 법인세 감면

가. 법인세 감면 개요

벤처기업 중 「벤처기업육성에 관한 특별조치법」의 요건을 갖춘 중소기업과 연구개발비 비율이 수입금액의 5% 이상인 중소기업이 창업 후 3년 이내 벤처기업으로 확인받은 경우에는 최초로 소득이 발생한 연도(벤처기업으로 확인받은 날부터 5년이 되는 날이 속하는 과세연도까지 해당 사업에서 소득이 발생하지 아니하는 경우에는 5년이 되는 날이 속하는 과세연도)부터 5년간 해당 사업에서 발생한 소득의 법인세 50%가 감면된다(조특법 §6 ②).

또한 해당 법인이 수도권과밀억제권역 외에서 창업한 신성장서비스업에 해당하는 경우에는 3년간 75% 법인세 감면, 그 다음 2년간 50% 법인세 감면이 적용된다(조특법 §6 ②).

설립 후 3년 이내 벤처기업 확인받는 경우 혜택

① 중소기업이 설립 후 3년 이내 벤처기업 확인 시 법인세 감면: 벤처확인 후 최초 소득 발생연도부터 5년간 50% 감면(최저한세 적용)
② ①에 해당하는 기업이 수도권과밀억제권역 외에서 창업하고 신성장 서비스업에 해당하는 경우 법인세 감면: 3년간 75% 감면, 그다음 2년간 50% 감면
③ ①, ② 감면받는 경우 최저 납부세액: 감면받는 경우에도 법인세 과세표준의 7% 이상의 세금은 납부하여야 함.

나. 감면대상 창업의 의미

(1) 창업일과 벤처기업 확인일의 의미

창업이란 새로이 중소기업을 설립하는 것을 말하는 것(중소기업창업지원법 §2)으로 창업일은 법인설립등기일을 의미하며, 벤처기업 확인일은 벤처기업 확인서의 유효기간 초일을 의미한다.

02

(2) 창업으로 보는 경우

① **개인사업자가 같은 건물에 다른 업종을 영위하는 법인을 설립하는 경우**

개인 사업자의 대표자가 기존 사업장의 같은 건물 다른 층에 인적·물적 설비 없이 기존 개인사업자와 다른 업종으로 신설법인을 설립하는 것은 창업에 해당함(법규법인 2014-44, 2014.3.27.).

② **기존 법인의 대표자가 기존 법인과 다른 장소에 다른 업종으로 법인을 설립하는 경우**

기존 법인의 대표자가 기존 법인과 다른 장소에 다른 업종으로 새로이 법인을 설립하여 독립적으로 사업을 경영할 경우 「조세특례제한법」 제6조 제10항 각 호의 어느 하나에 해당하지 않는 경우에는 창업에 해당하는 것임(서면-법인-2433, 2021.05.26.).

③ **합병, 분할, 현물출자, 사업양수를 통하여 종전 사업을 승계하거나 종전 사업에 사용하던 자산을 인수 또는 매입하여 같은 종류의 사업을 하는 경우로서 다음에 해당하는 경우**(조특법 §6 ⑩)

i) 종전 사업에 사용되던 자산을 인수한 경우로서 인수한 자산가액 합계액이 사업개시 당시 토지, 감가상각자산의 총 가액의 30% 이하인 경우

ii) 사업의 일부를 분리하여 기업의 임직원이 사업을 개시하는 경우로서 기업과 사업을 개시하는 기업의 임직원 간에 사업분리에 관한 계약을 체결하고 사업을 개시하는 임직원이 새로 설립되는 법인의 대표자로서 지배주주에 해당하면

서 최대출자자등에 해당할 것

사업의 양수를 통하여 종전의 사업을 승계하거나 종전의 사업에 사용되던 자산을 인수 또는 매입하여 같은 종류의 사업을 하는 경우에는 창업으로 보지 않는 것이나, 종전의 사업에 사용되던 자산을 인수·매입하여 같은 종류의 사업을 하는 경우 그 자산가액의 합계가 사업 개시 당시 토지와 감가상각자산의 총가액에서 차지하는 비율이 30% 이하인 경우는 제외함(사전-법규소득-0042, 2022.07.13.).

④ 사업자등록을 하였으나 사업활동을 하지 않은 상태에서 폐업 후 다시 같은 업종으로 사업을 개시하는 경우

거주자가 사업자등록을 하였으나 설비투자 등의 사업 활동을 전혀 하지 아니한 상태에서 사업을 개시하지 않고 폐업한 후 같은 업종으로 다시 사업을 개시하는 경우는 「조세특례제한법」 제6조 제10항 제3호의 "폐업 후 사업을 다시 개시하여 폐업 전의 사업과 같은 종류의 사업을 하는 경우"에 해당하지 아니하는 것임(사전-법규소득-0582, 2022.07.14.).

(3) 창업으로 보지 않는 경우

① 기존 사업장에서 공동사업장으로 변경하면서 공동사업자의 구성원으로 참여하는 경우

기존사업장에서 공동사업장으로 변경하면서 그 공동사업장의 구성원으로 참여하는 경우에는 창업에 해당하지 않음(사전-법규소득-1673, 2022.06.14.).

② 개인사업자가 폐업 후 동일업종의 법인을 설립하는 경우

개인사업자가 폐업을 하고 동일 업종의 법인을 설립하는 경우는 창업에 해당하지 아니하므로 해당 법인은 창업중소기업에 대한 세액감면을 적용받을 수 없는 것임(사전-법령해석소득-0717, 2018.12.10., 조특법 §6 ⑩).

③ 법인이 100% 출자하여 법인과 동일한 대표자 및 동일업종으로 신설법인 설립하는 경우 (서면-법령해석법인-1262, 2021.06.08.)

④ 개인사업자가 법인으로 전환하여 법인을 설립하는 경우(조특법 §6 ⑩)

⑤ 사업을 확장하거나 다른 업종을 추가하는 경우 등 새로운 사업을 최초로 개시하는 것으로 보기 곤란한 경우(조특법 §6 ⑩)

⑥ 합병, 분할, 현물출자, 사업양수를 통하여 종전 사업을 승계하거나 종전 사업에 사용하던 자산을 인수 또는 매입하여 같은 종류의 사업을 하는 경우(조특법 §6 ⑩)

다. 창업벤처중소기업 요건

창업벤처중소기업은 「벤처기업육성에 관한 특별조치법」 제2조 제1항에 따른 벤처기업 중 다음에 해당하는 경우로서 반드시 창업 후 3년 이내 벤처기업으로 확인받은 중소기업만이 해당된다.

창업벤처중소기업 요건

① 「벤처기업육성에 관한 특별조치법」 제2조의 2의 요건을 갖춘 중소기업기본법상 중소기업 중 다음 중 하나의 요건을 갖춘 경우
   ㉠ 다음에 해당하는 중소기업창업투자회사등이 투자한 금액이 5천만 원 이상인 경우로서 자본금 중 투자금액비율이 10% 이상일 것(문화산업진흥기본법에 따른 제작자 중 법인: 7%)
   - 투자금액비율 10% 이상 인정되는 투자자: 중소기업창업투자회사, 벤처투자조합, 신기술사업금융업자, 신기술사업투자조합, 한국벤처투자자등

   ㉡ 벤처기업확인기관으로부터 기술의 혁신성과 사업의 성장성이 우수한 것으로 평가받은 기업(성립 중인 기업 포함)

② 수입금액 중 연구개발비 비율이 5% 이상인 중소기업(연구개발비: 연구인력개발비 세액공제대상)

라. 수도권과밀억제권역 내 창업한 경우 적용 여부

창업중소기업에 대한 감면의 경우 수도권과밀억제권역 외에서 창업한 경우에 한하여 적용되지만 창업벤처중소기업에 대한 법인세 감면은 수도권과밀억제권역에서 창업한 경우에도 적용된다.

마. 업종요건

창업중소기업 감면과 동일하게 업종요건(조특법 §6 ③)을 충족하여야 한다.

2 설립 후 3년 이내 중소벤처기업확인 시 지방세 감면

가. 벤처기업 확인 후 4년 이내 부동산 취득 시 취득세 감면

위 1.에 해당하는 법인이 벤처기업으로 최초로 확인받은 날부터 4년 이내(청년창업벤처기업의 경우에는 5년 이내)에 취득하는 부동산으로서 창업일 당시 업종의 사업을 계속 영위하기 위하여 취득하는 부동산에 대해서는 취득세의 75%가 경감된다(지방세특례제한법 §58의3 ② 1호).

이 경우 취득세를 경감받은 후 정당한 사유 없이 취득일부터 3년 이내에 그 부동산을 해당 사업에 직접 사용하지 아니하는 경우, 취득일부터 3년 이내에 다른 용도로 사용하거

나 매각 · 증여하는 경우, 최초 사용일부터 계속하여 2년간 해당 사업에 직접 사용하지 아니하고 다른 용도로 사용하거나 매각 · 증여하는 경우에는 감면 받은 취득세가 추징되므로 주의하여야 한다(지방세특례제한법 §58의3 ⑦ 1호).

나. 재산세 감면

위 1.에 해당하는 법인이 창업일 당시 업종의 사업에 과세기준일 현재 직접 사용(임대는 제외)하는 부동산(건축물 부속토지인 경우에는 공장입지기준면적 이내 또는 대통령령으로 정하는 용도지역별 적용배율 이내의 부분만 해당)에 대해서는 확인일부터 3년간 재산세를 면제하고, 그 다음 2년간은 재산세의 100분의 50을 경감한다(지방세특례제한법 §58의3 ② 2호).

Ⅱ 설립 후 3년 경과 후 벤처확인 받은 중소벤처기업에 대한 혜택

전략가이드

설립 후 3년이 경과한 후 벤처기업으로 인정받는 경우에는 법인세, 지방세 감면 등의 세제혜택은 받을 수 없지만 코스닥 상장기준 완화, 기술보증기금 한도 확대 등의 혜택이 있으므로 벤처기업 인증의 실익이 있다.

설립 후 3년이 경과하여 중소벤처기업으로 인증받은 경우에는 법인세, 지방세 감면의 혜택은 받을 수 없지만 다음의 혜택은 적용받을 수 있으므로 설립 후 3년이 경과한 경우라도 벤처기업 인증은 실익이 있다.

1 코스닥 상장기준 완화

코스닥 상장 예비 심사 시에는 일반기업, 벤처기업, 성장형 벤처기업으로 구분한 후 형식적 · 질적 요건으로 나누어 심사하게 된다.

상장심사의 형식적 요건 심사 시에는 수익성 · 매출액 기준, 시장평가, 성장성 기준을 평가하는데 벤처기업의 경우 다음과 같이 상장심사 기준을 완화하여 심사하는 혜택을 부여하고 있다.

또한 질적 요건 심사 시에도 벤처기업의 경우 기술력 등에 대한 질적인 측면의 검증작업에 중점을 두기 위해 심사항목의 우선순위를 다르게 하여 심사에 반영하고 있다.

가. 형식적 요건

구분		일반기업	벤처기업
설립경과 연수		3년 이상	없음
택일	법인세 차감 전 계속사업 이익 & 시총	20억 원 & 시총 90억 원	10억 원 & 시총 90억 원
	법인세 차감 전 계속사업 이익 & 자기자본	20억 원 & 30억 원	10억 원 & 15억 원
	시총 & 매출액	300억 원 & 100억 원 이상	300억 원 & 50억 원 이상
자기자본 이익률		10% 이상	5% 이상

나. 질적 요건 심사 시 심사항목의 우선순위

일반기업	벤처기업
① 수익성, ② 시장성, ③ 재무상태, ④ 경영성, ⑤ 기술성	① 기술성, ② 시장성, ③ 수익성, ④ 경영성, ⑤ 재무상태

2 기술보증기금 보증한도 확대

상대적으로 이자율이 낮은 기술보증기금의 보증을 통해 대출을 받는 것은 성장기 법인에게 엄청난 혜택이라 할 수 있다.

담보 제공 없이 상대적으로 낮은 이자율로 대출이 가능한 기술보증법인의 보증한도가 일반법인의 경우 30억 원인 반면 벤처기업의 경우 50억 원으로 확대되는 혜택이 있다.

3 기업부설연구소 설립요건 완화

회사의 연구개발 역량 향상을 위하여 중소기업이 일정 요건을 갖춘 기업부설연구소를 설립하여 연구활동을 하는 경우 해당 기업부설연구소에서 발생한 인건비등에 대해서는 25%를 세액공제(최저한세 미적용)해주는 혜택을 부여하고 있다.

이러한 기업부설연구소 설립 시에는 연구전담요원 인원수에 대한 인적요건을 충족하여야 하는데 일반적인 법인의 경우에는 연구전담요원이 5명 이상이어야 하지만 벤처기업의 경우에는 2명 이상이기만 하면 기업부설연구소 설립이 가능한 혜택이 있다.

∥ 기업부설연구소 인적요건 ∥

기업규모 및 유형			연구전담요원
기업부설 연구소	중견기업	중견기업 부설연구소	7명 이상
	중소기업	소기업	3명 이상, 창업일부터 3년까지는 2명 이상
	중소기업	중기업	5명 이상
		국외에 있는 기업연구소	5명 이상
		벤처기업 부설연구소	2명 이상
전담부서	규모와 관계없이 동일 적용		1명 이상

4 광고비용 할인혜택

TV, 라디오 같은 매체를 통한 광고 시 최대 70%를 할인받을 수 있고 제작비의 일부를 지원받을 수 있는 혜택이 있다.

5 병역특례 혜택

중소기업 경영 시 가장 어려운 점 중에 하나는 전문인력 채용문제라 할 수 있다. 이러한 문제를 해소하기 위해 정책적으로 전문인력이 군대를 가는 대신 병무청을 통해 선정한 기업에서 근무할 수 있도록 혜택을 주고 있다.

이러한 병역특례 업체 인증의 경우 중소 제조업으로서 상시근로자수 10명 이상인 경우에만 가능하지만 벤처기업의 경우에는 상시근로자 5인 이상이면 인증받을 수 있는 혜택을 주고 있다.

다만 이는 해마다 요건이 다르므로 해당 해에 요건에 해당하는지를 검토하여야 한다.

6 스톡옵션 부여에 대한 혜택

가. 행사차익에 대한 비과세 혜택금액 상향

스톡옵션은 일정 수량의 회사주식을 유리한 가격으로 매수할 수 있는 권리를 부여하는 제도로서 벤처기업의 경우 2023년부터 스톡옵션 행사차익에 대해 2억 원(벤처기업별 총 누적한도 5억 원)까지 비과세 혜택을 부여하고 있다(조특법 §16의2 ①).

나. 스톡옵션 부여대상 확대

일반기업은 임직원에 한해서만 스톡옵션을 발행할 수 있지만 벤처기업의 경우에는 회사에 도움이 되는 인력을 정하여 스톡옵션을 발행할 수 있다.

예컨대 회사의 임직원이 아닌 경우에도 기술이나 경영능력을 갖춘 외부인, 대학, 연구기관, 벤처기업이 주식을 30% 이상 인수한 법인의 임직원에게도 스톡옵션 부여가 가능하다(벤처기업육성에 관한 특별조치법 §16의3).

다. 스톡옵션 부여한도 상향

일반기업의 경우 총 발행주식의 10% 한도 내에서 스톡옵션을 부여할 수 있지만 벤처기업의 경우에는 총 발행주식의 50%까지 부여가 가능하다(벤처기업육성에 관한 특별조치법 §16의3 ②).

7 비상장주식 양도 시 대주주 요건 완화

비상장주식 양도 시 중소기업의 소액주주인 경우에는 10%의 양도소득세율이 적용되지만 대주주인 경우에는 과세표준 3억 원 이하 금액에 대해서는 20%, 과세표준 3억 원 초과 금액에 대해서는 25%의 양도소득세율이 적용된다.

이 경우 대주주 판단은 소유주식 비율이 4% 이상이거나 시가총액이 10억 원 이상인지 여부로 판단하는 데 벤처기업 주식의 경우 시가총액 판단 시 10억 원이 아닌 40억 원으로 판단한다.

다만, 대부분 비상장법인의 경우 4% 이상이면서 시가총액이 40억 원 미만인 경우가 거의 없어 상장을 앞둔 벤처기업, 수익가치가 아주 높은 벤처기업 주식을 양도하는 경우에만 적용되는 규정이라 할 수 있다.

	합산범위	소유주식 비율		시가총액
일반 비상장 법인	본인 + 주권 비상장법인 기타주주 보유분	4% 이상	or	10억 원 이상
벤처기업 비상장 법인	본인 + 주권 비상장법인 기타주주 보유분	4% 이상		40억 원 이상

8 벤처기업 주식 양도 시 양도소득세 과세특례

창업 후 5년 이내 소득세법, 법인세법상 특수관계가 없는 벤처기업 또는 벤처기업으로 전환한 지 3년 이내인 벤처기업에 투자한 경우로서 매매 방식이 아닌 증자 시 출자방식으로 투자(매매로 취득한 경우 제외)한 후 3년이 경과한 시점에 주식을 양도함으로써 발생한 양도차익에 대해서는 소득세가 과세되지 않는다(조특법 §14 ①).

벤처기업 출자주식 양도 시 비과세 특례 요건(① & ② & ③)

① 창업 후 5년 이내인 특수관계 없는 벤처기업에 대한 투자일 것
벤처기업으로 전환한지 3년 이내인 벤처기업에 대한 투자일 것
② 구주 매매방식이 아닌 유상증자에 해당하는 출자일 것
③ 출자한 후 3년이 경과한 시점에서 양도할 것

9 벤처기업 출자금액에 대한 소득공제

거주자가 「벤처기업육성에 관한 특별조치법」에 따라 벤처기업 등에 해당하는 주식 또는 출자지분에 출자 또는 투자를 하는 경우에는 다음의 금액에 대해 소득공제가 가능하다(조특법 §16). 이 경우 출자 또는 투자는 설립 시 자본금을 불입하거나 유상증자 방식으로 투자하는 것만 가능한 것으로 타인의 주식등을 양수하는 경우는 제외된다.

투자금액	소득공제액	한도: 종합소득금액 × 50%
3천만 원 이하	출자 · 투자 금액 × 100%	※ 본인이 최대주주이자 대표이사인 회사에 투자한 경우에도 적용
3천만 원 초과～5천만 원 이하	출자 · 투자 금액 × 70%	
5천만 원 초과	출자 · 투자 금액 × 30%	

특이점은 소득공제 대상자의 자격을 거주자로만 한정하고 있어 벤처기업의 최대주주이자 대표이사가 본인 회사 유상증자에 참여한 경우에도 소득공제가 가능한 것으로 벤처기업이 유상증자하는 경우에는 반드시 소득공제를 신청할 필요가 있다.

다만 출자일부터 3년 이내에 소득공제 대상 출자지분을 이전 또는 투자회수하는 경우에는 공제받은 소득금액에 상당하는 소득세가 추징된다.

PART 03

전략적으로 정관을 정비할 필요가 있다

I 정관의 중요성

전략가이드

정관은 회사의 조직과 운영에 관한 기본규칙으로 임원보수, 배당, 임원의 책임, 자기주식 취득 등 회사운영에 있어 중요사항은 반드시 정관에서 규정하고 있는 바에 따라 진행되어야 한다. 따라서 설립 후 3년 이내에는 정관에 회사운영에 관한 중요사항이 규정되도록 정비할 필요가 있다.

1 정관의 의의

정관은 회사의 조직과 운영에 관한 근본규칙을 말하는 것으로 회사 내의 자치법규로서 그 내용이 강행법규에 위반하지 않는 한 회사의 발기인, 주주등 당사자 등을 구속하지만 제3자에 대하여는 효력이 없다.

2 정관의 효력

설립 시 정관은 공증인의 인증을 받음으로써 효력이 발생하지만 자본금 10억 원 미만인 회사는 발기인이 기명날인 또는 서명함으로써 효력이 발생한다(상법 §292).

설립 후 정관을 변경하는 경우에는 주주총회 특별결의(출석한 주주 의결권의 3분의2 이상의 수와 발행주식총수의 3분의 1 이상 찬성)에 의하여야 하며, 공증인의 공증여부는 정관변경의 효력발생과 관계없다.

하지만 임원보수관련 사항 등 중요사항이 변경된 경우에는 임원보수관련 사항에 대한 주주총회 결의가 명확하게 입증되고 외부의 제3자에게 대항력이 인정될 수 있도록 공증인의 공증을 받는 것이 유리하다.

Ⅱ 외부감사대상법인의 실제 사용정관을 참조할 필요가 있다

1 외부감사대상법인 정관 참조의 필요성

정관변경은 주주총회 특별결의 사항으로 자주 변경하는 것은 시간적, 행정적 비용이 수반되므로 바람직하지 않다.

따라서 설립 후 3년 이내 법인이 정관정비 시에는 현재 회사상황에서 필요하지 않을 수 있는 부분이라도 향후 회사가 성장하여 정상궤도에 진입하였을 경우를 가정하여 법령개정사항과 최근 트렌드를 반영하여 정관 정비가 잘 되어있는 외부감사대상법인의 정관을 참고할 필요가 있다.

외부감사대상 법인 중 상장법인은 비상장법인과 주식매수선택권 한도 등에서 차이가 있으므로 비상장법인의 경우에는 동일업종을 영위하는 비상장 외부감사대상 법인의 정관을 참고하고 현재 이미 외부감사대상 법인으로서 상장을 준비하고 있는 경우라면 상장법인 정관을 참고하는 것을 추천한다.

2 외부감사대상법인 정관 검색방법

외부감사대상법인 정관은 금융감독원 전자공시시스템에서 검색할 수 있다.

가. 금융감독원 전자공시시스템 접속(https://dart.fss.or.kr/)

나. 공시서류검색 선택

- 회사명: 동일업종 중 규모가 있는 외부감사대상법인 회사명 입력
- 기간: 1년 이상으로 설정 ⇒ 검색

다. 보고서명 중 사업보고서 선택

- 사업보고서 선택 ⇒ 제일 상단 좌측 첨부선택 ⇒ 정관 클릭

Ⅲ 정관에 필수적 기재사항 및 주의사항

1 공고방법

작성 팁!

공고방법별 공고비용을 보면 매일경제신문 400,000원, 아주경제신문 70,000원, 지방신문 70,000원이 소요되지만 인터넷 홈페이지를 통하는 경우에는 무료로 가능하므로 인터넷 홈페이지를 통해 공고하는 것으로 하는 것이 좋다.

> 회사의 공고는 회사 인터넷홈페이지(www.hyunin.co.kr)에 한다. 단 전산장애 또는 그 밖의 부득이한 사유로 회사 인터넷 홈페이지에 공고할 수 없는 경우에는 서울시에서 발행되는 아주경제신문에 한다.

02

2 종류주식과 상환전환우선주 발행에 관한 사항

작성 팁!

최근 제3자 배정형태의 유상증자 즉, 외부투자자의 법인에 대한 투자는 거의 대부분 상환전환우선주(RCPS) 형태로 진행하므로 종류주식 발행에 관한 사항을 규정하고 상환전환우선주 발행에 관한 사항도 규정할 필요가 있다.

> **제 조(주식의 종류, 수 및 내용)**
> ① 회사는 보통주식과 종류주식을 발행할 수 있다.
> ② 회사가 발행하는 종류주식은 이익배당 또는 잔여재산의 배분에 관한 우선주식, 의결권 배제 또는 제한에 관한 주식, 상환주식, 전환주식 및 이들의 전부 또는 일부를 혼합한 주식으로 한다.
>
> **제 조(상환전환우선주식)**
> ① 회사는 제9조의3(상환주식) 내지 제9조의4(전환주식)의 성질을 가지는 상환전환우선주식을 발행할 수 있다.
> ② 전환권행사로 상환전환우선주식의 효력은 당연히 상실한다.
> ③ 상환전환우선주식에 대하여는 제9조의3 내지 제9조의4의 규정을 준용하고, 나머지에 대해서는 발행 시 이사회가 정한다.

3 제3자 배정 유상증자에 대한 사항

작성 팁!

회사의 주주가 아닌 외부투자자로부터 투자받는 제3자 배정방식의 증자의 경우 정관에 규정이 있는 경우에 한하여 가능하므로 외부투자자로부터 펀딩받는 경우를 대비하여 주주 이외의 자에게 신주를 배정할 수 있는 조항은 반드시 규정하여야 한다.

제 조(신주인수권)

① 주주는 그가 소유한 주식의 수에 비례하여 신주의 배정을 받을 권리를 갖는다.

② 회사는 제1항의 규정에도 불구하고 다음 각 호의 경우에는 주주 이외의 자에게 신주를 배정할 수 있다.

1. 증권거래법 제189조의 3의 규정에 의하여 이사회의 결의로 일반공모증자 방식으로 신주를 발행하는 경우
2. 상법 제340조의2, 상법 제542조의3, 증권거래법 제189조의4의 규정에 의한 주식매수선택권의 행사로 인하여 신주를 발행하는 경우
3. 발행하는 주식총수의 100분의 20 범위 내에서 우리사주조합원에게 주식을 우선 배정하는 경우
4. 상법 제418조 제2항의 규정에 따라 신기술의 도입, 재무구조 개선 등 회사의 경영상 목적을 달성하기 위하여 필요한 경우
5. 주권을 협회등록하기 위하여 신주를 모집하거나 인수인에게 인수하게 하는 경우

4 주식매수선택권 부여에 관한 조항

작성 팁!

법인 설립과 성장에 기여하였거나 향후 기여할 능력을 갖춘 법인의 임직원에게 법인의 신주를 유리한 가격으로 매입할 수 있는 주식매수선택권을 부여하기 위해서는 주식매수선택권 부여에 관한 조항을 규정하여야 한다.

제 조(주식매수선택권) ⇒ 비상장법인 관련 조항

① 회사는 주주총회 특별결의로 회사의 설립 · 경영 및 기술혁신 등에 기여하거나 기여할 수 있는 회사의 이사, 집행임원, 감사 또는 피용자에게 미리 정한 주식매수선택권의 행사가액으로 신주를 인수하거나 자기의 주식을 매수할 수 있는 권리를 부여할 수 있다. 다만, 주식매수선택권의 행사가액이 주식의 실질가액보다 낮은 경우에 회사는 그 차액을 금전으로 지급하거나 그 차액에 상당하는 자기의 주식을 양도할 수 있다. 이 경우 주식의 실질가액은 주식매수선택권의 행사일을 기준으로 평가한다.

② 다음 각 호의 어느 하나에 해당하는 자에게는 제1항의 주식매수선택권을 부여할 수 없다.
  1. 의결권 없는 주식을 제외한 발행주식총수의 100분의 10 이상의 주식을 가진 주주
  2. 이사 · 집행임원 · 감사의 선임과 해임 등 회사의 주요 경영사항에 대하여 사실상 영향력을 행사하는 자
  3. 제1호와 제2호에 규정된 자의 배우자와 직계존비속
③ 제1항에 따라 발행할 신주 또는 양도할 자기의 주식은 회사의 **발행주식총수의 100분의 15를 초과할 수 없다**.
④ 제1항의 주식매수선택권의 행사가액은 다음 각 호의 가액 이상의 가액으로 한다.
  1. 신주를 발행하는 경우에는 주식매수선택권의 부여일을 기준으로 한 주식의 실질가액과 주식의 권면액(券面額) 중 높은 금액. 다만, 무액면주식을 발행한 경우에는 자본으로 계상되는 금액 중 1주에 해당하는 금액을 권면액으로 본다.
  2. 자기의 주식을 양도하는 경우에는 주식매수선택권의 부여일을 기준으로 한 주식의 실질가액

5 자기주식 취득에 관한 조항

작성 팁!

법인은 이익소각 등 여러 가지 목적으로 법인이 발행한 주식 즉, 자기주식을 취득할 필요가 있는 경우가 있으므로 자기주식 취득, 취득의 방법 및 처분 및 소각에 관한 사항을 반드시 규정할 필요가 있다.

제 조(자기주식의 취득)
① 회사는 다음의 방법에 따라 자기의 명의와 계산으로 자기주식을 취득할 수 있다.
  1. 거래소에서 시세가 있는 주식의 경우에는 거래소에서 취득하는 방법
  2. 주식의 상환에 관한 종류주식의 경우 외에 각 주주가 가진 주식 수에 따라 균등한 조건으로 아래의 방법으로 취득하는 것
    가. 회사가 모든 주주에게 자기주식 취득의 통지 또는 공고를 하여 주식을 취득하는 방법
    나. 자본시장과 금융투자업에 관한 법률 제133조부터 제146조까지의 규정에 따른 공개매수의 방법
② 자기주식을 취득한 회사는 지체 없이 취득내용을 적은 자기주식 취득내역서를 본점에 6개월간 갖추어 두어야 한다.
③ 자기주식 취득가액의 총액은 직전 결산기의 대차대조표상의 순자산액에서 다음 각 호의 금액을 뺀 금액을 초과하지 못한다. 회사는 해당 영업년도의 결산기에 대차대조표상의 순자산액이 다음 각 호의 금액의 합계액에 미치지 못할 우려가 있는 경우에는 자기주식의 취득을 하여서는 아니된다. 그럼에도 불구하고 회사가 자기주식을 취득한 경우에는 이사는 회사에 연대하여 그 미치지 못한 금액을 배상할 책임을 진다. 다만, 이사가 위와 같은 우려가 없다고 판단하는 때에 주의를 게을리 하지 아니하였음을 증명한 경우는 그러하지 아니하다.

1. 자본금의 액
2. 그 결산기까지 적립된 자본준비금과 이익준비금의 합계액
3. 상법시행령에서 정하는 미실현이익
4. 그 결산기에 적립하여야 할 이익준비금

④ 회사는 자기주식을 취득하기 위하여 미리 주주총회의 결의로 다음의 사항을 결정하여야 한다. 다만, 이사회의 결의로 이익배당을 할 수 있다고 정관으로 정하고 있는 경우에는 이사회의 결의로써 주주총회의 결의를 갈음할 수 있다.

1. 취득할 수 있는 주식의 종류 및 수
2. 취득가액의 총액의 한도
3. 1년을 초과하지 아니하는 범위에서 자기주식을 취득할 수 있는 기간

제 조(특정목적에 의한 자기주식의 취득)

회사는 다음 각 호의 하나에 해당하는 경우에는 제10조에도 불구하고 자기의 주식을 취득할 수 있다.

1. 회사의 합병 또는 다른 회사의 영업전부의 양수로 인한 경우
2. 회사의 권리를 실행함에 있어 그 목적을 달성하기 위하여 필요한 경우
3. 단주의 처리를 위하여 필요한 경우
4. 주주가 주식매수청구권을 행사한 경우

제 조(자기주식 취득의 방법)

① 회사가 제10조 제4항에 따른 결정을 하여 자기주식을 취득하는 경우에는 이사회 결의로 다음 각 호의 사항을 정하고 주식취득의 조건은 이사회 결의 시마다 균등하게 정하여야 한다.

1. 자기주식 취득의 목적
2. 취득할 주식의 종류 및 수
3. 주식 1주를 취득하는 대가로 교부할 금전이나 그 밖의 재산(본 회사의 주식은 제외. 이하 "금전 등"이라 함)의 내용 및 그 산정 방법
4. 주식 취득의 대가로 교부할 금전 등의 총액
5. 20일 이상 60일 내의 범위에서 주식양도를 신청할 수 있는 기간(이하 "양도신청기간"이라 함)
6. 양도신청기간이 끝나는 날부터 1개월의 범위에서 양도의 대가로 금전 등을 교부하는 시기와 그 밖에 주식 취득의 조건

② 회사는 양도신청기간이 시작하는 날의 2주 전까지 각 주주에게 회사의 재무현황, 자기주식 보유 현황 및 제1항 각 호의 사항을 서면 또는 각 주주의 동의를 받아 전자문서로 통지하여야 한다. 다만, 무기명식의 주권을 발행한 경우에는 3주 전에 공고하여야 한다.

③ 회사에 주식을 양도하려는 주주는 양도신청기간이 끝나는 날까지 양도하려는 주식의 종류와 수를 적어 서면으로 주식양도를 신청하여야 한다.

④ 주주가 제3항에 따라 회사에 대하여 주식양도를 신청한 경우 회사와 그 주주 사이의 주식 취득을 위한 계약 성립의 시기는 양도신청기간이 끝나는 날로 정하고, 주주가 신청한 주식의 총수가 제1항 제2호의 취득할 주식의 총수를 초과하는 경우 계약 성립의 범위는 취득할 주식의 총수를 신청한 주식의 총수로 나눈 수에 제3항에 따라 주주가 신청한 주식의 수를 곱한 수로 정하며 끝수는 버린다.

제 조(자기주식의 처분)

① 회사가 보유하는 자기의 주식을 처분하는 경우에 다음 각 호의 사항에 관하여 이사회가 결정하여 처분하며 이사회가 구성되지 않는 경우 주주총회에서 결정하여 처분한다.

1. 처분할 주식의 종류와 수
2. 처분할 주식의 처분가액과 납입기일
3. 주식을 처분할 상대방 및 처분방법

② 회사가 보유하는 자기의 주식을 처분하는 경우에는 회사 임직원에게 상여목적으로 지급하는 것도 허용이 되며, 제1항에 따라 처분한다.

제 조(주식의 소각)

① 회사는 이사회의 결의로 발행주식총수의 100분의 30 범위 내에서 주주에게 배당할 이익으로 주식을 소각할 수 있다.

② 제 1항의 규정에 의한 주식의 소각은 회사가 자기주식을 취득하여 소각하는 방법으로 한다.

6 이사의 손해배상책임 면제에 관한 조항

작성 팁!

이사가 법령, 정관을 위반하거나 회사와의 자기거래 등을 통해 회사에 손해를 끼친 경우에는 회사에 대해 손해배상책임을 부담하여야 한다.

이러한 이사의 회사에 대한 손해배상책임은 상법 제400조에 의해 총주주의 동의로만 면제할 수 있지만 정관에 정함이 있는 경우에는 총주주의 동의가 없는 경우에도 일정한도까지만 손해배상책임을 부담할 수도 있다.

따라서 정관에 이사의 손해배상책임 부여한도를 미리 규정할 필요가 있다.

제 조(이사의 회사에 대한 책임감면)

① 상법 399조에 따른 이사의 책임은 주주 전원의 동의로 면제할 수 있다.

② 상법 399조에 의한 이사의 책임을 이사가 그 행위를 한 날 이전 최근 1년간의 보수액(상여금과 주식매수선택권의 행사로 인한 이익 등을 포함한다)의 6배(사외이사의 경우는 3배)를 초과하는 금액에 대하여 면제할 수 있다. 다만, 이사가 고의 또는 중대한 과실로 손해를 발생시킨 경우와 상법 제397조 제397조의2 및 제398조에 해당하는 경우에는 그러하지 아니하다.

7 이사, 감사의 보수와 퇴직금

작성 팁!

임원과 회사와의 관계는 민법상 위임관계로서 임원의 보수와 퇴직금은 정관 또는 정관 위임을 받은 주주총회 결의를 통해 정하여야 하는 것이 원칙이므로 정관 등에 명확하게 규정하여야 한다.

임원, 감사의 보수와 퇴직금은 정관에 금액을 정하는 것보다 주주총회결의로 임원보수 한도를 정한 후 구체적인 이사, 감사의 보수는 이사회 결의로 정하는 것으로 하고 임원의 퇴직금은 주주총회결의로 정하는 것으로 규정할 필요가 있다.

제 조(이사의 보수와 퇴직금)

① 이사의 보수한도는 주주총회의 결의로 이를 정한다.

② 이사의 보수는 주주총회 결의로 정한 보수한도 내에서 이사회가 결정한다.

③ 퇴직한 이사의 퇴직금은 주주총회 결의로 정한 임원퇴직금 지급규정에 의한다.

제 조(감사의 보수와 퇴직금)

① 감사의 보수와 퇴직금에 관하여는 제 조(이사의 보수와 퇴직금)의 규정을 준용한다.

② 감사의 보수를 결정하기 위한 의안은 이사의 보수결정을 위한 의안과 구분하여 상정 · 의결하여야 한다.

8 이사회 소집통지기간 단축에 관한 조항

작성 팁!

상법상 이사회 결의는 이사회 결의일 7일 전에 통지하여야 하는 것이 원칙이지만 정관에 정함이 있는 경우에는 그 기간을 단축할 수 있다.

물론 이사, 감사 전원의 동의가 있는 경우에는 이사회 소집절차 없이도 이사회 결의가 가능하지만 이사, 감사 전원의 동의가 불가능한 경우가 있을 수 있으므로 신속한 이사회 결의를 진행하기 위해서는 이사회 소집통지기간을 단축하는 것으로 규정할 필요가 있다.

제 조(이사회의 구성과 소집)

① 이사회는 이사로 구성한다.

② 이사회는 대표이사(사장) 또는 이사회에서 따로 정한 이사가 있을 때에는 그 이사가 회일 24시간 전에 각 이사 및 감사에게 통지하여 소집한다. 그러나 이사 및 감사 전원의 동의가 있을 때에는 소집절차를 생략할 수 있다.

9 이익배당에 관한 사항

작성 팁!

법인이 배당 시에는 배당금을 통상 금전으로 지급하지만 배당금을 지급하는 법인 또는 지급받는 주주 입장에서 일정 현물 또는 주식으로 지급받아야 하는 경우가 있을 수 있다.

따라서 이익배당 시 현물 또는 주식으로 배당금을 지급할 수 있음을 규정할 필요가 있다.

> **제 조(이익배당)**
> ① 이익의 배당은 금전과 주식, 기타재산(현물배당)으로 할 수 있다.
> ② 이익의 배당을 주식으로 하는 경우 회사가 수종의 주식을 발행한 때에는 주주총회의 결의로 그와 다른 종류의 주식으로도 할 수 있다.
> ③ 제1항의 배당은 매 결산기말 현재의 주주명부에 기재된 주주 또는 등록된 질권자에게 지급한다.

10 중간배당에 관한 사항

작성 팁!

상법상 중간배당은 정관에 연 1회에 한하여 이사회 결의로 일정한 날을 정하여 배당할 수 있음을 정한 경우에 한하여 가능하다(상법 §462의3).

정관에 정함이 없이 중간배당한 경우에는 상법상 무효가 되어 가지급금에 해당하므로 중간배당에 관한 사항은 반드시 규정하여야 한다.

> **제 조(중간배당)**
> ① 본 회사는 영업년도 중 1회에 한하여 상법 제462조의 3의 규정에 의하여 주주에게 중간배당을 할 수 있다.
> ② 제1항의 결의는 제1항의 기준일 이후 45일 내에 하여야 한다.
> ③ 중간배당은 직전결산기의 대차대조표상의 순재산액에서 다음 각 호의 금액을 공제한 액을 한도로 한다.
> 1. 직전결산기의 자본의 액
> 2. 직전결산기까지 적립된 자본준비금과 이익준비금의 합계액
> 3. 직전결산기의 정기주주총회에서 이익배당하기로 정한 금액
> 4. 직전결산기까지 정관의 규정 또는 주주총회의 결의에 의하여 특정목적을 위해 적립한 임의준비금
> 5. 중간배당에 따라 당해 결산기에 적립하여야 할 이익준비금
>
> ④ 사업년도 개시일 이후 제1항의 기준일 이전에 신주를 발행한 경우(준비금의 자본전입, 주식배당, 전환사채의 전환청구, 신주인수권부사채의 신주인수권 행사에 의한 경우를 포함한다)에는 중간배당에 관해서는 당해 신주는 직전사업연도말에 발행된 것으로 본다. 다만 중간배당 후에 발행된 신주에 대하여는 중간배당기준일 직후에 발행된 것으로 본다.

02

PART 04

전략적으로 결산할 필요가 있다

전략가이드

사업초기인 설립 후 3년 이내 잘못된 결산을 하거나 거액의 가지급금이 발생하는 경우에는 향후 법인 경영 시 많은 걸림돌이 될 수 있다.
회계결산은 법인에게 세금문제만큼 중요한 문제로서 특히 설립 후 3년 이내 법인은 전략적으로 결산할 필요가 있다.

I 무리하게 이익으로 결산하는 것은 주의하여야 한다

창업중소기업 세액감면 또는 창업벤처기업 세액감면의 경우 최초 소득이 발생한 과세연도(사업개시일부터 5년이 속하는 과세연도까지 소득이 발생하지 않은 경우에는 5년이 되는 날이 속하는 과세연도)부터 5년간 감면이 적용된다.

예컨대 사업개시일부터 5년이 되는 날이 속하는 과세연도부터 실제 이익이 실현되고 이후 4년간 계속 이익이 실현된 경우에 실제대로 결산한 경우에는 5년간 세액감면이 적용되지만 무리하게 최초 과세연도에 이익으로 결산하고 이후 사업연도에 계속 결손인 경우에는 1년만 세액감면을 적용받는 결과가 된다.

따라서 창업중소기업 · 창업벤처중소기업 세액감면을 적용받는 경우에는 감면세액이 극대화될 수 있도록 결산할 필요가 있다.

다만 이 경우 대출, 입찰 등 때문에 이익을 계상하여야 하는 경우에는 세제혜택을 적용받는 것보다 대출, 입찰 등이 더 중요할 수 있으므로 결손으로 결산 시에는 사업진행에 문제가 없는지를 반드시 확인한 후 진행할 필요가 있다.

Ⅱ 사업초기에 거액의 가지급금이 발생하지 않도록 하여야 한다

소규모 중소기업이 사업초기에 전문 회계직원을 두는 것은 법인입장에서 부담스러운 측면이 있으므로 사업초기에는 통상 대표이사가 임의적으로 입출금 관리 및 결산자료를 정리하는 사례를 많이 볼 수 있다.

이러한 과정에서 실제 사업과 관련된 지출을 하였음에도 적격증빙을 수취하지 못하거나 외상대 잔액을 정리하지 못해 대표이사가 법인자금을 인출하지 않았음에도 가지급금이 발생하는 사례를 많이 볼 수 있다.

사업초기에 가지급금이 발생한 경우로서 대표이사가 인정이자를 불입할 능력이 없어 계속 법인자금을 인출하여 새로운 가지급금을 발생시키는 경우에는 무서운 복리효과에 의해 가지급금이 눈덩이처럼 커지게 되므로 사업초기에는 특히 가지급금이 발생하지 않도록 주의하여야 한다.

02

03

CEO가 꼭 알아야 할 법인결산과 법인세 절세 전략

PART 01

법인 CEO가 알아야 할 세무신고 관련 기본 사항

I 신설법인은 홈택스 수임 동의부터 해야 한다

☞ 신설법인 세무신고 시작

법인설립등기 → 사업자등록 발급 → 은행 계좌개설 및 공인인증서 발급 → 홈택스 수임동의 후 세무사에게 전달

대부분의 비상장법인은 부가가치세, 원천세 등 각종 신고를 세무사에게 의뢰하게 되는데 법인이 홈택스 수임에 동의하는 경우 세무사가 법인의 홈택스에 접속해서 매출, 매입세금계산서, 법인 신용카드 등 각종 자료 조회가 가능하므로 세무사에게 각종 세무신고 업무를 의뢰하는 경우에는 홈택스 수임동의부터 해야 한다.

홈택스 수임동의를 하기 위해서는 공인인증서 발급이 먼저 필요하며, 공인인증서를 발급받은 후에는 아래에 따라 홈택스 수임동의를 하면 된다.

※ www.hometax.go.kr 홈택스 사이트에 공인인증서로 로그인 한다.

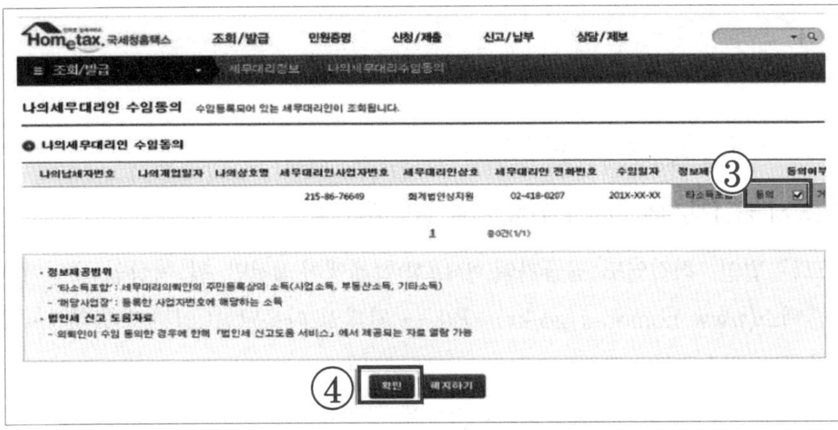

> ※ 수임동의 후 홈택스 아이디, 비밀번호를 세무대리인에게 알려주면 [법인카드 사용내역, 전자세금계산서]는 세무대리인이 자동 조회 가능하다.

Ⅱ 법인사업자 부가가치세 신고기간과 필요서류는 다음과 같다

전략가이드

모든 사업자는 부가가치세 신고를 통해 주요 매출, 매입이 확정되고 추가적으로 판매관리비가 정리되면 전체적인 영업손익이 확정되는 구조이므로 부가가치세 신고는 매우 중요한 의미가 있다. 이때 매출누락이 아닌 경우에도 매출 세금계산서를 지연발급하거나 다음 연도에 발급하는 경우에는 가산세 대상에 해당하며, 재화나 용역을 공급받은 후에 세금계산서를 발급받는 경우에는 매입세액 공제가 불가능하다.

따라서 부가가치세 신고 전에는 반드시 세금계산서를 발행해야 하는 매출에 대해 세금계산서를 발행했는지 그리고 세금계산서를 수취하여야 하는 매입에 대해 세금계산서를 수취했는지 여부를 체크하여야 한다.

1 법인사업자는 각 분기별로 연 4회 부가가치세 신고를 하여야 한다

| 법인사업자 부가가치세 신고기간 |

과세기간	과세대상기간		신고납부기간	신고대상자
제1기 1.1. ~ 6.30.	예정신고	1.1. ~ 3.31.	4.25.	법인
	확정신고	1.1. ~ 6.30.	7.25.	법인/개인*
제2기 7.1. ~ 12.31.	예정신고	7.1. ~ 9.30.	10.25.	법인
	확정신고	7.1. ~ 12.31.	다음해 1.25.	법인/개인*

* 대표이사 부동산임대소득이 있거나 개인사업자가 있는 경우

2 철저한 부가가치세 신고 없이 완벽한 결산은 없다

(1) 반드시 공급시기에 전자세금계산서를 발행해야 함

- 모든 법인, 직전연도 공급가액(면세포함)합계액이 8천만 원 이상인 개인이 대상
- 홈택스(www.hometax.go.kr) 가입 → 거래일 다음달 10일까지 발행 → 그 다음 날까지 전송
- 미발급, 지연발급, 가공발급 시 가산세 부과대상

지연발급, 미발급, 가공발급하는 경우	매출자의 불이익
세금계산서 미발행	2% 가산세
세금계산서 지연발급	• 확정신고기한까지 지연발급 1% 가산세 • 확정신고기한 후 지연발급 2% 가산세
재화 또는 용역 공급 없이 가공세금계산서 발행	3% 가산세

(2) 반드시 공급시기에 매입세금계산서를 수취해야 함

- 공급자가 세금계산서를 늦게 발행하여 지연수취하거나 공급시기 후 수취하는 경우에는 매입자가 불이익 감수

지연수취하거나 공급시기 이후 수취하는 경우	매입자의 불이익 (매입자의 불이익이 더 큼)
공급자 세금계산서 미발행 공급시기 이후 매입세금계산서 수취 (ex 건물 사용승인일 후 건설 세금계산서 수취)	매입세액 불공제
세금계산서 지연수취	0.5% 가산세 부과
가공세금계산서 수취	3% 가산세 부과*

* 법인세 추징, 부가가치세 포함 전체 공급가액 상여처분 별도 과세

(3) 매출/매입세금계산서

매출과 매입은 전자세금계산서 부분과 수기세금계산서 부분으로 나누어 수기세금계산서 부분은 엑셀로 집계하여 검토

(4) 신용카드매출, 현금영수증 발행내역, 이니시스, POS등을 통하여 결제되는 전자 상거래가 있는 경우 매출내역, 세금계산서 외의 매출이 있는 경우 기타 매출내역

(5) 전화요금, 인터넷사용료, 관리비 등 고지 영수증

> **절세포인트**
>
> 전화요금, 휴대전화요금, 인터넷사용료, 정수기렌탈료, 관리비 등은 반드시 사업자등록증을 제출하고, 공급 받는자 란에 사업자등록번호가 기재되게끔 받을 것

(6) 수출하는 경우

① 수출신고필증

② L/C(B/L) NO(선적일(ON BOARD)을 확인해야 하므로 B/L이 필요)

③ 외환매입증명서

④ 인보이스

⑤ 내국신용장/구매승인서

⑥ EMS영수증(번호확인 필요)

내국신용장/구매승인서 관련 주의사항

(1) 공급시기 다음 달 10일 내에 내국신용장/구매승인서가 개설된 경우
⇒ 영세율 세금계산서 발행

(2) 공급시기가 속하는 과세기간 종료 후 25일 이내에 개설된 경우
⇒ 공급시기에는 일반세금계산서를 발행한 후 내국신용장이 개설된 날에 당초 공급일자로 수정 세금계산서를 발행하고, 같은 날에 영세율세금계산서 발행(내국신용장 개설일 표시).

(7) 해외용역 매출 또는 기타 외화획득

① 계약서 또는 인보이스

② 외화입금증명서

(8) 외국인 관광객에게 면세물품 판매 시 필요서류

■외국인관광객 등에 대한 부가가치세 및 개별소비세 특례규정 시행규칙 [별지 제6호의2서식] <신설 2013.2.23>

외국인관광객 면세물품 판매 및 환급실적명세서(갑)

(2015년 1기(월))

(앞쪽)

1. 제출자 인적사항

사업자	①성 명		②사업자등록번호	
	③상 호		④사업장 소재지	서울특별시 서대문구 이화여대길 87, 6 (대현동)
	⑤거래기간	2015년01월01일~2015년03월31일	⑥면세판매장 지정번호	11000184

2. 물품판매 총합계

구분	⑦건수	⑧판매금액	⑨부가가치세	⑩개별소비세	⑪교육세	⑫농어촌특별세
합계	5	337,000	30,635			

3. 물품판매 명세

⑬일련번호	⑭구매일련번호	⑮판매일자	⑯반출일자	⑰반출승인번호	⑱환급(송금)일자	⑲환급액	⑳금액				
							판매금액	부가가치세	개별소비세	교육세	농어촌특별세
1	[illegible]	2015-03-27	2015-03-28	0	2015-03-28	5,000	79,500	7,227			
2	[illegible]	2015-03-26	2015-03-27	0	2015-03-27	8,000	135,500	12,318			

(9) 수입하는 경우

① 통관물류비용 정산서

② 수입신고필증

③ 수입세금계산서 관세 납부 영수증

④ 운송비용 등 세금계산서

⑤ INVOICE

⑥ 법인통장에서 물품대 지급한 통장 사본

⇒ 수입은 건별로 정리해서 "정산서 내역"과 "관련된 세금계산서"를 같이 묶어서 정리 보관.

⇒ 위 정산서의 대금 지급 시 통장상 적요란에 확인할 수 있도록 기록

☞ 기록 및 정리방법

ex 정산서는 거래처 또는 면장번호 "2023-1"로 관리하며, 지급한 금액은 거래처 또는 면장번호 "2023-1"로 기재.
상품대 지급 시에도 거래처 또는 면장번호 "2023-1로 표기하고, 상품대지급"이라고 '적요' 란에 꼭 기록

Ⅲ 법인사업자 법인세 신고기간과 준비서류는 다음과 같다

1 법인사업자 법인세 신고기간은 다음과 같다

법인사업자는 사업연도 종료일부터 3개월 이내에 법인세 신고를 하여야 한다.

구 분	신고기간	법인세 중간예납
12월 결산법인	다음연도 3월 31일까지	전년도 납부액의 1/2납부 ⇒ 8월 31일
9월 결산법인	12월 31일까지	전년도 납부액의 1/2납부 ⇒ 5월 31일
6월 결산법인	9월 30일까지	전년도 납부액의 1/2납부 ⇒ 2월 28일
3월 결산법인	6월 30일까지	전년도 납부액의 1/2납부 ⇒ 11월 30일

2 법인세 신고 시 준비서류와 주의사항을 완벽하게 숙지할 필요가 있다

법인세 신고 시 준비서류와 주의사항

(1) **법인카드, 대표이사의 신용카드 사용대금 명세서, 지출증빙용 현금영수증**

※ 홈택스 수임동의 시 세무대리인 조회가능
법인경비처리를 위해 대표이사, 직원카드 사용 시 경비 인정

(2) **지출결의서 · 전표**

※ 법인의 주요 지출에 대해서는 반드시 지출결의서와 전표를 작성할 것

(3) **각종 간이영수증**(3만 원 이하)

※ 택시를 탈 때도 반드시 영수증을 받고, 대리운전비는 현금으로 지급하지 않고 법인대리운전회사와 계약하여 법인카드에서 결제되도록 하는 것이 유리

(4) **경조사 증빙**(건당 20만 원 이하)

※ 청첩장, 부고장 등(모바일 포함)은 최대한 모아 기업업무추진비로 처리하는 것이 유리

⑸ 직원 신용카드도 회사를 위해 지출하면, 경비로 인정가능(단, 기업업무추진비 제외)

※ 직원카드를 이용할 때 어떠한 내용으로 지출하였는지를 메모해서 보관할 것

⑹ 연말 법인등기부등본

※ 자본금 변동 여부를 확인하기 위하여 필요

⑺ 주주명부

※ 연도 중 변동사항이 있으면 변동 내역을 주식양도계약서 등을 통해 반드시 확인하여 반영해야 함

※ 주주 변동 시 세무처리
- 주식양수도 계약서 작성
- 변경된 주주명부 작성
- 양도일이 속하는 반기의 말일부터 2개월 이내에 증권거래세(양도대금의 35/10,000), 주식양도소득세 신고
- 주식 양도소득세 신고(양도차익의 10~30%)
  ① 예정신고: 양도일이 속하는 반기의 말일부터 2개월 이내
  ② 확정신고: 양도일이 속하는 다음연도 5/1~5/31까지

절세포인트

- 부동산 보유 법인의 경우 간주취득세가 발생할 수 있으므로 주식변동 전 당사와 과점주주 간주취득세 문제 체크하여야 함.
- 최근 액면가액으로 주식양수도에 대해 국세청에서 세법상 평가액을 산정하여 과세하므로 반드시 사전 상담을 하여야 함.

⑻ 통장사본: 건별 거래내역 옆에 거래처, 내용 기재

절세포인트

- 법인통장은 지출결의서를 작성하여, 입/출금 내역을 분명하고, 투명하게 관리하는 것이 좋음.
- 세무조사 시 내역이 없는 입금은 매출누락으로 의심받을 수 있으며, 내역이 없는 출금은 대표자가 가져간 것으로 보아, 대표자에게 소득세가 부과될 수 있으므로 주의해야 함.
- 가수금과 가지급금이 많은 경우 여러 가지 과세문제가 있을 수 있으므로 별도 컨설팅을 요하는 부분임.

⑼ 외상매출금, 외상매입금, 미수금, 미지급금, 미지급비용 ⇒ 잔액 내역 리스트

⑽ 대출금 내역 리스트(대출금별 이자율 부기)

※ 이자비용 내역에 이자율과 ㅇㅇ은행, 대출금ㅇㅇ원 기재

⑾ 가지급금 인정이자 입금 내역

절세포인트

작년도 말 가지급금 인정이자로 계상한 부분은 반드시 확인해서 법인세 신고기한이 경과한 후 통장에 대표이사 명의로 입금내역을 남겨두어야 하고, 입금한 내역은 반드시 별도로 확인할 것

⇒ 세법상 계산되는 인정이자의 95.1%만 납입해도 무방함.

⑿ 배당 내역

배당 계획이 있으면 법인세 신고 시 배당 내역에 대한 이익잉여금처분계산서를 작성하고, 미지급 배당금으로 계상하여야 함.

절세포인트

☞ **배당 계획 수립 시 절세 포인트**

- 배당금액이 2,000만 원 이상인 경우 금융소득 종합과세
- 단, 타 소득이 없는 경우 1억1,900만 원 정도까지는 증가세액 미비

⒀ 건설업

- 도급계약서
- 장기도급공사의 경우 진행률(발생원가/총예상 투입원가)을 계산한 진행률 내역서

⒁ 수입물품이 있는 경우

① 통관물류비용정산서
② 수입신고필증
③ 수입세금계산서
④ 관세납부영수증
⑤ 운송비용등 세금계산서
⑥ INVOICE
⑦ 법인통장에서 물품대 지급한 통장 사본에 물품대 지급한 내역

⒂ 연말 재고 관리대장

과목	품명	규격	단위	수량	단가	금액	재고자산 평가평법
원재료							
소 계							
재공품							
소 계							
제 품							
소 계							
상 품							
소 계							

절세포인트

1. 저가법 신고

재고자산 평가방법을 저가법으로 신고하는 경우 재고가치가 하락 시 재고금액을 하락한 금액으로 계상할 수 있으므로 절세가능

2. 현물기부

유통기한 제한 있는 제품, 상품으로서 미판매 예상되는 경우에는 연말 현물기부를 통한 경비 인정

세무조사 시 재고 관련 주의사항

세무조사 시 재고흐름으로 실제 매출액을 파악 재고관리 주의

⇒ 실제 재고 > 장부상 재고: 귀속시기 차이 법인세 과세

⇒ 실제 재고 < 장부상 재고: 매출누락 대표자 상여 처분

⒃ 기부금 있는 경우

⇒ 반드시 기부금 영수증 첨부

⒄ 국고보조금 수령 시

⇒ 국고 보조금 수령으로 자산 취득 시 자산취득 내역

①수취 일자	지급처		보조금등 유형		⑥ 수취 금액	반환조건		비고
	②법인명	③사업자 번호등	④명칭	⑤ 코드		⑦ 반환 예정일	⑧ 반환 비율	
2023.04.07.	중소기업 진흥공단	000-82-00000	해외민간네트워크지원사업					
2023.06.24.	창원상공 회의소	000-00-0000	해외지식재산권지원사업					

〈코드 추가체크 사항〉
- 전액반환의무 없는 경우 ⇒ ⑤**코드** 11
- 일부반환 의무 있는 경우 ⇒ ⑤**코드** 21
- 일부에 대해 성공 조건부 기타 조건부로 반환의무 있는 보조금 ⇒ ⑤**코드** 21
- 전액에 대해 성공 조건부 기타 조건부로 반환의무 있는 보조금 ⇒ ⑤**코드** 31

03

⒅ 국세청 안내문

세무조사 선정되지 않기 위한 절세포인트

국세청에서는 불성실 신고 혐의가 있다고 의심이 되는 경우 개별적으로 신고분석 안내문을 발송하고 있음.
국세청에서 안내문을 받으셨거나 홈택스 쪽지를 확인하셔서 국세청에서 쪽지를 보낸 경우 동 사항을 반영하여 조사대상에 선정되지 않도록 조정하여 신고하여야 함.

⒆ 법인세율(2023년 개정)

과세표준	세율	누진공제
2억 원 이하	9%	-
2억 원 초과 ~ 200억 원	19%	2,000만 원
200억 원 초과 ~ 3,000억 원	21%	4억2천만 원
3,000억 원 초과	24%	94억2천만 원

Ⅳ 법인사업자 업무용 승용차 관리

2016년 4월 1일부터 업무용승용차에 대해서는 관련 업무일지를 작성하여야 하고 차량별로 차량관련비용이 집계되어야 하므로 차량관련비용의 모든 증빙에 관련 차량번호를 기재하여야 한다.

1 운행일지 작성 및 임직원 전용보험 가입의무

2016년 4월 1일 이후부터 법인 보유 승용차의 경우 운행일지를 작성하여야 하고 "임직원자동차전용보험"에 반드시 가입하여야 함.
미가입 시 차량관련비용이 전액 비용 인정되지 않으므로 반드시 준수사항임.

※ 운행일지 작성 및 임직원 전용보험 가입의무 제외 차량 ※

★ 경차(모닝, 스파크, 마티즈 등)

★ 9인승 이상 승합차(카니발 9인승, 스타렉스 등)

★ 봉고차, 트럭, 운수업 · 자동차판매업 · 자동차 임대업 · 운전학원업 등의 사업에 직접 사용하는 차

★ 감가상각이 완료된 차량으로서 연간 차량관련 총 예상비용이 1,500만 원을 초과하지 않을 것이 확실한 차량(운행일지 작성 의무만 제외)

2 그 외 회사 준수사항

가장 중요한 부분은 2024년 귀속 법인세 신고 시 모든 차량에 대해 차량별로 차량 관리비용을 집계해서 세무서에 제출해야 하므로 모든 차량유지비 옆에 차량번호를 기재하여야 함. 차량번호를 기재하기 번거로운 경우 법인 차량에 대해 일련번호를 부여한 후 일련번호를 기재

★ 유류대, 주차료, 통행료, 수리비, 자동차세, 보험료, 리스료, 렌트비 등 차량관련 모든 비용
ex 1/10 유류대 50,000원 신용카드결제영수증(⇒ 옆에 관련 차량 번호를 반드시 기재)

3 업무용 승용차 비용인정 사항

(1) 업무용 승용차 관련비용

※ 부가가치세법상 매입세액 불공제 대상 승용차에 적용
(경차, 9인승 이상 승합차, 택시 등 영업용 차량은 적용 제외)

※ 업무용 사용범위: 사업장 방문, 거래처 및 대리점 방문, 회의참석, 판촉활동, 출/퇴근, 기타업무사용목적

※ 업무용 승용차 관련비용: 감가상각비, 리스료, 유류비, 보험료, 수리비, 자동차세, 통행료 등 취득 · 유지함으로써 발생하는 비용

(2) [법인] 업무용 승용차 관련비용 계산방법

임직원 전용 자동차보험 가입 (O)		임직원 전용 자동차보험 가입 (X)
운행기록 작성 (O)	**운행기록 작성 (X)**	**전액 불인정**
업무용 승용차 관련비용 × 업무사용비율	Min(업무용 승용차 관련비용, **1,500만 원**)	

(3) 업무용 승용차에 대한 감가상각비 비용인정 한도

Min 〔감가상각비(상당액*) × 운행기록상 업무사용비율, 8백만 원〕

⇒ 아무리 고가의 승용차를 구입해도 연 800만 원만의 감가상각비만 비용으로 인정

* 리스의 경우 감가상각비 상당액: 리스료 − 〔보험료 + 자동차세 + 수선유지비(미확인 시 리스료의 7%)〕
  렌트의 경우 감가상각비 상당액: 렌트료의 70%

(4) 운행기록의 작성 방법

승용차별로 각각 작성, 비치하여야 함.
2016년의 경우에는 2016.4.1.부터 작성(2016.4.1. 이후의 업무사용비율 적용)

※ 작성방법: 사용자, 사용일자(요일), 주행거리, 업무용사용거리 등을 기록(소명대비 업무목적 메모 필요)

운행일지 기록을 작성하지 않은 경우 업무사용비율	
1,500만 원 초과	1,500만 원 이하
1,500만 원 ÷ 업무용승용차 관련비용	100%

4 법인의 자가구입 VS 리스 VS 렌탈 중 가장 유리한 것은?

업무용 승용차 관리제도 도입 전에는 법인에서 자가로 구입한 경우에는 정률법 적용 시 첫해 45.1%까지 감가상각이 가능하였으므로 초기 비용처리 효과가 가장 높은 장점이 있었다.

하지만 업무용 승용차에 대한 감가상각비의 경우 자가구입, 리스, 렌탈 모두 800만 원까지만 인정되므로 현행 세제에서는 자가구입, 리스, 렌탈 여부에 따라 절세효과가 크게 달라지지 않는다.

다만 신차 가격이 5,000만 원에서 8,000만 원가량인 카니발 9인승의 경우 운행일지 작성, 임직원 전용보험 가입의무가 적용되지 않는 것 외에 비용처리되는 감가상각비 한도도 적용되지 않으므로 절세효과 측면에서 가장 좋은 차량은 카니발 9인승이라 할 수 있다.

V 법인 신용카드 사용 시 주의점!

전략가이드

법인사업을 위해 지출하는 경비는 당연히 법인카드로 결제하는 것이 최선이다.
다만, 우리나라의 경우 법인카드 사용내역을 국세청에서 법인동의 없이 체크가능한 특이점이 있다는 점을 주의하여야 한다.
국세청은 매년 정기적으로 법인신용카드 사용내역을 체크한 후 법인세 신고 전 홈택스 쪽지로 사업무관, 가사경비, 해외사용분등에 대해 법인에 안내하고 있으며 사업무관 사용금액이 큰 경우에는 법인사업 관련여부에 대해 소명요구를 하고 있다.
만일 사업관련 여부를 소명하지 못할 경우에는 부가가치세 매입세액이 불공제 될 뿐만 아니라 법인세와 대표이사 상여로 소득세를 부담하게 된다.
또한 아래의 곳에서 법인카드 사용이 많은 법인의 경우 불성실신고 법인으로 볼 수 있으므로 주의해야 한다.

1 백화점, 상품권 구입

기업업무추진비 외 목적으로 백화점에서 결제하는 경우에는 대표이사나 직원카드로 결제한 후 법인에서 경비처리 하는 것이 유리할 수 있다.

또한 법인카드로 과다하게 백화점 상품권을 구매하여 사적으로 사용하는 사례가 늘어남에 따라 국세청은 법인카드로 거액의 백화점 상품권을 구매하는 경우에 대해 별도로 점검하고 있으므로 거액의 상품권 구입 시에는 주의하여야 한다.

2 골프장

현재 국세청은 골프장에서의 임직원 체력단련 비용은 비용으로 인정해주지 않고 있다. 따라서 골프장에서 법인카드 사용 후 복리후생비로 처리 시에는 경비에서 부인되면서 소득세까지 부담할 수 있으므로 골프장에서 사용한 신용카드는 반드시 기업업무추진비로 처리하는 것이 좋다.

3 룸싸롱, 안마시술소, 나이트클럽

룸싸롱은 접대목적으로 사용할 경우가 많으므로 반드시 법인카드로 결제하여야 하나 너무 잦은 사용과 거액의 사용은 문제가 될 수 있다.

4 카지노

카지노에서는 법인카드를 사용하지 않는 것이 좋다.

5 병 · 의원

병의원에서는 법인카드를 사용하지 않을 것을 권하며 직원 복리후생 차원으로 병원비를 결제하는 경우 개인카드로 결제한 후 복리후생비로 처리하는 것이 유리하다.

6 해외 사용 시

해외 출장 시 사용하는 경우 추후 소명이 가능하다면 큰 문제는 없지만 해외의 경우 3만 원 이상 영수증을 수취해야 하는 제한을 받지 않으므로 해외에서 환전을 많이 한 경우 또는 신용카드로 결제할 수 없는 곳이라면 영수증을 수취하여도 무방하다.

7 면세점 사용 시

해외 출장 시 면세점에서 법인카드를 사용하는 것은 가급적 지양하는 것이 좋다.

8 주말, 공휴일 사용 시

세무조사 시 주말, 공휴일 사용분은 경비에서 부인되고 대표자가 인출한 자금으로 보아 소득세까지 부담할 수 있으므로 주의하여야 한다.

03

9 웨딩홀, 장례식장

웨딩홀과 장례식장은 사적 경비로 보아 부인되므로 주의하여야 한다.

10 신용카드 매출전표에 내역 표시하기

세무조사 시 법인카드 사용액 중 사적 사용액으로 보이는 부분은 부인하게 되는 데 이를 방지하기 위해서는 신용카드 매출전표에 어떤 목적으로 사용하였는지를 명기하고 지출결의서 양식을 통하여 보관하시는 것이 좋다.

ex n사 부장님 m 수주 건 관련 골프접대/당사 김상무, 이부장 참석(거래처는 이니셜로 표기)

11 신용카드 매출전표상의 상호와 실제 사용한 상호 일치 여부 확인

간혹 세금 탈루 등의 목적으로 위장 상호로 등록된 가맹점으로 카드를 결제시키는 경우가 있으므로 위장 상호로 등록된 가맹점이 세금상의 문제가 있다면 경비가 부인될 수 있으므로 주의하여야 한다.

PART 02

법인 CEO가 알아야 할 전략적인 결산전략

I CEO가 반드시 체크하여야 하는 재무비율

> **전략가이드**
>
> 법인이 과다하게 세금을 납부한 경우에는 세액감면, 세액공제를 추가 신청하는 방식으로 경정청구를 통해 환급받는 것이 가능하지만 법인이 법인세 신고를 한 경우에는 재무제표 수정이 불가능하다.
> 금융기관 대출, 중요입찰 등 응찰 시에는 법인의 안정성, 현금유동성, 성장가능성 등을 평가하기 위해 법인의 각종 재무비율을 분석하여 평가하게 된다.
> 만일 결산 시 이러한 재무비율에 대한 체크 없이 결산을 마무리하여 자금이 필요한 경우에 대출이 불가능하거나 입찰 등에 응찰되지 않는 경우에는 사업상 중대한 차질이 발생할 수밖에 없다.
> 따라서 성공적인 법인경영을 위해서는 세금뿐만이 아니라 중요 재무비율을 적극적으로 관리하여 법인의 대출, 입찰 등에 문제없도록 준비할 필요가 있다.

1 부채비율(debt-to-equity ratio)

부채비율은 법인의 타인자본 의존도를 체크하여 재무구조 건전성을 체크하는 지표로서 가장 대표적인 경영지표이다.

부채비율은 법인의 전체 재무상태표상 부채를 자기자본 총계로 나누어서 산정한다. 부채가 줄어들수록 부채비율이 낮아지므로 부채비율이 낮을수록 법인의 재무건전성이 양호한 것으로 평가된다.

연말 결산 전 부채비율을 낮추기 위해서는 부채를 낮추고 자본총계를 늘려야 하므로 이러한 부분에 최대한 초점을 맞추어 결산을 하여야 하며 부채비율이 너무 높은 경우에는 증자 또는 가수금 출자전환을 고려할 필요가 있다.

■ 부채비율 = 부채총계 / 자기자본

* 낮을수록 높은 재무건전성 평가

2 유동비율(Current ratio)

유동비율은 법인이 보유하는 지급능력 또는 신용능력을 판단하기 위해 사용되는 비율로서 신용분석적 관점에서는 가장 중요한 비율이라 할 수 있다.

유동비율 산정은 법인이 1년 이내 현금화할 수 있는 유동자산을 1년 이내 갚아야 하는 유동부채로 나누어서 산정하므로 유동비율이 높을수록 지급능력이 높은 것으로 평가된다.

유동비율을 높이기 위해 1년 이내 현금화할 수 있는 유동자산을 높이는 것은 한계가 있으므로 부채계상 시 최대한 1년 이후 반제가 되는 비유동 부채로 계상하는 것이 유리하다. 즉, 차입금의 경우 단기 차입금이 아닌 장기차입금으로 계상하는 것이 유리하다.

■ 유동비율

= 유동자산(1년 이내 현금화할 수 있는 자산) / 유동부채(1년 이내 반제하여야 하는 부채)

* 높을수록 양호한 신용능력 보유한 것으로 평가

3 매출성장률(sales growth rate)

매출성장률은 기업의 제품이나 서비스에 대한 수요가 얼마나 높은지, 새로운 시장 개척능력이 있는지 여부, 즉, 안정적인 시장점유율을 확보하여 지속적으로 시장에서 매출을 일으킬 수 있는지를 가늠하는 지표로서 기업의 성장성을 평가하는 대표적인 지표이다.

매출성장률의 경우 전년 대비 성장하는 것도 중요하지만 꾸준하게 상승곡선을 나타내는 것이 더 중요할 수 있으므로 연말 결산 마무리 시에는 이러한 부분들을 고려하여야 한다.

예컨대 내년도 실적예상액이 낮은 경우에는 당기 결산에서 플러스 매출성장률만 기록되게 한 후 최대한 매출을 이월시켜서 실적추이가 하락하지 않도록 관리하는 것이 필요하다.

■ 매출성장률 = 〔(당기 매출액 － 전기매출액) / 전기매출액 〕× 100

* 증가하는 것이 유리하지만 급증하다가 하락하는 것보다 지속적인 상승곡선을 그리는 것이 좋음

4 영업이익률(operation profit ratio)

영업이익률은 법인이 영업활동을 통해서 벌어들인 영업이익의 매출액 대비 비율을 나타내는 지표로서 기업가치와 법인이 영위하는 주목적 사업의 수익성을 평가하는 데 가장 중요한 지표 중 하나라고 할 수 있다.

이자비용 지급 등으로 전체적인 당기순이익률은 낮더라도 영업이익률이 높은 경우에는 법인 목적사업의 수익성이 높게 평가되어 무형의 가치가 가중될 수 있다.

반면 매출성장률이 높은 경우에도 영업이익률 또는 영업이익 증가율이 낮은 경우에는 전체적인 기업가치 평가 시 마이너스 요인이 될 수 있다.

영업이익률의 경우 당기 영업이익률도 중요하지만 영업이익 성장률도 중요한 의미가 있다.

결산 시에는 비용 중 영업외 비용으로 처리 가능한 비용은 최대한 영업외 비용으로 계상하는 것이 영업이익률을 높게 계상할 수 있는 방법이 된다.

■ 영업이익률 = 영업이익 / 매출액

* 높을수록 유리

■ 영업이익 증가율 = 〔(당기 영업이익 − 전기 영업이익) / 전기 영업이익〕 × 100%

* 증가하는 것이 유리하지만 급증하다가 하락하는 것보다 지속적인 상승곡선을 그리는 것이 좋음

5 EBITDA(Earning Before Interest, Taxes, Depreciation and Amortization)

EBITDA는 기업이 영업활동으로 벌어들인 현금 창출 능력을 나타내는 지표로서 법인의 이익에서 이자, 법인세, 감가상각비를 차감하여 계산한다.

즉, 영업활동과 관련 없는 이자비용, 법인세 비용, 감가상각비를 비용에서 제외함으로써 기업이 영업활동으로만 벌어들인 현금 창출능력을 판단 시 사용하는 지표로서 기업의 실질가치를 평가 시에는 당기순이익이 아닌 EBITDA를 기준으로 평가된다.

이자비용을 이익에 포함시키기 때문에 자기자본 사용법인과 타인자본 사용법인 간의 영업이익 왜곡 현상이 제거되며, 법인세 비용을 이익에 포함시키기 때문에 세제혜택 등의 차이에 따른 법인 간의 영업이익 왜곡현상이 제거되는 효과가 있다.

■ EBITDA(Earning Before Interest, Taxes, Depreciation and Amortization)
= 순이익 − (이자비용, 법인세 비용, 유형 및 무형자산 상각비)

* 전체 순이익이 낮더라도 EBITDA가 높은 경우에는 높게 평가 가능

6 자기자본이익률(Return On Equity)

자기자본이익률은 투입된 자기자본 대비 얼마만큼의 이익을 냈는지를 나타내는 지표로서 주주가 가지고 있는 지분에 대한 이익률이라 할 수 있으므로 법인에 투자한 투자자들 입장에서 가장 중요한 지표 중 하나라고 할 수 있다.

많은 이익을 낸 경우에도 타인자본이 많은 경우에는 자기자본이익률이 높을 수 없으며, 많은 이익을 내지 못한 경우에도 자기자본을 축소시키는 경우 자기자본의 이익률이 높아질 수 있는 구조라서 자기자본이익률로 법인 평가 시에는 이러한 부분들을 고려하여 평가할 필요가 있다.

■ 자기자본이익률(Return On Equity) = (당기순이익 / 자기자본) × 100%

7 이자보상배율(Interest Coverage Ratio)

이자보상배율은 영업이익을 이자비용으로 나눈 비율로서 기업의 채무상환능력을 나타내는 지표이다.

금융기관이 대출 시 이자지급능력 판단 및 부실기업 판단 시 사용되는 지표로서 영업이익을 이자비용으로 나누어 계산하므로 높을수록 유리하나 최근 몇 년간 급격한 금리인상으로 대부분 중소기업들의 이자보상배율이 급격하게 하락하여 채무상환능력이 낮게 평가되는 측면이 있다.

이자보상배율이 1 미만인 경우에는 영업이익으로 전액 이자를 지급하여야 하는 상황이므로 부실기업으로 판정될 수 있다.

법인이 차입금 규모가 적정한지 판단 시에는 반드시 이자보상배율을 체크할 필요가 있다.

■ 이자보상배율(Interest Coverage Ratio) = (영업이익 / 이자비용) × 100%

Ⅱ 이익과다 법인의 결산전략

전략가이드

법인의 이익이 과다한 경우에는 과다한 법인세 납부로 이어질 수 있을 뿐만 아니라 실적 추이가 급증하다가 하락하는 곡선을 그리게 되어 기업가치 평가 시 부정적인 요인으로 작용될 수 있는 측면이 있다.

따라서 이익과다 법인의 경우 적정한 법인세 납부와 지속적으로 상승하는 추이의 성장그래프를 만들기 위해 적정 수준으로 당기 이익을 낮추는 방법을 검토하여 진행할 필요가 있다.

1 재고자산 중 유통기한이 많이 남지 않은 재고자산은 연말 전 현물 기부하는 것이 유리하다

유통기한이 정해져 있는 재고자산, 유행이 지난 재고자산 등으로서 사용에는 지장이 없지만 법인이 해당 재고자산을 시장가격으로 판매하기 어려운 경우에는 연말 전 현물 기부함으로써 부실 재고자산이 되는 것을 방지하고 장부가액을 기부금으로 경비처리 받는 것이 유리하다.

이 경우 특수관계가 없는 자에게 법정기부금(50% 한도 기부금), 지정기부금(10% 한도 기부금) 단체에 기부하는 경우에는 해당 재고자산의 시가가 하락하였다고 하더라도 장부가액을 기준으로 기부금 비용처리가 가능하다.

예컨대 화장품 제조법인이 유통기한이 얼마 남지 않아 정상가격으로 판매 불가능하지만 사용에는 문제없는 장부가액 5억 원인 제품을 유통기한 경과 전 기부하는 경우에는 5억 원을 기부금(기부금 한도 내인 경우)으로 인정받아 최고 1억450만 원을 절세할 수 있게 되며 재고처리비용을 절약할 수 있게 된다.

2 이익이 과다한 해에는 대표이사의 DC형 퇴직연금을 최대한 불입하는 것이 유리하다

세법상 DC형 퇴직연금의 경우 퇴직금 한도와 관계없이 불입하는 연도에는 전액 비용처리가 가능하다.

예컨대 대표이사 퇴직금 한도가 1억 원밖에 되지 않는 경우라도 2023년 과도한 이익이 발생할 것으로 예상된다면 법인자금이 허용되는 범위 내에서 5억 원을 대표이사 DC형 퇴직연금으로 불입하는 경우에도 전액 비용으로 인정된다.

다만 DC형 퇴직연금의 경우 법인이 긴급자금 필요 시 담보대출이 불가능하며 중도인출이 어려우므로 법인의 자금사정을 감안하여 진행하여야 하는 점을 주의하여야 한다.

❸ 직원 퇴직금 추계액보다 미달하게 퇴직연금을 불입한 경우에는 퇴직금 추계액만큼 전액 퇴직연금에 불입할 필요가 있다

직원 퇴직금을 지급하지 않는 경우에는 대표이사가 형사처벌 될 수도 있으므로 직원퇴직금은 법인을 경영하는 CEO 입장에서 가장 부담스러운 부채 중 하나라 할 수 있다.

현재는 직원 퇴직금을 퇴직연금에 불입하는 것이 의무화되어 있지만 DB형 퇴직연금에 가입한 경우에는 퇴직금 추계액만큼 퇴직연금을 불입하지 않은 경우를 종종 볼 수 있다.

DB형 퇴직연금은 손익계산서에 비용처리되지 않아 공표이익이 낮아지지 않지만 퇴직금 추계액 범위 내에서 불입 시 전액 세무상 비용으로 인정되므로 이익이 과다하여 법인세가 걱정되는 경우라면 직원 퇴직금 추계액 범위 내에서 퇴직연금을 전액 불입하는 것이 유리하다.

❹ 외상매출금 중 2년이 경과한 외상매출금은 대손상각을 통해 비용 처리하는 것이 유리하다

중소기업의 경우 회수기일이 경과한 장기 외상매출금을 보유하고 있는 경우가 대부분이다.

이 경우 중소기업이 보유하고 있는 회수기일이 2년 이상 경과한 외상매출금은 2020년부터 거래 상대방의 폐업여부, 거래상대방의 정상적인 사업영위 및 지불능력 여부, 외상매출금 회수를 위해 노력하였는지 여부에도 불구하고 대손상각비로 처리하는 경우 비용처리가 가능하다. 다만 2023년 이후 해당 금액을 회수하는 경우에는 다시 이익으로 계상된다.

예컨대 중소기업이 외상매출금 5억 원이 있는데 해당 외상매출금의 회수기간이 2년이 경과한 경우에는 대손상각을 통해 비용처리가 가능한 것으로 최고 1억450만 원을 절세할 수 있다.

❺ 재고자산의 경우 저가법으로 평가방법을 신고하는 것이 유리하다

중소기업의 경우 부실 재고자산을 보유하고 있는 경우가 대부분이다.

세법상 자산에 대해서는 임의평가를 허용하지 않고 있으므로 임의로 평가차손을 계상하는 것은 인정되지 않는다. 다만 재고자산의 경우 저가법으로 재고자산 평가방법을 신고한 경우로서 판매가능한 시가가 장부가액보다 하락한 경우에는 판매가능한 시가로 평가할 수 있다.

예컨대 취득가액 10억 원인 상품이 현재 5억 원에 판매되어 실제로 장부가액보다 낮은 가액으로 판매되는 경우로서 해당 상품의 재고를 보유하고 있는 경우에 저가법으로 재고자산 평가방법을 신고한 경우에는 시가와 장부가액과의 차액인 5억 원을 재고자산 평가손실로 비용인정 받을 수 있다.

이렇게 재고자산을 저가법으로 평가하기 위해서는 사업연도 종료일 전 3개월 전까지 재고자산평가방법 변경신고를 하여야 하므로 2024년 이익이 과다할 것으로 예상되는 법인의 경우에는 반드시 9월말까지 저가법으로 재고자산 평가방법을 신고할 필요가 있다.

6 연말에 외화평가손실이 발생하는 법인의 경우에는 외화자산, 부채 평가방법을 신고하여 외화평가손실을 비용으로 인정받는 것이 유리하다

외화 대출이 있거나 외화 외상매입금이 있는 경우로서 연말에 환율이 상승한 경우 또는 외화 외상매출금이 있는 경우로서 연말에 환율이 하락한 경우에는 외화평가손실이 발생하게 된다.

세법은 임의적인 평가를 통해 평가차손을 비용으로 처리하는 것을 인정하지 않지만 외화자산, 부채를 연말 환율로 평가한 후 평가손익을 잡는 것으로 평가방법을 신고한 경우에는 평가차손을 비용으로 인정하고 있다.

예컨대 외화대출로 1,000,000달러를 1,100원 환율로 대출받은 경우로서 연말에 환율이 1,200원으로 상승하는 경우에는 외화평가손실이 거의 1억 원가량 발생하게 되는데 외화자산, 부채를 평가하는 것으로 신고한 경우에는 해당 평가손실을 비용으로 인정받을 수 있다.

다만 외화자산, 부채를 평가하는 것으로 신고하는 경우에는 외화평가이익이 발생하는 경우에도 이를 수익으로 계상하여야 하며 한번 신고 시에는 5년간 계속 평가손익을 인식하여야 하는 점을 주의하여야 한다.

7 청첩장, 부고장은 모두 모아서 기업업무추진비로 경비 처리하는 것이 유리하다

세법상 기업업무추진비는 접대목적으로 지출하였다고 하여 무조건 인정하는 것이 아닌 중소기업(성실신고 대상법인 제외)의 경우 기본한도 3,600만 원에 매출액의 0.3%(매출액 100억 원 초과 500억 원 이하: 3천만 원 + 100억 원 초과 수입금액의 0.2%, 매출액 500억 원 초과: 1억1천만 원 + 500억 원 초과 수입금액의 0.03%)를 가산한 금액의 범위 내에서만 인정된다.

예컨대 매출액 100억 원인 중소기업의 경우 6,600만 원(기본한도 3,600만 원 + 100억 원의 0.3%)까지 지출한 기업업무추진비만 비용으로 인정되는 것으로 원칙적으로 기업업무추진비로 인정받기 위해서는 반드시 법인신용카드(개인 신용카드 접대는 경비 불인정), 세금계산서, 계산서, 현금영수증 등 적격증빙을 수령하여야만 경비처리가 가능하다.

다만 예외적으로 거래처 관계자 결혼, 부고 등 발생 시 축의금과 부의금은 적격증빙이 없어도 건당 20만 원까지 경비처리가 가능하므로 이익이 과다한 법인임에도 불구하고 기업업무추진비 발생액이 기업업무추진비 한도 내인 경우에는 청첩장, 부고장 등을 모두 모아서 기업업무추진비로 경비처리 할 필요가 있다.

8 기계장치 등 투자가 필요한 경우에는 연내에 구입하는 것이 유리하다

수도권 과밀억제권역 외의 법인으로서 기계장치, 연구시험시설, 에너지 절약시설, 환경보전시설, 근로자복지 증진 시설에 대한 투자가 필요한 법인이 해당 자산에 투자하는 경우에는 중소기업의 경우 투자금액의 10%(직전 3년 평균투자액 초과액의 3% 추가공제)를 세액공제 받을 수 있다.

예컨대 수도권 과밀억제권역이 아닌 용인 소재 제조법인이 10억 원의 기계장치를 투자하는 경우로서 직전 3년간 투자금액이 없는 경우에는 (기본공제 10% + 추가공제 3%)의 세액공제를 받을 수 있으므로 최고 1억3천만 원의 세액공제(농어촌특별세 20% 납부)가 가능할 수 있다.

9 취득가액 100만 원 이하 자산, 컴퓨터, 비품, 가구, 간판 등 자산은 자산으로 계상하지 않고 당기 비용처리 할 수 있으므로 당기 비용 처리하는 것이 유리하다

법인이 자산을 구입한 경우에는 구입한 연도에 전액 비용인정 되지 않으며 자산으로 계상하였다가 일정 기간 감가상각을 통해 감가상각비만 비용 인정된다.

다만 취득가액 100만 원 이하 감가상각자산, 비품, 전기기구, 간판, 시험기기, 컴퓨터, 주변기기 등 자산의 경우에는 법인이 비용처리 시 취득한 연도에 전액 비용처리가 가능하다(고유업무 성질상 대량보유하거나 사업개시 또는 확장을 위하여 취득한 자산은 제외).

통상 법인 재무제표를 보면 대부분 비품, 컴퓨터 등 자산을 구입 시 무조건 자산으로 계상하는 데 이익과다 법인의 경우에는 자산처리 하지 않고 당기 비용으로 처리하는 것이 유리하다.

취득한 연도에 전액 비용처리 가능자산

(1) 어업에 사용되는 어구(어선용구 포함)
(2) 영화필름, 공구, 가구, 전기기구, 가스기기, 가정용 기구 · 비품, 시계, 시험기기, 측정기기 및 간판
(3) 대여사업용 비디오테이프 및 음악용 콤팩트디스크로서 개별자산의 취득가액이 30만 원 미만인 것
(4) 전화기(휴대용 전화기를 포함한다) 및 개인용 컴퓨터(주변기기 포함)
(5) 취득가액 100만 원 이하 자산

Ⅲ 손실 법인의 결산전략

전략가이드

법인이 세무상 손실이 발생한 경우에는 납부할 법인세가 없으므로 법인세 납부이슈는 없지만 금융기관 대출계획이 있는 경우에는 신규대출이 불가능할 수 있고 기대출금액이 있는 경우로서 대출연장을 하여야 하는 경우에는 금리 적용 시 불이익이 있거나 일부 원금을 상환하여야 할 수도 있다.
또한 법인이 손실이 발생한 경우에는 급격하게 재무비율이 악화되므로 입찰 등 진행 시 재무비율이 사업진행에 발목을 잡을 수도 있다.
따라서 이익과다 법인의 경우 절세만 생각해도 되지만 손실법인의 경우 사업의 성패를 좌우하는 영업상 불이익을 고려하여 결산을 마무리하여야 하므로 더 신중한 결산 마감 전략이 필요하다.

1 정상가로 판매가 어려운 재고라도 저가로 판매하거나 폐기하면 안 된다

외부감사 대상 법인의 경우에는 정상가로 판매 어려운 재고자산을 시가 평가하여 손상차손을 계상하지만 비외부감사 대상 법인의 경우에는 구입 또는 제조원가 기준으로 재무제표에 계상된다.

즉, 판매하거나 폐기하지 않는 한 구입 또는 제조원가가 자산으로 계상되므로 실제 가치보다 높은 금액이 자산으로 계상되어 있는 효과가 있다.

손실법인의 경우 자산가액이 높은 재고자산이 자산으로 계상되어 있는 경우에는 납부할 세액이 발생하지 않으면서도 전체 자산총계가 증가하여 자본총계가 증가하므로 부채비율이 감소하는 효과가 있다.

따라서 손실법인으로서 정상가로 판매하기 어려운 재고를 저가로 매각하거나 폐기 시에는 신중하게 검토하여 진행하여야 한다.

2 자산에 대한 감가상각비는 최소의 금액으로 계상하고 자산으로 처리가능한 비용은 자산으로 계상하는 것이 유리하다

법인에 감가상각대상 자산이 있어 매년 감가상각비를 계상하는 경우에는 최소한의 금액만 감가상각비로 계상하는 것이 유리하다.

손실발생 시 감가상각비를 아예 계상하지 않는 경우를 볼 수 있는데 감가상각비를 계상하지 않는 경우 금융기관에서 임의적으로 감가상각비를 계상하여 평가하므로 감가상각비를 아예 계상하지 않는 것은 바람직하지 않다.

또한 경비처리도 가능하지만 자산으로 계상이 가능한 비용의 경우 최대한 자산으로 계상할 필요가 있다.

❸ 가수금이 있는 경우 전략적인 출자전환을 고려하여 자본금을 증액시킬 필요가 있다

법인에 가수금이 있는 경우로서 결손금이 누적되어 자본잠식 상태에 있는 등 심각하게 재무상황이 좋지 않은 경우에는 부채가 감소하고 자본금, 자본잉여금이 증액되는 가수금 출자전환을 전략적으로 검토할 필요가 있다.

가수금 채권자 외 주주가 있는 경우에 가수금 출자전환을 하게 되면 가수금 채권자의 지분율이 증가되는 효과도 발생한다.

다만, 가수금을 출자전환하는 경우로서 가수금 채권자 외 주주가 있는 경우에는 신주발행가액을 시가로 하여야 하고, 법인에 부동산이 있는 경우에는 과점주주 간주취득세 과세문제가 발생할 수 있으며, 가수금 출자전환한 금액은 더 이상 법인에서 세금 없이 인출불가능한 금액이 되는 점을 반드시 고려하여 진행할 필요가 있다.

❹ 가수금이 있는 경우로서 손실을 이익으로 만들 필요가 있는 경우에는 가수금 출자전환보다 가수금 채권 포기가 효과적이다

법인에 가수금이 있는 경우로서 결손금이 누적되어 자본잠식 상태에 있는 등 심각하게 재무상황이 좋지 않은 경우에 가수금 출자전환을 하게 되면 부채가 자본으로 대체되어 재무건전성이 좋아지는 효과는 있지만 손익계산서상 이익을 늘리는 효과는 없다.

가수금이 있는 경우로서 반드시 이익을 계상하여야 하는 경우에는 가수금 출자전환보다 가수금 채권을 포기하여 부채를 줄이고 이익을 늘리는 것이 올바른 의사결정일 수 있다.

다만 가수금 채권자 외 주주가 있는 경우로서 해당 주주와 상속세 및 증여세법상 특수관계가 성립하는 경우에는 특정법인과의 거래를 통한 이익의 증여 과세문제가 발생할 수 있고, 가수금 채권을 출자전환함으로써 법인의 지분율을 늘리는 효과는 없으므로 이러한 점까지 모두 검토한 후 신중하게 진행하여야 한다.

❺ 제조업, 건설업, 용역매출인 경우에는 진행기준으로 계상 가능한 매출을 검토할 필요가 있다

도 · 소매업 등과 같이 상품 인도 시 매출 계상되는 경우가 아닌 제조업, 건설업, 용역매출인 경우에는 재화나 용역 공급이 완료되지 않아 세금계산서 발행을 하지 않은 경우라도 진행기준에 의해 세금계산서 발행하지 않은 매출을 계상할 수 있으므로 진행기준에 의해 계상 가능한 매출을 최대한 검토할 필요가 있다.

진행기준에 의하여 계상한 매출은 1년 이상 장기의 경우에는 세무상 인정되며, 1년 미만 단기의 경우에는 세무상 당기 수익으로 보지 않을 수 있으므로 단기의 경우 회계상 수익으로 계상된다고 하더라도 세무상 당기에 부담하는 법인세가 없게 되는 효과가 있다.

6 부동산 보유법인의 경우 전략적인 감정평가를 통한 평가증을 검토할 필요가 있다

부동산의 경우 재무제표에는 원칙적으로 부동산 취득가액으로 계상된다.

하지만 통상 우리나라 부동산 시장을 고려 시 부동산 가격이 하락하는 경우는 거의 없으며, 취득연도가 오래 전인 경우에는 이미 시세가 많이 오른 경우가 대부분이다.

법인에 부동산이 있는 경우로서 부동산 가격이 상승한 경우에는 감정평가를 통해 부동산 가치를 평가받아 해당 감정가액으로 부동산을 재평가하여 재무상태표에 계상하는 경우 자산 총계가 증가해서 재무비율이 건실화되는 효과가 있다.

다만 부동산 재평가 시 건물까지 재평가하는 경우에는 매년 감가상각비 계상시마다 세무조정해야 하는 번거로움이 있으므로 토지만 재평가하는 것이 바람직하며, 법인의 토지를 재평가하는 경우에는 전체 토지를 재평가하여야 하는 점을 주의하여야 한다.

또한 토지를 감정평가 받은 상태에서 지분이동이 되는 경우에는 해당 감정평가액을 기준으로 주식평가액이 산정될 수 있으므로 지분이동 계획이 있는 경우에는 이러한 점을 주의하여 진행하여야 한다.

7 외부회계감사 대상 법인으로서 임원퇴직금 추계액으로 부채가 증가하는 경우에는 주주총회 결의로 퇴직금 미지급 결의를 하는 것이 유리하다

비외부감사 대상법인의 경우 임원퇴직금 추계액을 퇴직급여충당금으로 설정하지 않아도 되지만 외부회계감사 대상법인의 경우에는 임원퇴직금 추계액을 반드시 퇴직급여충당금으로 설정하여야 하므로 공표이익이 낮아지고 부채가 증가하여 재무비율에 악영향을 주게 된다.

법인에 자금여력이 없어 임원퇴직금을 퇴직연금에 불입하지 않는 경우로서 퇴직급여충당금만 설정하고 있는 경우에는 주주총회 결의로 임원퇴직금을 지급하지 않는 것으로 결의하여 퇴직급여충당금을 설정하지 않는 것이 유리하다.

퇴직급여충당금을 설정하면서 발생한 비용은 세무상 비용으로 인정되지 않고, 공표이익을 낮추고 부채만 증가시키는 효과가 있기 때문이다.

주주총회 결의로 퇴직금을 지급하지 않는 것으로 결의하였다고 하여 향후 임원에 대한 퇴직금을 지급할 수 없는 것은 아니며, 퇴직급여 충당금을 설정하지 않고 있다가 법인에 여유자금이 있거나 실제 현실적인 퇴직 시에 다시 주주총회 결의를 통해 퇴직금을 지급하는 것으로 결의하는 것은 얼마든지 가능하므로 법인에서 큰 부담 없이 실행할 수 있는 의사결정 전략 중 하나라 할 수 있다.

Ⅳ 매년 말 결산 마무리 전략 및 필수 체크사항

전략가이드

법인세 신고의 경우 과다하게 세금을 납부하였거나 과소하게 세금을 납부한 경우 경정청구나 수정신고를 통해 수정이 가능하지만 법인세 신고 시 제출된 재무제표는 수정이 불가능하다. 따라서 매년 말 결산 마무리 시에는 중요 체크사항을 반드시 체크하여야 하며, 예상 이익규모를 체크해서 전략적으로 결산을 마무리해야 한다.

1 가지급금 인정이자 불입 여부를 반드시 체크하여야 한다

법인이 대표이사 등에 대해 가지급금 채권을 보유하고 있는 경우에는 연말 결산 시 가중평균차입이자율(법인 차입이자율의 평균) 또는 당좌대출이자율을 적용한 이자를 수령하여야 하므로 해당 이자를 이자수익으로 계상하면서 미수수익으로 계상하게 된다.

세법은 가지급금에 대한 이자를 대표이사 등이 1년 이내 불입하지 않거나 실제 불입하지 않고 가지급금과 상계하는 방식으로 처리하는 경우에는 해당 이자를 대표이사 등의 상여로 보아 과세하고 있다.

따라서 연말 결산 전에는 전년 도말 계상한 가지급금 인정이자를 실제 불입하였는지 여부를 반드시 체크한 후 대표이사 등 계좌에서 법인에 입금한 근거를 반드시 남기는 방식으로 법인에 입금하여야 하는 점을 주의하여야 한다.

2 퇴직연금은 12.31. 전에 실제 불입하여야만 경비처리가 가능하다

DB형 퇴직연금, DC형 퇴직연금 불문하고 퇴직연금은 12.31. 전에 실제 연금계좌에 불입하여야 세무상 비용으로 인정된다.

따라서 경비처리가 필요한 경우에는 반드시 12.31. 전에 퇴직연금을 실제 모두 불입하여야 하는 점을 주의하여야 한다.

❸ 가업승계 증여세 과세특례를 계획하고 있는 법인은 만기 3개월 이하 예금 등의 비중을 높이는 것이 유리하다

가업승계 증여세 과세특례에 대한 정부의 세제완화 폭이 커짐에 따라 가업승계 증여세 과세특례 신청법인이 급증하고 있다.

가업승계 증여세 과세특례는 특례적용 주식가액 기준 10억 원까지에 대해서는 증여세가 없고, 10억 원 초과 금액에 대해서는 한도액까지 10%, 20% 저율의 증여세율이 적용되지만 사업무관자산에 대해서는 특례세율 적용이 배제된다.

이 경우 사업무관자산에는 만기 3개월 초과 예금, 상장주식 등 금융상품, 펀드가입금액, 직전 5년간 평균현금보유액의 150% 초과액 등이 해당된다.

승계특례를 계획하고 있는 경우라면 이러한 자산을 만기 3개월 이하 예금으로 전환한 후 승계특례 직전 사업무관자산에 해당하는 금융상품을 만기 3개월 이하 금융상품으로 전환 시에는 직전 5년간 평균현금보유액의 150% 초과액을 최소화할 수 있다.

따라서 가업승계 증여세 특례 신청 계획이 있는 법인이라면 연말에 될 수 있는 한 만기 3개월 이하 금융상품 비중을 높이는 것이 유리하다.

❹ 다음 연도 신규대출 또는 입찰계획 있는 법인은 세금보다 재무비율 관리에 중점을 두어 결산을 마무리 하여야 한다

법인의 영업과 절세 중에서 우선순위를 매긴다면, 당연 영업이 우선되어야 한다고 생각한다.

다음 연도 중요 사업계획 등이 많은 상태에서 연말 특별한 세금 이슈가 없다고 하여 평범하게 결산을 마무리한 후 신규투자를 위한 대출 또는 입찰 등에 문제가 발생하는 경우에는 법인에 치명적인 타격이 될 수 있다.

따라서 다음 연도 중요한 사업계획이 있는 경우에는 부채비율을 최대한 낮출 수 있도록 연말 외상매입금으로 남게 되는 세금계산서 수취는 다음 연도로 이월시킬 필요가 있으며, 연말 전 가수금 출자전환 등 재무비율을 개선할 수 있는 의사결정을 한 후 실행플랜에 옮길 필요가 있다.

또한 가지급금은 기업 신용도 평가 시 마이너스 요인이 될 수 있으므로 일시적으로라도 반제하는 것이 신용도 평가에 유리할 수 있다.

❺ 연말 보통예금 잔고는 최대한 늘리는 것이 유리하다

기업의 신용도 평가 시 가장 중요하게 평가되는 사항은 법인의 지급능력, 유동성 즉, 현금성 자산인 보통예금 보유금액이라 할 수 있다.

연말인 12.31. 법인 보통예금 잔고에 기록된 숫자는 다음 연도 한 해 동안 재무제표 제출 시 계속 법인의 유동성으로 평가받는 금액으로서 건설업 실질자본 평가 시 60일 평균잔고 유지 기준이 없는 한 12.31.에만 보통예금 잔고에 있어도 신용도 평가, 재무비율 평가 시 유리하게 인정받을 수 있다.

즉, 매년 12.31. 보통예금 잔고만 잘 관리해도 훨씬 더 높은 신용평가 점수를 얻을 수 있는 것으로 매년 12.31.에는 최대한 보통예금 잔고를 늘려서 유지하는 것이 유리하다.

법인에 잔고가 없는 경우로서 대표이사 등이 개인자금 여유가 있는 경우에는 일시에 법인에 자금을 불입하여 연초에 인출하는 것도 고려할 필요가 있고, 연말 외상매입대금 결제는 최대한 다음 연도 초로 이월시키고 연말 매출채권 회수는 최대한 빨리 회수하는 것이 유리하다.

❻ 당기 실적이 급상승한 경우에는 당기 12.30. 전 지분이동 거래를 마무리하도록 진행하여야 한다

03

비상장주식 평가는 법인의 수익가치와 자산가치에 3:2의 가중치(부동산 과다보유법인의 경우 2:3)를 두어 평가되는 구조이다.

이 중 수익가치는 직전 연도 세법상 순손익에 3, 직전 2개연도 세법상 순손익에 2, 직전 3개연도 세법상 순손익에 1의 가중치를 두어 평가하는 구조로서 직전연도 순손익이 높은 경우에 가장 높게 평가되는 구조이다. 또한 산출된 순손익이 10년간 계속되는 것을 가정하여 10배를 곱하여 산출되는 구조로서 직전 연도 순손익이 급등한 경우에는 주식평가액이 급증하게 된다.

따라서 해당 연도 이익이 급증한 경우 12.30. 전 주식이동 거래를 마무리한다면 당기 급증한 이익이 아닌 직전 연도 이익이 반영되어 주식평가가 되므로 당기 실적이 급증한 경우에는 12.30. 전 지분이동 거래를 마무리할 수 있도록 의사결정을 할 필요가 있다.

12월 주식이동 거래에 대한 양도소득세 신고의 경우 다음 연도 2월말, 증여세 신고의 경우 다음 연도 3월말이므로 다음 연도 2월 중순 정도 결산이 마무리 되는 경우 빠르게 의사결정하여 진행할 필요가 있다.

7 외부회계감사 대상 법인에 해당하는지 여부를 체크하여 자산, 부채를 관리하여야 한다

중소기업이 외부회계감사 대상 법인에 해당하는 경우에는 퇴직급여충당부채, 연차수당 등 반드시 부채로 계상하지 않아도 되는 부채를 부채로 계상하여야 하므로 부채비율이 높아져서 재무비율이 악화되고, 재고금액을 정확하게 파악하여 계상하여야 하는 등 법인의 회계관리 측면에서 시간이 많이 소요될 뿐만 아니라 회계감사 비용을 추가로 지불하여야 한다.

따라서 외부회계감사 대상 법인에 해당하지 않지만 외부회계감사 대상 법인에 해당하는 자산, 부채, 매출, 종업원수 요건을 충족할 것으로 생각되는 경우에는 여유자금으로 부채를 반제하는 등의 방식을 통해 자산, 부채규모를 줄이거나 전체 종업수가 100명 미만이 되도록 조정할 필요가 있다.

외부회계감사대상법인은 다음과 같다.

주식회사	유한회사
1. 직전 사업연도 말의 자산총액이 500억 원 이상인 회사	1. 직전 사업연도 말의 자산총액이 500억 원 이상인 회사
2. 직전 사업연도의 매출액(12개월 미만인 경우 연환산)이 500억 원 이상인 회사	2. 직전 사업연도의 매출액(12개월 미만인 경우 연환산)이 500억 원 이상인 회사
3. 다음 중 2개 이상에 해당하는 회사 가. 직전 사업연도 말 자산총액이 120억 원 이상 나. 직전 사업연도 말 부채총액이 70억 원 이상 다. 직전 사업연도 매출액이 100억 원 이상 라. 직전 사업연도 말 종업원이 100명 이상	3. 다음 중 3개 이상에 해당하는 유한회사 가. 직전 사업연도 말 자산총액이 120억 원 이상 나. 직전 사업연도 말 부채총액이 70억 원 이상 다. 직전 사업연도 매출액이 100억 원 이상 라. 직전 사업연도 말 종업원이 100명 이상 마. 직전 사업연도 말 사원이 50명 이상

주식회사 등의 외부감사에 관한 법률 제4조(외부감사의 대상)

① 다음 각 호의 어느 하나에 해당하는 회사는 재무제표를 작성하여 회사로부터 독립된 외부의 감사인(재무제표 및 연결재무제표의 감사인은 동일하여야 한다. 이하 같다)에 의한 회계감사를 받아야 한다.

1. 주권상장법인
2. 해당 사업연도 또는 다음 사업연도 중에 주권상장법인이 되려는 회사
3. 그 밖에 직전 사업연도 말의 자산, 부채, 종업원수 또는 매출액 등 대통령령으로 정하는 기준에 해당하는 회사. 다만, 해당 회사가 유한회사인 경우에는 본문의 요건 외에 사원 수, 유한회사로 조직변경 후 기간 등을 고려하여 대통령령으로 정하는 기준에 해당하는 유한회사에 한정한다.

② 제1항에도 불구하고 다음 각 호의 어느 하나에 해당하는 회사는 외부의 감사인에 의한 회계감

사를 받지 아니할 수 있다.

1. 「공공기관의 운영에 관한 법률」에 따라 공기업 또는 준정부기관으로 지정받은 회사 중 주권상장법인이 아닌 회사
2. 그 밖에 대통령령으로 정하는 회사

주식회사 등의 외부감사에 관한 법률 시행령 제5조(외부감사의 대상)

① 법 제4조 제1항 제3호 본문에서 "직전 사업연도 말의 자산, 부채, 종업원수 또는 매출액 등 대통령령으로 정하는 기준에 해당하는 회사"란 다음 각 호의 어느 하나에 해당하는 회사를 말한다〈개정 2020.10.13.〉.

1. 직전 사업연도 말의 자산총액이 500억 원 이상인 회사
2. 직전 사업연도의 매출액(직전 사업연도가 12개월 미만인 경우에는 12개월로 환산하며, 1개월 미만은 1개월로 본다. 이하 같다)이 500억 원 이상인 회사
3. 다음 각 목의 사항 중 2개 이상에 해당하는 회사
   가. 직전 사업연도 말의 자산총액이 120억 원 이상
   나. 직전 사업연도 말의 부채총액이 70억 원 이상
   다. 직전 사업연도의 매출액이 100억 원 이상
   라. 직전 사업연도 말의 종업원(「근로기준법」 제2조 제1항 제1호에 따른 근로자를 말하며, 다음의 어느 하나에 해당하는 사람은 제외한다. 이하 같다)이 100명 이상
      1) 「소득세법 시행령」 제20조 제1항 각 호의 어느 하나에 해당하는 사람
      2) 「파견근로자보호 등에 관한 법률」 제2조 제5호에 따른 파견근로자

② 법 제4조 제1항 제3호 단서에서 "대통령령으로 정하는 기준에 해당하는 유한회사"란 다음 각 호의 어느 하나에 해당하는 유한회사를 말한다. 다만, 2019년 11월 1일 이후 「상법」 제604조에 따라 주식회사에서 유한회사로 조직을 변경한 유한회사의 경우에는 같은 법 제606조에 따라 등기한 날부터 5년까지는 제1항 각 호의 어느 하나에 해당하는 회사를 말한다〈개정 2020.10.13.〉.

1. 제1항 제1호 또는 제2호에 해당하는 유한회사
2. 다음 각 목의 사항 중 3개 이상에 해당하는 유한회사
   가. 직전 사업연도 말의 자산총액이 120억 원 이상
   나. 직전 사업연도 말의 부채총액이 70억 원 이상
   다. 직전 사업연도의 매출액이 100억 원 이상
   라. 직전 사업연도 말의 종업원이 100명 이상
   마. 직전 사업연도 말의 사원(「상법」 제543조 제2항 제1호에 따라 정관에 기재된 사원을 말한다. 이하 같다)이 50명 이상

③ 법 제4조 제2항 제2호에서 "대통령령으로 정하는 회사"란 다음 각 호의 회사를 말한다.

1. 해당 사업연도에 최초로 「상법」 제172조에 따라 설립등기를 한 회사
2. 법 제10조 제1항 및 제2항에 따른 감사인 선임기간의 종료일에 다음 각 목의 어느 하나에 해당되는 회사[감사인을 선임한 후 다음 각 목의 어느 하나에 해당하게 된 회사로서 「금융위원회의 설치 등에 관한 법률」 제19조에 따른 증권선물위원회(이하 "증권선물위원회"라 한다)가 인정하는 회사를 포함한다]

가. 「지방공기업법」에 따른 지방공기업 중 주권상장법인이 아닌 회사
나. 「자본시장과 금융투자업에 관한 법률」 제9조 제18항 제2호 및 제3호에 따른 투자회사 및 투자유한회사, 같은 법 제249조의13에 따른 투자목적회사
다. 「기업구조조정투자회사법」 제2조 제3호에 따른 기업구조조정투자회사
라. 「자산유동화에 관한 법률」 제2조 제5호에 따른 유동화전문회사
마. 「민법」 제32조에 따라 금융위원회의 허가를 받아 설립된 금융결제원으로부터 거래정지처분을 받고 그 처분의 효력이 지속되고 있는 회사. 다만, 「채무자 회생 및 파산에 관한 법률」에 따라 회생절차의 개시가 결정된 회사는 제외한다.
바. 해산·청산 또는 파산 사실이 등기되거나 1년 이상 휴업 중인 회사
사. 「상법」 제174조에 따라 합병절차가 진행 중인 회사로서 해당 사업연도 내에 소멸될 회사
아. 그 밖에 가목부터 사목까지에 준하는 사유로 외부감사를 할 필요가 없는 회사로서 금융위원회가 고시하는 기준에 해당하는 회사

PART 03

법인 CEO가 알아야 할 법인세 세액공제, 감면 전략

I 세액공제, 세액감면을 받더라도 최소한의 법인세를 납부하여야 하는 한도가 있음을 주의하여야 한다

전략가이드

통상 50% 세액감면 또는 세액공제가 가능하다고 하면 법인세의 50%에 대해 세액감면 또는 세액공제가 가능한 것으로 이해하는 경우가 대부분이다.
하지만 세액공제나 세액감면의 경우 공평과세 측면에는 어긋나는 것으로서 세액공제나 세액감면을 받더라도 최소 일정 금액 이상의 세금을 납부하도록 정하고 있다.
따라서 일정비율 세액감면, 세액공제가 적용된다고 하더라도 반드시 최저한도로 납부하여야 하는 금액은 확인한 후 진행하여야 한다.

1 세액공제, 세액감면을 받더라도 최소 과세표준의 7% 이상에 대해서는 법인세를 납부하여야 하는 점을 주의하여야 한다

법인이 가득한 이익에 대해서는 법인세를 부담하여야 하지만 국가정책적인 측면에서 중소기업 육성, 투자확대, 고용촉진, 연구개발 확대, 지역 간 균등개발 목적으로 일정한 경우에는 법인세를 감면하거나 법인세에서 일정액의 세액을 공제하는 방식으로 조세지원을 하고 있다.

국가 정책적인 측면에서 지원하는 경우라도 너무 과다한 지원은 조세부담의 형평성, 세수확보 측면 등에서 문제가 있을 수 있으므로 법인세 과세표준의 7% 이상에 대해서는 법인세를 부담하도록 규정하고 있다.

세액감면 · 세액공제를 받더라도 각종 감면 전 법인세 과세표준의 7% 이상에 대해 세금을 납부하도록 하는 것을 "최저한세(minimum tax)"라 한다.

최저한세를 적용하여 법인세 부담액 계산방식을 설명하면, 법인세 과세표준이 2억 원

이하여서 9% 세율을 적용받는 법인이 50% 세액감면을 받는 경우 해당 법인은 9% 세율을 적용한 법인세의 50%를 감면받는 것이 아니라 7% 이상은 법인세를 납부하여야 하므로 2% 법인세 감면을 받는 것에 불과하다.

법인을 경영함에 있어 법인세 신고 시 납부할 법인세 규모도 굉장히 중요한 부분으로서 납부할 법인세에 대한 예산을 정확하게 수립하기 위해서는 반드시 최저한세를 적용하여 세액감면, 공제를 받은 후의 법인세를 예측할 수 있어야 한다.

법인의 최저한세	
과세표준 (특례 감가상각비, 준비금등 적용 전)	최저한세율
과세표준 100억 원 이하	10%
과세표준 100억 원 초과 1천억 원 이하	12%
과세표준 1천억 원 초과	17%
중소기업	7%

2 최저한세가 적용되지 않는 알짜배기 세액공제 · 세액감면도 있다

대부분의 세액공제, 감면은 최저한세 적용대상이므로 세액공제, 감면을 받더라도 공제, 감면 전 과세표준의 7% 이상에 대해서는 법인세를 부담하여야 하지만 최저한세가 적용되지 않는 알짜배기 세액공제 · 세액감면도 있다.

최저한세가 적용되지 않는 대표적인 세액공제는 중소기업의 연구개발비 세액공제가 있으며, 세액감면으로는 100% 감면이 적용되는 창업중소기업 등에 대한 세액감면 중 수도권 외 지역에서 청년이 창업한 경우 받는 감면, 수도권 밖으로 공장이전하는 기업에 대한 세액감면, 법인 본사 수도권 밖 이전에 대한 감면 등이 있다.

최저한세 적용되지 않고 전액 혜택받는 세액공제·감면

- 중소기업 연구개발비 세액공제
- 수도권 과밀억제권역 밖에서 창업한 청년창업중소기업 감면
- 수도권 밖 공장이전하는 기업에 대한 세액감면
- 법인 본사 수도권 밖 이전에 대한 세액감면

Ⅱ 연구개발비 세액공제는 법인세 절세의 특효약이다

전략가이드

법인이 연구개발 활동을 하는 경우로서 기업부설연구소 설립 없이 진행하는 경우에는 어떠한 세액공제도 받을 수 없지만 기업부설연구소를 설립하고 연구일지, 연구노트를 작성하는 경우에는 연구개발비 세액공제를 적용받을 수 있다.
중소기업의 경우 연구개발비 세액공제 적용 시 최저한세가 적용되지 않는다.
따라서 법인이 납부할 법인세가 1억 원이고 연구개발비 세액공제액이 1억 원인 경우에는 납부한 법인세가 0원이 되는 구조로서 고용인원 증가와 기계장치 등에 투자 시 받는 세액공제보다 훨씬 더 큰 세제혜택을 받을 수 있다.
따라서 연구개발활동이 필요한 법인의 경우에는 반드시 기업부설연구소를 설립하여 세액공제를 받도록 할 필요가 있다.

1 연구개발비세액공제 대상 법인

연구개발비세액공제 적용대상 법인은 모든 업종의 내국법인이 가능하지만 실제 연구개발이 필요하지 않은 도매업 등 법인의 경우에는 기업부설연구소를 설립하였다고 하더라도 실제 연구사실 입증이 불가능하여 부인될 수 있으므로 주의하여야 한다.

따라서 연구개발비 세액공제 대상법인은 기업부설연구소를 설립하고 법인이 영위하는 사업목적상 연구개발이 필요하여 연구일지와 연구노트 작성을 통해 연구사실이 입증되는 법인으로서 연구개발비 세액공제를 신청한 법인이라 할 수 있다.

다만 실무에서는 이공계 출신으로 구성하여 기업부설연구소만 설립한 후 연구개발비세액공제를 적용받는 경우가 상당수라고 할 수 있다.

연구개발비 세액공제 대상 법인(①~④ 모두 충족)

① 업종불문 모든 내국법인
② 연구개발이 필요한 사업을 영위하는 법인(단순 도 · 소매만 하는 등 연구개발이 불필요한 법인이 기업부설연구소 설립을 통해 세액공제 받는 경우 부인될 수 있음)
③ 기업부설연구소 설립법인
④ 세액공제 신청법인

03

2 연구개발비 세액공제 대상이 되는 연구개발비용

연구개발은 과학적 또는 기술적 진전을 이루기 위한 활동을 말하는 것으로서 조세특례제한법 별표 6에서 구체적으로 규정하고 있다.

연구개발비 세액공제 대상이 되는 비용은 연구원 급여, 원재료비 등이며 연구개발비용으로서 가장 많은 비중을 차지하는 금액은 기업부설연구소 직원의 급여 등 인건비라고 할 수 있다.

가. 기업부설연구소 인건비

기업부설연구소 인건비에는 퇴직소득과 퇴직연금 불입액은 제외되지만 건강보험료, 고용보험료 사용자 부담금, 국민연금 사용자 부담금은 공제대상에 해당한다.

이 경우 주주로서 지배주주인 경우나 지분율 10% 이상인 주주, 이들과 특수관계 있는 자의 인건비는 세액공제 대상에서 제외되므로 주의하여야 한다(조특령 §9 ⑦, 조특칙 §7 ③).

또한 기업부설연구소를 설립하여 연구개발을 하는 법인의 경우 연구과제에 대해 정부출연금을 받는 경우가 많은 데 정부출연금을 지원받아 지급한 인건비는 세액공제대상이 아니므로 주의하여야 한다.

참고로 국세청에서는 매년 정부출연금으로 지급한 인건비에 대해 연구개발비 세액공제를 받았는지 여부를 사후관리하고 있다.

공제대상 인건비	공제제외 인건비
• 급여, 상여금 • 사용자 부담 건강보험료, 고용보험료 • 사용자 부담 국민연금 • 비과세근로소득	• 퇴직급여, 퇴직연금 불입액 • 산재보험료 • 정부출연금을 지원받아 지출하는 인건비

세액공제 제외 대상(조특령 §9 ⑦, 조특칙 §7 ③)

1. 부여받은 주식매수선택권을 모두 행사하는 경우 해당 법인의 총발행주식의 100분의 10을 초과하여 소유하게 되는 자
2. 해당 법인의 주주로서「법인세법 시행령」제43조 제7항에 따른 지배주주 등 및 해당 법인의 총발행주식의 100분의 10을 초과하여 소유하는 주주
3. 위 2에 해당하는 자(법인을 포함한다)의「소득세법 시행령」제98조 제1항 또는「법인세법 시행령」제2조 제5항에 따른 특수관계인(「법인세법 시행령」제2조 제5항 제7호에 해당하는 자가 해당 법인의 임원인 경우 제외).

나. 자체연구개발에 사용하는 견본품, 부품, 원재료와 시약류구입비 등

자체연구개발에 사용하는 견본품, 부품, 원재료와 시약류구입비 등은 연구개발비 세액공제 가능하나 대부분 중소기업의 경우 인건비에 비해서는 금액이 크지 않다.

다. 위탁연구개발비용

법인이 자체적으로 기업부설연구소가 없는 경우에도 아래에 해당하는 기관에 신성장·원천기술연구개발업무를 위탁(재위탁 포함)함에 따라 발생하는 비용(전사적 기업자원 관리설비, 판매시점 정보관리 시스템 설비 등 기업의 사업운영·관리·지원 활동과 관련된 시스템 개발을 위한 위탁비용은 제외한다) 및 이들 기관과의 공동연구개발을 수행함에 따라 발생하는 비용은 연구개발비 세액공제가 가능하다(조특령 §9 ③).

인건비 외 거액의 연구개발비 세액공제를 받는 비용은 위탁연구개발비용이라 할 수 있다.

다만 새로운 서비스 및 서비스전달체계를 개발하기 위한 활동을 위하여 발생한 비용 중 과학기술분야와 결합되지 않은 금액에 대해서는 위탁연구개발비용 세액공제가 불가능하다(조특법 §10 ⑤).

03

참조 연구개발 위탁 시 위탁연구개발비 세액공제 가능 기관

- 「고등교육법」 제2조에 따른 대학 또는 전문대학
- 국공립연구기관
- 정부출연연구기관
- 비영리법인(비영리법인에 부설된 연구기관 포함)
- 「산업기술혁신 촉진법」 제42조에 따른 전문생산기술연구소 등 기업이 설립한 국내외 연구기관
- 전담부서 등(신성장·원천기술연구개발업무 또는 국가전략기술연구개발업무만을 수행하는 전담부서 등에서 직접 수행한 부분에 한정) 또는 국외기업에 부설된 연구기관
- 「연구산업진흥법」 제2조 제1호 가목 및 나목의 연구산업을 영위하는 기업 또는 영리목적으로 연구·개발을 독립적으로 수행하거나 위탁받아 수행하고 있는 국외소재 기업

3 중소기업의 연구개발비 세액공제액

가. 일반적인 경우

일반적인 경우 연구개발비 세액공제액은 다음의 금액 중 법인이 선택하는 금액을 공제받을 수 있으며, 중소기업의 경우 최소 당해 연도 연구개발비 발생액의 25%를 공제받을 수 있다.

예컨대 기업부설연구소 직원이 7명이고, 1인당 공제대상 인건비 평균액이 5,000만 원인 경우에는 3억5천만 원에 대해 25% 세액공제가 가능하므로 8,750만 원의 세액공제가 가능하다.

최저한세가 적용되지 않으므로 전액 세액공제가 가능하며 농어촌특별세 등 추가로 납부하는 금액이 없다.

예컨대 법인세 납부세액이 8,750만 원인 경우에는 납부할 법인세가 없게 되므로 중소기업이 받을 수 있는 세액공제 중 가장 절세효과가 큰 세액공제라 할 수 있다.

다만, 법인지방소득세는 세액공제가 적용되지 않으므로 법인세 납부세액이 8,750만 원인 경우 법인세는 납부세액이 없게 되지만 법인지방소득세는 875만 원을 납부하여야 한다.

① 당해 연도 지출액 기준
공제액 = 당해 연도 연구개발비 발생액 × 25%*

* 중소기업이 아닌 경우

구 분	공제율
① 최초 중소기업에 해당하지 않는 경우	ⓐ 사업개시일부터 3년이 끝나는 과세연도까지: 15% ⓑ ⓐ의 기간 이후부터 2년 이내에 끝나는 과세연도까지: 10%
② ① 외 중견기업	8%
③ ①, ② 외	min(연구개발비 / 해당연도 수입금액 × 1/2, 2%)

② 초과지출액 기준
(당해 연도 연구개발비 발생액 − 직전 4년간 평균발생액) × 50%*

* 중소기업이 아닌 경우

구 분	공제율
중견기업	40%
중소·중견기업 외의 기업	25%

나. 신성장, 원천 연구개발비

국가가 적극적으로 지원할 필요가 있는 신성장 원천기술의 경우 일반 연구개발비 세액공제보다 일정액을 더 지원해주고 있다.

① 중소기업인 경우
세액공제액 = (신성장, 원천 연구개발비)
× 〔30% + (신성장, 원천기술 연구개발비 / 수입금액 × 3배, 10% 한도)〕

② 코스닥 시장에 상장한 중견기업의 경우
세액공제액 = (신성장, 원천 연구개발비)
× [25% + (신성장, 원천기술 연구개발비 / 수입금액 × 3배, 15% 한도)]

③ ①, ② 외의 기업인 경우
세액공제액 = (신성장, 원천 연구개발비)
× [20% + (신성장, 원천기술 연구개발비 / 수입금액 × 3배, 10% 한도)]

다. 국가전략기술 연구비

연구개발비용 중 국가차원에서 전략적 중요성이 인정되고 국민경제 전반에 중요한 영향을 미치는 국가전략기술을 얻기 위한 연구개발비에 대해서는 일반 연구개발비보다 더 큰 세액공제를 허용하고 있다.

① 중소기업인 경우
세액공제액 = (국가전략기술 연구개발비)
× [40% + (국가전략기술 연구개발비 / 수입금액 × 3배, 10% 한도)]

② ① 외의 기업인 경우
세액공제액 = (국가전략기술 연구개발비)
× [30% + (국가전략기술 연구개발비 / 수입금액 × 3배, 10% 한도)]

4 연구개발비 세액공제를 받는 경우에는 연구개발계획서, 연구개발보고서 및 연구노트를 작성하고 보관하여야 한다

연구개발비 세액공제를 받는 내국법인은 해당 과세연도에 수행한 연구과제별로 연구개발계획서, 연구개발보고서 및 연구노트(일반연구개발비만 적용받는 경우는 제외)를 작성하고 해당 과세연도 종료일부터 5년간 보관하여야 한다(조특칙 §7 ⑰).

이러한 연구활동이 입증될 수 있는 연구개발계획서 등은 국세청에 제출하는 서류는 아니지만 세무조사 시 실제 연구활동이 있었는지에 대한 다툼이 있을 경우 중요한 증빙이 될 수 있으므로 반드시 준비할 필요가 있다.

연구개발계획서(자율양식)

※ 제시된 내용을 포함하되 목차 및 양식을 자유롭게 재구성 · 활용할 수 있습니다.

1. 연구과제명

2. 연구 개발의 목표 및 내용

3. 신성장 · 원천기술 또는 국가전략기술 관련

4. 연구과제 수행계획

연구개발보고서(자율양식)

※ 제시된 내용을 포함하되 목차 및 양식을 자유롭게 재구성 · 활용할 수 있습니다.

※ 여러 연구과제에 공통되는 항목이 있을 경우 연구과제별로 각각 작성하지 않고 한 문서에 여러 연구과제에 해당하는 내용을 함께 작성할 수 있습니다.

1. 연구과제명

2. 연구 개발 개요

3. 연구수행 내용 및 성과

붙임. 참고자료 및 증빙자료

03

연구노트(자율양식)

※ 제시된 내용을 포함하되 목차 및 양식을 자유롭게 재구성·활용할 수 있습니다.

1. 연구과제명

2. 연구 내용

5 기업부설연구소 직원이 연구개발 외 다른 업무를 수행하는 경우 세액공제가 부인된다

기업부설연구소에 등록된 직원은 연구개발 외 업무를 겸직할 수 없는 것으로 연구개발비 세액공제를 받는 법인에 대한 세무조사 시 집중 점검사항 중 하나는 기업부설연구소 직원이 연구개발 외 다른 업무를 했는지 여부이다.

세무조사 시 기업부설연구소 등록 직원이 연구개발 외 법인의 다른 업무를 한 사실이 확인되는 경우에는 해당 직원의 인건비 전액에 대해 세액공제가 불가능하다.

하지만 절대인력이 부족한 중소기업의 현실을 고려 시 일정 규모 이하의 중소기업은 기업부설연구소 직원이라도 법인의 급한 업무를 도울 수밖에 없는 것이 현실이라 할 수 있다.

부득이하게 기업부설연구소 직원이 연구개발 외 다른 업무를 하는 경우에는 회사 내부 결제서류 등에 절대 근거를 남겨서는 안되는 점을 주의하여야 한다.

6 불시에 점검하여 연구소 요건이 충족되지 않거나 연구개발 하지 않는 사실이 확인되는 경우에는 기업부설연구소가 취소될 수 있으므로 상시 관리가 필요하다

기업부설연구소는 설립으로 끝나는 것이 아니라 신규설립 연구소, 인정요건 확인이 필요한 연구소, 장기간 변경신고 하지 않은 연구소, 부설연구소로 신고 된 연구소에 대해 부정기적으로 수시방문하여 기업부설연구소 인정요건 충족여부와 실제 연구개발활동을 수행하고 있는지 여부에 대해 현지 확인조사를 하고 있으며 둘 중 하나를 충족하지 않은 경우에는 기업부설연구소가 취소되면서 과거 공제받은 세액 전액이 추징될 수 있으므로 주의하여야 한다.

7 기업부설연구소 신규설립요건

가. 인적요건

구 분		연구전담요원 수
연구소	대기업 부설연구소	10인 이상
	중견기업 부설연구소	7인 이상
	중기업 부설연구소 국외 소재 부설연구소(해외연구소)	5인 이상
	소기업 부설연구소	3인 이상 단, 창업일로부터 3년까지는 2인 이상
	벤처기업 부설연구소 연구원 · 교원창업 중소기업 부설연구소	2인 이상
전담부서	기업의 규모와 무관	1인 이상

연구전담요원 대상자

- **기업규모 등에 관계없이 모두 인정되는 경우**

  ① 자연계(자연공학, 공학, 의학계열)분야 학사 이상인 자

  ② 국가자격법에 의한 기술기능분야 기사 이상인 자

- **중소기업에 한해 인정되는 경우**

  ① 자연계분야 전문학사로 2년 이상 연구 경력이 있는 자(3년제는 1년 이상)

  ② 국가기술자격법에 의한 기술기능분야 산업기사로 2년 이상 연구 경력이 있는 자

  - 마이스터고 또는 특성화고 졸업자로서 4년 이상 연구 경력이 있는 자
  - 기능사 자격증 소지자의 경우 경력 4년 이상 연구 경력이 있는 자

  ※ 창업 3년 미만 소기업의 경우 대표이사가 연구전담요원 자격을 갖춘 경우 연구전담요원으로 인정 가능

- **중견기업에 한해 인정되는 경우**

  중소기업 당시 연구전담요원으로 등록되어 해당 업체에 계속해서 근무하는 경우는 중소기업에 한해 인정되는 자격을 중견기업이 되었어도 인정

- **산업디자인 분야 및 서비스 분야를 주업종으로 하는 경우**

  ① 자연계분야 전공자가 아니더라도 가능

  ② 학사 이상인 자

  - 전문학사로 2년 이상 연구 경력이 있는 자
  - 국가기술자격법 제9조 제2호에 따른 서비스분야 1급 이상의 자격을 가진 자
  - 국가기술자격법 제9조 제2호에 따른 서비스분야 2급 소유자로서 2년 이상 연구 경력이 있는 자

나. 물적요건

■ 독립된 연구 공간

- 사방이 다른 부서와 구분될 수 있도록 벽면을 고정된 벽체로 구분하고 별도의 출입문을 갖춘 독립공간을 확보해야 함
- 면적은 객관적으로 볼 때 해당 연구소에서 연구기자재를 구비하고 연구원이 연구개발을 수행하는 데 적절한 크기를 확보해야 함

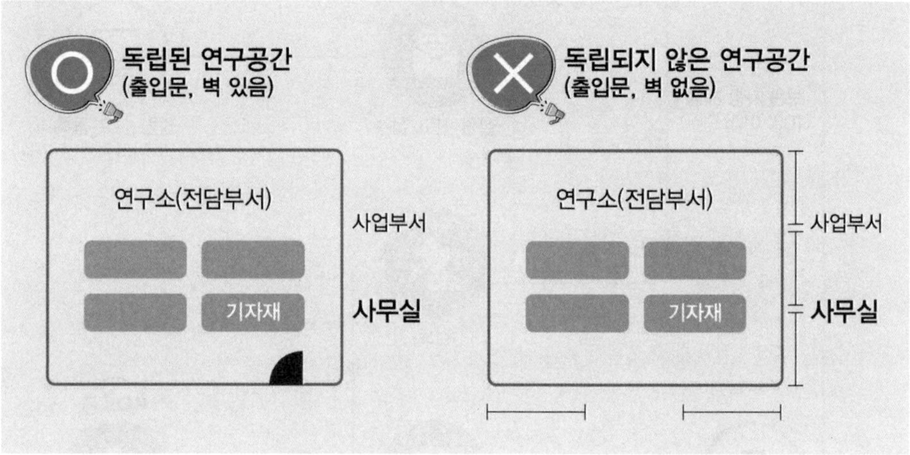

■ 연구기자재

- 연구전담요원 또는 연구보조요원이 연구개발용으로만 사용하는 연구전용 기자재로서 연구소 / 전담부서 내에 위치하고 있어야 함

■ 연구소 / 전담부서 장소

- 무허가건축물 또는 가건물이나 주거용건물(아파트 포함) 내에는 설치 불가능
- 건축물 대장에 등재되어 있는 1개층을 복층으로 개조하여 2층(복층)에 설립불가
- 연구기관이나 대학 등에 설치하는 경우 해당 소속기관의 연구공간을 사용할 수 있는 배타적 권한을 보유한 경우에 한하여 연구시설을 확보한 것으로 봄

03

8 기업부설연구소 설립절차

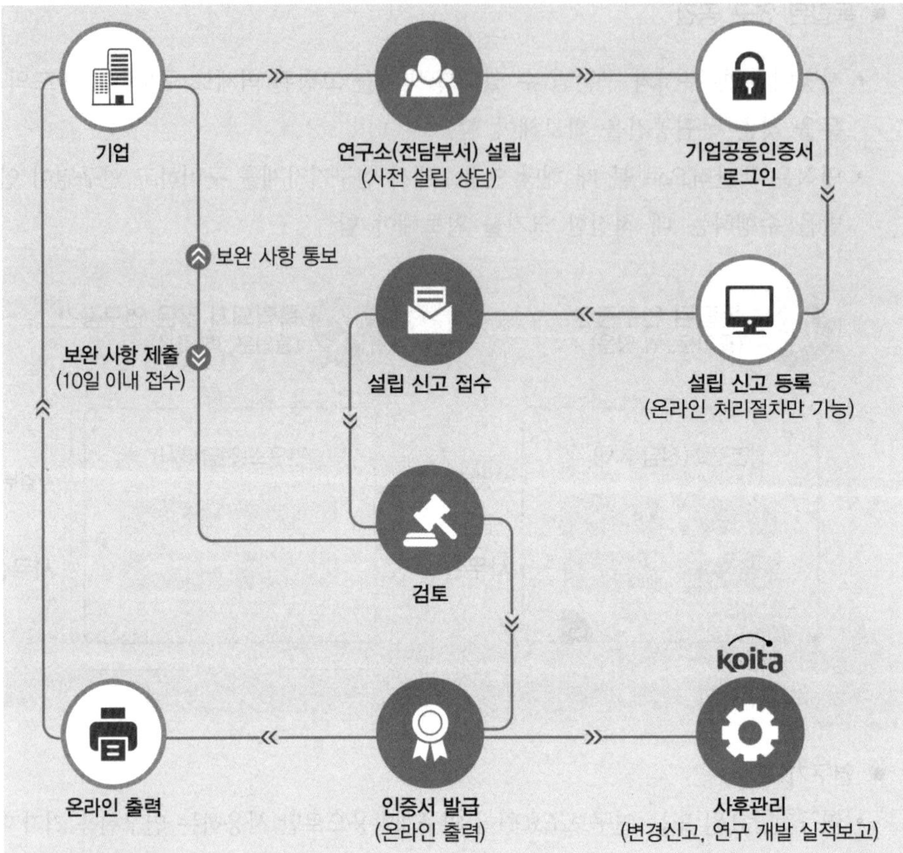

STEP 1	기업부설연구소 설립(신고 전 선행)
STEP 2	설립신고 등록(온라인 신청) 한국산업기술진흥협회 기업부설연구소 신고 관리 시스템
STEP 3	신청서 접수(신고일부터 7일 이내 신청여부 문자 전송)
STEP 4	접수한 신청서 심사 및 보완(접수일로부터 2일 이내)
STEP 5	기업부설연구소 및 전담부서 인정
STEP 6	사후관리

Ⅲ 수도권 과밀억제 권역 밖에서 투자하는 경우에는 통합투자세액공제를 받을 수 있다

1 통합투자세액공제 대상 법인

통합투자세액공제는 소비성 서비스업, 부동산 임대 및 공급업 외 사업을 영위하는 내국법인으로서 수도권 과밀억제 권역 밖에서 투자한 법인이면 공제대상 법인에 해당한다.

다만 법인이 수도권과밀억제권역 내에 투자한 경우에도 대체투자에 해당하거나 법인이 산업단지 또는 공업지역 내에서 증설투자, 대체투자를 한 경우에는 공제대상 법인에 해당한다.

2 통합투자세액공제 공제대상 자산

가. 일반적인 통합투자세액공제 대상 자산

통합투자세액공제 대상 자산은 기계장치 등 사업용 유형자산과 연구 · 시험시설, 에너지 절약시설, 환경보전시설, 근로자복지증진시설 등이 대상 자산에 해당한다.

- 기계장치 등 사업용 유형자산
- 연구, 시험 및 직업훈련시설
- 에너지 절약시설
- 환경보전시설
- 근로자복지증진시설
- 안전시설
- 운수업을 경영하는 자가 사업에 직접 사용하는 차량 및 운반구
- 어업을 주된 사업으로 하는 중소기업의 선박
- 건설업의 기계장비
- 도매, 소매, 물류업의 유통산업합리화시설
- 관광숙박업 및 국제회의기획업의 시설물
- 관광진흥법에 따라 등록한 전문휴양업 또는 종합휴양업의 숙박시설, 휴양시설
- 중소기업이 해당 업종의 사업에 사용하는 소프트웨어
- 내국인이 국내에서 연구개발하여 최초로 설정등록받은 특허권
- 내국인이 국내에서 연구개발하여 최초로 설정등록받은 실용실안권
- 내국인이 국내에서 연구개발하여 최초로 설정등록받은 디자인권

나. 통합투자세액공제 배제 자산

차량 및 운반구, 비품, 건물 등 다음에 해당하는 자산은 통합투자세액공제가 배제된다.

구 분	구조 또는 자산명
1	차량 및 운반구, 공구, 기구 및 비품
2	선박 및 항공기
3	건물과 구축물

다. 수도권과밀억제권역 내에서 증설투자하는 경우에도 공제되는 자산

- 디지털방송을 위한 프로그램의 제작 · 편집 · 송신 등에 사용하기 위하여 취득하는 방송장비
- 「전기통신사업 회계정리 및 보고에 관한 규정」 제8조에 따른 전기통신설비 중 같은 조 제1호부터 제3호까지 및 제5호에 따른 교환설비, 전송설비, 선로설비 및 정보처리설비
- 연구시험, 직업훈련, 에너지 절약, 환경보전 또는 근로자복지 증진 등의 목적으로 사용되는 사업용 자산
- 의약품 품질관리 개선시설

3 통합세액공제액

가. 기본공제금액

① 일반적인 투자의 경우

통합투자세액공제액 = 투자금액 × 공제율

* 공제율 – 중소기업: 10%, 중견기업: 5%, 대기업: 1%

② 신성장 · 원천기술을 사업화 하는 시설에 투자하는 경우

통합투자세액공제액 = 투자금액 × 공제율

* 공제율 – 중소기업: 12%, 중견기업: 6%, 대기업: 3%

③ 국가전략기술을 사업화하는 시설에 투자하는 경우

통합투자세액공제액 = 투자금액 × 공제율

* 공제율 – 중소기업: 25%, 중견기업: 15%, 대기업: 15%

나. 추가공제금액

① 공제금액
(해당 연도의 투자금액 – 직전 3년간 연평균투자금액) × 3%(국가전략시설 4%)
② 한도: 기본공제금액의 2배

Ⅳ 고용인원을 증가시키는 경우에는 증가인원당 통합고용세액공제가 가능하다

1 통합고용세액공제 대상 법인

통합고용세액공제 대상 법인은 소비성 서비스업을 제외한 모든 법인이 공제대상 법인에 해당한다.

2 통합고용세액공제 대상 금액

가. 기본공제

통합고용세액공제는 고용인원 증가인원당 세액공제를 받는 것으로서 예컨대 지방에서 청년을 5명 추가 고용 시 7,750만 원의 세액공제가 가능하며, 농어촌특별세 20%를 부담하여야 하므로 실제로는 6,200만 원의 세액공제가 가능하다(법인이 최저한세 이상 법인세 부담 시).

통합고용세액공제 기본공제액*
= 고용증가인원 × 1인당 세액공제액(농어촌특별세 20% 별도 부담)
* 2024년까지는 기존의 고용증대세액공제, 사회보험료세액공제와 선택 적용

구 분	공제액(단위: 만 원)			
	중소(3년간 공제)		중견 (3년간 공제)	대기업 (2년간 공제)
	수도권	지방		
상시근로자	850	950	450	0
청년정규직, 장애인, 60세 이상, 경력단절여성	1,450	1,550	800	400

* 증가인원 계산 시 제외인원: 최대주주 또는 최대주주와 친족관계에 있는 사람

나. 추가세액공제

정규직 전환하거나 육아휴직 후 복귀자가 있는 경우 다음의 세액공제를 추가로 받을 수 있다.

구 분	공제액(단위: 만 원)	
	중소	중견
정규직 근로자 (1년 지원)	1,300	900
육아휴직 복귀자 (1년 지원)		

3 공제받은 후 2년 이내 근로자 수가 감소한 경우에는 공제받은 세액이 추징되므로 향후 고용인원 수를 예측하여 진행하여야 한다

통합고용증대세액공제를 적용받은 후 2년 이내 근로자가 감소한 경우에는 공제받은 금액 상당액이 추징되므로 통합고용증대세액공제를 적용받는 경우에는 향후 근로자수 추이를 보아 신중하게 검토하여 진행하여야 하며, 세액공제를 적용받지 않고 있다가 과거 3년간 근로자수가 증가한 경우 경정청구를 통해 세액공제를 받는 것도 한 방법이 될 수 있다.

V 수도권 밖으로 공장을 이전하는 경우에는 세액감면이 가능하다

1 세액감면 대상 공장이전기업

수도권과밀억제권역에 3년(중소기업은 2년) 이상 계속하여 공장시설을 갖추고 사업을 한 기업으로서 공장시설의 전부를 수도권(중소기업은 수도권과밀억제권역) 밖으로 이전하는 기업이면 세액감면대상 기업에 해당한다. 다만 부동산업(임대 · 중개 · 매매), 건설업, 소비성서비스업, 무점포판매업 및 해운중개업을 영위하는 기업은 제외한다(조특법 §63 ①).

2 세액감면 대상 금액(조특법 §63 ①)

가. 법인세(소득세) 감면

수도권 밖으로 이전 후 공장에서 발생하는 소득에 대하여 다음의 구분에 따라 법인세(소득세)를 감면한다.

(1) 최초 소득이 발생한 과세연도의 개시일부터 다음의 구분에 따른 기간 이내에 끝나는 과세연도까지 발생한 법인세(소득세)의 100%를 감면한다

<table>
<tr><th colspan="2">구 분</th><th>감면기간</th></tr>
<tr><td colspan="2">① 수도권 등으로 이전(중소기업)</td><td>5년</td></tr>
<tr><td rowspan="2">② 수도권 밖 소재 광역시 등으로 이전</td><td>ⓐ 위기지역, 성장촉진지역 또는 인구감소지역으로 이전</td><td>7년</td></tr>
<tr><td>ⓑ ⓐ 외의 지역으로 이전</td><td>5년</td></tr>
<tr><td rowspan="2">③ ① 또는 ② 외의 지역으로 이전</td><td>ⓐ 위기지역, 성장촉진지역 또는 인구감소지역으로 이전</td><td>10년</td></tr>
<tr><td>ⓑ ⓐ 외의 지역으로 이전</td><td>7년</td></tr>
</table>

(2) (1)의 감면기간 이후 다음 구분에 따른 기간 이내 끝나는 과세연도까지 발생한 법인세(소득세)의 50%를 감면한다

<table>
<tr><th colspan="2">구 분</th><th>감면기간</th></tr>
<tr><td colspan="2">① 수도권 등으로 이전(중소기업)</td><td>2년</td></tr>
<tr><td rowspan="2">② 수도권 밖 소재 광역시 등으로 이전</td><td>ⓐ 위기지역, 성장촉진지역 또는 인구감소지역으로 이전</td><td>3년</td></tr>
<tr><td>ⓑ ⓐ 외의 지역으로 이전</td><td>2년</td></tr>
<tr><td rowspan="2">③ ① 또는 ② 외의 지역으로 이전</td><td>ⓐ 위기지역, 성장촉진지역 또는 인구감소지역으로 이전</td><td>2년</td></tr>
<tr><td>ⓑ ⓐ 외의 지역으로 이전</td><td>3년</td></tr>
</table>

❸ 세액 감면을 위한 요건

가. 이전 요건

(1) 공장시설의 전부를 수도권(중소기업은 수도권과밀억제권역) 밖으로 다음 중 어느 하나의 요건을 갖추어 이전해야 한다

① 수도권 밖으로 공장을 이전하여 사업을 개시한 날부터 2년 이내에 수도권과밀억제권역 안의 공장을 양도하거나 공장시설의 전부를 철거 또는 폐쇄하여 조업이 불가능한 상황일 것

② 수도권과밀억제권역 안의 공장을 양도 또는 폐쇄한 날(공장을 임차한 경우 조업을 중단한 날)부터 2년(공장을 신축하여 이전하는 경우 3년) 이내에 수도권 밖에서 사업을 개시할 것

(2) 다음 어느 하나에 해당하는 경우 다음의 구분에 따른 요건을 갖출 것

① 중소기업이 공장시설을 수도권(수도권과밀억제권역 제외) 안으로 이전하는 경우로서 본사가 수도권과밀억제권역 안에 있는 경우 해당 본사도 함께 이전해야 한다.

② 중소기업이 아닌 기업이 광역시로 이전하는 경우 광역시 내 산업단지로 이전해야 한다.

나. 영위업종 요건

공장을 이전하는 기업은 이전 전 공장에서 영위하던 업종과 이전 후 공장에서 영위하는 업종이 각각 같아야 한다.

❹ 사후관리

세액감면을 적용 받은 공장이전기업이 다음 어느 하나에 해당하는 사유가 발생하면 감면받은 세액과 이자상당액이 추징된다(조특법 §63 ②).

가. 공장을 이전하여 사업을 개시한 날부터 3년 이내에 사업을 폐업하거나 법인을 해산하는 경우

나. 공장을 수도권(중소기업은 수도권과밀억제권역) 밖으로 이전하여 사업을 개시하지 않은 경우

다. 이전한 공장에서 생산하는 제품과 같은 제품을 생산하는 공장을 수도권(중소기업은 수도권과밀억제권역) 안에 설치한 경우

Ⅵ 수도권 밖으로 법인의 본사를 이전하는 경우에는 100% 세액감면이 가능하다

1 세액감면 대상 본사이전법인

수도권과밀억제권역에 3년 이상 계속하여 본사를 둔 법인으로서 수도권 밖으로 본사를 이전하여 사업을 개시하는 법인이면 세액감면대상 법인에 해당한다. 다만 부동산업(임대·중개·매매), 건설업, 소비성서비스업, 무점포판매업 및 해운중개업을 영위하는 법인은 제외한다(조특법 §63의2 ①).

2 세액감면 대상 금액(조특법 §63의2 ①)

가. 법인세(소득세) 감면

수도권 밖으로 이전 후 본사이전법인에서 발생하는 감면대상소득*에 대하여 다음의 구분에 따라 법인세(소득세)를 감면한다.

* (해당 과세연도의 과세표준 − 부동산 양도차익 등) × 이전인원비율 × 매출액비율

(1) 최초 소득이 발생한 과세연도의 개시일부터 다음의 구분에 따른 기간 이내에 끝나는 과세연도까지 발생한 법인세(소득세)의 100%를 감면한다

구 분		감면기간
① 수도권 등으로 이전(중소기업)		5년
② 수도권 밖 소재 광역시 등으로 이전	ⓐ 위기지역, 성장촉진지역 또는 인구감소지역으로 이전	7년
	ⓑ ⓐ 외의 지역으로 이전	5년
③ ① 또는 ② 외의 지역으로 이전	ⓐ 위기지역, 성장촉진지역 또는 인구감소지역으로 이전	10년
	ⓑ ⓐ 외의 지역으로 이전	7년

(2) (1)의 감면기간 이후 다음의 구분에 따른 기간 이내 끝나는 과세연도까지 발생한 법인세(소득세)의 50%를 감면한다

<table>
<tr><th colspan="2">구 분</th><th>감면기간</th></tr>
<tr><td colspan="2">① 수도권 등으로 이전(중소기업)</td><td>2년</td></tr>
<tr><td rowspan="2">② 수도권 밖 소재 광역시 등으로 이전</td><td>ⓐ 위기지역, 성장촉진지역 또는 인구감소지역으로 이전</td><td>3년</td></tr>
<tr><td>ⓑ ⓐ 외의 지역으로 이전</td><td>2년</td></tr>
<tr><td rowspan="2">③ ① 또는 ② 외의 지역으로 이전</td><td>ⓐ 위기지역, 성장촉진지역 또는 인구감소지역으로 이전</td><td>2년</td></tr>
<tr><td>ⓑ ⓐ 외의 지역으로 이전</td><td>3년</td></tr>
</table>

3 세액 감면을 위한 요건

가. 이전 요건

(1) 수도권 밖으로 본사를 이전하여 사업을 개시한 날부터 2년 이내에 수도권과밀억제권역 안의 본사를 양도하거나 본사 외의 용도로 전환할 것

(2) 수도권과밀억제권역 안의 본사를 양도하거나 본사 외의 용도로 전환한 날부터 2년(본사를 신축하여 이전하는 경우 3년) 이내에 수도권 밖에서 사업을 개시할 것

나. 투자금액 및 근무인원 요건

(1) 법인세를 감면받는 과세연도까지의 사업용 유형자산 및 건설중인자산에 대한 누적 투자액이 10억 원 이상일 것

(2) 해당 과세연도 수도권 밖으로 이전한 본사의 근무인원이 20명 이상일 것

다. 영위업종 요건

본사를 이전하는 법인은 이전 전 본사에서 영위하던 업종과 이전 후 본사에서 영위하는 업종이 각각 같아야 한다.

4 사후관리

세액감면을 적용 받은 본사이전법인이 다음 어느 하나에 해당하는 사유가 발생하면 감면받은 세액과 이자상당액이 추징된다(조특법 §63의2 ②).

가. 본사를 이전하여 사업을 개시한 날부터 3년 이내에 그 사업을 폐업하거나 법인이 해산한 경우

나. 본사를 수도권 밖으로 이전하여 사업을 개시하지 아니한 경우

다. 수도권에 본사를 설치하거나 대통령령으로 정하는 기준 이상의 사무소를 둔 경우

라. 감면기간에 임원 중 이전본사의 근무 임원 수가 수도권 안의 사무소에서 근무하는 임원과 이전본사 근무 임원의 합계 인원에서 차지하는 비율이 100분의 50에 미달하게 된 경우

04

CEO가 꼭 알아야 할 기본 상법 상식

PART 01

이사, 감사 관련 법인등기부등본 변경사항을 숙지하여야 한다

전략가이드

법인의 경우 이사, 감사 임기 만료 등 법인등기부등본 변경사항 발생 시마다 등기부등본을 변경하여야 한다.
이러한 법인등기부등본 변경의무를 이행하지 않은 경우에는 과태료 부과대상이므로 등기부등본 변경사항을 정확하게 숙지하고 진행하여야 한다.

Ⅰ 이사, 감사 임기 만료 시마다 법인등기부등본을 변경해야 한다

상법상 이사의 임기는 취임일부터 최장 3년이다.

반면 감사의 임기는 취임 후 3년 이내 최종 결산일 이후 개최되는 정기주주총회일까지가 임기이다. 예컨대 2020년 7월 1일 취임했다면 3년 이내 마지막 결산일은 2022년 12월 31일이고 정기주주총회를 2023년 3월 24일에 개최했다면 2023년 3월 24일이 감사임기 만료일이다.

이러한 이사, 감사의 임기가 만료된 경우에는 임기만료 후 14일 내에 중임등기를 하여야 하며, 2주 내에 중임등기를 하지 않은 경우에는 과태료가 부과되므로 주의하여야 한다.

Ⅱ 대표이사 주소 변경 시에도 법인등기부등본을 변경하여야 한다!

대표이사 집주소가 변경된 경우에는 전입신고한 날부터 반드시 14일 내에 법인등기부등본을 변경하여야 한다.

중요한 점은 전입신고일 날짜 기준으로 2주 안에 등기접수가 되어야 하는 것으로 1.1.에 전입신고 한 경우에는 1.15.까지 반드시 등기부등본 변경 접수(등기완료가 되어야 하는 것은 아님)를 하여야 한다.

대표이사 집 주소 변경등기를 하는 경우에는 대표이사 주민등록초본을 제출하여야 하므로 이전 집주소가 변경되었지만 법인등기부등본을 변경등기하지 않은 상태에서 다시 집주소가 변경되어 변경등기를 하는 경우에는 이전 집 주소 변경등기 하지 않은 사실이 모두 체크되므로 주민등록등본상 주소 변경 시마다 변경등기를 하여야 하는 점을 주의하여야 한다.

대표이사 집 주소 변경등기기간 내에 변경등기를 하지 않은 경우에는 500만 원 이하의 과태료가 부과된다.

04

PART 02

이사를 3인 이상으로 하여 이사회를 구성할 필요가 있다

전략가이드

이사회는 중요자산의 처분 및 양도, 대규모 차입 등과 대표이사 등에게 금전대여 등 회사의 업무 집행에 관한 주요사항에 대해 의사결정 권한이 있다.
이사회는 이사 3인 이상이 되어야 구성되는 것으로 이사회가 없는 경우에는 사내이사 1인의 결정으로 대체하게 된다.
상법은 이사 등과 회사 간의 거래 등에 있어 반드시 이사회 승인을 얻은 경우에만 효력이 있는 것으로 규정하고 있고 자기주식 취득 등 이사회 결의를 필요로 하는 사항에 대해 공신력을 높이기 위해서는 반드시 이사회를 구성할 필요가 있다.

1 이사회의 구성

상법상 주식회사는 자본금 총액이 10억 미만인 경우를 제외하고는 이사의 수는 3명 이상으로 하여야 한다(상법 §383).

2 이사회의 소집

이사회는 이사회 결의로 소집할 이사를 정하지 않은 경우에는 각 이사가 소집한다(상법 §390 ①).

이사회를 소집함에 있어서는 1주 전에 각 이사 및 감사에게 소집통지서를 발송하여야 하는 것이 원칙이지만 정관으로 해당 기간은 단축할 수 있으므로 신속한 이사회 결의를 위해서는 해당 기간을 단축하여 규정하는 것이 유리하다(상법 §390 ③).

다만 이사 및 감사 전원의 동의가 있는 경우에는 이사회 소집절차 통지 없이 이사회 결의를 할 수 있다(상법 §390 ④).

실무상 대부분의 비상장법인은 이사, 감사 전원의 동의로 이사회 소집절차 없이 이사회 결의를 진행하는 경우가 대부분이다.

3 이사회 결의방법

이사회 결의는 이사 과반수의 출석과 출석이사의 과반수로 하며 정관으로 해당 비율을 높게 정할 수는 있지만 낮게 정할 수는 없다(상법 §391 ①).

정관에서 달리 정하고 있는 경우를 제외하고는 이사회 결의 시에는 이사의 전부 또는 일부가 직접 회의에 출석하지 아니하고 모든 이사가 음성을 동시에 송수신하는 원격통신 수단에 의하여 결의에 참여할 수 있으며 이러한 방식으로 결의에 참여한 경우에도 이사회에 직접 출석한 것으로 본다(상법 §391 ②).

4 상법상 이사회 승인을 요하는 거래

중요한 자산의 처분 및 양도, 대규모 재산의 차입, 지배인의 선임 또는 해임, 지점의 설치 · 이전 또는 폐지 등 회사의 업무집행은 이사회 결의로 진행하여야 한다(상법 §393).

대개의 회사가 중요자산의 처분, 대출실행 시 이사회 결의를 거치지 않고 진행하는 경우가 많이 있는데 향후 이사의 회사에 대한 책임 등 법적문제가 발생하지 않기 위해서는 반드시 이사회 결의를 거칠 필요가 있다.

그 외 반드시 이사회 결의를 필요로 하는 사항은 다음과 같으며 이사회 결의 없이 해당 행위를 한 경우에는 상법상 무효가 되는 점을 주의하여야 한다.

이 경우 일반적인 이사회 결의는 이사 과반수 출석과 출석이사 과반수로 결의하지만 회사의 기회 및 자산의 유용금지, 이사 등과 회사 간의 거래 시에는 이사 3분의 2 이상의 수로 하여야 하는 점을 주의하여야 한다.

이사의 수가 2인 이하로서 이사회가 구성되지 않는 경우에는 사내이사 결정서 또는 주주총회 결의로 이사회 결의가 대체되는데 사내이사 결정서로 대체하는 경우 이사회 결의보다 신뢰성이 하락할 수 있고 이사와 이해관계가 충돌할 수 있는 주주총회 결의에 의하는 경우에는 절차상의 번거로움과 결의 통과의 문제가 있을 수 있다.

따라서 향후 법인의 업무진행 시 중요 의사결정사항에 문제가 없기 위해서는 반드시 이사의 수를 3인 이상으로 하여 이사회를 구성할 필요가 있다.

상법상 이사회 결의를 요하는 거래

- 중간배당 결의(상법 §462의3) – 이사회 결의를 거치지 않은 경우에는 무효
- 이사가 회사의 영업부류에 속한 거래를 하거나 동종영업을 하는 타회사의 무한책임사원이 되는 경우(상법 §397 ①)
- 자기주식 취득, 처분(상법 시행령 §9, 상법 §342)(이사회 결의 없이 자기주식을 취득하는 경우 상법상 무효로서 가지급금 발생)

04

- 전환사채 발행(상법 §513)
- 양도제한 주식의 양도승인(상법 §335)
- 주식매수선택권 부여 취소(상법 §340)

상법상 이사 3분의 2 이상 승인의 결의를 요하는 거래

- 직무를 수행하는 과정에서 알게 되거나 회사정보를 이용한 사업기회, 회사가 수행하고 있거나 수행할 사업과 밀접한 관계가 있는 사업기회 이용(상법 §397의2)
- 이사와 10% 이상의 주식을 보유한 주요 주주등이 자기 또는 제3자의 계산으로 회사와 거래하는 경우(상법 §398)
- 회사가 이사에게 자금을 대여하는 거래(상환기간과 약정이율에 대한 이사회 결의 없이 대여하는 경우 횡령죄 성립)

5 이사회 의사록 작성

이사회의 의사에 관하여는 의사의 안건, 경과요령, 반대하는 자와 그 반대이유를 기재하고 출석한 이사 및 감사가 기명날인 또는 서명하여 의사록을 작성하여야 한다(상법 §391의3).

6 이사가 3인 미만이어서 이사회가 구성되지 않는 경우

이사회는 회사의 기관으로 자본금 10억 원 미만인 회사로서 이사가 3인 미만인 경우에는 이사회가 구성되지 않는다.

이사회가 구성되지 않는 경우에는 이사회 기능을 대신하여 대표이사 또는 사내이사가 회사를 대표하여 이사의 기능을 담당하거나 주주총회가 이사회 기능을 대신하는 방식으로 이사회 기능이 대체된다.

가. 사내이사 또는 대표이사가 회사를 대표하여 이사회 기능을 하는 경우

다음의 사항에 대해서는 1명 또는 2명의 각 이사(정관에 따라 대표이사를 정한 경우에는 그 대표이사)가 회사를 대표하여 이사회의 기능을 담당한다(상법 §383 ⑥).

사내이사 결의로 이사회 기능을 대체하는 경우

- 이사회 결의로 하는 주식의 소각(상법 §343 ①)
- 주식의 전환에 관한 종류주식 권리자에 대한 통지(상법 §346)
- 주주총회 소집의 결정(상법 §362)
- 주주제안권(상법 §363의2)
- 소수주주에 대한 소집통지(상법 §366)
- 감사의 총회의 소집청구(상법 §412의3)
- 중간배당(상법 §462의3 ①)

이사가 회사를 대표하여 이사회 기능을 하는 경우로서 사내이사 결정서는 다음과 같이 작성한다.

결　정　서

본 회사는 상법 제383조 제1항 단서규정의 자본금 10억 원 미만, 이사 2인 이하의 회사로써 동법 제383조 제5항에 의거 동법 제391조의3 제1항의 이사회 의사록작성 의무를 적용하지 아니하므로 대표권 있는 사내이사 단독으로 다음과 같이 회사업무를 결정한다.

= = =　결 정　사 항　= = =

1. 임시 주주총회 소집의 건
   1) 총회일자: 202 . 6. .
   2) 총회장소: 본점 회의실
   3) 회의 목적사항
      제1 의안 정관변경의 건

첨부서면: 1. 대표이사의 인감증명서　각 1부

202 . 6. .

주식회사 현인
사내이사

(이사 3인 미만인 경우)

나. 주주총회 결의에 의하는 경우

자본금 10억 원 미만인 경우로서 이사가 1인 또는 2인인 경우에 다음의 사항에 대해서는 주주총회로 결의하여야 한다(상법 §383 ④).

간혹 이사회가 없는 경우 무조건 이사가 회사를 대표하는 것으로 보아 사내이사 결정서로 대체하는 경우를 볼 수 있는데 다음에 해당하는 사항은 사내이사 결정서로 대체하는 경우 무효가 될 수 있다.

따라서 이사회가 없는 경우에는 주주총회 결의로 진행해야 하는 사항인지 아니면 사내이사 결정서로 대체될 수 있는 사항인지를 반드시 검토하여 진행하여야 하는 점을 주의하여야 한다.

주주총회 결의로 이사회 기능을 대체하는 경우

- 주식의 양도에 관하여 이사회 승인을 얻도록 정한 경우(상법 §302, 317, 335)
- 주식양도 승인의 청구(상법 §335의2)
- 주식양도 상대방 지정청구(상법 §335의3)
- 주식의 양수인에 의한 승인청구(상법 §335의7)
- 주식매수선택권의 부여(상법 §340의3)
- 이사의 경업승인(상법 §397)
- 회사의 기회 및 자산의 유용승인(상법 §397의2)
- 이사등과 회사 간의 거래(상법 §398)
- 신주발행사항의 결정(상법 §416)
- 무액면주식의 발행(상법 §451)
- 준비금의 자본전입(상법 §461)
- 중간배당(상법 §462의3)
- 이익배당금의 지급시기(상법 §464의2)
- 사채의 발행(상법 §469), 전환사채의 발행(상법 §513)
- 신주인수권부 사채의 발행(상법 §516의2)
- 반대주주의 주식매수청구권(상법 §360의5)
- 합병반대주주의 주식매수청구권(상법 §522의3)

PART 03

상법상 적법한 주주총회 소집절차 및 결의방법을 지켜야 한다

전략가이드

상법상 주주총회 결의를 요하는 사항에 대해 주주총회 결의를 하지 않는 경우, 주주총회 결의를 하였지만 상법상 절차상 · 내용상 하자가 있는 경우에는 해당 거래가 무효가 되거나 결의취소의 소를 당하는 문제가 발생할 수 있다.
따라서 법인 경영 시에는 주주총회 결의에 관한 상법 관련사항을 정확하게 숙지할 필요가 있다.

1 상법을 준수한 정기주주총회 소집절차 및 결의방법의 중요성

주주총회 소집절차 또는 결의방법이 상법 또는 정관에 위반하거나 현저하게 불공정한 경우 주주, 이사, 감사는 결의일부터 2월 내에 결의취소의 소를 제기할 수 있다(상법 §376).

따라서 주주 간 또는 이사 간 이해관계가 충돌하는 경우에 중요사항을 주주총회 의결로 결의 시에는 반드시 상법상 적법한 주주총회 소집절차 및 결의방법을 준수하여야 한다.

2 주주총회 소집지 및 총회의 권한

주주총회는 정관에 다른 정함이 없는 경우에는 본점소재지 또는 인접한 곳에서 소집하여야 한다(상법 §364).

이사회는 회사 제반 업무집행에 관한 의사결정기관으로 회사의 업무집행 시 의사결정이 필요한 제반 사항에 대해 포괄적으로 권한이 있는 반면, 주주총회는 상법 또는 정관에 정하는 사항에 한하여 결의할 수 있다(상법 §361).

❸ 주주총회 소집의 결정

주주총회 소집은 이사회가 결정하게 되며 주주총회 소집에 관한 이사회 결의는 다음과 같이 진행한다.

이사가 3인 미만인 경우로서 이사회가 구성되지 않은 경우에는 사내이사 결정서로 대체하게 된다.

이사회 결의로 주주총회 소집결정은 다음과 같은 서식으로 진행된다.

이사 및 감사 동의서

2024년 월 일 이사 및 감사의 동의로서 다음의 이사회 소집절차를 생략하는 것을 결의함

-결 의 사 항-

1. 상법 제390조 제4항에 의거 다음의 이사회 소집절차를 생략함
2. 이사회개최일: 2024년 월 일

위와 같이 동의함

2024. . .

주식회사

대표이사 (이사, 감사 전원 동의 필요)

이 사

이 사

감 사

이사회 의사록

주식회사

위 회사는 서기 2024. . . 오후 1시 30분 본점 회의실에서 이사회를 개최한다.

총 이사 수: 3명, 출석이사 수: 3명

총 감사 수: 1명, 출석감사 수: 1명

의장은 위와 같이 성원이 되었음을 알리고 의안심의에 들어갈 것을 제의하다.

제1호 의안 임시주주총회 소집의 건

의장은 다음과 같은 안건의 처리를 위하여 본 회사의 임시주주총회를 개최할 것을 부의한바 출석 이사전원의 찬성으로 다음과 같이 임시주주총회를 개최할 것을 승인가결하다.

1. 총회일자: 2024. . . 오전 10시
2. 총회장소: 본점 회의실
3. 회의 목적사항: 자본감소 결의

의장은 이상으로서 의안 전부의 심의를 종료하였으므로 폐회를 선언하다(회의 종료시간 같은 날 오후 2시 00분).

위 의사의 경과요령과 결과를 명확히 하기 위하여 이 의사록을 작성하고 의장과 출석한 이사가 기명날인하다.

2024. . .

주식회사

의장 대표이사

이 사

이 사

감 사

04

4 주주총회 소집통지

가. 2주 전 소집통지

주주통회를 소집할 때에는 주주총회일의 2주 전에 회의의 목적사항을 기재하여 각 주주에게 서면으로 발송하거나 각 주주의 동의를 받아 전자문서로 통지를 발송하여야 한다(상법 §363 ①).

이 경우 상법상 기간계산에 대해서는 상법에서 정하지 않고 민법을 준용하도록 규정하고 있고 민법에서는 기간 계산 시 초일불산입을 원칙으로 하고 있으므로 2주 전 통지의 경우 주주총회 개최일에서 15일을 차감한 일자 전에 소집통지서를 발송하여야 한다.

예컨대 2023.3.31. 주주총회를 개최하는 경우 적법한 소집통지일은 2023.3.17.이 아닌 2023.3.16.이다.

나. 소집통지를 단축하거나 생략할 수 있는 경우

자본금 총액이 10억 원 미만인 회사는 주주총회 10일 전에 각 주주에게 서면으로 발송하거나 각 주주의 동의를 받아 전자문서로 통지할 수 있다(상법 §363 ③).

또한 자본금 총액이 10억 원 미만인 회사는 주주 전원의 동의가 있는 경우 주주총회 소집절차 없이 주주총회를 개최할 수 있고 결의의 목적사항에 대해 주주 전원의 서면동의에 의한 서면결의로써 주주총회를 갈음할 수 있다(상법 §363 ④).

Case Ⅰ 2주 전 주주총회 소집통지를 하는 경우(자본금 10억 원 이상인 법인 또는 감자 등 중요 결의사항)

임시주주총회 소집통지

주주 (각 주주) 귀하

당 회사는 다음과 같이 임시주주총회를 개최하기로 하였으므로 이를 통지하오니 주주님들께는 참석하여 의결권을 행사하여 주시기 바랍니다.

－아 래－

1. 총회일시: 2024년 월 일 오전 10:00

2. 총회장소: 본점 회의실

3. 회의의 목적사항

제1의안: 자본감소 결의건

4. 지참서류

(1) 주주본인 출석: 소집통지서, 신분증

(2) 대리인 출석: 의결권위임장(주주본인 인감도장 날인할 것)인감증명서 1통(주주본인: 3월 이내 발급한 것)

2024년 월 일

(주주총회 일자에서 15일 차감한 일자)

주식회사

대표이사 (법인)

(※법인과 대표이사만 날인)

Case Ⅱ 주주총회 소집통지를 생략하는 경우(자본금 10억 원 미만 또는 비중요 결의사항)

이사회 의사록

주식회사

위 회사는 서기 2024. . . 오후 1시 30분 본점 회의실에서 이사회를 개최한다.
총 이사 수: 3명, 출석이사 수: 3명
총 감사 수: 1명, 출석감사 수: 1명

의장은 위와 같이 성원이 되었음을 알리고 의안심의에 들어갈 것을 제의하다.

제1호 의안 임시주주총회 소집의 건

의장은 다음과 같은 안건의 처리를 위하여 본 회사의 임시주주총회를 개최할 것을 부의한바 출석 이사전원의 찬성으로 다음과 같이 임시주주총회를 개최할 것을 승인가결하다.

1. 총회일자: 2024. . . 오전 10시
2. 총회장소: 본점 회의실
3. 회의 목적사항: 자본감소 결의

의장은 이상으로서 의안 전부의 심의를 종료하였으므로 폐회를 선언하다(회의 종료시간 같은 날 오후 2시00분).
위 의사의 경과요령과 결과를 명확히 하기 위하여 이 의사록을 작성하고 의장과 출석한 이사가 기명날인하다.

2024. . .

주식회사
의장 대표이사

이 사
이 사
감 사

5 주주총회 결의방법

주주총회 결의 시 의결권 없는 주식은 발행주식총수에 산입하지 않으며 의결권은 1주마다 1개로 하되 회사가 가진 자기주식과 회사, 모회사 및 자회사 또는 자회사가 발행주식총수의 10분의 1을 초과하는 주식을 가지고 있는 경우 그 다른 회사가 가지고 있는 회사 또는 모회사 주식은 의결권이 없다(상법 §369).

주주총회 결의는 안건에 따라 다음과 같이 특별결의사항과 보통결의사항으로 구분된다.

가. 주주총회 특별결의사항

■ **주주총회 특별결의(전 주주 참석 시 66.7% 이상 지분율 필요)**
출석한 주주의 의결권의 3분의 2 이상 & 발행주식총수의 3분의 1 이상

주주총회는 보통결의가 원칙이지만 다음에 해당하는 사항은 출석한 주주의 의결권의 3분의 2 이상의 수와 발행주식총수의 3분의 1 이상의 수로 하는 주주총회 특별결의를 요하는 사항이다.

주주총회 특별결의사항

- 정관변경
- 이사 또는 감사의 해임
- 주식매수선택권의 부여
- 영업의 전부 또는 중요한 일부의 양도, 영업전부의 임대
- 회사의 영업에 중대한 영향을 미치는 다른 회사 영업 전부 또는 일부 양수
- 주식의 포괄적 교환 및 이전
- 신주의 액면미달 발행
- 주주 외의 자에게 전환사채, 신주인수권부사채 발행
- 자본금 감소

나. 주주총회 보통결의사항

■ **주주총회 보통결의**(전 주주 참석 시 50% 초과 지분율 필요)
출석한 주주의 의결권의 과반수 이상 & 발행주식총수의 4분의 1 이상

주주총회 특별결의사항을 제외하고는 주주총회 보통결의사항으로서 주주총회 보통결의는 출석한 주주의 의결권의 과반수와 발행주식총수의 4분의 1 이상의 수로 하여야 한다(상법 §368 ①).

주주총회 보통결의사항은 다음과 같다.

주주총회 보통결의사항

- 정기 주주총회 재무제표 승인, 이익배당, 주식배당
- 이사, 감사의 선임, 임원보수한도 승인
- 자기주식 취득결의
- 결손보전을 위한 자본금의 감소, 법정준비금의 감소
- 감사인의 선임, 청산인의 해임, 청산종료의 승인

6 주주총회 의사록 작성

주주총회 결의 시에는 의사록을 작성하여야 하며, 주주총회 의사록에서는 의사의 경과요령과 결과를 기재하여 의장과 출석한 이사가 기명날인 또는 서명하여야 하는 것으로 감사 또는 출석한 주주는 서명날인하지 않는 것이다(상법 §373).

주주총회 의사록은 다음과 같이 작성하여야 한다.

주주총회 의사록

1. 일　　시: 2024 년 08 월 31 일 오전 11시
2. 장　　소:
3. 출석주주: 주주총수　7　명　발행주식수　주
　　　　　　출석주주　4　명　동의주식수　주

의장인 대표이사 　은 정관규정에 따라 의장석에 등단하여 위와 같이 법정 정족수에 달하는 주주가 출석하였으므로 본 총회가 적법히 성립되었음을 알리고 개회를 선언한 후 다음의 의안을 부의하고 심의를 구하다.

제 1 호 의 안　정관일부 변경 승인의 건

상법 제433조의 규정에 의하여 의장은 별지 정관 일부 변경(안)을 주주에게 배부하고 그 승인여부를 구한 바, 원안대로 승인 가결되다.

(별지2) 정관 일부 변경(안)

이상으로서 금일의 의안 전부를 심의 종료하였으므로 의장은 폐회를 선언하다 (총회 종료 시각: 오전 11시 30분).

위 결의를 명확히 하기 위하여 이 의사록을 작성을 하고 출석한 이사가 다음에 기명날인을 하다.

2024 년 08월 31 일

주식회사 현인
서울시 송파구 법원로 11길
의장 대표이사
대표이사

사내이사

감　　사(주주총회 의결 대상 아님)

04

주 주 명 부

주주명	소유주식수	회의출석	의결찬성	인증촉탁	비고
A	주	O	O		
B	주	O	O		
C	주	O	O		
D	주	O	O		
E					
F					
G					
1주당금액	총주식수	출석주식수	의결찬성주식수	인증촉탁주식수	
1,000원	10,000주	10,000주	10,000주		

위 주주명부는 본사에 비치된 주주명부와 대조하여 틀림이 없음을 증명합니다.

2024년 8월 31일

회 사 명: 주식회사 현인

소 재 지: 서울특별시 송파구
대표이사 (법인인감)

PART 04

상법상 감사관련 사항을 정확하게 숙지할 필요가 있다

전략가이드

자본금 10억 원 미만인 회사는 감사가 없어도 됨에도 불구하고 감사를 두어 번거롭게 임기만료에 대한 변경등기를 하거나 감사의 경우 감사 외의 업무를 할 수 없는데도 불구하고 회사 일반 업무를 하면서 급여를 수령하는 경우를 볼 수 있다.
법인 경영 시에는 감사관련 사항을 정확하게 숙지할 필요가 있다.

I 감사의 직무와 감사의 선임

감사는 이사의 직무집행을 감시하는 역할을 한다(상법 §412).

통상 대표이사의 배우자 또는 가족으로 감사를 두는 경우를 많이 볼 수 있는데 회사가 어느 정도 성장 시 외부투자자에게 회사의 투명성과 신뢰성을 제고하기 위해서는 특수관계인이 아닌 자를 감사로 선임하는 것이 좋다.

감사는 이사 외의 자를 대상으로 주주총회에서 선임하는데 의결권 없는 주식을 제외한 발행주식총수의 100분의 3(정관으로 더 낮은 주식보유비율을 정할 수 있음)을 초과하는 수의 주식을 가진 주주는 초과하는 주식에 대해서는 감사선임에 있어 의결권을 행사하지 못한다(상법 §409).

따라서 법인의 최대주주라고 하더라도 감사선임에 있어서는 의결권 행사에 한계가 있다.

Ⅱ 감사는 감사업무 외 회사의 일반적인 업무를 할 수 없다

감사는 회사 및 자회사의 이사 및 지배인 기타 사용인의 직무를 겸하지 못한다(상법 §411).

통상 가족을 감사로 등재한 후 급여를 지급하는 사례가 많이 있는데 감사업무 외의 업무에 대한 대가로 급여를 지급하는 것은 상법을 위반한 것으로 무효로서 전액 법인세법상 손금부인 될 수 있다.

따라서 법인 조직도 또는 회사내부 결재 서류에서 감사가 일반 회사업무를 한 흔적이 있으면 안 되는 점을 주의하여야 한다.

또한 감사는 상근으로 근무할 필요가 없으므로 감사 업무의 대가로 상근임원 업무에 준하여 급여를 지급하는 것도 세법상 손금불산입되는 리스크가 있는 점을 주의하여야 한다.

Ⅲ 자본금 10억 원 미만인 회사는 감사를 두지 않아도 된다

자본금 10억 원 미만인 회사는 감사를 두지 않아도 되므로 자본금 10억 원 미만인 경우로서 감사가 임원으로 등재되어 있는 경우에는 임기 만료 시 중임등기를 하지 않는 것이 향후 법인 등기부등본 관리 등에 있어 유리하다.

05

CEO가 꼭 알아야 할 CEO 개인의 세무적 · 법적 리스크

PART 01

CEO 개인의 세무조사가 법인의 조사로 이어질 수 있다

I PCI 시스템 통한 자금출처조사를 주의하여야 한다

전략가이드

국세청은 PCI시스템(소득-지출분석시스템)을 통해 개인에 대한 자금출처 세무조사를 시행하고 있다.
법인 대표이사 개인에 대한 자금출처 조사 시 일부 금액이 법인으로부터 변칙적으로 흘러들어 온 사실이 확인되는 경우에는 법인에 대한 세무조사로 이어지거나 대표이사가 강남에 고가 아파트를 구입한 경우 법인이 세무조사 대상에 선정되는 경우도 볼 수 있다.
따라서 법인 CEO가 거액의 부동산 등 구입 시에는 구입부동산의 자금출처가 명확하게 소명되는지 반드시 검토한 후 진행하여야 한다.

PCI(Property, Consumption and Income Analysis System, 소득-지출 분석시스템)란 국세청에서 개발한 프로그램을 활용하여 일정기간 동안의 개인의 신고소득(Income) 대비 신용카드 사용액등 지출액(Consumption)과 부동산, 금융재산 등의 자산증가액(Property)을 비교하는 분석시스템이다.

즉, 신고소득 대비 소비금액과 자산증가액이 더 큰 경우 탈루소득이 있는 것으로 보아 개인에 대한 세무조사를 하는 것이다.

PCI분석시스템은 ① 기업주의 법인자금 사적사용 여부 검증, ② 고액자산 취득 시 자금출처 관리, ③ 세무조사 대상자 선정 목적으로 활용된다.

법인 대표이사가 근로소득금액에 비해 고가의 부동산, 고급승용차, 빈번한 해외여행을 한 경우에는 회사자금을 임의로 유용하여 재산취득에 활용한 혐의로 세무조사 선정대상에 선정될 수 있다.

따라서 법인 CEO는 반드시 CEO개인의 자산증가액, 소비액 대비 신고소득이 적정한지 여부를 체크하면서 관리할 필요가 있다.

PCI 분석시스템

〔재산증가액(Property) + 소비지출액(Consumption)〕 − 신고소득금액(Income)
=탈루소득금액

■ **재산증가액(Property)**

부동산, 차량 등, 골프회원권 등

■ **소비지출액(Consumption)**

신용카드, 현금영수증 사용액, 해외여행 횟수

■ **신고소득금액(Income)**

국세청에 신고된 소득금액(총수입금액 − 필요경비) − 소득세

사례

㈜현인의 대표이사 막탈루의 최근 5년간 자산증가액, 소비지출액, 신고소득은 다음과 같다.

- 성수동 주상복합아파트 구입: 55억 원
- 상장주식 구입: 10억 원
- 해외여행 횟수: 11회
- 신용카드 현금영수증 사용액: 2억5천만 원
- 신고소득: 14억 원(법인으로부터 수령한 급여 + 부동산 임대수입금액)
- 〔(자산증가액: 65억 원) + (소비지출액: 2억5천만 원)〕 − (신고소득금액: 14억 원)
  ⇒ 53억5천만 원 탈루의심하여 세무조사 대상에 선정

05

Ⅱ 자녀의 고액의 전월세 대금을 지불하는 것은 위험하다!

전략가이드

통상 법인 CEO들을 보면 자녀에게 거액의 부동산을 증여하기가 조심스러운 면이 있으므로 거액의 전월세 대금을 지불하는 사례가 많이 있는데 소득이 많지 않은 자녀의 거액의 전월세 계약에 대해서도 국세청에서 기획적으로 세무조사를 시행하고 있으므로 주의하여야 한다.

법인 CEO가 거액의 부동산을 자녀에게 증여하는 것은 왠지 조심스러운 측면이 있고 자녀가 증여세 납부능력이 없는 경우에 거액의 부동산을 증여하는 경우에는 증여세 대납액에 대해서까지 증여세를 납부하여야 하는 문제가 있다.

이러한 이유로 상당수의 법인 CEO들이 부동산 증여 대신 결혼한 자녀의 거액의 보증금

또는 월세를 대신 지불하는 경우를 볼 수 있다.

참고로 국토교통부는 부동산 거래와 관련한 거래계약신고부터 부동산등기까지 부동산 거래 제반업무를 통합 관리하는 부동산거래관리시스템(Real Estate Transaction Management System: RTMS)을 통해 전 · 월세 신고정보를 취합하여 관리하고 있다.

국세청은 부동산거래관리시스템(RTMS 시스템)을 활용하여 나이와 소득대비 거액의 보증금과 월세를 지불하고 있는 임대차계약에 대해 집중적으로 조사하고 있다.

이러한 조사를 통해 해당 재원이 법인을 경영하는 CEO의 자금인 경우에는 자녀에게 증여세 과세문제가 발생할 뿐만 아니라 전세보증금을 대신 지불한 CEO의 경우 해당 재원의 자금출처를 밝혀야 하며 이 과정에서 법인자금이 투입된 경우에는 이러한 부분까지 상세하게 소명하여야 하는 리스크가 발생할 수 있으므로 자녀에게 고액의 전월세 대금을 지불하는 경우는 주의하여야 한다.

Ⅲ 현금거래 시에는 금융정보분석원(FIU)에 보고되는 것을 주의하라!

전략가이드

거액의 현금 입출금 거래 또는 자금세탁 혐의가 있는 현금 입출금 거래의 경우 FIU에 보고되어 세무조사 대상에 선정될 수 있으므로 증여세 절세 또는 리베이트 지급을 위해 거액의 현금을 입출금 하는 경우에는 주의하여야 한다.

FIU(금융정보 분석원: Financial Intelligence Unit)은 각 금융기관으로부터 자금세탁 관련 혐의가 있는 금융거래를 보고받은 후 분석하여 이를 경찰 등 법집행기관에 제공하는 행정조직이다.

즉, 모든 은행 등 금융기관에는 거액 현금의 입출금 거래, 자금세탁 혐의로 보이는 이상한 현금 입출금 거래를 FIU에 보고하는 담당자가 있다.

금융기관에서 FIU에 보고하여야 하는 보고대상 거래는 고액현금거래(CTR: Currency Transaction Report)와 의심현금거래(STR: Suspicious Transaction Report)이다.

고액현금거래(CTR: Currency Transaction Report)는 2018년 9월 14일부터 하루 1,000만 원 이상의 현금을 지급 또는 영수한 경우가 대상이 되므로 부득이하게 현금을 인출하여야 하는 경우에는 1,000만 원 미만의 금액으로 진행하여야 한다.

의심현금거래(STR: Suspicious Transaction Report)는 하루 현금거래가 1,000만 원 미만인 경우에도 자금세탁혐의가 있는 것으로 의심되는 경우가 대상이 된다.

금융기관이 자금세탁혐의가 있는 의심현금거래를 보고하지 않는 경우에는 500만 원 이하의 과태료를 받게 되며 의심현금거래를 FIU에 보고한 경우에는 보고했다는 사실을 절대 고객에게 알려주어서는 안 된다.

금융기관이 FIU에 보고하여야 하는 현금거래

- **고액현금거래(CTR: Currency Transaction Report)**
  하루 1,000만 원 이상의 현금을 지급 또는 영수한 경우(CD기는 500만 원)
- **의심현금거래(STR: Suspicious Transaction Report)**
  자금세탁혐의가 있는 것으로 의심되는 거래

Ⅳ 부동산 구입 시에는 반드시 자금출처조사를 대비하여야 한다!

전략가이드

법인 CEO가 부동산 등 구입자금에 대해 자금출처조사를 받는 과정에서 부동산 구입자금의 소명이 충분하지 않은 경우로서 법인자금이 변칙적으로 사용된 사실이 확인되는 경우에는 법인에 대한 조사로 이어질 수 있으므로 주의하여야 한다.

1 자금출처조사를 통한 증여추정배제 기준

국세청은 연령별, 취득재산별 자금출처조사 선정기준을 정하고 있다.

재산취득일 전 또는 채무상환일 전 10년 이내에 주택과 기타재산의 취득가액 및 채무상환액이 다음 금액 미만에 해당하고 주택, 기타재산 취득가액, 채무상환액의 합계액이 총액 기준에 미달하는 경우에는 재산취득자금의 증여추정으로 과세하지 않고 있다.

아래를 참조 시 30세 미만의 자가 5천만 원 미만의 주식투자를 하는 경우, 30세 이상인 세대주가 1억5천만 원 미만의 주택을 취득하는 경우에는 증여추정으로 과세하지 않는다.

또한 40세 이상의 자녀가 결혼하였지만 소득이 없는 경우에 2억8천만 원의 주택을 구입하도록 현금을 주고 9천만 원의 주식투자를 하도록 현금을 주어 총 3억7천만 원의 재산이 있는 경우에도 직접 현금을 증여한 증빙이 없는 이상 증여추정으로 과세되지 않게 된다.

‖ 증여추정 배제기준 ‖

구 분		취득재산		채무상환	총액한도
		주택	기타 재산		
세대주인 경우	30세 이상인 자	1억5천만 원	5천만 원	5천만 원	2억 원
	40세 이상인 자	3억 원	1억 원	5천만 원	4억 원
세대주가 아닌 경우	30세 이상인 자	7천만 원	5천만 원	5천만 원	1억2천만 원
	40세 이상인 자	1억5천만 원	1억 원	5천만 원	2억5천만 원
30세 미만자	5천만 원	5천만 원	5천만 원	5천만 원	1억 원

2 자금출처조사 대상에 선정되는 경우

자금출처조사는 통상 부동산 구입 시 이루어지게 되는데 부동산이 급등하는 시기에는 부동산 가격안정이라는 정책적 목적으로 특히 많이 시행하는 것을 볼 수 있다.

주택을 구입할 때에는 "주택취득자금조달계획서"를 작성하게 되며 주택취득자금조달계획서에는 자기자금, 차입금 내역과 그에 대한 자료를 작성하게 되며 한국부동산원의 요청에 의해 부동산거래신고 소명서를 작성하게 된다.

주택취득자금조달계획서 제출 시 기재내역과 지출증빙이 상이한 경우, 제출내역 중 제출증빙서류가 부족한 경우, 제출증빙내역 중 직계 간의 거래가 있는 경우, 차입금이 과다하게 많은 경우 등을 1차 조사대상자로 선정하고 PCI시스템과 연계하여 최종 조사대상자를 선정하게 된다.

또한 한국부동산원은 부동산거래신고 소명서를 받을 때에는 자금세탁방지제도에 의해 금융기관의 도움을 받아 은행의 입출금기록 등을 전달받게 되는데 검토를 통해 의심스러운 거래가 있는 경우에는 국세청에 이관하여 조사대상에 선정되는 경우도 있다.

3 자금출처조사를 통한 증여추정 과세금액

자금출처조사를 통해 증여추정으로 과세되는 금액은 아래 표와 같이 부동산 취득액, 주식출자지분 증가액, 신용카드 사용액, 대출이자 지급액, 조사종료시점 금융자산, 조사시작시점 대출금에서 자금출처가 되는 전세보증금 승계액, 전세보증금 인상액, 부동산 또는 주식양도금액, 신고소득금액, 조사시작시점 금융자산, 조사종료시점 대출금을 차감한 금액으로 한다.

취득재산 · 자금운용	금액 (백만 원)	자금출처 · 자금원천	금액 (백만 원)
부동산 취득	477	전세보증금 승계액	200
주식 · 출자지분	84	전세보증금 인상액	50
신용카드 사용	121	**부동산, 주식 양도**	129
대출이자	48	소득금액	4
금융자산 (조사종료시점 기준)	1	금융자산 (조사시작시점 기준)	3
금융기관 대출금 (조사시작시점 기준)	0	금융기관 대출금 (조사종료시점 기준)	196
합계	**731**	**합계**	**582**
		자금출처부족 ⇒ 증여추정	**149**

4 자금출처 입증자료

자금출처로 입증받기 위해서는 각 자금원천별로 아래와 같은 증빙서류를 첨부하여야 한다.

구 분	자금출처 인정금액	증빙서류
전세보증금 승계액	전세보증금 승계액 전액	매매계약서
전세보증금 인상액	전세보증금 인상액 전액	전세계약서
주식양도금액	양도금액 – 증권거래세 – 양도소득세	증권거래계좌, 매매계약서
부동산 양도금액	양도금액 – 양도소득세, 공인중개사 수수료	매매계약서, 양도세 신고서
근로소득금액	총급여액 – 원천징수세액	근로소득원천징수영수증
사업소득금액	소득금액 – 종합소득세	소득세 신고서 사본
이자, 배당, 기타소득금액	총수입금액 – 종합소득세	원천징수영수증, 소득세 신고서 사본
차입금	차입금 전액	부채잔액 증명서

PART 02

세금보다 더 무서운 이사의 법적리스크

I 이사에게 금지되는 사항을 정확하게 숙지하여야 한다!!

전략가이드

법인의 이사는 경업을 하여서는 안 되고 회사의 기회 및 자산을 유용하여서는 안 되는 의무가 있으므로 법인 경영 시에는 세금문제 외에도 이러한 이사의 금지의무를 정확하게 인지할 필요가 있다.

1 경업금지의무

이사는 이사회의 승인이 없으면 자기 또는 제3자의 계산으로 회사의 영업부류에 속한 거래를 하거나 동종영업을 목적으로 하는 다른 회사의 무한책임사원이나 이사가 될 수 없다(상법 §397 ①).

따라서 이사가 이러한 거래를 하는 경우에는 반드시 상법상 이사회 승인을 거쳐야 한다.

만약 이사가 이러한 사항을 위반하여 거래한 경우 회사는 이사 자신의 계산으로 한 경우에는 회사의 계산으로 한 것으로 볼 수 있고 제3자의 계산으로 한 경우에는 이사에 대하여 해당 거래로 인하여 득한 이득의 양도를 청구할 수 있다(상법 §397 ②).

회사의 이러한 권리는 거래가 있는 날부터 1년이 경과하면 소멸한다(상법 §397 ③).

2 회사의 기회 및 자산의 유용금지의무

이사는 이사회 3분의 2 이상의 승인 없이 현재 또는 장래에 회사의 이익이 될 수 있는 다음 중 어느 하나에 해당하는 회사의 사업기회를 자기 또는 제3자의 이익을 위하여 이용하여서는 안 된다(상법 §397의2).

이를 위반한 경우에는 회사에 손해를 발생시킨 이사뿐만 아니라 이를 승인한 이사까지 연대하여 손해를 배상할 책임이 있으며 이로 인하여 이사 또는 제3자가 얻은 이익은 손해로 추정한다.

① 직무를 수행하는 과정에서 알게 되거나 회사의 정보를 이용한 사업기회

② 회사가 수행하고 있거나 수행할 사업과 밀접한 관계가 있는 사업기회

Ⅱ 이사가 회사와 거래하는 경우에는 반드시 이사회 승인을 받아야 한다!

전략가이드

이사 등이 회사와 거래하는 경우에는 반드시 이사회의 승인을 받아야 하는 것으로 이사회 승인 없이 회사와 거래하는 경우에는 무효가 되어 법적 · 세무적 문제가 발생하므로 주의하여야 한다.

1 이사회 승인을 요하는 경우

이사회의 구성원인 이사는 회사의 주요업무집행에 관한 의사결정과 대표이사 업무집행을 감독하는 선관주의의무를 가지고 충실하게 수행할 의무가 있다.

다음에 해당하는 자가 자기 또는 제3자의 계산으로 회사와 거래를 하는 경우에는 반드시 미리 이사회에서 거래에 관한 중요 사실을 밝히고 이사회의 승인을 받아야 한다(상법 §399).

이 경우 이사회의 승인은 이사 3분의 2 이상의 수로 하여야 하고 그 거래의 내용과 절차는 공정하여야 한다.

① 이사 또는 발행주식 총수의 10% 이상을 보유하거나 사실상 영향력을 행사하는 자

② ①의 자의 배우자 및 직계존비속

③ ①의 자의 배우자의 직계존비속

④ ①부터 ③까지의 자가 단독 또는 공동으로 발행주식총수의 50%를 가진 회사

⑤ ①부터 ③까지의 자가 ④의 회사와 합하여 발행주식총수의 50%를 가진 회사

이러한 이사회의 승인 없이 이사가 회사와 거래한 경우에는 무효인 거래가 되어 법적인 문제 · 세법상 과세문제가 발생하므로 주의하여야 한다.

이 경우 총주주의 동의가 있는 경우에는 이사회의 승인을 얻지 못한 경우에도 유효한

거래로 보고 있다(2002.7.12. 대법원2002다20544판결).

다만 총주주 전원의 동의가 있는 경우라도 해당 주주총회가 거래 발생 이후 사후적으로 추인한 경우에 해당하는 경우에는 유효한 거래로 보지 않으므로 주의하여야 한다(2007. 5.10. 대법원2005다4291판결).

2 이사회 승인을 요하지 않는 경우

이사와 회사 사이의 거래라고 하더라도 양자 사이의 이해가 상반되지 않고 회사에 불이익을 초래할 우려가 없는 때에는 이사회의 승인을 반드시 얻을 필요는 없다(2000.9.26. 대법원99다54905판결).

예컨대 이사가 회사에 대하여 담보 약정이나 이자 약정 없이 회사에 금전을 대여하는 행위와 같이 성질상 회사와 이사 사이의 이해충돌로 인하여 회사에 불이익이 생길 염려가 없는 경우에는 이사회의 승인을 거칠 필요가 없다(2010.1.14. 대법원 2009다55808판결).

이사회 승인을 얻지 않은 경우에도 유효한 거래로 판결한 경우

- 회사가 임원을 피보험자로 하여 퇴직보험금 계약을 체결한 경우(2010.3.11. 대법원2007다71271판결)
- 이사가 회사에 이자율 약정하면서 금전을 대여하였지만 실제 이자를 수령하지 않은 경우 이자 약정은 무효로 하되 금전대여거래는 유효한 거래로 인정(2010.1.14. 대법원2009다55808판결)

Ⅲ 이사는 회사 또는 제3자에 손해배상책임을 질 수 있다!!

전략가이드

법인의 이사가 고의 또는 과실로 회사 또는 제3자에게 손해를 끼친 경우에는 손해배상책임이 있으므로 법인의 임원은 세금문제뿐만 아니라 이러한 법적리스크에 대한 관리가 필요하다.

1 이사의 회사에 대한 손해배상책임

가. 이사의 손해배상책임

법인의 이사가 법령 또는 정관에 위반한 행위를 하거나 임무를 게을리 한 경우에는 회사에 대해 연대하여 손해배상책임을 져야 한다.

이 경우 이러한 행위가 이사회 결의에 의한 경우에는 행위를 하지 않고 이사회 결의에 찬성한 이사도 동일한 책임이 있으며 이사회 결의에 찬성하지 않은 경우라도 이사회 결의에 참석하여 이의를 한 기재가 없는 경우에는 이사회 결의에 찬성한 것으로 추정하여 동일한 책임이 있는 점을 주의하여야 한다(상법 §399).

이 경우 이사가 회사에 손해배상책임을 지는 법령을 위반한 행위는 이사로서 임무를 준수하여야 할 의무를 개별적으로 규정하고 있는 상법상 제 규정과 회사가 영업활동을 함에 있어 준수하여야 할 제 규정을 위반한 경우가 여기에 해당한다(대법원2004다34929, 2005.7.15.).

이사가 법령 또는 정관 등을 위반한 행위를 통해 회사가 손해가 발생하였음에도 회사가 이사의 책임을 추궁하지 않는 경우에는 1% 이상의 주식을 가진 주주가 회사를 위하여 직접 이사의 책임을 추궁하는 소를 제기할 수 있다(상법 §403 ③).

나. 이사의 손해배상책임의 면제

이사의 손해배상책임은 총주주의 동의로만 면제할 수 있으며 정관에 정함이 있는 경우에는 행위를 한 날 이전 최근 1년간 보수액(상여금과 주식매수선택권의 행사로 인한 이익 등을 포함)의 6배(사외이사는 3배)를 초과하는 금액에 대해서는 책임을 면제할 수 있다(상법 §400).

따라서 정관에는 반드시 이사의 책임면제 한도에 대해 필수적으로 규정할 필요가 있다.

다만 고의 또는 중대한 과실로 손해를 발생시킨 경우와 경업금지, 회사의 기회 및 자산의 유용금지, 이사 등과 회사 간의 거래의 경우에는 이사의 손해배상책임 면제가 적용되지 않는 점을 주의하여야 한다.

05

2 이사의 제3자에 대한 손해배상책임

이사가 고의 또는 중대한 과실로 그 임무를 게을리 한 때에는 제3자에 대하여 연대하여 손해를 배상할 책임이 있다(상법 §401).

이 경우 이러한 행위가 이사회 결의에 의한 경우에는 행위를 하지 않고 이사회 결의에 찬성한 이사도 동일한 책임이 있으며 이사회 결의에 찬성하지 않은 경우라도 이사회 결의에 참석하여 이의를 한 기재가 없는 경우에는 이사회 결의에 찬성한 것으로 추정하여 동일한 책임이 있는 점을 주의하여야 한다(상법 §399).

이사의 제3자에 대한 손해배상책임은 총주주의 동의로도 면제하지 못하는 점을 주의하여야 한다.

❸ 업무집행지시자의 손해배상책임

법인의 이사가 아닌 경우에도 업무집행지시자(회사에 대한 자신의 영향력을 이용하여 이사에게 업무집행을 지시한 자, 이사의 이름으로 직접 업무를 집행한 자, 이사가 아니면서 명예회장 · 회장 · 사장 · 부사장 · 전무 · 이사 기타 회사의 업무를 집행할 권한이 있다고 인정될 만한 명칭을 사용하여 회사의 업무를 집행한 자)는 회사 또는 제3자에 대하여 이사와 동일한 책임이 있다(상법 §401의2).

❹ 이사의 손해배상책임의 법적성질 및 소멸시효

상법상 이사의 회사에 대한 임무해태로 인한 손해배상책임은 일반불법행위의 책임이 아닌 위임관계로 인한 채무불이행 책임이므로 그 소멸시효는 일반 채무와 같이 10년이 적용된다(2006.8.25. 대법원 2004다24144판결).

이 경우 이사의 손해배상책임은 위임관계로 인한 채무불이행 책임으로서 민법의 단기소멸시효가 적용되지 않으므로 10년보다 단축될 수 없다(2018.12.11. 대법원 2005다51471판결).

06

CEO가 꼭 알아야 할 전략적인 임원보수 설계전략

PART 01

임원으로 보는 경우와 회사와 임원과의 관계를 명확하게 알 필요가 있다

Ⅰ 임원으로 구분되는 경우는 다음과 같다

전략가이드

근로자가 아닌 임원으로 구분되는 경우 세법, 상법, 근로기준법 적용내용이 달라지므로 각 법률마다 임원으로 구분되는 경우에 대해 정확하게 인지하고 있을 필요가 있다.

1 근로기준법상 근로자와 임원의 구분

가. 근로기준법상 임원의 정의

근로기준법에서는 임원을 사용자로 표현하고 있으며 사업주 또는 사업경영담당자, 그 밖에 근로자에 관한 사항에 대하여 사업주를 위하여 행위하는 자를 사용자로 정의하고 있다(근로기준법 §2 ① 2호).

나. 임원과 근로자 구분의 실익

사용자에 해당하는 경우에는 근로기준법 적용이 배제된다.

이 경우 등기임원인 경우에도 근로조건에 관한 결정권이 없는 상임이사인 경우(1991.10.1. 중노위 91부해88), 타인의 지휘 · 명령을 받으며 사실상 노무에 종사하는 경우(1993.2.1. 근기 01254-150), 회사로부터 위임을 받은 사무를 처리하는 일 외에 일정한 노무를 담당하고 그 대가를 받은 경우(대법원91누11490, 1992.5.12.), 법령 또는 정관 등의 규정에 따라 업무 집행권을 가진 자의 감독을 받아 노무를 종사하고 임금을 받는 경우(1994.03.18., 근기 68207-461)에는 근로자성 임원으로 보아 근로기준법이 적용된다.

근로기준법 제2조(정의)

① 이 법에서 사용하는 용어의 뜻은 다음과 같다.

1. "근로자"란 직업의 종류와 관계없이 임금을 목적으로 사업이나 사업장에 근로를 제공하는 사람을 말한다.
2. "사용자"란 사업주 또는 사업 경영 담당자, 그 밖에 근로자에 관한 사항에 대하여 사업주를 위하여 행위하는 자를 말한다.

2 상법상 임원

가. 상법상 임원에 해당하는 자

상법상 임원은 대표권, 업무집행권, 회계 및 이사업무 감사권이 있으며 대표이사, 이사, 감사, 집행임원, 업무집행사원, 업무집행지시자가 임원에 해당한다.

나. 이사

이사는 주주총회 보통결의로 선임하며 주주총회 고유권한으로 주주총회 특별결의로도 이사의 선임을 제3자나 타 기관에 위임할 수 없다(상법 §382).

대표이사는 이사 중에서 이사회에서 선임한다(상법 §389).

이사의 경우 등기이사와 미등기이사로 구분할 수 있다.

등기이사의 경우 회사와 위임계약관계로서 주주총회에서 선임하고 법인등기부등본에 기재되며 업무집행권자에 해당하는 반면, 미등기이사의 경우 회사와 위임관계 또는 근로계약관계도 성립할 수 있으며 법인등기부등본에 기재되지 않으며 업무집행지시자에 해당하는 차이가 있다.

다. 감사

감사는 주주총회 보통결의로 선임하며 감사의 객관성과 독립성 보장을 위해 의결권 없는 주식을 제외한 발행주식총수의 3% 초과하는 지분율을 보유한 주주의 경우 초과하는 주식수에 대해서는 감사 선임 시 의결권을 행사할 수 없다(상법 §409).

감사의 경우 이사 또는 지배인 기타 사용인의 직무를 겸임할 수 없는 점을 주의하여야 한다(상법 §411).

라. 등기집행임원

등기집행임원은 주식회사가 집행임원제도 설치 시 선임할 수 있으며 집행임원의 선임과 해임은 주주총회 결의사항이 아닌 이사회 결의사항으로서 집행임원을 둔 경우에는 대표이사를 둘 수 없다(상법 §408의2).

업무집행사원의 경우 정관으로 정한 때에는 회사의 업무를 집행할 권리와 의무가 있다(상법 §201).

마. 업무집행지시자

업무집행지시자는 회사에 대한 자신의 영향력을 이용하여 이사에게 업무집행을 지시한 자등을 의미하는 것으로 이사는 아니지만 회사 및 제3자에 대한 책임, 주주 및 다중 대표소송 시에는 이사로 보고 있다(상법 §401의2).

업무집행지시자의 경우 법인에서 급여를 수령하거나 등기임원으로 되어 있지 않은 경우에도 법인을 실질 지배하는 자로 보아 법인세법상 특수관계인에 해당한다(법령 §2 ⑤ 1호).

상법 제389조(대표이사)

① 회사는 이사회의 결의로 회사를 대표할 이사를 선정하여야 한다. 그러나 정관으로 주주총회에서 이를 선정할 것을 정할 수 있다.

상법 제382조(이사의 선임, 회사와의 관계 및 사외이사)

① 이사는 주주총회에서 선임한다.

상법 제409조(선임)

① 감사는 주주총회에서 선임한다.

② 의결권 없는 주식을 제외한 발행주식의 총수의 100분의 3(정관에서 더 낮은 주식 보유비율을 정할 수 있으며, 정관에서 더 낮은 주식 보유비율을 정한 경우에는 그 비율로 한다)을 초과하는 수의 주식을 가진 주주는 그 초과하는 주식에 관하여 제1항의 감사의 선임에 있어서는 의결권을 행사하지 못한다.

상법 제408조의2(집행임원 설치회사, 집행임원과 회사의 관계)

① 회사는 집행임원을 둘 수 있다. 이 경우 집행임원을 둔 회사(이하 "집행임원 설치회사"라 한다)는 대표이사를 두지 못한다.

상법 제201조(업무집행사원)

① 정관으로 사원의 1인 또는 수인을 업무집행사원으로 정한 때에는 그 사원이 회사의 업무를 집행할 권리와 의무가 있다.

상법 제401조의2(업무집행지시자 등의 책임)

① 다음 각 호의 어느 하나에 해당하는 자가 그 지시하거나 집행한 업무에 관하여 제399조, 제401조, 제403조 및 제406조의2를 적용하는 경우에는 그 자를 "이사"로 본다.

1. 회사에 대한 자신의 영향력을 이용하여 이사에게 업무집행을 지시한 자
2. 이사의 이름으로 직접 업무를 집행한 자
3. 이사가 아니면서 명예회장 · 회장 · 사장 · 부사장 · 전무 · 상무 · 이사 기타 회사의 업무를 집행할 권한이 있는 것으로 인정될 만한 명칭을 사용하여 회사의 업무를 집행한 자

3 세법상 근로자와 임원의 구분

가. 법인세법상 임원(임원과 직원으로 구분)

법인세법은 근로자와 임원을 임원과 직원으로 구분하고 있으며 세법상 임원에 대해 정의하고 있는 것은 법인세법 시행령 제40조가 유일하다.

법인세법 시행령은 직무의 실질에 따라 이사의 업무를 수행하는 자부터 임원에 해당하는 것으로 구분하고 있으며 모든 개별세법상 임원도 법인세법 시행령 제40조를 준용하여 판단하고 있다.

법인세법상 임원은 회사를 대표할 권한을 갖는 자, 의사결정권(주요 및 일상업무)을 갖고 그 결정사항을 집행할 수 있는 권한을 갖는 자, 회계 및 업무에 대한 감독권이 있는 자를 말하는 것으로 대상자 및 직무의 내용은 다음과 같이 정리할 수 있다(사전-법령해석법인-0228, 2017.09.07.).

대상자	직무내용	상 법
이사회 구성원	대표권 및 업무집행권	상법 §389
업무집행사원 또는 이사	대표권 및 업무집행권	상법 §201, §207
업무집행자	대표권 및 업무집행권	상법 §287의12, 상법 §287의19
감사	회계 및 업무감사	상법 §412

법인세법 시행령 제40조【기업업무추진비의 범위】

① 주주 또는 출자자(이하 "주주등"이라 한다)나 다음 각 호의 어느 하나에 해당하는 직무에 종사하는 자(이하 "임원"이라 한다) 또는 직원이 부담하여야 할 성질의 기업업무추진비를 법인이 지출한 것은 이를 기업업무추진비로 보지 아니한다.

1. 법인의 회장, 사장, 부사장, 이사장, 대표이사, 전무이사 및 상무이사 등 이사회의 구성원 전원과 청산인
2. 합명회사, 합자회사 및 유한회사의 업무집행사원 또는 이사
3. 유한책임회사의 업무집행자
4. 감사
5. 그 밖에 제1호부터 제4호까지의 규정에 준하는 직무에 종사하는 자

나. 소득세법

소득세법상 임원도 법인세법상 임원의 범위를 준용한다.

소득세법의 경우 특이하게 특별히 임원을 제외하고 있는 것으로 규정하는 것 외에는 근로자에 임원이 포함되는 것으로 보아 소득세법이 적용된다(소법통칙 12-0…1).

> **소득세법 기본통칙 12-0…1【임원과 근로자의 구분】**
> ① 법에서 규정하는 "근로자"에는 법에서 특별히 임원을 제외하고 있는 경우 외에는 임원이 포함되는 것으로 한다.
> ② 임원이라 함은 「법인세법 시행령」 제40조 제1항에 따른 임원을 말한다.

다. 상속세 및 증여세법

상속세 및 증여세법도 법인세법상 임원의 범위를 준용하며 퇴직 후 3년(공시대상기업집단의 경우 5년) 이내의 임원은 퇴직임원으로 별도로 구분하고 있다.

상속세 및 증여세법은 사용인에 대해 임원, 상업사용인, 그 밖에 고용계약관계에 있는 자로 정의하고 있어 임원이 사용인의 범위에 포함되는 특이점이 있으며, 임원으로 규정할 필요가 있는 경우에는 별도로 임원으로 구분하고 있다(상증령 §2의2).

> **상속세 및 증여세법 시행령 제2조의2【특수관계인의 범위】**
> ① 법 제2조 제10호에서 "본인과 친족관계, 경제적 연관관계 또는 경영지배관계 등 대통령령으로 정하는 관계에 있는 자"란 본인과 다음 각 호의 어느 하나에 해당하는 관계에 있는 자를 말한다.
> 3. 다음 각 목의 어느 하나에 해당하는 자
> 가. 본인이 개인인 경우: 본인이 직접 또는 본인과 제1호에 해당하는 관계에 있는 자가 임원에 대한 임면권의 행사 및 사업방침의 결정 등을 통하여 그 경영에 관하여 사실상의 영향력을 행사하고 있는 기획재정부령으로 정하는 기업집단의 소속 기업[해당 기업의 임원(「법인세법 시행령」 제40조 제1항에 따른 임원을 말한다. 이하 같다)과 퇴직 후 3년(해당 기업이 「독점규제 및 공정거래에 관한 법률」 제31조에 따른 공시대상기업집단에 소속된 경우는 5년)이 지나지 않은 사람(이하 "퇴직임원"이라 한다)을 포함한다]
> ② 제1항 제2호에서 "사용인"이란 임원, 상업사용인, 그 밖에 고용계약관계에 있는 자를 말한다.

4 근로자와 임원 판단기준과 판단사례

가. 근로자와 임원 판단기준

근로자와 임원의 판단기준은 "임금을 목적으로 종속적인 관계에서 사용자에게 근로를 제공하였는지 여부"에 따라 종속적인 관계에 있는 경우에는 근로자로 그렇지 않은 경우에는 임원으로 판단한다.

이 경우 종속적인 관계에 있는지 여부의 판단기준은 다음 사항을 고려하여 판단한다(2014.7.24., 대법원 2012두16442판결; 2013.9.26., 대법원 2012도6537판결).

임원 여부 판단 시 종속성 판단기준

- 업무의 내용이 사용자에 의하여 정하여지고 취업규칙 또는 복무(인사)규정 등의 적용을 받으며 업무수행과정에 있어서도 사용자로부터 구체적, 개별적인 지휘 감독을 받는지 여부
- 사용자에 의하여 근무시간과 근무장소가 지정되고 이에 구속을 받는지 여부
- 근로자 스스로가 제3자를 고용하여 업무를 대행하게 하는 등 업무의 대체성 유무
- 비품 원자재나 작업도구 등의 소유관계
- 보수의 성격이 근로 자체의 대상적 성격이 있는지 여부와 기본급이나 고정급이 정하여져 있는지 여부와 근로소득세의 원천징수 여부 등 보수에 관한 사항
- 근로제공관계의 계속성과 사용자에의 전속성의 유무와 정도
- 사회보장제도에 관한 법령 등 다른 법령에 의하여 근로자로서의 지위를 인정받는지 여부

나. 임원은 근로자로 볼 수 없는 것으로 판단한 사례

① 1988.03.10., 근기01254-8808

회사의 임원은 법인으로부터 사무처리의 위임을 받아 대표권 또는 사무 집행권을 행사하는 자이므로 근로자로 볼 수 없다.

② 1980.08.19., 법무 811-20878

사업주로부터 경영 전반을 위임받아 집행해온 부사장은 일정액의 보수를 받았다 하더라도 근로자로 볼 수 없다.

③ 1987.06.30., 근기 01254-10475

임원은 회사로부터 사무처리의 위임을 받고 있는 것이지 타인의 감독하에 노무만을 제공하는 것이 아니므로 보수를 받는다 하여도 근로자로 볼 수 없다.

④ 1987.09.05., 근기01254-14330

회사의 임원은 타인의 지휘, 감독 하에 노무만을 제공하는 것이 아니므로 일정액의 보수를 받는 경우라도 근로기준법상 근로자가 아니다.

⑤ 1992.03.20., 근기 01254-394

법인등기부에 등록되지 않은 이사보가 이사와 상당한 대우를 받는다면 근로기준법이 적용되지 않으나, 그렇지 않다면 근로자에 해당하여 근로기준법의 보호를 받는다.

⑥ 1982.02.15., 근기 1455-5065

상근고문은 사업주 또는 사업경영 담당자 등의 경영에 관한 자문에 응하는 자로 일정액의 보수를 받아도 사용종속 관계에 있다고 볼 수 없으므로 근로기준법에 따

른 근로자로 볼 수 없다.

⑦ 1988.04.25., 근기 01254-6463

매주 1일 근무하는 비상근 상담역은 사용종속 관계에 있다고 보기 어려우므로 근로기준법상 근로자라 할 수 없다.

다. 임원을 근로자로 판단한 사례

① 서울남부지법 2004.4.22., 2003가합6980

대표이사의 지휘, 감독 아래 있는 비등기이사는 근로자이다. 회사의 조직체계, 이사로 승진하고 해임된 경위, 담당업무 등을 고려하면 이사 또는 이사 대우라는 지위는 형식적, 명목적인 것으로서 실제로는 그 승진 당시 전후를 통하여 업무의 변화 없이 대표이사의 지휘, 감독 아래 자신이 맡은 부서의 업무를 계속 처리하는 관계에 있었고, 그에 대한 대가로 매월 정액의 월급여와 상여금 등 일정한 보수를 지급받는 지위에 있었으므로 이러한 비등기이사는 근로기준법상의 근로자에 해당한다.

② 대법 91누11490, 1992.5.12.

회사의 이사가 회사로부터 위임받은 사무를 처리하는 이외에 일정한 노무를 담당하고 그 대가로 일정한 보수를 지급받아 왔다면 근로기준법상의 근로자로 볼 수 있다.

③ 2000.09.08., 대법 2000다22591

회사의 공장장으로 근무하던 중 이사대우로 승진하였는데 승진 후에도 매일 그 공장에 출근하여 종전부터 하여 온 공장장으로서의 업무를 처리하면서 그 대가로 일정한 보수를 받은 경우 근로기준법상의 근로자에 해당한다.

④ 1991.10.04., 중노위 91부해88

근로조건에 관한 결정권이 없는 상임이사는 근로기준법상 근로자에 해당한다.

⑤ 1993.02.01., 근기 01254-150

이사 등 집행기관에 있는 자라도 타인의 지휘, 명령을 받으며 사실상 노무에 종사한다면 근로자이다.

⑥ 1994.03.18., 근기 68207-461

주식회사의 이사도 법령, 정관 등의 규정에 따라 업무집행권을 가진 자의 감독을 받아 노무에 종사하고 임금을 받는다면 근로자로 본다.

⑦ 1993.03.18., 근기 01254-411

법인의 이사(공장장)가 대표권을 가지지 아니한 채 임금을 목적으로 근로를 제공하고 있다면 그 한도 내에서는 근로기준법상의 근로자에 해당한다.

Ⅱ 회사와 임원의 관계는 민법상 위임관계이다

전략가이드

회사와 임원의 관계는 민법상 위임관계로 주주총회에서 임원을 선임한 후 임원에게 업무를 위임하면서 주주총회 결의로 임원보수한도와 임원퇴직금 지급규정을 결의하는 것이다. 따라서 주주총회 결의를 통해 임원보수한도를 결정하고 퇴직금 지급규정을 제정하는 절차는 중요한 의미가 있다.

회사와 임원의 관계는 민법상 위임관계로서 민법의 위임에 관한 규정을 준용하여 주주들이 임원에게 경영에 관한 업무를 위탁하고 임원이 이를 승낙함으로써 효력이 발생한다(상법 §382 ②, 민법 §680).

많은 비상장법인의 경우 대표이사가 많은 지분을 보유하고 있는 경우가 많아 주주와 임원의 구분이 불분명하게 운영되고 있는 것이 현실이다.

하지만 원칙적으로는 주주가 임원에게 경영업무를 위임하면서 상법에 따라 정관 또는 주주총회결의로 임원보수를 책정하는 것으로 대표이사가 임의로 본인의 보수 또는 임원의 보수를 정할 수는 없는 것이다.

임원보수를 정관 또는 주주총회 결의로 정하도록 한 취지는 이사들의 고용계약과 관련하여 사익 도모의 폐해를 방지하고 회사와 주주 및 회사채권자의 이익을 보호하기 위한 것이라 할 수 있다.

즉, 정관 또는 주주총회 결의에 의한 임원보수 결정 없이 지급된 보수는 상법상 무효가 될 수 있고 최근 세무조사 시에는 임원보수지급규정이 있는지 또는 임원보수가 적정한지 여부에 대해 반드시 검토하므로 형식적인 절차를 준용하여 임원보수 지급규정을 제정할 필요가 있다.

상법 제382조(이사의 선임, 회사와의 관계 및 사외이사)

① 이사는 주주총회에서 선임한다.

② 회사와 이사의 관계는 「민법」의 위임에 관한 규정을 준용한다.

민법 제680조(위임의 의의)

위임은 당사자 일방이 상대방에 대하여 사무의 처리를 위탁하고 상대방이 이를 승낙함으로써 그 효력이 생긴다.

상법 제385조(해임)

① 이사는 언제든지 제434조의 규정에 의한 주주총회의 결의로 이를 해임할 수 있다. 그러나 이사의 임기를 정한 경우에 정당한 이유 없이 그 임기만료 전에 이를 해임한 때에는 그 이사는 회사에 대하여 해임으로 인한 손해의 배상을 청구할 수 있다.

상법 제388조(이사의 보수)

이사의 보수는 정관에 그 액을 정하지 아니한 때에는 주주총회의 결의로 이를 정한다.

상법 제415조(준용규정)

제382조제2항, 제382조의4, 제385조, 제386조, 제388조, 제400조, 제401조, 제403조부터 제406조까지, 제406조의2 및 제407조는 감사에 준용한다.

PART 02

적정한 임원보수 책정은 법인 경영 시 가장 중요한 전략이다!

I 임원보수 책정 전 우선 법인의 등기임원 구성을 최적화할 필요가 있다

전략가이드

임원보수 책정 전에는 우선 법인의 등기임원 구성을 검토하여 등기임원 구성을 최적화한 상태에서 진행할 필요가 있다.

임원보수 책정 전에는 우선 법인의 등기임원 구성이 적절한지 여부에 대한 검토가 선행되어야 한다.

등기임원 구성의 적정성 여부에 대한 검토 사항은 ① 이사회가 구성되었는지, ② 최대주주의 가족이 직원으로 근무하는 경우로서 임원 등재하지 않은 경우 임원 등재 시의 유불리 검토, ③ 법인과 전혀 관계없는 자가 이사로 되어 있는지 여부, ④ 주식이동 계획이 있는 경우로서 대상 주주가 등기임원으로 되었는지 여부 등이다.

1 이사회 구성여부

이익소각, 중간배당 등에 대한 의결과 임원개별 보수규정 결의는 이사회 결의사항으로 일정 규모 이상의 법인으로서 이사가 3인 미만이어서 이사회가 구성되어 있지 않은 경우에는 임원보수 책정 전 먼저 이사를 3인 이상으로 하여 이사회를 구성한 후 진행할 필요가 있다.

❷ 이익과다법인으로서 최대주주 등의 가족이 직원으로 근무하는지 여부

이익과다법인으로서 이익잉여금 누적액이 과다하게 누적되어 있는 상태에서 최대주주 등의 가족이 법인에 근무하면서 실질적으로 임원의 역할을 하고 있는 경우에도 일반 직원으로 급여신고하고 있는 경우를 많이 볼 수 있다.

이러한 경우에는 가족을 임원으로 등재한 후 임원수준으로 급여를 인상하고 퇴직금 배수인상을 하는 경우 매년 경비 처리할 수 있는 DC형 퇴직연금 불입액이 크게 증가하거나 현실적인 퇴직을 통해 법인세를 절세하면서 비상장주식 평가액을 낮추는 등 여러 가지 이점이 있으므로 가족을 임원으로 등재하는 것이 유리하다.

❸ 법인과 전혀 무관한 자가 이사로 등재되어 있는지 여부

설립 시 친구 등 법인과 무관한 자를 임원으로 등재한 경우를 종종 볼 수 있다.

임원의 경우 3년마다 중임등기를 하여야 하고 일정 절차 진행 시에는 이사회 결의를 요건으로 하고 있으므로 법인과 전혀 무관한 자가 이사로 등재되어 있는 경우에는 임원에서 퇴임하는 것으로 처리하는 것이 유리할 수 있다.

❹ 주식이동 계획이 있는 경우로서 대상 주주가 임원으로 등재되어 있는지 여부

실제 임원의 역할을 하고 있지 않지만 등기임원에 해당하는 경우로서 법인의 주식을 보유하고 있는 경우에 지분율 30% 이상인 최대주주 등이 해당 임원의 주식을 저가 양수 시에는 상속세 및 증여세법상 고저가 양수도에 따른 이익의 증여 과세문제가 발생할 수 있다.

따라서 현재 법인의 임원의 역할을 하고 있지 않지만 해당 임원이 주주인 경우에는 향후 주식이동 등을 고려하여 임원에서 퇴임하는 것이 유리하다.

Ⅱ 임원보수 책정 시에는 반드시 절차적 · 형식적 요건을 준수할 필요가 있다

전략가이드

임원보수는 주주가 경영업무 위임 시 결정하는 것으로 임원이 자의적으로 결정할 수 없는 바 대표이사가 결정한 임원보수 또는 주주총회 결의를 통해 제정된 임원보수규정이 없는 경우에 지급된 임원보수는 원칙적으로 상법상 무효가 될 수 있다.
따라서 임원보수 책정 시에는 반드시 절차적 · 형식적 요건을 준수하여야 한다.

임원보수 책정 시에는 반드시 절차적 · 형식적 요건을 준수하여야 하므로 다음 사항을 모두 검토하여 실행할 필요가 있다.

첫째, 정기주주총회에서 재무제표 승인 시 전년도 실적을 반영하여 등기임원 보수한도를 승인하고,

둘째, 정기주주총회에서 승인된 임원보수 한도 내에서 등기임원 및 미등기임원에 대한 급여, 상여금, 성과급, 복리후생적 급여에 대해 구체적으로 규정한 임원보수지급규정을 제정하여야 하며,

셋째, 이사회 결의를 통해 성과급 지급규정을 제정하고,

넷째, 주주총회 결의를 통해 임원퇴직금 지급규정을 제정하는 형식적 요건을 모두 구비하여야 한다.

임원보수 책정 시 구비하여야 하는 형식적·절차적 요건

1. 정기주주총회에서 등기임원보수한도 결정

2. 임원보수지급규정 정비

정기주주총회에서 승인된 임원보수 한도 내에서 등기임원 및 미등기임원에 대한 임원보수지급규정 제정
⇒ 상여금, 성과급, 복리후생적 급여

3. 이사회 결의를 통한 성과급 지급규정 정비

4. 주주총회 결의를 통한 임원퇴직금 지급규정 정비

Ⅲ 임원 개인별 보수가 5억 원을 초과하는 경우 부인될 수 있다

전략가이드

상장법인의 경우 임원 개인별 보수총액이 5억 원 이상인 경우에는 해당 개인임원의 구체적인 보수 산정기준 및 방법을 공시하여야 한다.
따라서 시가총액이 크지 않은 대다수 상장법인의 경우 임원 개인의 보수총액을 5억 원 미만으로 책정하고 있으므로 비상장법인이 임원 개인의 보수총액을 5억 원 이상으로 하는 경우 임원보수가 과다한 경우에 해당할 수 있으므로 주의하여야 한다.

1 상장법인 임원 개인보수가 5억 원 이상인 경우에는 공시사항이다

상장법인의 경우 각 사업연도 경과 후 90일 이내에 금융위원회와 거래소에 사업보고서를 제출하여야 한다.

사업보고서 제출 시 임원 개인별 보수가 5억 원 이상인 경우에는 임원 성명, 개인별 보수와 해당 보수에 대한 구체적인 산정기준 및 방법을 사업보고서에 기재하여 제출하여야 하므로 해당 임원에 대한 구체적인 보수금액, 보수 산정기준이 전자공시시스템에서 공시된다(자본시장 및 금융투자업에 관한 법률 §159 ②).

임원 개인별 보수가 5억 원 이상인 경우에 공시되는 임원 개인의 보수산정기준 및 방법은 다음과 같다.

‖ 임원 개인별 보수가 5억 원 이상인 경우 공시되는 산정기준 및 방법 ‖

보수의 종류		총액	산정기준 및 방법
근로소득	급여		- 월급여, 식대로 구성 - 급여: 근로자 취업규칙에 따라 개인성과 및 승진여부 등을 종합적으로 고려하여 결정된 기본연봉을 13분할하여 지급
	상여		- 연차수당, 특별상여, 기타지원금으로 구성 - 성과급 및 특별상여: 지급 기준에 따라 사업 부문의 매출, 영업이익 지표 및 계량 측정 지표에 기준한 성과를 반영함. - 기타지원금: 사내 규정에 따른 복리후생성 지원금 일체 - 연차수당: 2022년도 미사용 연차에 대한 연차수당 지급분

보수의 종류		총액	산정기준 및 방법
	주식매수선택권 행사이익	-	주식매수선택권 미부여
	기타 근로소득	-	미지급
퇴직소득		-	미지급
기타소득		-	미지급

자본시장과 금융투자업에 관한 법률 제159조(사업보고서 등의 제출)

① 주권상장법인, 그 밖에 대통령령으로 정하는 법인(이하 "사업보고서 제출대상법인"이라 한다)은 그 사업보고서를 각 사업연도 경과 후 90일 이내에 금융위원회와 거래소에 제출하여야 한다. 다만, 파산, 그 밖의 사유로 인하여 사업보고서의 제출이 사실상 불가능하거나 실효성이 없는 경우로서 대통령령으로 정하는 경우에는 사업보고서를 제출하지 아니할 수 있다.

② 사업보고서 제출대상법인은 제1항의 사업보고서에 다음 각 호의 사항을 기재하고, 대통령령으로 정하는 서류를 첨부하여야 한다.

1. 회사의 목적, 상호, 사업내용
2. 임원보수(「상법」, 그 밖의 법률에 따른 주식매수선택권을 포함하되, 대통령령으로 정하는 것에 한한다. 이하 이 항에서 같다)
3. 임원 개인별 보수와 그 구체적인 산정기준 및 방법(임원 개인에게 지급된 보수가 5억 원 이내의 범위에서 대통령령으로 정하는 금액 이상인 경우에 한한다)

3의2. 보수총액 기준 상위 5명의 개인별 보수와 그 구체적인 산정기준 및 방법(개인에게 지급된 보수가 5억 원 이내의 범위에서 대통령령으로 정하는 금액 이상인 경우에 한정한다)

4. 재무에 관한 사항
5. 그 밖에 대통령령으로 정하는 사항

자본시장과 금융투자업에 관한 법률 시행령 제168조(사업보고서의 기재사항 및 첨부서류)

① 법 제159조 제2항 제2호에서 "대통령령으로 정하는 것"이란 임원 모두에게 지급된 그 사업연도의 보수 총액을 말한다.

② 법 제159조 제2항 제3호 및 제3호의2에서 "대통령령으로 정하는 금액"이란 각각 5억 원을 말한다.

06

2 임원보수에 포함되는 소득을 정확하게 파악할 것

임원개인별 보수가 5억 원 이상인지 여부를 판단할 때 해당 임원보수는 등기임원이 공시대상기간 중 수령한 근로소득, 기타소득, 퇴직소득을 합한 금액을 의미하는 것으로 급여와 상여 외에 거액이 될 수 있는 퇴직소득, 기타소득으로 과세되는 퇴직 전에 부여받은 주식매수선택권을 퇴직 후에 행사하여 얻은 이익도 합산되는 점을 주의하여야 한다(기업공시서식 작성기준 제9-2-1 중 작성지침 ⅳ).

여기서 근로소득은 비과세 급여, 소득공제를 차감하기 전의 금액으로 근로소득지급명세서의 근무처별 소득명세서상의 급여, 상여, 주식매수선택권 행사이익, 임원 퇴직소득금액 한도초과액 등의 합계액을 의미한다.

기타소득은 소득세법 제21조의 기타소득을 의미하는 것으로 퇴직 전에 부여받은 주식매수선택권을 퇴직 후에 행사하여 당해 사업연도에 얻은 이익을 포함한다.

퇴직소득은 소득세법 제22조의 퇴직소득을 의미하는 것으로 퇴직소득도 임원보수에 포함되는 점을 주의하여야 한다.

임원개인별 보수 공시대상 임원

- 공시서류작성기준일 현재 재임 중인 등기임원(미등기임원은 대상 아님)
- 공시서류작성기준일이 속하는 사업연도 개시일부터 공시서류작성기준일까지 기간 동안 퇴직한 등기임원
- 등기임원이 등기임원 사퇴하고 미등기임원으로 재직하는 경우라도 등기임원 재직에 따라 받는 보수(근로소득, 퇴직소득)가 5억 원 이상인 경우

기업공시서식 작성기준

제2절 임원의 보수 등

제9-2-1조(이사 · 감사의 보수현황 등)

① 이사 · 감사 전체의 보수총액과 관련한 다음 각 호의 사항을 기재하고, 내용에 대한 부가적인 설명이나 그 밖의 정보는 별도로 기술한다.

작성지침

ⅳ. 2. 보수지급금액 중 「보수총액」에는 소득세법 제20조의 근로소득(근로소득지급명세서의 'I. 근무처별 소득명세'상 급여, 상여, 주식매수선택권 행사이익, 임원 퇴직소득금액 한도초과액 등의 합계액)을 기준으로 기재하고, 소득세법 제21조(기타소득) 또는 제22조(퇴직소득)에 따라 산정된 기타소득(퇴직 전에 부여받은 주식매수선택권을 퇴직 후에 행사하여 당해 사업연도에 얻은 이익 등)이나 퇴직소득이 있는 경우 이를 합산하여 기재한다. 또한 주식, 현물 등 다른 수단으로 이사 · 감사의 보수를 지급한 경우에는 그 지급사유와 공정가치 산출방법 등을 주석으로 표시한다. 기획재정부장관이 정하는 「공공기관의 통합공시에 관한 기준」의 적용을 받는 기업은 보수지급금액을 동 기준에 따라 산정된 금액으로 기재한다.

❸ 비상장법인 임원보수를 5억 원 미만으로 책정하여야 하는 이유

시가총액이 크지 않은 상당수의 상장법인의 경우 임원 개인별 보수산정기준이 구체적으로 공시되지 않도록 하기 위해 대부분 임원보수를 5억 원 미만으로 책정하고 있다.

최근에는 임원보수가 동종 업계 상위 몇 개 업체 평균급여를 초과하는 경우에 초과하는 금액을 부인하는 과세가 늘고 있으므로 비상장법인 임원 1인당 보수가 5억 원 이상인 경우에는 과다임원보수에 해당할 수 있으므로 임원보수는 최대 4억9천만 원 내에서 책정하는 것이 적정할 수 있다.

PART 03

매년 결산 승인하는 정기주주총회에서 임원보수한도 승인을 받아야 한다

I 임원보수한도 승인의 중요성 및 주의점

전략가이드

법인의 임원에게 지급되는 모든 보수는 매년 주주총회에서 승인한 임원보수 한도 내에서 지급되어야 비용인정된다. 여기서 임원보수한도 승인, 즉 포괄보수에 대한 승인은 법인의 임원보수 관련 실행절차 중 가장 중요한 사항이라 할 수 있다.
임원보수한도 승인한 사례를 보면 임원보수한도를 승인하는 취지를 모르고 잘못 진행한 사례를 많이 볼 수 있는데 임원보수한도 승인은 그 취지를 이해하고 취지에 맞게 진행하여야 한다.

1 임원보수한도 승인의 중요성

이사의 보수한도 즉, 임원의 포괄보수는 정관으로 정하거나 정관에 정하지 않은 경우에는 주주총회 결의로 정하여야 하는 것으로서 이사회 결의로 정할 수는 없다(상법 §388).

즉 임원의 포괄보수는 임원이 자의적으로 결정할 수 있는 것이 아니라 주주가 정관으로 규정하거나 매년 전년도 재무제표 승인하는 정기주주총회에서 전년도 실적과 변경되는 임원의 수를 고려하여 보수총액 한도(포괄보수)를 정하면 그 한도 내에서 구체적인 임원보수 내역을 정하는 것으로 주주총회에서 승인한 임원보수한도를 초과하여 지급한 임원보수는 전액 비용처리 되지 않는다.

따라서 정기주주총회에서 임원보수가 과소하게 설정된 경우에는 실제 임원에게 보수를 지급하였음에도 비용인정 되지 않는 문제점이 있고 임원보수한도가 과다한 경우에는 기업평가 시 마이너스 요인이 될 수 있고 너무 과도한 경우에는 경비부인 될 수 있는 문제점이 있다.

임원보수가 적정한지 여부를 판단할 때는 ① 임원이 수행하고 있는 직무의 내용에 비추어 타당한 금액인지의 여부, ② 동종의 사업을 영위하는 기업으로 사업의 규모가 유사한 기업의 임원에 대한 지급상황, ③ 같은 회사의 사용인에 대한 급여의 지급상황, ④ 회사의 경영성과, 규모 등에 비추어 임원보수 한도가 결정되어야 한다.

조심2018서3590, 2019.01.03.

청구법인의 사외이사들은 이사회에 참석하여 이사회 결의사항 등 중요한 사안을 결정할 뿐만 아니라 이들은 등기임원으로 확인되며, 청구법인의 정관에는 이사 및 감사의 보수는 주주총회의 의결로 정하는 것으로 되어 있고, 청구법인은 주주총회에서 2013사업연도 이사의 보수한도액을 6억 원으로 정함에 따라 쟁점상여금은 이사의 보수한도액을 초과하여 지급된 것으로 법원 판결서 등에서 확인되는 점 등에 비추어 쟁점상여금을 정관 및 주주총회에서 결의한 이사의 보수한도액 6억 원을 초과하여 지급한 상여금으로서 손금불산입 대상으로 보아 법인세를 과세한 처분은 잘못이 없음

조심2014서1536, 2015.05.11.

청구법인은 2009년 1월에 임원보수의 한도액을 XX억 원에서 YY억 원으로 증액결의하기 위하여 주주총회를 개최하였다고 주장하나, 주주총회의사록 등 이를 입증할 수 있는 객관적 증빙의 제시가 없는 점, 1인 주식회사라 하더라도 주주총회 등을 거쳐 급여지급기준을 정하여야 하고, 최소한 주주총회의사록이 작성되어 있지 아니하다면 주주총회가 개최되었다고 보기 어려운 점 등에 비추어 처분청이 쟁점보수의 한도액을 XX억 원으로 보아 그 한도초과금액을 손금불산입하여 법인세를 과세한 이 건 처분은 잘못이 없음

2 임원보수한도 승인 시 주의점

임원보수한도 승인은 등기임원의 보수만을 대상으로 한다.

전년도 실적에 대한 재무제표를 승인하는 정기주주총회에서 재무제표상 실적과 임원의 수를 근거로 실적이 좋거나 임원의 수가 늘어난 경우에는 임원보수총액 한도를 인상하고 실적이 좋지 않거나 임원의 수가 감소한 경우에는 임원보수한도를 인하하여야 한다.

따라서 실적, 임원의 수과 관계없이 매년 동일한 금액으로 임원보수한도를 승인하는 것은 바람직하지 않다.

또한 매년 정기주주총회 결의를 통해 임원보수 한도를 결정하는 것이 아닌 정관의 임원보수지급규정에 아예 임원보수한도를 규정하여 진행하는 사례를 볼 수 있는데 정관에 임원보수한도를 정하는 경우에는 임원보수에 관한 사항 변경이 있을 때마다 정관을 변경하여야 하는 번거로움이 있고 임원의 경영성과를 반영하여 임원보수한도를 승인하는 취지와 맞지 않는 측면이 있다.

마지막으로 한도승인 대상이 되는 임원보수는 근로소득뿐만 아니라 퇴직소득, 기타소득도 포함되는 것이므로 반드시 기타소득과 퇴직소득까지 고려하여 임원보수한도 승인을 받아야 한다.

■ **임원보수한도 승인 시 포함되는 임원보수**

= 급여, 상여금, 성과급, 퇴직 전 부여받은 주식매수선택권을 퇴직 후 행사함으로써 얻은 이익, 퇴직소득

※ 퇴직소득을 제외하기 위해서는 정관에 별도 규정이 필요할 것으로 사료됨.

Ⅱ 임원보수한도 승인! 정확한 절차와 양식은 다음과 같다

전략가이드

임원보수 관련 컨설팅을 하다 보면 매년 임원보수한도 승인에 관한 주주총회를 하지 않은 경우 또는 임원보수한도를 승인한 경우라도 잘못된 방식으로 실행한 경우 또는 임원보수한도 승인을 위한 정기주주총회 개최에 대한 절차가 상법상 잘못된 경우를 많이 볼 수 있다. 재무제표 승인과 임원보수한도 승인하는 정기주주총회는 다음 실행절차와 양식을 참조하여 진행하기를 권고한다.

임원보수한도 규정의 잘못된 사례

(정관에 임원보수 지급규정을 제정하고 여기에 임원보수한도 조항을 만들어서 매년 동일한 한도금액 적용되는 경우)

ex) 임원 보수 지급규정

제1조~제3조 생략

제4조 [임원보수 한도]

재임 중 임원 전체에 대한 보수한도 범위 내에서 직전연도 개인별 연봉을 기초로 지급하며 임원별 보수한도는 아래 표와 같다. **(이사·감사 수 실적과 관계없이 매년 동일한 문제점)**

구 분	보수 한도액
대 표 이 사	12억 원
사내이사 및 감사	4억 원

1. 정기주주총회 개최를 위한 이사회 소집통지

Case I 이사회 소집통지를 하는 경우

(제26차) 이사회소집통지서

수 신	주식회사 현인 이사 김현인 귀하
발 신	주식회사 현인 대표이사 ***
발 신 일	2024년 3월 7일 (※ 이사회 개최일자에서 8일 차감, 정관에 정함이 있는 경우 단축 가능함)
제 목	이사회 소집의 건

1. 귀하의 건승을 기원합니다.
2. 주식회사 현인 정관 제 **조에 따라 2024년 제26차 이사회를 다음과 같이 소집하오니 참석하여 주시기 바랍니다.

– 다 음 –

1) 일시: 2024년 3월 15일 오전 10시
2) 장소: 서울특별시 송파구 법원로 11길
3) 의안: 정기주주총회 소집의 건
   가. 제1호 의안: 재무제표승인 주주총회소집 건
   나. 제2호 의안: 정관일부변경 승인 주주총회소집 건
   다. 제3호 의안: 이사보수한도 승인의 주주총회소집 건
   라. 제4호 의안: 감사보수한도 승인의 이사회 승인 건

3. 문의: 담당자 ㅇㅇ주식회사 총무팀장 ㅇㅇㅇ
   1) 전화: 2) 팩스: 3) 메일:

위와 같이 이사회를 소집하오니 참석하여 주시기 바랍니다.

2024년 3월 7일

주식회사 현인(※각 이사가 소집통지, 감사는 대상 아님)

대표이사 ㅇㅇㅇ인

06

Case Ⅱ 이사회 소집통지를 하지 않는 경우

이사 및 감사 동의서

2024년 3월 14일 이사 및 감사의 동의로서 다음의 이사회 소집절차를 생략하는 것을 결의함

– 결 의 사 항 –

1. 상법 제390조 제4항에 의거 다음의 이사회 소집절차를 생략함
2. 이사회개최일: 2024년 3월 14일

위와 같이 동의함

2024년 3월 14일

주식회사 * * * (이사, 감사 전원 동의 필요)
대표이사 * * *
이 사 * * *
이 사 * * *
감 사 * * *

2. 정기주주총회 소집을 위한 이사회 의사록

제26차 이사회 의사록

개최일시: 2024년 3월 15일
개최장소: 서울 송파구 법원로 11길 2층 당사 회의실
출 석: 이사총수 3명 중 3명, 감사 1명 중 1명
별 지: 이사회 명부

의장인 대표이사 ***은 의장석에 참석하여 위와 같이 이사와 감사의 출석으로 이사회 회의가 적법하게 성립되었음을 알리고 오전 10시에 이사회의 개회를 선언하다.

의장은 제1호 의안인 정기주주총회 개최에 관한 필요성을 설명하고, 심의 및 결의를 요청하여 출석이사 전원의 찬성으로 가결하였다.

– 제1호 의안: 정기주주총회 개최의 건 –

1. 정기주주총회 개최일자: 2024년 3월 31일 오전 10시
2. 정기주주총회 소집장소: 서울시 송파구 법원로 11길 2층
3. 정기주주총회 부의안건
   제1호 의안: 재무제표 승인의 건
   제2호 의안: 정관일부 변경에 관한 건
   제3호 의안: 이사보수 한도 승인에 관한 건
   제4호 의안: 감사보수 한도 승인에 관한 건

이상과 같이 심의를 완료하였으므로 의장 ***는 이사회의 폐회를 선언하다. 오늘의 결의 사실을 명백히 하기 위하여 의사록을 작성하고 출석이사 및 감사가 아래와 같이 기명날인하다.

2024년 3월 15일
주식회사 현인
대표이사 * * * (출석이사, 감사 날인)
이 사 * * *
이 사 * * *
감 사 * * *

주식회사 현인
이사회(출석)명부

(2024년 3월 15일 현재)

구분	성명	생년월일	직위	선임일	만료일	비고
대표이사			사장			상근
사내이사			전무			상근
사내이사			상무			상근
감사			감사			비상근

이사회 일자	출석인	결석인	비고

비고	

위 임원명부는 본사 법인등기부대장에 등재된 임원임을 증명합니다.

2024년 3월 15일

회 사 명 주식회사 현인
소 재 지 서울 송파구 법원로 11길
대표이사 (인)

3. 주주총회 소집통지

Case I 2주 전 주주총회 소집통지를 하는 경우(자본금 10억 원 이상인 법인)

주식회사 현인
정기주주총회 소집통지서

주주님의 건승과 평안을 기원합니다. 당사는 상법 제 363조와 당사 정관에 의거 제 ㅇㅇ기 정기주주총회를 다음과 같이 소집하오니 참석하여 주시기 바랍니다.

－다　음－

1. 일시: 2024년 3월 31일 오전 10시 30분
2. 장소: 서울 송파구 법원로 11길 2층 당사 회의실
3. 회의목적사항
   가. 보고사항: 감사보고, 영업보고, 외부감사인선임보고
   나. 주요 안건
      제1호 의안: 재무제표, 손익계산서, 이익잉여금처분계산서 승인의 건
      제2호 의안: 정관 일부 변경의 건
      제3호 의안: 이사의 보수한도 승인의 건
      제4호 의안: 감사의 보수한도 승인의 건

4. 주주총회 참석 시 준비물
   (1) 직접행사: 주총참석장, 신분증
   (2) 대리행사: 주총참석장 및 위임장(날인), 인감증명서, 대리인신분증

5. 기타사항

2024 년 3 월 16일(※주주총회 개최일자에서 15일 차감)

ㅇㅇ 주식회사

대표이사 ㅇㅇㅇ (직인)
(※법인과 대표이사만 날인)

06

Case Ⅱ 주주총회 소집통지를 생략하는 경우(자본금 10억 원 미만 또는 비중요 결의사항)

총 주 주 동 의 서

2024년 3월 16일 총주주의 동의로서 다음의 주주총회 소집절차를 생략하는 것을 결의함.

– 결의사항 –

1. 상법 제363조 제4항에 의거 주주총회의 소집절차를 생략함.

위와 같이 동의함.

2024년 3월 16일

주식회사 현인 (법인인감)

주주 *** (인)
주주 ***
주주 ***

4. 재무제표승인 및 임원보수한도 결의하는 정기주주총회

주식회사 현인
정기주주총회 회순 및 의안

Ⅰ. 개회선언

Ⅱ. 국민의례

Ⅲ. 출석주주 보고

Ⅳ. 의장 인사말

Ⅴ. 회의의 목적사항

1. 보 고 사 항
   - 가. 감사의 감사보고
   - 나. 영업보고
   - 다. 외부감사인 선임보고
2. 결 의 사 항
   - 제1호 의안: 제7기 (2023.1.1.~ 2023.12.31.) 재무제표 승인의 건
   - 제2호 의안: 정관일부 변경의 건
   - 제3호 의안: 이사 보수 한도 승인의 건
   - 제4호 의안: 감사 보수 한도 승인의 건

Ⅵ. 폐 회 선 언

정기 주주 총회 의사록

1. 일　　시: 2024 년 03 월 31 일 오전 11시
2. 장　　소: 서울 송파구 법원로 11길
3. 출석주주: 주주총수　　7　명　　발행주식수　　주
　　　　　　출석주주　　4　명　　동의주식수　　주

의장인 대표이사 　　은 정관규정에 따라 의장석에 등단하여 위와 같이 법정정족수에 달하는 주주가 출석하였으므로 본 총회가 적법히 성립되었음을 알리고 개회를 선언한 후 다음의 의안을 부의하고 심의를 구하다.

제1호의 안　제7기 재무상태표 및 손익계산서, 이익잉여금처분계산서 승인의 건
상법 제449조의 규정에 의하여 의장은 별지 재무상태표 및 손익계산서, 이익잉여금처분계산서를 주주에게 배부하고 그 승인여부를 구한 바, 원안대로 승인 가결되다.

(별지1) 재무상태표, 손익계산서, 이익잉여금 처분계산서

제2호의 안　정관일부 변경 승인의 건
상법 제433조의 규정에 의하여 의장은 별지 정관 일부 변경(안)을 주주에게 배부하고 그 승인여부를 구한 바, 원안대로 승인 가결되다.

(별지2) 정관 일부 변경(안)

제3호의 안　이사 보수 한도 승인의 건
〔※ 해당연도 퇴직금 해당액 · 성과급 등 임원에게 지급되는 모든 보수 포함한 금액이며, 매년 동일하게 하는 것이 아닌 이사 수, 실적호조 악화 등에 따라 금액 변동이 있어야 함〕

의장은 당기(2024년) 등기이사 총원의 보수총액 및 한도액을 다음과 같이 의안으로 상정하여 상의 및 결의를 요청하여 출석주주 전원이 찬성하여 승인으로 가결하다.

	당기(2024년)	전기(2023년)
이사의 수(반드시 기재 필요)	4명	3명
이사보수 한도액	25억 원	20억 원

* 전기 이사의 보수 지급현황

구 분	인원수	보수총액	지급률
등기이사	3명		

제4호의 안　감사 보수 한도 승인의 건

의장은 당기(2024년) 감사의 보수총액 및 한도액을 다음과 같이 의안으로 상정하여 심의 및 결의를 요청하여 심의 및 결의를 요청하여 출석주주 전원이 찬성하여 승인으로 가결하다.

	당기(2024년)	전기(2023년)
감사의 수	1명	1명
감사보수 한도액	2억 원	2억 원

의장은 제4호 의안과 제5호 의안을 함께 묶어서 상정하자는 주주의 동의 및 재청에 의해 두 개의 의안을 묶어서 상정하고, 구체적인 지급방법에 대하여는 이사회에 위임하여 줄 것을 구한바, 만장일치로 승인 가결하다.

이상으로서 금일의 의안 전부를 심의 종료하였으므로 의장은 폐회를 선언하다(총회 종료 시각: 오전 11시 30분).

위 결의를 명확히 하기 위하여 이 의사록을 작성을 하고 출석한 이사가 다음에 기명날인을 하다.

2024 년　03 월　31 일

주식회사 현인
서울시 송파구 법원로 11길

의장　대표이사
이　　사
이　　사

06

주 주 명 부

주주명	소유주식수	회의출석	의결찬성	인증촉탁	비고
A	주	O	O		
B	주	O	O		
C	주	O	O		
D	주	O	O		
E					
F					
G					
1주당금액	총주식수	출석주식수	의결찬성주식수	인증촉탁주식수	
1,000원	10,000주	10,000주	10,000주		

위 주주명부는 본사에 비치된 주주명부와 대조하여 틀림이 없음을 증명합니다.

2024년 3월 31일

회 사 명: 주식회사 현인
소 재 지: 서울특별시 송파구
대표이사 (법인인감)

PART 04

매년 이사회 결의를 통해 임원보수지급규정을 구체적으로 제정하여야 한다

I 임원보수지급규정이 제정되어 있지 않은 경우 급여 외 상여금, 성과급 등은 모두 비용인정 되지 않는 점을 주의하여야 한다

전략가이드

주주총회 결의로 등기임원의 보수한도(포괄보수)를 승인한 경우에는 이사회 결의로 미등기임원을 포함한 전체 임원에 대해 구체적인 급여, 급여 외 상여금, 특별상여금, 성과급, 의료비, 교육비 성격의 보수지급에 대한 사항인 개별보수 지급에 관한 사항을 규정하여야 한다. 임원보수 지급규정이 없는 경우에는 월급여 외 상여금, 특별상여금, 성과급, 의료비, 교육비 등 성격의 보수는 모두 비용으로 인정되지 않는 점을 주의하여야 한다.

1 임원보수지급규정 제정의 중요성

최근 세무조사 추이를 보면, 기업의 투명성 제고로 과거와 달리 매출누락, 가공경비 등 탈세에 대한 적출사항이 급격하게 줄어들고 있는 반면 임원 지급보수의 적정성에 대해 과세하는 사례가 늘고 있다.

정기적인 급여를 제외한 상여금, 성과급, 복리후생적 급여의 경우 임원보수지급규정에 규정이 있는 경우에는 비용으로 인정되지만 임원보수지급규정에 규정이 없는 경우에는 전액 비용 부인되므로 주주총회에서 임원포괄보수에 대한 승인결의가 있은 후에는 바로 개별보수에 대한 사항을 규정한 임원보수지급규정을 구체적으로 제정하여야 한다.

2 임원보수지급규정 제정 시 주의점

실무에서 임원보수지급규정을 제정한 사례를 보면 매년 정기주주총회에서 승인된 임원보수한도 금액에 따라 수정하는 것이 아닌 정관 별첨 서류로 임원보수지급규정을 제정한 후 월 급여액에 대한 명시 없이 개략적인 급여와 상여 지급기준만을 제정해두고 있는 경우를 볼 수 있다.

하지만 임원보수지급규정은 매년 변동사항을 반영하여 매년의 급여, 상여금, 성과급, 복리후생적 급여에 대해 구체적으로 제정하여야 하는 점을 주의하여야 한다.

Ⅱ 세무조사 시 임원보수지급규정이 없는 상여금 등 관련 과세사항은 다음과 같다

전략가이드

세무조사 시 임원보수 중 상여금은 집중 검토사항으로 반드시 임원보수지급규정에 구체적인 근거 없이 이익이 많이 실현된 해에 지급하는 상여금은 경비에서 부인되는 점을 주의하여야 한다.

1 세무조사 시 임원상여금에 대해 과세하는 경우는 다음과 같다

세무조사 시 임원에게 지급된 상여금은 집중 검토사항으로 임원보수지급규정에 구체적인 지급기준 없이 지급하거나 이익이 많이 실현되는 해에 지급하는 상여금에 대해서는 경비에서 부인하여 과세하고 있다.

세무조사 시 임원 상여금에 대해 과세하는 경우를 보면,

첫째, 정기주주총회에서 승인된 임원보수한도를 초과하는 경우
둘째, 이사회 결의통한 임원보수지급규정이 없거나 임원보수지급규정을 초과하는 경우
(임원상여금 한도만 정하고 구체적인 지급기준 없는 경우)
셋째, 이익증가한 해에 임원보수지급규정에 구체적인 지급규정 없이 지급하는 경우
넷째, 지배주주등에게 과다하게 상여금을 지급하는 경우
다섯째, 상여금이 당기순이익에 비해 과다한 경우를 들 수 있다.

세무조사 시 임원상여금 등 관련하여 과세하는 경우

- 정기주주총회 임원보수한도 결의 초과액(법령 §43 ②)
- 이사회 결의통한 임원보수 지급규정 없거나 초과하는 경우(법령 §43 ②)
  - 상여금 한도액만을 정하고 구체적인 지급규정 없는 경우도 해당
- 이익처분에 따른 상여금(법령 §43 ①)
  - 이익증가에 따라 임의적으로 지급된 상여금
- 지배주주등에게 지급한 과다 상여금(법령 §43 ③)

- 당기순이익에 비해 과다하게 지급한 경우
- 상여금 지급률을 초과하여 지급한 상여금(법령 §43 ②)

2 임원상여금 등 관련하여 과세한 사례는 다음과 같다

청주지방법원2021구합52148, 2022.11.17.

법인이 지급한 대가가 임원 또는 직원의 직무집행에 대한 정상적인 대가라기보다는 주로 법인에 유보된 이익을 분여하기 위하여 대외적으로 대가의 형식을 취한 것에 불과하다면, 이는 이익처분으로서 손금불산입 대상이 되는 상여금과 실질이 동일하므로 구법인세법 시행령 제43조에 따라 손금에 산입할 수 없다고 보아야 함

조심2022서5891, 2022.11.07.

전자상거래업을 영위하는 법인의 임직원이 SNS 등을 통하여 홍보활동을 하는 것은 통상적인 업무에 포함되는 것으로 볼 수 있고 이러한 통상적인 업무에 대한 보상은 급여에 반영되어 있다고 보는 것이 타당한 점, 쟁점임원들의 SNS 활동 외에 20ㅇㅇ사업연도 매출액 증가에 쟁점임원들이 특별한 기여를 하였음이 객관적으로 입증되지 않는 점, 쟁점상여금이 사전에 정해진 지급기준에 따라 지급된 정상적인 의미의 상여금이라기보다는 상여금 명목으로 사실상 이익처분을 한 것으로 보는 것이 타당해 보이는 점 등을 종합할 때, 처분청이 쟁점상여금을 손금불산입하여 법인세를 과세한 이 건 처분은 달리 잘못이 없는 것으로 판단됨.

조심2022중2903, 2022.10.27.

청구법인은 직원에게는 성과상여금을 지급하지 아니하였고, 임원이기는 하나 사주일가에게만 지급하였으며, 청구법인에 대한 기여가 구체적으로 확인되지 아니하는 친인척에게 상여금을 지급하는 등 상여금을 자의적으로 집행한 것으로 보이는 점 등에 비추어, 처분청이 쟁점상여금을 이익처분에 의한 상여금으로 보아 청구법인에게 손금불산입하여 법인세를 과세한 이 건 처분은 잘못이 없음.

조심2020중7986, 2022.10.04.

청구법인의 경우 쟁점임원의 특수관계인이 임원보수한도 및 상여금지급규정을 정한 것으로 확인되어 쟁점임원이 자신의 보수를 별다른 제약 없이 자유롭게 정할 수 있는 지위에 있었다고 볼 수 있고, 당초 결정에서도 쟁점보수를 일반적으로 용인되는 통상적인 임원의 보수라고 단정하기는 어렵다고 판단한 점 등에 비추어, 처분청이 각 사업연도별 쟁점보수와 적정보수액의 차액만을 사실상 이익처분에 의한 상여금으로 보아 손금불산입한 처분은 달리 잘못이 없음.

조심2021중5244, 2022.08.03.

쟁점상여금이 사전에 정한 지급기준에 따라 지급된 것이라고 보기 어렵고, 성과평가 및 지급금액 산정에 관한 개별적 · 구체적 기준도 확인되지 아니하므로 직무성과를 객관적으로 평가하여 지급한 경우로 보기 어려운 점, 대표이사를 제외한 다른 임직원에게는 별도로 상여금을 지급하지 않은 것으로 보이는 점, 쟁점상여금은 직무집행에 대한 정상적인 대가라기보다는 실질적으로 이익처분에 의한 상여금으로 보이는 점 등에 비추어, 처분청이 쟁점상여금을

06

손금불산입하여 청구법인에게 법인세를 부과한 처분은 달리 잘못이 없다고 판단됨.

조심2019서1741, 2019.07.15

청구법인이 쟁점상여금의 액수를 정한 구체적인 근거를 알 수 없을 뿐만 아니라 쟁점상여금이 201x · 201x회계연도 당기순이익 합계의 약 000%에 이르는 거액이어서 이를 대표이사 개인에 대한 임금으로 보기도 어려운 점 등에 비추어 처분청이 쟁점상여금을 손금불산입하여 청구법인에게 이 건 법인세를 과세한 처분은 잘못이 없는 것으로 판단됨

창원지방법원2015구합20662, 2017.12.19

원고의 임원상여금 규정은 상여금의 지급한도만을 규정하고 있을 뿐, 임원들에게 상여금을 배분하는 구체적인 기준에 관하여는 아무런 내용이 없으므로 법인세법 시행령 제43조 제2항에서 정한 급여지급기준이라고 보기 어려움

서면인터넷방문상담2팀-798, 2004.04.16.

법인이 임원 또는 사용인에게 이익처분에 의해 지급하는 상여금(법인세법시행령 제20조 제1항의 성과급 제외)과 임원에게 지급된 상여금 중 급여지급기준을 초과하는 금액은 각각 손금에 산입할 수 없음.

Ⅲ 과도한 임원보수 지급기준 제정 시 상법상 책임

이사회로 임원보수지급규정 제정 시 회사의 재무상황이나 영업실적에 비추어 합리적 수준을 벗어나는 보수지급기준을 만들고 임원보수지급규정 제정을 위해 직위를 이용하여 주주총회에 영향력을 행사한 경우에는 세법상 과세문제뿐만 아니라 배임에 해당하여 법적 책임이 있을 수 있다.

특히 세법상 임원보수가 과도한 것으로 과세된 경우에는 세법상 문제뿐만 아니라 이러한 법적 책임문제가 뒤따를 수 있으므로 주의하여야 한다.

대법원 2016.1.28. 선고 2014다11888 판결

회사에 대한 경영권 상실 등으로 퇴직을 앞둔 이사가 회사에서 최대한 많은 보수를 받기 위하여 그에 동조하는 다른 이사와 함께 이사의 직무내용, 회사의 재무상황이나 영업실적 등에 비추어 지나치게 과다하여 합리적 수준을 현저히 벗어나는 보수 지급 기준을 마련하고 지위를 이용하여 주주총회에 영향력을 행사함으로써 소수주주의 반대에 불구하고 이에 관한 주주총회결의가 성립되도록 하였다면, 이는 회사를 위하여 직무를 충실하게 수행하여야 하는 상법 제382조의3에서 정한 의무를 위반하여 회사재산의 부당한 유출을 야기함으로써 회사와 주주의 이익을 침해하는 것으로서 회사에 대한 배임행위에 해당하므로, 주주총회결의를 거쳤다 하더라도 그러한 위법행위가 유효하다 할 수는 없음.

Ⅳ 임원보수지급규정! 올바른 제정사례는 다음과 같다!

> **전략가이드**
>
> 세무조사 시 임원에게 지급되는 급여 외 상여금, 특별상여금, 복리후생적 성질의 급여가 부인되지 않기 위해서는 다음과 같이 구체적으로 임원보수지급규정을 제정하여야 한다. 임원보수지급규정은 임원보수한도 승인과 달리 등기임원뿐만 아니라 미등기임원에 대해서도 규정하여야 한다.

‖ 올바른 임원보수지급규정 제정 사례 ‖

1. 이사, 감사 동의서

이사 및 감사 동의서

2024년 4월 1일 당사 이사 및 감사 전원의 동의로서 다음의 이사회 소집절차를 생략하는 것을 결의함

– 결 의 사 항 –

1. 상법 제390조 제4항에 의거 다음의 이사회 소집절차를 생략함
2. 이사회 개최일: 2024년 4월 1일

위와 같이 동의함

2024년 4월 1일

주식회사 현인

의장 대표이사
이 사
이 사
감 사

2. 이사회 의사록

이사회 의사록

주식회사 현인

위 회사는 서기 2024.4.1. 오후 4시 본점 회의실에서 이사회를 개최한다.
– 출석이사: 총 이사 수 3명 중 3명, 출석감사: 1명

의장은 위와 같이 성원이 되었음을 알리고 의안심의에 들어갈 것을 제의하다.

제1호 의안: 임원 보수지급규정 승인의 건

의장은 주주총회에서 결의한 임원보수총액의 한도 내에서 등기 임원별 개별보수 지급과 미등기임원의 개별 보수지급에 관하여 임원보수지급규정(별지 1)에 따라 지급할 필요성을 설명하고, 동 규정의 제정을 의안으로 상정하여 심의 및 결의를 요청하여 출석이사 전원이 찬성하여 승인으로 가결하다.

(별지1) 임원보수지급규정

의장은 위와 같이 이사회의 안건을 모두 심의 및 결의하였음을 설명하고 총회의 종료를 알리고 2024년 4월 1일 오후 4시 30분에 이사회의 폐회를 선언하다.

위 의사의 경과요령과 결과를 명확히 하기 위하여 이 의사록을 작성하고 의장과 출석한 이사가 기명날인하다.

2024년 4월 1일

주식회사 현인

의장 대표이사
이 사
이 사
감 사

임원보수 지급규정

제1조 (목적)

이 규정은 이 회사 정관 제41조에 따라 등기임원과 미등기임원의 구체적인 보수 지급에 관한 사항을 규정하는 것을 목적으로 한다.

제2조 (임원의 정의)

① 이 규정의 적용 대상이 되는 임원이란 주주총회에서 선임된 등기임원으로서 회사의 경영에 실질적으로 참여하는 자와 생산, QA, 전략사업, 영업, SCM, 재무부서의 총괄책임자를 의미한다.

② 1항에 의한 임원이라도 퇴직금이 없는 조건의 별도 연봉계약을 한 임원의 경우에는 이 규정의 적용대상이 아니다.

제3조 (지급대상 임원)

본 규정에 의한 보수가 확정되는 시점에 근무하는 임원에 한하여 지급한다.

제4조 (보수의 대상기간 및 구성)

① 당사 임원의 보수는 매년 1월 1일부터 12월 31일까지를 그 대상기간으로 하며, (정기급여 + 상여금 + 성과급)으로 구성된다.

② 당사 임원의 퇴직금은 해당 지급규정의 대상이 아니며, 별도의 임원 퇴직금지급규정에 의한다.

제5조 (주주총회결의 보수한도)

등기임원의 급여, 기본상여, 특별상여, 성과급, 퇴직금의 합은 주주총회에서 결의한 다음의 보수총액 한도를 초과할 수 없다.

구분	인원	보수총액한도
이사(사외이사)	3명(0명)	20억 원
감사	1명	2억 원

제6조 (기본급)

회사의 임원에게 지급하는 기본급은 다음과 같다.

구분	연봉		월봉		비고
	2024년	2023년	2024년	2023년	
대표이사					
이사					
감사					
생산 총괄책임자					
QA 총괄책임자					
전략사업 총괄책임자					
영업본부장					

제7조 (상여금)

상여는 일반상여와 특별상여로 구분하여 지급하며 지급률과 지급시기는 일반직원과 동일하게 지급하는 것으로 한다.

구분	연간 상여금	분기 상여금
대표이사		
이사		
감사		
생산 총괄책임자		
QA 총괄책임자		
전략사업 총괄책임자		
영업본부장		

제8조 (특별상여)

회사는 기본급 월봉액의 범위 내에서 다음에 해당하는 날에 특별상여금을 지급할 수 있다.

1. 설날, 추석
2. 회사 창립기념일

제9조 (성과급)

회사는 회사 성과지표와 계량적 · 비계량적 요소를 고려한 개인별 성과지표(경력, 초과성과업적, 매출액 증가 공헌도, EVITA 증가 공헌도, 기타공헌도, 급여수준, 출자임원의 경우 배당수령액)를 모두 고려하여 이사회 결의를 통한 성과급 지급규정을 통해 지급할 수 있다. 이사회 결의를 통한 성과급의 지급시기는 매년 12월까지의 경영성과를 기초로 연간 예상실적을 산출하여 익년 1월말까지 지급하는 것으로 한다.

제10조 (교육비)

임원본인의 업무관련 교육(경영대학원 이수포함)에 한하여 교육비를 실비로 지원하는 것으로 한다(회사사정에 맞게 수정).

제11조 (경조금)

임원에게 지급되는 경조금은 아래와 같이 지급하기로 한다(회사사정에 맞게 수정).

축의금 및 조의금	본인 및 4촌 이내의 친족 및 처의 2촌 이내의 친족	100만 원 이내의 범위에서 이사회에서 결의함
부상 · 질병 · 장해 위로금	업무상 재해로 발생 시	산업재해보상보험법 지급규정 범위 내에서 이사회에서 결의함

제12조 (의료비)

임원본인의 연 1회 건강검진비에 한하여 실비로 지원하는 것으로 한다(회사사정에 맞게 수정).

제13조 (지급제한)

임원이 본인의 귀책사유로 인하여 주주총회의 해임결의 또는 법원의 해임판결을 받아 퇴임하는 경우에는 본 규정에 의한 보수 지급을 제한할 수 있다.

제14조 (퇴임 월의 급여)

퇴임 당월의 급여는 근무일수에 관계없이 해당 월 급여 전액을 지급하는 것으로 한다.

제15조 (임원 보수지급규정 적용시기)

상기 임원별 급여지급기준에 대한 적용시기는 2024년분 근무분에 대해 적용하기로 한다.

제16조 (규정의 개폐)

본 규정의 개정 및 폐지는 이사회 결의로 한다.

PART 05

전략적으로 적정하게 임원급여를 책정할 필요가 있다!

전략가이드

임원급여가 과소한 경우에는 법인은 부자인데 반해 대표이사는 가난한 것의 원인이 되며 임원급여가 과다한 경우에는 세무조사에 의해 부인될 수 있는 리스크가 있다.
법인경영과 절세전략 설계 시 적정한 임원급여 책정은 가장 기본이 되는 사항이라 할 수 있다.

I 과소하거나 과다한 임원급여는 문제가 된다

1 임원급여가 과소한 경우 문제점

임원급여가 과소한 경우에는

첫째, 법인은 부자인데 대표이사는 가난한 것의 원인이 되는 점

둘째, 과소한 임원급여로 생활비 충당이 되지 않아 법인자금을 인출하는 경우 가지급금 발생원인이 되는 점

셋째, 급여기준으로 책정되는 퇴직금도 과소하게 되어 퇴직금으로 노후설계가 불가능한 점

넷째, 법인자금의 비정상적인 인출 및 매출누락으로 의심받을 가능성이 있는 점

다섯째, 이익잉여금 누적의 원인이 되어 주식평가액이 높아져서 지분 이동에 대한 상속세·증여세 부담이 커지고 폐업 시 세부담이 증가하는 점

여섯째, 부동산 등 구입 시 자금출처조사대상에 선정되는 점의 문제점이 있다.

임원급여가 과소한 경우 문제점

- 부자법인, 가난한 대표이사 원인
- 가지급금 발생원인
- 법인정리 후 노후설계 가능한 퇴직금 설계 불가능
- 법인자금의 비정상적인 인출 및 매출누락 의심 가능성
- 이익잉여금 ↑⇒ 주식평가액 ↑
  ⇒ 증여세, 상속세↑, 폐업 시 세부담↑
- 부동산 구입 시 자금출처 조사대상 선정의 문제점

2 임원급여가 과다한 경우 문제점

임원급여가 과다한 경우에는

첫째, 최근 과다한 임원급여에 대해서는 국세청 집중과세사항으로 세무조사 시 비용인정이 부인될 수 있는 점

둘째, IPO등 진행 시 CEO의 도덕성 등 평가요소에 악영향이 있을 수 있는 점

셋째, 과도한 소득세를 부담하여야 하고 법인의 재무건정성이 악화되는 문제점이 있다.

임원급여가 과다한 경우 문제점

- 최근 국세청 집중과세사항
- IPO 등 진행 시 CEO의 도덕성 등 평가요소 시 마이너스 요인
  ⇒ 소액주주 반발요인
- 과다한 소득세 부담
- 법인의 재무건정성 악화

Ⅱ 임원 급여가 적정한지 여부의 검증방법은 다음과 같다

전략가이드

법인컨설팅을 하다보면 많이 받는 질문 중 하나가 얼마 정도의 급여를 수령하는 것이 적정한지에 관한 사항이다.
현재 대표이사 급여가 적정한지 여부는 추상적으로 판단할 것이 아니라 임원급여 차감 전 영업이익 대비 급여비율, 동일 업종 상위 업체 임원급여를 기준으로 판단하는 것이 가장 적정하다.

1 임원급여 차감 전 영업이익 대비 임원급여 비율을 체크하라!

대법원(대법원 2017.9.21. 2015두60884 판결)이 임원급여 차감 전 영업이익 대비 임원급여 비율이 과도한 경우에 대해 집무대행에 대한 정상적인 대가가 아닌 것으로 판결함에 따라 이후 조세심판원도 같은 취지로 결정하고 있으므로 세무상 임원급여가 비용에서 부인되는 리스크를 피하기 위해서는 법인의 임원급여 차감 전 영업이익 대비 임원급여 비율과 동종 업종의 비율을 반드시 비교하여 체크할 필요가 있다.

‖ 임원보수 차감 전 영업이익 대비 임원급여 비율로 임원급여 적정성 체크 ‖

(단위: 원, %)

구분/ FY	2020	2021	2022	2023
매출액				
영업이익				
임원급여 차감 전 영업이익				
대표이사 영업이익대비 급여비율	%	%	%	%
이사 영업이익대비 급여비율	%	%	%	%
등기임원 영업이익대비 급여비율	**%**	**%**	**%**	**%**

대법원 2017. 9. 21. 선고 2015두60884 판결
법인이 지배주주인 임원(그와 특수관계에 있는 임원을 포함한다)에게 보수를 지급하였더라도, 그 보수가 법인의 영업이익에서 차지하는 비중(동종업종이 5%에서 9%인데 반해 38%에서 95%에 해당)과 규모, 해당 법인 내 다른 임원들 또는 동종업계 임원들의 보수와의 현저한 격차 유무, 정기적 · 계속적으로 지급될 가능성, 보수의 증감 추이 및 법인의 영업이익 변동과의 연관성, 다른 주주들에 대한 배당금 지급 여부, 법인의 소득을 부당하게 감소시키려는 주관적 의도 등 제반 사정을 종합적으로 고려할 때, 해당 보수가 임원의 직무집행에 대한 정상적인 대가

라기보다는 주로 법인에 유보된 이익을 분여하기 위하여 대외적으로 보수의 형식을 취한 것에 불과하다면, 이는 이익처분으로서 손금불산입 대상이 되는 상여금과 그 실질이 동일하므로 법인세법 시행령 제43조에 따라 손금에 산입할 수 없다고 보아야 함.

조심2019서0812, 2020.01.03

지배주주인 임원들이 그룹 내 주요 임원을 맡고 있어, 이들이 청구법인이 그룹 내 다른 계열사와 원활한 거래관계를 유지하게 하여 청구법인의 이익증대에 기여하였다고 볼 수 있는 점, 2014년 ~ 2017년 기간 중 지배주주인 임원들의 급여가 급여 차감 전 영업이익 대비 0.3% 내지 2.38%에 불과하여 법인의 영업이익에서 차지하는 비중과 규모가 크지 않는 점 등에 비추어, 처분청이 지배주주인 임원들에게 지급된 인건비를 과다하다고 보아 손금불산입한 법인세 과세처분과, 지배주주인 임원들에게 인정상여로 인건비를 소득처분한 소득금액변동통지는 잘못이 있음.

2 동종업종 상위 업체의 임원급여 수준을 체크하라!

최근 세무조사에서는 임원의 월정액 급여에 대해 동종업종 상위 업체의 평균을 초과하는 금액에 대해 비용을 부인하는 과세를 하고 있으므로 임원급여가 과다하다고 생각되는 경우에는 회계감사대상인 동종업종 상위 업체 임원 급여수준을 체크하여 회사 규모와 동종업종 상위 업체 규모를 비교하여 적정 급여수준을 결정할 필요가 있다.

| 동종업종 상위업체 임원 급여 체크방법 |

가. 금융감독원 전자공시시스템 접속
https://dart.fss.or.kr/

나. 공시서류검색 클릭

다. 정기공시 항목별 검색
회사명 입력, 회사현황에서 임원의 보수 등 체크하여 클릭

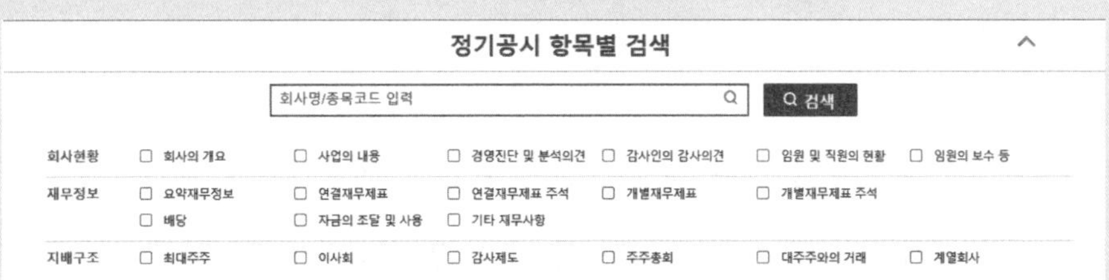

라. 사업보고서 Ⅷ. 임원 · 직원에 관한 사항 중 2.임원의 보수 등에서 등기임원 평균보수 파악

Ⅲ 임원급여 관련 주의사항

1 임원급여 인상 시에는 급여인상에 대한 객관적·구체적인 사유가 있어야 한다

객관적·구체적인 사유 없이 임원급여를 인상하는 경우에는 급여가 아닌 임원에게 이익분여 성격으로 보아 과세하고 있다.

따라서 임원급여를 인상하는 경우에는 인상 전 급여가 임원급여 차감 전 영업이익에서 차지하는 비율, 회사 실적 변화, 일반 직원 및 타임원의 급여 인상률, 임원의 담당업무 변화 등을 고려하여야 한다.

또한 임원급여 인상 시에는 3월 정기주주총회에서 임원보수한도를 인상하고 인상된 임원보수 한도액에 맞추어 임원보수지급규정 제정 시 월 급여, 연급여가 인상된 구체적인 사유를 명시할 필요가 있다.

2 감사에게도 급여지급이 가능하지만 감사 외 업무에 대한 명목으로 급여를 지급해서는 안 된다

감사에게 지급하는 보수 액수는 가장 의사결정이 어려운 부분 중의 하나이다.

상법상 감사의 업무는 회사의 회계와 이사의 업무감시로서 해당 업무 외에 일반 임직원이 하는 업무를 하여서는 안 된다.

이 경우 감사의 고유업무인 회계와 이사의 업무감시는 상근으로 재임하면서 할 필요가 없는 업무이므로 절대 상근임원에 준하는 급여를 지급해서는 안 되며 또한 감사 업무 외 일반 임직원이 수행하는 업무대가로 급여를 지급하는 경우에는 상법상 무효가 되는 것으로서 세법상으로도 부인될 수 있으므로 주의하여야 한다.

3 비상근임원에게 급여 지급 시에는 반드시 근로 제공사실이 확인되어야 한다

비상근임원에게도 급여를 지급할 수 있는 것이지만 과다하게 지급하여 부당행위로 보는 경우에는 경비로 인정되지 않는다.

따라서 비상근임원에게 급여 지급 시에는 반드시 회의 참석사실, 결제내역, 출퇴근 사실, 경영관여 내역 등이 입증되도록 준비할 필요가 있다.

서울행정법원2017구합88473, 2019.02.15
이 사건 비상근임원은 임원회에 참석하지 않는 등 근로제공 사실이 확인되지 아니하므로, 이 사건 급여가 AA의 이익을 부당히 분여한 경우에 해당함을 전제로 이 사건 급여를 손금부인하고, 해당 비상근임원에 대한 배당소득으로 소득처분한 이 사건 각 처분은 적법함

4 가족이 근무하는 경우에는 반드시 근무사실이 입증되어야 한다

세무조사 시 임직원 중 가족이 있는 경우에는 반드시 실제 근무하였는지 여부를 검증하는데 최근에는 이에 대한 검증을 출퇴근 카드 및 CCTV확인, 신용카드 사용내역 등까지 검토하는 방식으로 굉장히 꼼꼼하게 하고 있다.

따라서 가족, 특히 배우자가 근무하는 경우에는 실제 출퇴근 사실이 입증되도록 하여야 하며 실제 근무내역이 입증되도록 결제내역, 이메일 수신 내역, 조직도에 부서 및 이름 기록 등이 명확하게 입증되도록 할 필요가 있다.

Ⅳ 최근 세무조사에서 임원급여 관련하여 과세하는 사항은 다음과 같다

전략가이드

최근에는 임원의 정기적인 급여에 대해서도 비용으로 인정하지 않고 과세하는 사례가 늘고 있으므로 정기적인 급여에 대해 과세하는 경우를 정확하게 인지하고 있을 필요가 있다.

1 임원의 정기적인 급여에 대해 과세하는 경우

과거에는 임원이 수령하는 정기적인 급여에 대해 과세하는 사례는 많지 않았지만 최근에는 임원의 정기적인 급여에 대해 과세하는 사례가 늘고 있으므로 주의하여야 한다.

임원의 정기적인 급여에 대해 과세하는 사례를 보면,
첫째, 정기주주총회에서 결의한 임원보수한도를 초과하여 지급한 경우
둘째, 배우자 등 지배주주등에게 과다하게 급여를 지급한 경우
셋째, 동종업종 상위 몇 개 업체 평균 임원급여를 초과하여 지급한 경우
넷째, 뚜렷한 성과 없이 급격하게 임원급여를 인상한 경우
다섯째, 퇴직 직전 급격하게 임원급여를 인상한 경우
여섯째, 영업이익 대비 임원급여 비중이 과다한 경우 등을 들 수 있다.

세무조사 시 임원의 정기급여에 대해 과세한 사례

- 정기주주총회 결의 임원보수한도 결의 초과액
- 배우자 등 지배주주등[2]에 대한 과다 급여 지급액
- 동종업종 상위 몇 개 업체 평균 임원급여 초과액
- 급여인상의 객관적 · 구체적 사유 없는 급격한 임원급여 인상액
- 퇴직 직전 급격한 임원급여 인상액
- 영업이익 중 임원급여 과다한 경우
- 성과급 성격의 금액을 임원 기본급으로 하여 급여 인상한 경우
- 가족이 임직원인 경우로서 실제 근무사실 확인되지 않는 경우
- 감사에게 감사 업무외 업무대가로 급여지급하는 경우
- 비상근 임원에게 급여지급한 경우로서 근무사실 확인되지 않는 경우

2 임원의 정기적인 급여에 대해 과세한 사례

조심2021구2767, 2022.08.25.

쟁점급여가 청구법인의 영업이익에서 차지하는 비중이 매우 높고, 청구법인의 매출액 증가 추세보다 급여액의 증가가 현저히 높아 대표이사의 급여가 정상적인 급여라고 보기 어려우나, 고정적, 정기적으로 지급된 금액은 급여로 보아 손금산입하는 것이 타당함.

조심2020서1953, 2022.08.23.

청구법인이 부회장에게 동일직위에 있는 대표이사의 보수를 초과하여 지급한 보수는 과다지급 인건비에 해당한다고 보이고, 청구법인이 특수관계자로부터 임차인의 지위를 승계함으로써 발생한 비용은 법인세법상 손금의 요건을 충족한다고 보기 어려움.

조심2021중5511, 2022.08.17.

청구법인의 1인 주주이자 실제 대표자인 AAA는 보수와 관련한 아무런 기준 없이 급여를 책정하여 왔고, 청구법인의 영업이익 대비 AAA의 급여는 통상적인 수준에 비하여 과다한 것으로 보이며, 청구법인이 AAA에게 배당을 실시한 사실이 없는 것으로 보아 쟁점급여 전부를 손금산입 대상 급여로 인정하기는 어려움.

조심2019서3220, 2021.01.12.

법인이 지배주주 등인 임원 또는 사용인에게 정당한 사유 없이 동일직위에 있는 지배주주 등 외의 임원 또는 사용인에게 지급하는 금액을 초과하여 지급한 금액은 손금에 산입하지 아니하도록 규정하고 있는 점 등에 비추어, 처분청이 청구법인의 실질 대표자인 ○○○의 배우자 등에게 지급된 급여 중 ○○○을 손금인정범위를 초과한 것으로 보아 손금불산입하여 법인세 과세 등을 한 처분은 달리 잘못이 없음.

2) 발행주식총수등의 1% 이상을 소유한 주주등으로서 그와 특수관계 있는 자와의 소유주식등 합계가 법인의 주주등 중 가장 많은 경우의 주주등

조심2020서1398, 2020.12.14.

처분청에서 청구법인이 대표이사에게 쟁점보수를 지급한 그 실질을 이익처분에 해당한다고 보아 동일 업종 상위 0개 업체의 평균 대표이사 급여 지급액을 초과하는 금액을 손금불산입하여 청구법인에게 이 건 법인세를 과세한 처분은 달리 잘못이 없다고 판단됨.

조심2020부1425, 2020.11.24.

청구법인은 ○○○가 청구법인의 이사로 업무를 충실히 수행하였다고 볼 수 있는 입증자료를 제출하지 못하고 있는 점, 검찰수사결과 발표 자료에 ○○○는 한국의 개별 계열사를 위해 일한 적이 없고 어느 계열사에서 급여를 주는지도 모르는 것으로 기재되어 있는 점, 청구법인도 ○○○가 실질적으로 이사의 임무를 전혀 수행하지 아니하였음에도 쟁점인건비를 지급하였다는 사실을 인정한 점 등에 비추어, 처분청이 쟁점급여를 법인의 사업과 관련 없이 과다하게 지급한 급여로 보아 손금불산입하여 법인세를 과세한 이 건 처분은 달리 잘못이 없음.

조심2018서0919, 2019.04.02.

청구법인은 정당한 근거 없이 201X년말 추가상여금과 201X년도 총급여액을 조정하여 퇴직 직전 3년간 총급여를 00원으로 맞추려고 하였고, 그 결과 일반 임원들의 전년도 대비 인상률을 초과하는 급여액은 과다하다고 인정되는 인건비에 해당하는바, 처분청이 청구법인의 과다급여액과 퇴직금 한도초과액을 손금부인하여 법인세 등을 과세한 처분은 잘못이 없음

조심2022서5972, 2022.12.29.

AAA이 2016사업연도에 비해 2017 ~ 2020사업연도 기간 동안 AAA이 대표이사(회장)로서 수행한 업무가 확대되는 등 2015 · 2016년에 비해 기본급을 추가적으로 지급하였어야 할 객관적이고 구체적인 사정변경은 나타나지 않으므로, 특별한 사정이 없는 한 쟁점보수는 AAA에게 종전의 성과급(OOO원) 상당액을 보전해주기 위하여 그 명목만 '성과급'에서 '기본급'으로 변경된 것으로 봄이 합리적이므로 쟁점보수는 종전의 성과급 상당액을 보전해주기 위하여 그 명목만 '성과급'에서 '기본급'으로 변경된 것으로 봄이 합리적인 점 등에 비추어 청구주장을 받아들이기 어려움.

PART 06

임원에게 성과급 지급 시에는 명확한 성과급 지급규정이 있어야 한다

I 임원성과급 지급규정의 중요성과 주의사항

전략가이드

임원보수 중 가장 과세가 많이 되는 보수는 성과급이라 할 수 있다.
임원성과급 지급 시에는 수치로 측정되는 계량적 지표, 수치로 측정되지는 않지만 성과가 인정되는 비계량적 지표를 기준으로 한 실적을 근거로 한 성과지표를 명확하게 한 후 지급하여야만 비용 인정될 수 있음을 주의하여야 한다.

1 임원성과급 지급규정의 중요성

비상장법인의 경우 연말에 많은 이익이 발생하는 해에 법인세 부담을 줄이기 위해 최대주주인 대표이사 등에게 거액의 성과급을 지급하는 사례를 많이 볼 수 있다.

성과급 지급 시 어떤 뚜렷한 성과평가에 대한 지표 없이 지급하는 경우에는 실제 배당으로 수령할 금액을 성과급 형식으로 수령한 것으로 보아 전액 비용으로 인정되지 않으므로 주의하여야 한다.

임원성과급 지급규정 제정 시에는 반드시 회사 성과지표(전기 대비 매출액 및 영업이익, EVITA 증가액, 매출원가율 감소, 신기술 개발성과)와 임원 개인별 성과지표(초과 성과업적, 업적에 대한 평가, 매출액 증가 공헌도, EVITA증가 공헌도, 기타 공헌도)에 대해 구체적 근거를 가지고 명확하게 작성하여야 한다.

❷ 임원성과급 지급규정 제정 시 주의점

임원성과급 지급규정 제정 시 회사 성과지표를 영업활동 외 영업외수익이나 영업외비용이 반영되는 당기순이익 또는 EVA(경상이익 – 법인세 · 자본비용)를 기준으로 하는 경우에는 이익처분 성격으로 보아 비용 부인되므로 주의하여야 한다.

또한 구체적인 성과평가에 대한 기준 없이 매출액 증가비율을 근거로 임원성과급을 지급하는 경우에는 비용으로 인정되지 않으므로 주의하여야 한다.

Ⅱ 세무조사 시 임원성과급 관련 과세사항은 다음과 같다

전략가이드

임원에게 지급되는 보수 중 세무조사에서 가장 많이 경비에서 부인되는 보수는 성과급이라 할 수 있다.
임원성과급을 경비로 인정받기 위해서는 반드시 성과급을 받은 임원의 성과가 있어야 하고 이러한 성과를 계량적 · 비계량적 지표에 의해 평가하여 성과급을 지급한 성과급 지급규정이 있어야 한다.

❶ 임원성과급에 대해 과세하는 경우

임원에게 지급하는 성과급은 세무조사 시 집중검토사항으로 성과급을 받는 임원의 성과요건, 사전에 약정된 객관적인 성과평가지표 요건, 계량적 · 비계량적 성과평가 기준 존재요건을 충족하는 경우에 한하여 경비로 인정된다.

세무조사 시 임원성과급이 과세된 경우를 보면,

첫째, 정기주주총회에서 승인된 임원보수한도를 초과하는 경우
둘째, 이사회 결의 통한 구체적인 성과급 지급규정이 없는 경우
셋째, 성과급 지급규정이 있지만 단순하게 매출액 증가율로 하거나 계량적 · 비계량적 지표에 대한 평가가 없는 경우
넷째, EVITA(법인세, 이자, 감가상각비 차감 전 영업이익)를 근거로 하지 않고 EVA(영업이익에서 법인세와 금융 및 자본조달비용을 차감한 금액), NI(당기순이익)를 기준으로 한 경우를 들 수 있다.

세무조사 시 임원성과급에 대해 과세하는 경우

- 정기주주총회 결의 임원보수한도 초과액
- 이사회 결의 통한 성과급 지급규정 없는 경우
- 성과급 지급규정 있는 경우에도 단순하게 매출액 증가율로 하거나 계량적 · 비계량적 지표에 대한 평가가 없는 경우
- EVITA를 근거로 하지 않고 EVA, NI 기준으로 한 경우

2 임원성과급에 대해 과세한 사례

조심2016서1329, 2017.03.20.

쟁점성과급은 EVA를 기준으로 지급된 상여금이고 EVA는 '경상이익에서 법인세 · 자본비용을 공제한 이후 금액'인바 그 재원을 이익잉여금으로 하고 있으며, 비록 형식적인 주주총회의 승인을 거치지는 않았으나 청구법인의 지배구조를 감안하면 ◇◇◇ 및 ㅁㅁㅁ의 승인이 사실상의 이익처분 승인으로 볼 수 있으므로 사실상 이익처분에 의하여 지급하는 상여금으로 볼 수 있는 점, ㅁㅁㅁ가 ◇◇◇의 개선방안 통보에 따라 마련한 쟁점기준에 따르면, 경영성과와 무관하게 별도 노사합의 등에 따라 특별상여금 등을 지급할 수 없도록 되어 있음에도 청구법인은 노사합의에 따라 쟁점성과급을 지급한 점 등에 비추어 청구주장을 받아들이기 어려움.

조심2021중5244, 2022.08.03.

쟁점상여금이 사전에 정한 지급기준에 따라 지급된 것이라고 보기 어렵고, 성과평가 및 지급금액 산정에 관한 개별적 · 구체적 기준도 확인되지 아니하므로 직무성과를 객관적으로 평가하여 지급한 경우로 보기 어려운 점, 대표이사를 제외한 다른 임직원에게는 별도로 상여금을 지급하지 않은 것으로 보이는 점, 쟁점상여금은 직무집행에 대한 정상적인 대가라기보다는 실질적으로 이익처분에 의한 상여금으로 보이는 점 등에 비추어, 처분청이 쟁점상여금을 손금불산입하여 청구법인에게 법인세를 부과한 처분은 달리 잘못이 없다고 판단됨.

조심2019중3692, 2020.12.07.

청구법인이 작성한 '성과상여금 지급의 적정성 검토의견'이라는 문건에서 확인되는 바와 같이 쟁점상여금은 청구법인의 당기순이익 범위 내에서 결정되었으므로 청구법인의 '성과배분(이익처분)성격'을 가진 것으로 보이는 점 등에 비추어 쟁점상여금은 청구법인의 이익을 쟁점 지배주주에게 배분하기 위하여 상여금의 형식을 취한 것으로서 실질적으로 이익처분에 의하여 지급되는 상여금에 해당하는 것으로 판단되므로 손금산입 대상인 통상적인 상여금으로 인정하기는 어렵다 할 것이다.

❸ 임원성과급에 대해 과세하지 않은 사례

조심2021광2054, 2022.02.23.
청구법인이 해외 공급처들로부터 수입산 타일 독점판매권을 획득하여 국내 건설현장에 공급하기까지 청구법인의 임원들은 모델하우스 스펙인을 위한 영업활동을 하였고, 스펙인 영업에 따른 '임원영업실적 내역', '임원영업실적 수주자별 집계표' 및 이를 입증할 증빙을 제출하였고, 이와 같은 스펙인 영업활동이 있은 후 청구법인의 매출액 및 매출총이익률이 크게 상승한 것으로 나타나는 점 등을 비추어, 처분청이 쟁점상여금을 사실상 이익처분에 의하여 지급된 것으로 보아 손금불산입하여 법인세를 과세한 처분은 잘못이 있는 것으로 판단됨.

Ⅲ 임원성과급 지급규정! 올바른 제정사례는 다음과 같다!

전략가이드

임원에게 지급하는 성과급은 임원보수 중 세무조사 시 비용에서 부인하여 과세하는 사례가 가장 많은 보수이다.
통상 임원성과급 지급규정 제정사례를 보면 단순하게 매출액 증가율, 영업이익 증가율 등을 성과지표로 하여 제정된 경우가 많은데 이러한 경우에는 거의 비용에서 부인하고 있다.
주의하여야 할 점은 성과측정이 가능한 EVITA(법인세, 이자, 감가상각비 차감 전 영업이익)를 근거로 하지 않고 EVA(영업이익에서 법인세와 금융 및 자본조달비용을 차감한 금액), NI(당기순이익)를 기준으로 작성된 성과급 지급규정은 경비에서 부인하고 있으므로 성과급 지급규정 제정 시 회사이익을 기준으로 계량적 지표 판단 시에는 반드시 EVITA를 기준으로 하여야 하는 점을 주의하여야 한다.
또한 임원성과급 지급규정 제정 시에는 반드시 회사성과지표, 임원 개인별 계량적 · 비계량적 평가지표(ex 임원영업실적 내역, 임원영업실적 수주자별 집계표)에 대해 구체적으로 규정하여야 하는 점을 주의하여야 한다.

ex) 임원보수 지급규정

제1조에서 5조 생략

제6조 [특별상여금 지급기준] (세법상 불인정)

① 특별상여는 다음 각 호에 해당하는 경영성과가 충족되었을 경우 지급한다.

1. 연간 매출액이 전기대비 10% 이상 순증되었을 경우
2. 연간 매출액이 전기대비 20% 이상 순증되었을 경우

② 제1항의 1호가 충족되었을 경우 연간 급여총액의 100%, 2호가 충족되었을 경우 연간 급여총액의 200% 범위 내에서 회사의 사정을 감안하여 이사회의 결의로 지급금액을 확정한다.

임원성과급 지급규정

제1조 (목적)
이 규정은 ㈜현인 임원보수 지급규정 제9조에 따라 특별한 성과가 있는 등기임원과 미등기임원의 성과급의 지급기준을 정함을 목적으로 한다.

제2조 (임원의 정의)
① 이 규정의 적용 대상이 되는 임원이란 주주총회에서 선임된 등기임원으로서 회사의 경영에 실질적으로 참여하는 자와 생산, QA, 전략사업, 영업, SCM, 재무 부서의 총괄책임자를 의미한다.
② 1항에 의한 임원이라도 퇴직금이 없는 조건의 별도 연봉계약을 한 임원의 경우에는 이 규정의 적용대상이 아니다.

제3조 (지급대상 임원)
본 규정에 의한 보수가 확정되는 시점에 근무하는 임원에 한하여 지급한다.

제4조 (주주총회결의 보수한도)
등기임원의 급여, 기본상여, 특별상여, 성과급, 퇴직금의 합은 주주총회에서 결의한 다음의 보수총액 한도를 초과할 수 없다.

구분	인원	보수총액한도
이사(사외이사)	3명(0명)	30억 원
감사	1명	5억 원

제5조 (성과급의 계산기준)
임원성과급은 제7조의 회사 성과지표와 제8조의 성과급 지급대상 임원 개인별 성과지표를 고려하여 제8조의 성과급 산출근거에 의해 지급하는 것으로 한다.

제6조 (성과급의 지급시기)
성과급의 지급시기는 매년 12월까지의 경영성과를 기초로 연간 예상실적을 산출하여 익년 1월말까지 지급하는 것으로 한다.

제7조 (회사 성과지표)
성과급 지급대상연도 회사 성과지표는 다음과 같다.

06

(단위: 원, %)

전기 (또는 직전 3년 평균)	목표 실적	당기 실적	달성 (율)	초과 성과
전기 제품 매출액		당기 제품 매출액		
전기 제품매출원가(율)		당기 제품매출원가(율)		
전기 상품 매출액		당기 상품 매출액		
전기 상품매출원가(율)		당기 상품매출원가(율)		
전기 영업이익		당기 영업이익		
전기 EVITA		당기 EVITA		
신기술 개발성과		신기술 개발성과		

제8조 (임원 개인별 성과지표)

성과급 지급대상이 되는 임원의 개인별 성과지표는 다음과 같다.

가. 영업부 (이사 ***)

경력사항	
담당업무	
급여수준	
배당금수준	
표준업적	
초과성과업적	◎ 신규 매출계약 수주(관리부의 경우 원가절감 · 단가 인상 등)
업적평가	
매출액 증가 공헌도	◎ 공헌도
	◎ 산출근거
EVITA 증가 공헌도	◎ 공헌도
	◎ 산출근거
기타 공헌도	◎ 공헌도
	◎ 산출근거
최종 성과평가	◎ 성과급 지급액
	◎ 성과급 산출근거

제9조 (지급제한)

임원이 본인의 귀책사유로 인하여 주주총회의 해임결의 또는 법원의 해임판결을 받아 퇴임하는 경우에는 본 규정에 의한 성과급 지급을 제한할 수 있다.

PART 07

임원퇴직금은 낮은 세금으로 적법하게 법인자산을 개인화할 수 있는 수단이다

I 임원퇴직금 지급규정의 중요성과 주의사항

전략가이드

임원퇴직금은 거액의 자금을 법인에서 적법하게 인출하면서 근로소득에 비해 낮은 퇴직소득세 부담을 할 뿐만 아니라 4대 보험료도 부담하지 않는 장점이 있으므로 주식의 현금화가 어려운 비상장법인의 경우에는 노후생활 대비를 염두하여 전략적으로 임원퇴직금 지급규정을 제정하여야 한다.
실무에서 보면 2020년부터 지급배수 2배수를 초과하는 금액은 근로소득으로 과세하는 것으로 개정됨에 따라 많은 법인들이 무조건 임원퇴직금 지급배수를 2배수로 하는 경우가 많은데 2배수를 초과하는 경우에도 법인에서 비용 부인되는 것이 아니므로 임원 퇴직금 지급배수는 법인의 이익잉여금 규모, 현금성 자산 규모, 대표이사 가지급금 규모, 임원의 노후생활대비 필요자금, 법인주식 평가액 등을 고려하여 제정하여야 한다.

1 임원퇴직금 지급규정의 중요성

가. 임원 퇴직금 지급규정이 있는 경우 비용 인정되는 퇴직금

정관이나 정관의 위임에 따라 주주총회 결의를 통해 제정된 임원퇴직금 지급규정으로 퇴직금 지급배수를 별도로 정한 경우에는 임원퇴직금 지급규정에 따라 지급된 퇴직금이 전액 비용으로 인정된다.

- **정관에 퇴직금 지급규정이 있는 경우 비용 인정되는 퇴직금**

  정관 또는 주주총회 결의로 제정한 임원퇴직금 지급규정상의 금액(다만 너무 과다하거나 특정 임원에게만 지급하는 것으로 하는 경우 등은 부인)

나. 임원 퇴직금 지급규정이 없는 경우 비용 인정되는 퇴직금

정관 또는 정관의 위임에 따라 주주총회 결의를 통해 제정된 임원퇴직금 지급규정이 없는 경우에는 퇴직금 배수를 제정한 것보다 낮은 금액(퇴직 직전 1년간 총급여액 × 10% × 근속연수)만이 비용으로 인정가능하다.

■ **정관에 퇴직금 지급규정이 없는 경우 비용 인정되는 퇴직금**
=소급하여 1년 동안 임원에게 지급된 총급여액×1/10×근속연수
☞ 정관등에 규정된 퇴직금 지급배수만큼 과소하게 계산됨.

다. 임원의 범위

법인세법상 임원 퇴직금 한도를 적용받는 임원은 상법상 이사뿐만 아니라 실질적으로 경영전반의 의사결정과 집행과정에 참여하는 이사에 준하는 자도 포함된다.

대전지방법원2016구합1389, 2017.05.11.
법인세법상 퇴직급여한도 적용대상 임원에는 상법상의 이사뿐만 아니라 실질적으로 경영 전반의 의사결정과 집행에 적극적으로 참여하거나 사실상 경영에 참여하는 등 상법상 이사에 준하는 직무에 종사하는 자도 포함됨.

법인세법 시행령 제44조【퇴직급여의 손금불산입】
④ 법인이 임원에게 지급한 퇴직급여 중 다음 각 호의 어느 하나에 해당하는 금액을 초과하는 금액은 손금에 산입하지 아니한다.
1. 정관에 퇴직급여(퇴직위로금 등을 포함한다)로 지급할 금액이 정하여진 경우에는 정관에 정하여진 금액
2. 제1호 외의 경우에는 그 임원이 퇴직하는 날부터 소급하여 1년 동안 해당 임원에게 지급한 총급여액[「소득세법」 제20조 제1항 제1호 및 제2호에 따른 금액(같은 법 제12조에 따른 비과세소득은 제외한다)으로 하되, 제43조에 따라 손금에 산입하지 아니하는 금액은 제외한다]의 10분의 1에 상당하는 금액에 기획재정부령으로 정하는 방법에 의하여 계산한 근속연수를 곱한 금액. 이 경우 해당 임원이 직원에서 임원으로 된 때에 퇴직금을 지급하지 아니한 경우에는 직원으로 근무한 기간을 근속연수에 합산할 수 있다.

❷ 임원퇴직금에 대한 소득세

동일한 금액이라도 퇴직소득으로 분류되어 퇴직소득세로 과세되는 경우에는 ① 근속연수에 따라 공제받는 근속연수 공제, ② 환산급여공제, ③ 총금액을 근속연수로 나눈 후 세율을 적용받는 연분연승법이 적용되므로 근로소득세보다 세 부담이 낮게 된다.

2011년까지의 근무기간에 대해서는 임원 퇴직금에 대해 전액 퇴직소득세가 과세되었지만 법인의 경우 거액의 퇴직금을 지급하면서 비용으로 인정되고 수령하는 임원은 낮은 퇴직소득세만을 부담하는 것이 과도한 혜택이라는 지적이 있어 2012년부터는 일정 배수를 초과하는 것은 근로소득세가 적용되는 것으로 개정되었다.

다만 2012년부터 일정배수를 초과하는 퇴직금에 대해 퇴직소득세가 아닌 근로소득세가 적용되는 경우에도 임원퇴직금 지급규정을 준수하여 지급한 경우에는 법인세법상 비용으로는 인정된다.

각 기간별 임원퇴직금에 대한 소득세 부담은 다음과 같다.

가. 2011.12.31.까지의 근무기간

정관에 규정된 금액으로 법인세법상 손금인정되는 경우 모두 퇴직소득으로 간주

나. 2012.1.1.부터 2019.12.31.까지 근무기간

다음 금액 초과액은 근로소득으로 간주

소급하여 3년간 연평균급여액 × 1/10 × 근속연수 × 3

다. 2020.1.1. 이후 근무기간

다음 금액 초과액은 근로소득으로 간주

소급하여 3년간 연평균급여액 × 1/10 × 근속연수 × 2

06

❸ 임원의 노후생활 등을 대비하여 지급배수를 규정하여야 한다

임원퇴직금은 임원보수 중 가장 거액의 자금을 법인에서 적법하게 인출할 수 있을 뿐 아니라 퇴직연금 기 불입액이 없는 상태에서 임원퇴직금을 지급하는 경우에는 비상장주식 평가액을 낮출 수 있게 되는 장점이 있다.

2012년 이후 근속기간 분부터 3배수를 초과하는 임원퇴직금은 퇴직소득세가 아닌 근로소득세가 적용되는 것으로 개정된 후 2020년 이후 근속기간 분부터는 2배수를 초과하는 임원퇴직금은 근로소득세가 적용되는 것으로 개정되자 상당수 많은 법인들이 해당 배수를 초과하는 경우에는 비용인정이 되지 않는 것으로 알고 모든 임원의 퇴직금 지급배수를 2배수로 책정하고 있는 경우를 볼 수 있다.

하지만 배수한도가 적용되는 것은 퇴직금을 수령한 임원의 퇴직소득세 적용 문제로서 퇴직 직전 급격하게 급여를 인상하여 퇴직금을 지급하거나 퇴직금 지급배수가 너무 과다한 경우가 아닌 한 퇴직금 지급규정을 준용하여 지급한 퇴직금은 법인의 비용으로 인정되므로 임원의 노후생활 보장 측면, 퇴직금 지급에 따른 비상장주식 평가액 하락 측면, 가지급금이 있는 경우에는 가지급금 반제 측면 등을 고려하여 지급배수를 책정하여야 하는 점을 주의하여야 한다.

4 임원이 수령할 퇴직금을 포기하는 경우에도 법인세와 소득세가 과세된다

법인의 자금여력 때문에 정관 또는 주주총회 결의로 제정된 임원퇴직금을 지급할 수 없는 경우 또는 과도한 상속세 문제 때문에 임원 퇴직금 수령을 포기하는 경우에는 법인의 경우 퇴직금 한도 내에서 비용 처리됨과 동시에 퇴직금 지급채무가 면제된 것으로 보아 채무면제이익으로 법인세가 과세된다.

또한 퇴직임원에게는 퇴직금을 수령하지 않았음에도 불구하고 퇴직금 포기 시 퇴직금을 수령한 것으로 보아 포기한 퇴직금에 대해 퇴직소득세가 과세된다.

따라서 임원퇴직금 지급규정 제정 시에는 법인이 퇴직금을 지급할 여력이 되는지 또는 임원 사망 시 퇴직금 수령을 포기할 수 있는지 등을 모두 고려하여야 하며 만약 임원 퇴직금을 포기하여야 하는 경우에는 주주총회 결의로 소급하여 퇴직금을 지급하지 않는 것으로 결의하거나 퇴직금 지급규정이 외부에 노출되지 않은 경우에는 퇴직금 지급규정이 없는 것으로 대응하는 것이 유리하다.

서이46012-11798, 2003.10.17.

법인의 지급규정에 따라 계산된 퇴직금의 수령을 포기한 경우에는 퇴직금 한도 내의 금액은 손금에 해당하는 것이고 포기금액은 익금(채무면제이익)에 해당하는 것이다.

소득세법 집행기준 127-0-9【퇴직금을 포기한 경우의 원천징수 여부】

법인의 대주주인 상근임원이 비상근임원으로 전환하면서 임원퇴직금지급규정에 따른 퇴직금의 수령을 주주총회에서 전액 포기한 경우에는 해당 대주주가 퇴직금 포기 시 퇴직금을 수령한 것으로 보아 동 포기금액에 대해서 퇴직소득세를 원천징수한다.

5 퇴직금을 지급하지 않고 가지급금과 상계하는 것도 가능하다

임원퇴직금은 대표이사가 법인에 거액의 가지급금 채무가 있는 경우 비교적 낮은 세금으로 거액의 가지급금 채무를 반제할 수 있는 해결방법의 하나가 될 수 있다.

이 경우 법인에 퇴직금 지급할 수 있는 자금여력이 없어 가지급금 채권과 임원에게 지급할 퇴직금 지급채무를 상계하여 처리한 경우에도 실제 임원에게 퇴직금을 지급한 것으로 보아 비용으로 인정된다.

서울고법 2014누68302, 2016.5.11.
회계상 이 사건 퇴직급여에서 원천징수세액을 공제한 금액을 미지급금으로 계상하였다가, 2012.1.9. 000에게 일부(약 00억 원)는 현금으로 지급하고 나머지(약 00억 원)는 가지급금과 상계처리 하였으며, 같은 달 10. 000에게 위 미지급금을 지급하였고, 그 각 원천징수세액을 신고·납부한 사실이 인정된다. 위 인정사실에 의하면 이 사건 퇴직급여는 2011.12.31. 그 지급의무가 확정되었고, 원고는 지체 없이 이를 실제로 지급하였다고 할 것이므로, 법인세법 시행령 제44조 제2항이 정하는 '퇴직급여를 실제로 지급한 경우'에 해당함.

6 DC형 퇴직연금 불입액은 아무리 과다하여도 불입하는 연도에는 전액 비용인정된다

DC형 퇴직연금은 법인의 자산이 아닌 임직원 개인의 자산으로 보므로 DC형 퇴직연금에 불입하는 시점에 전액 비용으로 인정된다.

법인이 이익이 많은 실현된 해에 임원퇴직금 한도액을 초과하여 임원의 DC형 퇴직연금을 불입하여도 불입한 해에는 전액 비용으로 인정되어 세법상 적법하게 당기순이익 조정이 가능하며 실제 현실적인 퇴직 시 퇴직금 한도초과액에 대해 법인세가 과세된다.

따라서 법인이 당기에는 이익이 높게 실현되었지만 향후 전망이 불투명한 경우에는 향후에 급락하는 이익추이로 보이지 않게 하고 법인세 부담을 낮출 수 있도록 임원퇴직금 한도를 초과하더라도 DC형 퇴직연금을 불입하여 공표이익 추이와 과도한 법인세를 조정할 필요가 있다.

이 경우 DC형 퇴직연금에 불입한 금액은 임원이 실제 퇴직 시까지 인출할 수 없는 금액이므로 DC형 퇴직연금을 과다하게 불입하는 경우에는 법인의 자금사정을 반드시 고려하여야 한다.

서면법령법인-5074, 2020.12.18.
내국법인이 임원의 퇴직을 퇴직급여의 지급사유로 하고 확정기여형 퇴직연금의 부담금을 당해 사업연도 종료일 현재 정관상 산정되는 퇴직급여를 초과하여 선불입하는 경우 미리 불입한 부담금은 납입한 사업연도의 손금에 산입한 후 퇴직시점에 퇴직급여 한도초과액을 손금불산입함.

06

Ⅱ 실제 퇴직 전 임원에게 적법하게 퇴직금을 지급할 수 있는 경우를 전략적으로 활용할 필요가 있다

전략가이드

최근에는 기대여명 증가 등으로 CEO들의 법인 경영기간이 상대적으로 많이 늘고 있어 고연봉 CEO들의 퇴직금 수령도 늦추어지고 있는 추세이다.
따라서 많은 CEO들이 경영기간 중 퇴직금을 수령하여 미리 개인적인 투자에 사용하거나 가지급금이 있는 경우에는 가지급금 반제에 활용하기를 원하는 경우를 많이 볼 수 있다.
법인이 임원에게 적법하게 퇴직금을 지급할 수 있는 사유는 제한되어 있지만 규정을 꼼꼼하게 검토하여 활용하는 경우에는 재임기간 중에도 퇴직금을 지급받을 수 있는 방법이 있을 수 있다.

1 임원사임 후 직원으로 근무하거나 상근임원이 비상근임원으로 전환한 경우에도 퇴직금 지급이 가능하다

직원과 임원에게 지급하는 퇴직금은 법인세법상 현실적인 퇴직에 해당하는 경우에 한하여 비용으로 인정된다.

이 경우 임원사임 후 직원으로 다시 입사하거나 상근임원이 비상근임원으로 전환한 경우에도 현실적인 퇴직에 해당하므로 가족 중 임원이 있는 경우에는 활용할 필요가 있다.

퇴직금 지급 시 비용으로 인정되는 경우

- 직원이 임원으로 취임한 때
- 임원에서 사임하고 직원으로 입사한 경우
- 상근임원이 비상근임원으로 전환한 경우
- 임원 또는 직원이 조직변경, 합병, 분할, 사업양도에 의해 퇴직한 때
- 「근로자퇴직급여 보장법」에 따라 퇴직금 중간정산을 한 때
- 정관 또는 임원퇴직급여지급규정에 따라 법인세법 시행규칙 제22조의 사유로 임원에게 중간정산 퇴직금을 지급한 경우

법인세법 시행령 제44조 【퇴직급여의 손금불산입】

② 현실적인 퇴직은 법인이 퇴직급여를 실제로 지급한 경우로서 다음 각 호의 어느 하나에 해당하는 경우를 포함하는 것으로 한다.

1. 법인의 직원이 해당 법인의 임원으로 취임한 때
2. 법인의 임원 또는 직원이 그 법인의 조직변경 · 합병 · 분할 또는 사업양도에 의하여 퇴직한 때

3. 「근로자퇴직급여 보장법」 제8조 제2항에 따라 퇴직급여를 중간정산(종전에 퇴직급여를 중간정산하여 지급한 적이 있는 경우에는 직전 중간정산 대상기간이 종료한 다음 날부터 기산하여 퇴직급여를 중간정산한 것을 말한다. 이하 제5호에서 같다)하여 지급한 때
4. (삭제, 2015.2.3.)
5. 정관 또는 정관에서 위임된 퇴직급여지급규정에 따라 장기 요양 등 기획재정부령으로 정하는 사유로 그때까지의 퇴직급여를 중간정산하여 임원에게 지급한 때(2022.2.15. 개정)

서면-2020-법인-1591, 2020.04.29.
내국법인의 대표이사가 대표이사를 사임한 후에 임원퇴직급여를 수령하고 사실상 임원이 아닌 고문으로 다시 근무하는 경우에는 「법인세법 시행령」 제44조 제1항에 따른 현실적인 퇴직에 해당하는 것임

사전-법령해석법인-0562, 2019.11.05.
법인의 등기이사로 재직하던 자가 사임하여 해당 법인으로부터 임원 퇴직급여를 실제 지급받고 다시 직원으로 근무하는 경우에는 현실적인 퇴직으로 보는 것임

법인, 법인세과-1083, 2010.11.22.
임원이 퇴직하고 사용인으로 재입사하면서 당해 법인이 임원 퇴직급여를 실제 지급한 경우 「법인세법 시행령」 제44조 제1항에 따라 현실적인 퇴직에 해당하는 것으로, 같은 조 제3항 각 호의 어느 하나에 해당하는 금액 이내의 퇴직급여는 손금에 산입하는 것임

2 거액의 법인자금 인출이 필요한 경우에는 임원퇴직금 중간정산을 적절하게 활용할 필요가 있다

법인세법 시행규칙 제22조에서 열거하는 임원퇴직금 중간정산 사유에 해당하지 않음에도 중간정산 퇴직금을 지급한 경우에는 업무무관 가지급금으로 보아 과세된다.

하지만 의외로 중간정산 사유를 충족하는 것이 까다롭지 않으므로 법인자금 인출이 필요하여 가지급금이 발생하여야 하는 경우라면 요건을 갖추어 임원퇴직금 중간정산을 활용할 필요가 있으며 임원의 퇴직금 중간정산이 가능한 사유는 다음과 같다.

가. 중간정산일 현재 1년 이상 무주택 세대주인 임원이 주택을 구입하는 경우 (중간 정산일부터 3개월 이내에 주택을 취득하는 경우만 해당)

1년 이상 무주택 세대주인 임원이 주택을 구입하는 경우에는 임원퇴직금 중간정산이 가능하다.

이 경우 1세대가 1년 이상 무주택상태이면 되는 것이지 1년 이상 세대주일 것을 요하지는 않으므로 중간정산일 현재만 세대주이면 된다.

또한 수령한 퇴직금 중 얼마 이상을 주택구입에 사용하여야 하는지에 대한 제한은 없으

므로 수령한 중간정산 퇴직금을 활용하여 가액이 낮은 주택을 구입하여도 3개월 이내에만 취득하면 관계없으며 얼마 이상의 기간 동안 구입한 주택을 보유하여야 하는 요건도 없다.

따라서 1년 이상 1세대가 무주택인 경우만 충족하면 임원퇴직금 중간정산을 활용할 수 있으며 퇴직연금에 가입되어 있지 않은 경우에는 이익잉여금을 정리하고 비상장주식 평가액이 하락하는 효과까지 누릴 수 있다.

무주택 임원의 퇴직금 중간정산 요건

① 중간정산일 현재 1년 이상 무주택인 세대일 것

중간정산일 현재 1년 이상 임원과 임원이 속해있는 세대원 모두 무주택자이어야 함.

② 무주택인 세대의 세대주일 것

임원이 1년 이상 세대주일 필요는 없고 중간정산일 현재만 세대주에 해당하면 됨.

법령해석법인-5117, 2021.09.17.

퇴직급여 중간정산일 현재 내국법인의 임원이 속한 세대가 1년 이상 주택을 소유하지 아니하고, 해당 임원이 세대주로서 기간이 1년 미만인 경우 해당 내국법인이 해당 임원에게 주택취득자금으로 지급하는 퇴직급여는 손금에 산입할 수 있음

③ 3개월 이내 주택을 취득할 것

④ 임원 또는 배우자와 공동명의로 주택을 구입할 것

임원 또는 임원과 배우자 공동명의 주택구입만 인정되며 임원의 배우자 명의로 취득하는 것은 인정안됨.

법령해석법인-1320, 2021.5.20.

내국법인이 부부공동명의로 주택을 취득하는 임원에게 퇴직급여를 중간정산하여 지급하는 경우 해당 퇴직급여에 대해 법인세법 시행령 제44조 제2항 제5호 및 법인세법 시행규칙 제22조 제3항 제1호를 적용하여 손금산입할 수 있음

서면법인-2925, 2020.4.20.

중간정산일 현재 1년 이상 주택을 소유하지 아니한 세대의 세대주인 대표이사의 배우자 명의로 주택을 구입하기 위하여 해당 대표이사에게 퇴직급여를 중간정산하여 지급하는 것은 중간정산 사유에 해당하지 않는 것임.

⑤ 전세금 마련자금은 중간정산 불가능(vs 근로자는 가능함)

법인-175, 2011.3.9.

법인의 임원에 대한 퇴직급여 중간정산은「법인세법 시행규칙」제22조 제3항 각 호의 어느 하나에 해당하는 사유로 정관 또는 정관에서 위임된 퇴직급여지급규정에 따라 지급하는 경우에 한해서 인정되는 것으로, 임원의 전세자금 마련은 중간정산 사유에 해당되지 않는 것임

⑥ 주택가액 및 취득한 주택 보유기간 요건

없음

나. 임원(임원의 배우자 및 연말정산 부양가족 대상자)이 3개월 이상 질병치료 또는 요양을 필요로 하는 경우

임원과 임원의 배우자 및 「소득세법」 제50조 제1항 제3호에 따른 생계를 같이 하는 부양가족이 3개월 이상의 질병치료를 요하거나 요양이 필요한 경우에는 임원퇴직금 중간정산이 가능하다.

여기서 「소득세법」 제50조 제1항 제3호에 따른 생계를 같이 하는 부양가족이란 연말정산 부양가족 대상자를 의미하는 것으로 본인 및 배우자의 직계존속, 직계비속(20세 이하), 형제자매(20세 이하 또는 60세 이상)등으로서 소득금액이 100만 원 이하인 자를 의미한다.

통상적으로 임원의 나이가 45세 정도 이상인 경우에는 부모가 연로하여 3개월 이상 치료를 요하거나 연세가 아주 많은 경우에는 요양원에 입원하여 있는 경우를 많이 볼 수 있다.

즉, 임원의 부모, 장인, 장모, 시부모님이 3개월 이상 병원에서 치료받거나 요양원에서 치료받는 경우로서 치료비 또는 요양비를 부담하고 있는 경우에는 임원퇴직금 중간정산이 가능한 것으로 거액의 법인자금 인출이 필요한 경우에는 가지급금을 발생시키는 것보다 임원퇴직금 중간정산을 활용하는 것이 유리하다.

질병치료 또는 요양의 퇴직금 중간정산 요건

■ **중간정산 사유**

임원 또는 배우자 또는 생계를 같이하는 부양가족이 3개월 이상 질병치료 또는 요양을 요하는 경우

■ **생계를 같이하는 부양가족**

다음에 해당하는 생계를 같이하는 부양가족으로서 소득금액 100만 원 이하인 자(총 급여 500만 원 이하인 근로자 포함, 장애인의 경우 나이 제한 없음)

① 거주자의 직계존속 & 60세 이상
② 거주자의 직계비속, 동거 입양자 & 20세 이하
③ 거주자의 형제자매 & 20세 이하 또는 60세 이상
④ 「국민기초생활 보장법」 제2조 제2호의 수급자
⑤ 해당 과세기간에 6개월 이상 직접 양육한 위탁아동
※배우자의 경우 연령 제한 없음

■ **연말정산 대상인 부모님이 수술이나 중증 질병으로 치료 중인 경우**

퇴직금 중간정산 사유 해당함.

06

다. 천재 · 지변 그 밖에 이에 준하는 재해를 입은 경우

임원퇴직금 중간정산이 가능한 경우

- 중간정산일 현재 1년 이상 무주택 세대주인 임원이 주택을 구입하는 경우(중간정산일부터 3개월 이내 해당 주택을 취득하는 경우에 한함)
- 임원(임원의 배우자 및 연말정산 부양가족 대상자 포함)이 3개월 이상 질병 치료 또는 요양을 필요로 하는 경우
- 천재 · 지변 그 밖에 이에 준하는 재해를 입은 경우

법인세법 시행규칙 제22조【현실적인 퇴직의 범위 등】

③ 영 제44조 제2항 제5호에서 "정관 또는 정관에서 위임된 퇴직급여지급규정에 따라 장기요양 등 기획재정부령으로 정하는 사유"란 다음 각 호의 어느 하나에 해당하는 경우를 말한다.

1. 중간정산일 현재 1년 이상 주택을 소유하지 아니한 세대의 세대주인 임원이 주택을 구입하려는 경우(중간정산일부터 3개월 내에 해당 주택을 취득하는 경우만 해당한다)
2. 임원(임원의 배우자 및 「소득세법」 제50조 제1항 제3호에 따른 생계를 같이 하는 부양가족을 포함한다)이 3개월 이상의 질병 치료 또는 요양을 필요로 하는 경우
3. 천재 · 지변, 그 밖에 이에 준하는 재해를 입은 경우

소득세법 제50조【기본공제】

① 종합소득이 있는 거주자(자연인만 해당한다)에 대해서는 다음 각 호의 어느 하나에 해당하는 사람의 수에 1명당 연 150만 원을 곱하여 계산한 금액을 그 거주자의 해당 과세기간의 종합소득금액에서 공제한다.

3. 거주자(그 배우자를 포함한다. 이하 이 호에서 같다)와 생계를 같이 하는 다음 각 목의 어느 하나에 해당하는 부양가족(제51조 제1항 제2호의 장애인에 해당되는 경우에는 나이의 제한을 받지 아니한다)으로서 해당 과세기간의 소득금액 합계액이 100만 원 이하인 사람(총급여액 500만 원 이하의 근로소득만 있는 부양가족을 포함한다)
   가. 거주자의 직계존속(직계존속이 재혼한 경우에는 그 배우자로서 대통령령으로 정하는 사람을 포함한다)으로서 60세 이상인 사람
   나. 거주자의 직계비속으로서 대통령령으로 정하는 사람과 대통령령으로 정하는 동거 입양자(이하 "입양자"라 한다)로서 20세 이하인 사람. 이 경우 해당 직계비속 또는 입양자와 그 배우자가 모두 제51조 제1항 제2호에 따른 장애인에 해당하는 경우에는 그 배우자를 포함한다.
   다. 거주자의 형제자매로서 20세 이하 또는 60세 이상인 사람
   라. 「국민기초생활 보장법」에 따른 수급권자 중 대통령령으로 정하는 사람
   마. 「아동복지법」에 따른 가정위탁을 받아 양육하는 아동으로서 대통령령으로 정하는 사람(이하 "위탁아동"이라 한다)

Ⅲ 2016년 전 임원 퇴직금을 중간정산한 경우 임원 퇴직금 지급전략

1 개요

2016년 전에는 호봉제를 연봉제로 전환하면서 향후 퇴직금을 지급하지 않는 것을 조건으로 중간정산하는 것도 현실적인 퇴직에 해당하였지만 2016년부터는 해당 사유로 임원 퇴직금 중간정산이 불가능해짐에 따라 많은 법인들이 2016년 전 임원 퇴직금 중간정산을 시행한 바 있다.

2016년 전 낮은 퇴직소득세를 부담하면서 비교적 거액의 퇴직금을 수령할 당시에는 만족하였지만 기대여명이 늘어남에 따라 상대적으로 법인 경영기간이 길어지고 있어 2016년 전 근속기간보다 2016년 후 근속기간이 훨씬 길 것으로 예상되는 경우로서 2016년 후 실적이 호전되고 급여가 인상된 법인 임원의 경우 대부분 다시 퇴직금 지급규정을 제정하여 퇴직금을 지급받기를 원하고 있다.

2016년 전 호봉제를 연봉제로 전환하면서 향후 퇴직금을 지급받지 않는 조건으로 임원 퇴직금을 중간정산한 경우에는 다음과 같은 과세문제가 발생하므로 전략적으로 의사결정을 할 필요가 있다.

2 2016년 전 시행한 임원 퇴직금 중간정산에 대해 과세문제 발생하는 경우

다음의 경우에는 2016년 전 중간정산한 임원 퇴직금에 대해 과세문제가 발생한다.

가. 2016년 전 시행한 임원 퇴직금 중간정산이 적법하지 않은 경우

(1) 퇴직금 중간정산이 적법하지 않은 것으로 보는 사례

2016년 전 호봉제를 연봉제로 전환하는 사유로 임원 퇴직금을 중간정산한 경우로서 다음에 해당하는 경우에는 현실적인 퇴직에 해당하지 않는 것으로 보아 2016년 전 기지급된 중간정산 퇴직금을 경비에서 부인하고 업무무관 가지급금으로 본다.

① 중간정산 전에도 이미 연봉제를 시행하고 있었던 경우
② 퇴직금 중간정산 후 연봉제로 전환하지 않은 경우
③ 정관 또는 주주총회 결의에 의한 임원퇴직금 지급규정이 없는 경우

- 2016년 전 임원 퇴직금 중간정산금액 중 중간정산요건을 갖추지 않은 것으로 보아 업무무관 가지급금으로 보는 경우
  ① 적법한 임원퇴직금 지급규정을 구비하지 않은 경우
  ② 퇴직금 중간정산 전에도 호봉제가 아닌 연봉제를 시행하고 있었던 경우
  ③ 퇴직금 중간정산 이후 연봉제로 전환하지 않은 경우

(2) 임원 퇴직금 중간정산 전 호봉제 급여체계 인정요건

2016년 전 임원퇴직금 중간정산이 적법하기 위해서는 임원급여가 호봉제를 채택하고 있다가 연봉제로 전환하여야 하는데 호봉제 체계를 인정받기 위해서는 월급표 또는 호봉표가 있는 상태에서 근속연수 또는 직급에 따라 일정하게 급여가 증가하고 주주총회에서 결의한 임원보수를 1/12로 나누어 지급하여야 한다.

하지만 거의 대부분의 비상장법인의 경우 임원급여에 대해 월급표 또는 호봉표가 있는 경우가 거의 없었던 바 2016년 전 임원퇴직금 중간정산이 적법한 경우는 거의 없을 것으로 생각된다.

또한 2016년 전 퇴직금 중간정산 시 퇴직금을 별도로 지급하는 방식에서 퇴직금을 지급하지 않는 방식으로 전환하면서 호봉제가 연봉제로 전환된 것으로 하여 중간정산을 실시하였는데, 서울고등법원2021누62050 판결에서 이러한 방식의 전환은 호봉제의 연봉제 전환으로 볼 수 없는 것으로 판결한 바 있다.

따라서 2016년 전 퇴직금 중간정산을 실시한 대다수 비상장법인의 중간정산 퇴직금을 가지급금으로 보아 과세하는 이슈가 있을 것으로 생각되며 2016년 전 임원 퇴직금 중간정산이 적법하지 않은 것을 가정한 대응책이 필요할 것으로 생각된다.

서울고등법원2021누62050, 2022.07.15.

'연봉제로 전환'은 임원의 현실적인 퇴직에 준할 정도로 임원의 급여체계 전반에 상당한 변동이 있는 경우로서 급여체계가 종전의 호봉제 등 연봉제의 실질을 갖추지 못한 급여체계에서 1년 단위로 급여총액을 결정하여 이를 분할하여 지급하는 연봉제 형태로 바뀌는 것을 의미하는 것으로 퇴직금을 별도로 지급하는 연봉제에서 퇴직금을 별도로 지급하지 않는 연봉제로 전환(즉, 연봉제 내부에서의 전환)까지 포함한다고 보이지 않는다.

2016년 전 퇴직금 중간정산 시 호봉제 체계 인정요건

- 월급표 또는 호봉표가 있을 것
- 근속연수 또는 직급에 따라 일정하게 급여가 증가할 것
- 주주총회에서 결의한 임원보수를 1/12로 나누어 지급할 것

(3) 과세

2016년 전은 이미 제척기간이 경과하였으므로 퇴직금을 경비에서 부인하는 과세는 불가능하고 제척기간 내(5년)에 있는 기간에 대해 가지급금 인정이자 익금산입과 지급이자 손금불산입하는 과세문제만 발생한다.

(4) 근속연수

2016년 전 지급한 퇴직금 중간정산을 부인하는 경우 퇴직금 산정대상이 되는 근속기간은 최초 근무일자부터 기산한다.

따라서 최종적으로 퇴직하는 경우 전체 근속기간에 대해 퇴직금이 산정되므로 수령하는 퇴직금이 커지는 효과가 있다.

2016년 전 시행한 임원퇴직금 중간정산이 적법하지 않은 경우 과세

- **중간정산 사업연도의 법인세 경정**
  〈손금불산입〉 가지급금 **** (유보) ⇒ 제척기간 경과로 과세불가능
- **국세부과 제척기간 내 기간에 대한 과세(통상 6개 사업연도 과세)**
  〈익금산입〉 가지급금 인정이자 ** (상여): 법인세 과세, 임원에게 소득세 과세
  〈손금불산입〉 지급이자 ** (기타사외유출): 법인세 과세
- **최종 퇴직 시 퇴직금 산정대상이 되는 근무기간**
  전체 근무기간(최초 근무일자~최종 퇴직 시)에 대한 퇴직금 인정
  ⇒ 최종적으로 퇴직 시 수령하는 퇴직금 액수 급증

서울고등법원2021누62050, 2022.07.15.
임원이 현실적으로 해당 법인에 계속 근무하고 있음에도 '연봉제로 전환'이라는 실질적인 급여체계 변동이 있는 경우 '현실적인 퇴직'으로 취급하여 그 지급된 퇴직금을 손비로 인정하여 주는 특례를 규정하고 있으므로, '연봉제로 전환'이라는 급여체계의 실질적인 변동이 이루어졌다는 주된 요건을 충족하여야 함은 물론 그와 더불어 '향후 퇴직금을 지급하지 아니하는 조건'이 부가되어 있다는 부수적 요건까지 충족하여야 함.

조심2021중1713, 2021.07.27.
법인이 대표이사에게 현실적인 퇴직이 아닌 임의의 퇴직금 중간정산을 통해 법인자금을 유출하는 것에 대해서는 업무무관 가지급금에 대한 세법상 경정을 하여야 하는 것이지 그 유출자금을 퇴직금으로 보아 퇴직금 한도 초과액을 재계산 하는 것은 세법 해석상 무리가 있다고 판단됨

나. 2016년 전 적법한 임원 퇴직금 중간정산 후 다시 퇴직금 지급하는 경우

2016년 전 퇴직금 중간정산 시 퇴직금 지급규정 등에 문제가 없고 연봉제 전환을 원인으로 퇴직금 중간정산 후 명확하게 연봉제로 전환하여 2016년 전 시행한 임원퇴직금 중간 정산에 문제가 없는 경우로서 퇴직금 중간정산 이후 중간정산한 기간에 대해 다시 퇴직금을 지급하는 경우에는 2016년 전 중간정산한 퇴직금이 업무무관 가지급금에 해당한다.

2016년 전 호봉제의 연봉제 전환 퇴직금 중간정산은 향후 퇴직금을 지급받지 않는 것을 조건으로 하기 때문이다.

따라서 2016년 전 임원 퇴직금 중간정산이 중간정산 당시에는 적법한 경우에도 이후 다시 퇴직금을 지급하는 경우에는 현실적인 퇴직에 해당하지 않으므로 중간정산 시점부터 업무무관 가지급금으로 보게 되며 이 경우 과세문제는 위 가.와 같다.

즉, 퇴직금 중간정산한 사업연도의 법인세 과세문제는 없고 제척기간 내에 있는 기간(통상 6년) 동안에 대해 가지급금 인정이자 익금산입(법인세 과세, 임원에게 소득세 과세)과 지급이자 손금불산입(법인세 과세) 문제만 발생한다.

법인세과-591, 2012.9.28.
법인이 임원에 대한 급여를 연봉제로 전환함에 따라 향후 퇴직금을 지급하지 아니하는 조건으로 그 때까지의 퇴직금을 정산하여 해당 임원에게 지급하였으나, 그 후 연봉제하에서 임원의 퇴직금지급규정을 개정하여 동 임원에게 퇴직금을 지급하는 경우 당초 연봉제 전환 시 지급한 퇴직금과 그 후 퇴직금 명목으로 지급하는 금액은 당해 임원의 실제 퇴직 시까지 그 임원에 대한 업무무관 가지급금으로 보는 것임.

❸ 중간정산한 임원에 대해 다시 퇴직금 지급을 원하는 법인의 실행전략

2016년 전 중간정산 이후 근무기간에 대해서도 임원퇴직금 수령을 원하는 경우에는 다음의 전략을 검토할 필요가 있다.

가. 중간정산 후 연봉제 전환일 이후 기간에 대해 DC형 퇴직연금 불입

연봉제 전환일 이후 근무기간에 대해 DC형 퇴직연금을 가입하여 지급하는 경우에는 현실적인 퇴직으로 보지 않으며 불입한 DC형 퇴직연금은 비용으로 인정된다.
다만 DC형 퇴직연금을 불입하는 것은 어떠한 경우에도 불입시점에는 비용인정되므로 실제 최종 퇴직 시의 과세문제는 명확하지 않은 문제점이 있다.

> **서면-법인-2807, 2020.01.15.**
> 내국법인이 임원에 대해 급여를 연봉제로 전환함에 따라 퇴직급여를 중간정산하고 추후 연봉제 전환일 이후의 근무기간에 대해 확정기여형 퇴직연금을 가입하여 지급하는 경우에는 현실적인 퇴직으로 보지 않는 것이며 내국법인이 임원의 퇴직을 연금의 지급사유로 하고 임원을 수급자로 하는 확정기여형 퇴직연금의 사업자부담금으로 지출하는 금액은 「법인세법 시행령」 제44조의2 제3항에 의하여 손금산입하는 것이나, 임원의 퇴직 시까지 부담한 부담금의 합계액을 임원의 퇴직급여로 보아 같은 법 시행령 제44조 제4항을 적용하여 손금산입 한도 초과금액이 있는 경우 퇴직일이 속하는 사업연도에 손금산입한도 초과금액 상당액을 손금에 산입하지 아니하는 것임.

나. 연봉제 이전 방식으로 전환 후 퇴직금 지급 결의하는 경우

2016년 전 호봉제를 연봉제로 전환하면서 퇴직금을 중간정산한 후 다시 연봉제를 호봉제로 전환하는 것으로 결의하고 그 결의일부터 퇴직금을 지급하기로 한 경우로서 DC형 퇴직연금에 가입하여 불입하는 경우에 DC형 퇴직연금 불입액은 경비로 인정되며, 실제 현실적인 퇴직 시 부담한 부담금의 합계액을 퇴직소득으로 보아 퇴직소득 한도 초과하는 금액은 경비에서 부인한다.

> **서면-2018-법인-1373, 2018.08.03.**
> 임원의 급여를 연봉제 이전의 방식으로 전환하되 그 전환일부터 기산하여 퇴직금을 지급하기로 결의한 경우로서 해당 임원에 대해 근로자퇴직급여보장법에 따라 확정기여형 퇴직연금을 지출하는 경우 손금에 산입하는 것임

06

다. 다시 주주총회 결의로 퇴직금 지급하는 것으로 결의 후 퇴직금 지급

2016년 전 시행한 임원퇴직금 중간정산이 현실적 퇴직에 해당하는지 여부에도 불구하고 중간정산 후 다시 퇴직금을 지급하는 경우에는 기중간정산한 퇴직금이 업무무관 가지급금이 된다.

이 경우 다시 퇴직금 지급결의를 통해 중간정산 이후 기간에 대해 퇴직금을 지급하는 경우 실익은 다음과 같은 바 중간정산 이후 근속기간이 긴 경우에는 일정 세금을 부담하더라도 전체 기간에 대해 퇴직금을 지급받는 것으로 의사결정할 필요가 있다.

2016년 전 임원퇴직금 중간정산 후 다시 퇴직금 지급하는 경우 의사결정 전략

1. **불리한 점(법인세, 소득세 과세)**
   - 법인세(과세되는 기간: 제척기간 내이므로 통상 6년)
     인정이자 익금산입액, 지급이자 손금불산입액에 대해 법인세, 신고불성실 가산세, 납부지연 가산세 과세
   - 인정이자 상여처분액에 대한 소득세(과세되는 기간: 제척기간 내이므로 통상 6년)
     인정상여에 대한 소득세(가산세 없음)
2. **유리한 점(수령 퇴직금 증가)**
   중간정산일까지 근속기간에 대한 퇴직금 ⇒ 전체 근속기간에 대한 퇴직금 ↑
   : 중간정산 후 근속기간이 길거나 중간정산 후 급여가 인상된 경우에는 과세되는 세금을 계산해 본 후 다시 퇴직금을 지급하는 것으로 의사결정 할 필요 있음.

IV 세무조사 시 임원퇴직금 관련 과세사항은 다음과 같다

전략가이드

임원은 고액의 연봉을 수령하면서 통상 퇴직금 지급배수를 2배수 이상으로 규정하므로 거액의 퇴직금을 수령하게 된다.
따라서 거액의 퇴직금이 세무조사 시 부인되어 비용으로 인정받지 못하는 경우에는 과다한 법인세 문제가 발생할 수 있으며 상법상 이사의 책임문제가 제기될 수 있다.
이러한 리스크를 피하기 위해서는 임원퇴직금 관련하여 과세되는 사항을 정확하게 숙지할 필요가 있다.

1 임원퇴직금에 대해 과세하는 경우

정관 또는 주주총회 결의에 의해 제정된 임원퇴직금 지급규정에 근거하여 지급된 퇴직금은 통상적으로 비용으로 인정되지만 다음에 해당하는 임원퇴직금에 대해서는 비용으로 인정하지 않고 과세하고 있다.

첫째, 정기주주총회 임원보수한도 승인액을 초과하여 지급한 퇴직금은 비용에서 부인된다. 이 경우 임원보수한도에는 퇴직소득도 포함되는 것으로 임원보수한도 승인 시에는 퇴직소득까지 고려하여야 하는 점을 주의하여야 한다.

둘째, 퇴직 직전 급격하게 급여를 인상하여 증가된 퇴직금은 부인될 수 있다.

셋째, 대표이사만 퇴직금 지급배수를 규정하거나 지급배수가 과다한 경우에는 경비에서 부인된다.

넷째, 퇴직할 때마다 평가를 달리하여 지급 배율이 달라지는 경우에는 일반적으로 적용되는 퇴직금 지급규정이 아닌 것으로 보아 경비에서 부인된다.

다섯째, 형식은 퇴직금이지만 실질이 임원에게 자금 분여 목적으로 인정되는 경우는 경비에서 부인된다.

세무조사 시 임원퇴직금 관련 과세사항

- 정기주주총회 임원보수한도 결의 초과액
  - 해당 연도 퇴직금 해당분은 임원보수한도에 합산
- 퇴직 직전 급격하게 급여 또는 퇴직금 지급배율을 인상한 경우
- 대표이사만 퇴직금 지급배수 규정(또는 배수과다)한 경우
- 일반적으로 적용되는 퇴직금 지급규정이 아닌 경우
  - 퇴직할 때마다 평가에 따라 지급배율이 달라지는 경우
- 형식은 퇴직금이지만 실질이 임원에게 자금분여 목적으로 인정되는 경우

2 임원퇴직금에 대해 과세한 사례

조심2021인5601, 2022.03.08.

쟁점법인의 「임원 퇴직급여 지급규정」은 쟁점법인이 임원 전부에게 계속적이고 반복적으로 적용할 일반적인 규정으로 보기 어렵고, 퇴직급여의 형식을 빌려 특정 임원에게 법인의 자금을 분여하기 위한 방편으로 마련된 것으로 보이므로 이를 법인세법령에서 정한 임원 퇴직급여 지급규정에 해당한다고 보기 어렵다 할 것임

서울행정법원2019구합81100, 2020.09.10.

이 사건 퇴직금 규정 중 적어도 대표이사 겸 사장에 대한 4.5배 지급률 부분은 원고가 최대주주 겸 대표이사인 DDD의 퇴직을 염두에 두고 그에게 퇴직급여의 형식을 빌려 법인의 자금을 분여하기 위하여 개정 전 퇴직금 규정을 긴급히 개정하여 마련한 것으로서, 구 법인세법 제44조 제4항 제1호 또는 제5항에서 정한 적법 · 유효한 임원 퇴직급여 규정에 해당하지 않는다고 봄이 타당함

대법원2018두48809, 2018.10.25.

임원 퇴직급여 규정이 종전보다 퇴직급여를 급격하게 인상하여 지급하는 내용으로 제정 또는 개정되고, 그 제정 또는 개정에 영향을 미칠 수 있는 지위에 있거나 그와 밀접한 관계에 있는 사람이 퇴직임원으로서 급격하게 인상된 퇴직급여를 지급받게 되며, 그에 따라 지급되는 퇴직급여액이 해당 퇴직임원의 근속기간이나 근무내용 또는 다른 비슷한 규모의 법인에서 지급되는 퇴직급여액 등에 비추어 볼 때 도저히 재직기간 중의 근로나 공헌에 대한 대가라고 보기 어려운 과다한 금액이고, 그 규정 자체나 해당 법인의 재무상황 또는 사업전망 등에 비추어 그 이후에는 더 이상 그러한 퇴직급여가 지급될 수 없을 것으로 인정되는 등 특별한 사정이 있는 경우에는, 그 퇴직급여 규정은 실질적으로 근로의 대가로서 퇴직급여를 지급하기 위한 것이 아니라 퇴직급여의 형식을 빌려 그 임원에게 법인의 자금을 분여하기 위한 일시적 방편에 불과하다고 볼 것임.

수원지방법원2016구합64808, 2017.08.22.

회사 설립 이후 임원퇴직금 관련한 규정을 제정하지 않다가 약 788억의 당기순이익이 발생한 연도에 정기주주총회를 개최하여 퇴직금 한도를 정한 다음 이 사건 임원퇴직금 규정을 제정하였고, 이후 임원급여를 약 2배 정도 인상하여 지급한 점,

해당 임원에게 퇴직금은 당기순이익의 약 83%에 이르는 금액이고, 이와 같은 퇴직금 지급으로 인하여 400억 상당의 당기순손실이 발생하게 되었는바, 이와 같은 퇴직금 지급방식으로 퇴직금을 계속 지급할 경우 회사의 존립에 영향을 줄 수 있을 것으로 보이는 점에 비추어 임원퇴직금 규정은 퇴직급여의 형식을 빌려 특정 임원에게 법인의 자금을 분여하기 위한 일시적인 방편으로 마련된 것으로 보이므로, 법인세법 시행령에서 정한 임원 퇴직급여 규정에 해당하지 않음

대법원2018두48809, 2018.10.25.

임원 퇴직급여 규정이 종전보다 퇴직급여를 급격하게 인상하여 지급하는 내용으로 제정 또는 개정되고, 그 제정 또는 개정에 영향을 미칠 수 있는 지위에 있거나 그와 밀접한 관계에 있는 사람이 퇴직임원으로서 급격하게 인상된 퇴직급여를 지급받게 되며, 그에 따라 지급되는 퇴직급여액이 해당 퇴직임원의 근속기간이나 근무내용 또는 다른 비슷한 규모의 법인에서 지급되는 퇴직급여액 등에 비추어 볼 때 도저히 재직기간 중의 근로나 공헌에 대한 대가라고 보기 어려운 과다한 금액이고, 그 규정 자체나 해당 법인의 재무상황 또는 사업전망 등에 비추어 그 이후에는 더 이상 그러한 퇴직급여가 지급될 수 없을 것으로 인정되는 등 특별한 사정이 있는 경우에는, 그 퇴직급여 규정은 실질적으로 근로의 대가로서 퇴직급여를 지급하기 위한 것이 아니라 퇴직급여의 형식을 빌려 그 임원에게 법인의 자금을 분여하기 위한 일시적 방편에 불과하다고 볼 것임.

V 임원퇴직금 지급규정! 올바른 제정사례는 다음과 같다!

전략가이드

2012년 이후 근속기간 분으로서 3배수를 초과하는 경우, 2020년 이후 근속기간 분으로서 2배수를 초과하는 경우에도 정관 또는 임원퇴직금 지급규정에 근거하여 지급하는 경우에는 비용으로 인정되므로 임원의 노후생활 등을 고려하여 배수를 제정하여야 하며 중소기업의 경우 능력 있는 임원영입이 어려울 수 있으므로 대표이사 외 이사의 경우 근속연수에 따라 지급배수를 달리하는 것이 유리하다.

‖ 임원퇴직금 지급규정의 잘못된 사례 ‖

ex) 임원 퇴직금 지급규정

제1조~제2조 생략

제3조 【퇴직금 산정】

① 퇴직금 지급액은 퇴직당시의 [퇴직금 산출기준액 × 10% × 근속기간 × 지급기준율]로 계산한 금액으로 한다.

② 퇴직금 산출기준액은 퇴직 전 3년간 연평균급여 환산액으로 한다.

③ 지급기준율은 다음과 같다.

임원의 직급	지급기준율
대표이사	2배
사내이사	2배
감　사	2배

임원퇴직금 규정

제1조 (목적)

본 규정은 당사 정관 제48조에서 규정하고 있는 상근임원의 퇴직급여지급에 관한 사항을 규정함을 목적으로 한다.

제2조 (적용대상)

본 규정은 주주총회에서 선임된 상근임원, 회사의 경영에 실질적으로 참여하는 자와 각 부서 담당으로서 통상적으로 지위가 이사 이상인 자를 대상으로 적용한다.

제3조 (퇴직급여 지급대상)

이 규정의 퇴직급여는 임원으로 선임되어 재임기간이 만 1년 이상 된 자가 퇴직 또는 사망하였을 경우 지급한다.

제4조 (퇴직금의 지급방법)

① 퇴직금은 현금으로 지급함을 원칙으로 하되, 퇴직한 자의 요청 또는 동의가 있는 경우 현금 이외의 회사자산(재고자산, 금융자산, 유가증권, 고정자산 등)으로 지급할 수 있다. 이때 퇴직금으로 지급되는 현금 외의 자산의 평가는 상속세 및 증여세법상 시가에 의한다.

② 주주총회 결의에 의해서 이 규정의 적용을 받는 임원에 대한 퇴직금을 근로자퇴직급여보장법에 따른 퇴직연금으로 지급할 수 있다.

제5조 (퇴직급여 산정)

1. **2011.12.31. 이전 근속기간에 대한 퇴직금**

① 임원의 퇴직금 산정은 **퇴직 직전 1년간의 총급여**를 기준으로 다음과 같이 산정한다.

[퇴직한 날부터 **소급하여 1년 동안** 지급받은 총급여 × 1/10 × 근속연수 × 지급배수]

② 임원에 대한 근속연수별 지급배수는 다음과 같다.

근속기간	대표이사	이사	감사
1년 이상~3년 미만	3.0	2.0	1.0
3년 이상~5년 미만	3.3	2.3	1.3
5년 이상~7년 미만	3.5	2.5	1.5
7년 이상~9년 미만	4	2.7	1.7
9년 이상~10년 미만	4.5	2.9	1.9
10년 이상	5	4	3

2. **2012.1.1.이후 근속기간에 대한 퇴직금**

① 임원의 퇴직금산정은 퇴직 직전 3년간 총급여를 기준으로 다음과 같이 산정한다.

[퇴직한 날부터 소급하여 3년 동안 지급받은 총급여의 연평균 환산액(근무기간이 3년 미만인 경우에는 해당 근무기간) × 1/10 × 근속연수 × 지급배수]

② 연간임금총액은 해당 사업연도에 지급된 기본급, 상여, 수당 등 명목에도 불구하고 급여 목적으로 지급된 모든 금액을 포함한다.

③ 임원에 대한 근속기간별 지급률은 다음과 같다.

근속기간	대표이사	이사	감사
1년 이상~3년 미만	1.0	1.0	1.0
3년 이상~5년 미만	1.3	1.3	1.3
5년 이상~7년 미만	1.5	1.5	1.5
7년 이상~9년 미만	2.0	1.7	1.7
9년 이상~10년 미만	2.5	1.9	1.9
10년 이상	3.0	2.0	2.0

제6조 (중간정산의 경우 퇴직금)

임원이 계속하여 재임하는 경우로서 「법인세법 시행령」 제44조에서 규정한 다음 사유에 해당하는 경우에는 현실적인 퇴직으로 보아 퇴직금을 중간정산 할 수 있으며 중간정산한 경우에는 중간정산을 한 날(중간정산 대상기간)의 다음날부터 퇴직하는 날까지의 기간에 대하여 제5조의 규정을 적용한다.

① 중간정산일 현재 1년 이상 주택을 소유하지 아니한 세대의 세대주인 임원이 주택을 구입하려는 경우(중간정산일부터 3개월 내에 해당 주택을 취득하는 경우만 해당한다)

② 임원(임원의 배우자 및 「소득세법」 제50조 제1항 제3호에 따른 생계를 같이 하는 부양가족을 포함한다)이 3개월 이상의 질병 치료 또는 요양을 필요로 하는 경우

③ 천재 · 지변, 그 밖에 이에 준하는 재해를 입은 경우

제7조 (재임기간의 계산)

① 재임기간은 임원이 최초로 위임발령을 받은 날로부터 해임발령을 받은 날까지의 기간을 말한다.

② 임원이 중임하였을 때의 근속기간은 전임기간과 합산하여 최종 퇴직 시까지로 하며, 퇴직급여는 최종 퇴직 시 지급한다.

③ 임원의 재임기간 계산에 있어서 1년 미만의 기간은 월할 계산하고 1개월 미만의 기간은 1개월로 계산한다.

제8조 (지급제한)

임원이 본인의 귀책사유로 인하여 주주총회 해임결의 또는 법원의 해임판결을 받아 해임하는 경우는 이사회의 결의로 퇴직급여 지급을 아니할 수 있다.

지급규정에도 불구하고 경제여건 및 경영상황에 따라 주주총회의 결의로 지급제한 및 배수 일시조정 및 배수적용 배제를 할 수 있다.

제9조 (수령인)

① 퇴직급여는 본인 또는 유족의 청구에 의하여 지급한다.

② 유족의 퇴직급여 청구 및 수령은 특별한 경우를 제외하고는 민법에서 정하는 재산 상속순위에 의한다.

제10조 (특별위로금)

재임 중 특별한 공로가 있는 임원은 퇴직금 이외에 이사회의 결의에 의해 특별위로금을 지급할 수 있다

제11조 (소멸시효)

퇴직급여 청구 소멸시효는 3년으로 한다.

부　　칙(20○○. ○○. ○○.)

제1조 【시행일】

이 규정은 20○○년 ○○월 ○○일부터 시행한다.

제2조 【일반적 적용례】

이 규정은 시행 후 퇴직하는 임원에게 적용한다.

제3조 【근속연수에 대한 적용례】

제5조에서 규정하는 근속연수는 해당 임원이 입사한 때로 소급하여 적용한다.

PART **08**

유족보상금 지급규정! 과세문제를 신중하게 검토한 후 제정할 필요가 있다

I 임원 유족보상금에 대한 과세문제

> **전략가이드**
>
> 실무에서 법인컨설팅을 하다 보면 의외로 많은 법인들이 법인에서 유족보상금 지급 시 비용으로 인정되고 유족보상금을 수령하는 상속인들은 세금 없이 유족보상금을 수령하는 것으로 알고 산업재해보상보험법상 유족보상 일시금인 평균임금의 1,300일에 해당하는 금액을 유족보상금으로 하여 제정하고 있는 사례를 많이 볼 수 있다.
>
> 하지만 유족보상금이 법인에서 비용으로 인정되고 소득세, 상속세가 과세되지 않는 것은 거의 대부분 근로자에게 지급한 경우에 한하여 가능하므로 유족보상금에 대한 과세문제를 정확하게 알고 진행할 필요가 있다.

1 유족보상금에 대한 상속세 과세문제

피상속인 사망으로 상속인이 지급받는 유족보상금은 대부분 거액인 경우가 많은데 상속세 과세대상에 해당하므로 피상속인의 재산이 많은 경우에는 50%의 세율이 적용될 수 있으므로 상속세 과세문제는 매우 중요하다.

가. 상속세 및 증여세법상 상속세 비과세 요건

근로자의 업무상 사망으로 「근로기준법」을 준용하여 지급하는 경우나 「산업재해보상보험법」에 따라 유족에게 지급하는 유족보상일시금은 상속세가 비과세 된다(상증법 §10 5호).

- **근로기준법상 유족보상금**
  - 지급대상: 업무상 사망한 근로자
  - 금액: 평균임금의 1,000일분
- **산업재해보상보험법상 유족보상일시금**
  - 지급대상: 업무상 사망한 근로자
  - 금액: 평균임금의 1,300일분
- **상속세가 비과세 되는 유족보상금**
  - 업무상 사망한 근로자에 대해 근로기준법 또는 산업재해보상보험법에 따라 지급된 유족보상금

나. 임원의 사망으로 지급받는 유족보상금

임원과 회사는 고용계약 관계가 아닌 민법상 위임의 관계가 적용된다.

즉, 임원은 임금을 목적으로 사업장에 근로를 제공하는 근로자가 아닌 사업 경영담당자로서 「근로기준법」 적용대상이 아니므로 임원의 사망으로 지급하는 유족보상금은 상속세 과세대상에 해당한다.

근로기준법 제2조【정의】

① 이 법에서 사용하는 용어의 뜻은 다음과 같다.

1. "근로자"란 직업의 종류와 관계없이 임금을 목적으로 사업이나 사업장에 근로를 제공하는 자를 말한다.
2. "사용자"란 사업주 또는 사업 경영 담당자, 그 밖에 근로자에 관한 사항에 대하여 사업주를 위하여 행위하는 자를 말한다.

근로자로 보는 임원

- 임원 승진 이후 근로환경에 변화가 없는 경우(대법원 2000다22591, 2000.9.8.)
- 대표이사 지위·감독을 받는 미등기 이사(남부지법 2003가합6980, 2004.4.22.)
- 근로조건에 대한 결정권이 없는 상임이사(중노위 91부해88, 1991.10.4.)

근로기준법 제82조【유족보상】

① 근로자가 업무상 사망한 경우에는 사용자는 근로자가 사망한 후 지체 없이 그 유족에게 평균임금 1,000일분의 유족보상을 하여야 한다.

② 제1항에서의 유족의 범위, 유족보상의 순위 및 보상을 받기로 확정된 사람이 사망한 경우의 유족보상의 순위는 대통령령으로 정한다.

산업재해보상보험법 제62조(유족급여)

① 유족급여는 근로자가 업무상의 사유로 사망한 경우에 유족에게 지급한다.

② 유족급여는 별표 3에 따른 유족보상연금이나 유족보상일시금으로 하되, 유족보상일시금은 근로자가 사망할 당시 제63조 제1항에 따른 유족보상연금을 받을 수 있는 자격이 있는 사람이 없는 경우에 지급한다.

③ 제2항에 따른 유족보상연금을 받을 수 있는 자격이 있는 사람이 원하면 별표 3의 유족보상일시금의 100분의 50에 상당하는 금액을 일시금으로 지급하고 유족보상연금은 100분의 50을 감액하여 지급한다.

④ 유족보상연금을 받던 사람이 그 수급자격을 잃은 경우 다른 수급자격자가 없고 이미 지급한 연금액을 지급 당시의 각각의 평균임금으로 나누어 산정한 일수의 합계가 1,300일에 못 미치면 그 못 미치는 일수에 수급자격 상실 당시의 평균임금을 곱하여 산정한 금액을 수급자격 상실 당시의 유족에게 일시금으로 지급한다.

상속세 및 증여세법 제10조 【상속재산으로 보는 퇴직금 등】

피상속인에게 지급될 퇴직금, 퇴직수당, 공로금, 연금 또는 이와 유사한 것이 피상속인의 사망으로 인하여 지급되는 경우 그 금액은 상속재산으로 본다. 다만, 다음 각 호의 어느 하나에 해당하는 것은 상속재산으로 보지 아니한다.

1. 「국민연금법」에 따라 지급되는 유족연금 또는 사망으로 인하여 지급되는 반환일시금
2. 「공무원연금법」, 「공무원 재해보상법」 또는 「사립학교교직원 연금법」에 따라 지급되는 퇴직유족연금, 장해유족연금, 순직유족연금, 직무상유족연금, 위험직무순직유족연금, 퇴직유족연금부가금, 퇴직유족연금일시금, 퇴직유족일시금, 순직유족보상금, 직무상유족보상금 또는 위험직무순직유족보상금
3. 「군인연금법」 또는 「군인 재해보상법」에 따라 지급되는 퇴역유족연금, 상이유족연금, 순직유족연금, 퇴역유족연금부가금, 퇴역유족연금일시금, 순직유족연금일시금, 퇴직유족일시금, 장애보상금 또는 사망보상금
4. 「산업재해보상보험법」에 따라 지급되는 유족보상연금 · 유족보상일시금 · 유족특별급여 또는 진폐유족연금
5. 근로자의 업무상 사망으로 인하여 「근로기준법」 등을 준용하여 사업자가 그 근로자의 유족에게 지급하는 유족보상금 또는 재해보상금과 그 밖에 이와 유사한 것
6. 제1호부터 제5호까지와 유사한 것으로서 대통령령으로 정하는 것

서면-2017-상속증여-1650, 2019.06.12.; 재산세과-166, 2011.3.30.

「상속세 및 증여세법」 제10조 제5호의 규정에 따라, 근로자의 업무상 사망으로 인하여 「근로기준법」 등을 준용하여 사업자가 그 근로자의 유족에게 지급하는 유족보상금 또는 재해보상금과 그 밖에 이와 유사한 것에 해당하는 금액의 경우 상속재산으로 보지 아니하는 것임. 귀 질의의 경우는 해당 임원의 선임경위, 수행하는 업무, 사용자와의 관계 등으로 보아 「근로기준법」상 근로자에 해당하는지 여부를 구체적으로 확인하여 판단할 사항임.

2 소득세 과세문제

가. 소득세 비과세 요건(① & ②)

근로자가 업무상 사망한 경우 근로기준법, 산업재해보상법에 따라 지급하는 유족보상금뿐만 아니라 근로의 제공으로 인한 사망과 관련하여 그 유족이 받는 배상 · 보상 또는 위자의 성질이 있는 급여는 소득세가 비과세된다(소법 §12 3호 다목).

여기서 근로자로 규정하고 있지만 소득세법 적용 시에는 특별히 임원을 제외하고 있는 경우를 제외하고는 근로자에 임원이 포함되므로 임원도 포함되는 것으로 보아야 한다(소득세법 통칙 12-0…1).

다만 임원이 대표권, 업무집행권을 행사하는 과정에서 사망한 경우에는 비과세가 배제될 수 있으므로 주의하여야 한다.

나. 임원의 유족이 받는 유족보상금

임원이 근로의 제공으로 인한 사망으로 수령하는 유족보상금은 소득세가 비과세될 수 있지만 경영업무를 수행하는 임원의 경영업무는 근로에서 제외될 수 있으므로 근로자로 보는 임원이 근로의 제공으로 사망한 경우에 한하여 소득세가 비과세 될 수 있을 것으로 생각된다.

소득세법 제12조【비과세소득】

3. 근로소득과 퇴직소득 중 다음 각 목의 어느 하나에 해당하는 소득(2009.12.31. 개정)
   다. 「산업재해보상보험법」에 따라 수급권자가 받는 요양급여, 휴업급여, 장해급여, 간병급여, 유족급여, 유족특별급여, 장해특별급여, 장의비 또는 근로의 제공으로 인한 부상 · 질병 · 사망과 관련하여 근로자나 그 유족이 받는 배상 · 보상 또는 위자(慰藉)의 성질이 있는 급여
   라. 「근로기준법」 또는 「선원법」에 따라 근로자 · 선원 및 그 유족이 받는 요양보상금, 휴업보상금, 상병보상금(傷病補償金), 일시보상금, 장해보상금, 유족보상금, 행방불명보상금, 소지품 유실보상금, 장의비 및 장제비

소득세법 통칙 12-0…1【임원과 근로자의 구분】

① 법에서 규정하는 "근로자"에는 법에서 특별히 임원을 제외하고 있는 경우 외에는 임원이 포함되는 것으로 한다.

> **사전-2016-법령해석소득-0551, 2016.11.25.**
> 근로소득 및 퇴직소득으로서, 근로제공으로 인한 사망과 관련하여 유족이 지급받는 사망위로금은 비과세대상 소득임
> **서일46011-10674, 2001.12.27.**
> 근로자가 근로의 제공으로 인한 사망과 관련해 관련법에 의해 그 유가족이 지급받는 유족보상금과는 별도로 사용자로부터 지급받는 위자의 성질이 있는 급여는 비과세 대상임

3 법인세 과세문제

가. 법인세법상 비용인정 요건

임원 또는 직원에게 공통적으로 적용되는 지급기준에 따라 지급되는 유족보상금으로서 지배주주등에 해당하지 않는 자에게 지급되는 금액은 손금으로 인정된다(법령 §19 21호).

따라서 임원 또는 직원에게 공통적으로 지급기준에 따라 지급되는 유족보상금이라도 통상 법인의 지배주주인 대표이사에게 지급되는 유족보상금은 손금불산입된다.

법인세법상 유족보상금 손금인정 요건

① 지배주주등에 해당하지 않을 것
② 임원 또는 직원에게 공통적으로 적용되는 지급기준에 따라 지급될 것

나. 임원에게 지급된 유족보상금

유족보상금 지급규정이 제정된 사례를 보면 유족보상금 지급대상을 법인의 지분을 가장 많이 보유한 대표이사만을 대상으로 하거나 임원만을 대상으로 하고 있는 경우를 볼 수 있는데 이러한 경우에는 법인세법상 비용으로 인정되지 않는 점을 주의하여야 한다.

따라서 통상적으로 유족보상금 지급금액은 일평균 임금의 1,300일분 정도로 제정하는 사례가 많은데 이러한 경우에는 거액이 손익계산서상 비용 처리되어 공표이익이 낮아지면서 재무비율이 악화되는 문제점이 발생함과 동시에 거액이 손금불산입되는 세무조정이 발생하므로 주의하여야 한다.

다만 임원이 순직한 경우 장례금 등 위로금은 비용으로 인정된다.

다. 상장법인 주의사항

상장법인의 경우 순이익이 30%(대규모 법인 15%) 이상 변동되는 경우 공시사항으로 유족보상금 지급규정을 제정하여 지배주주의 유족보상금 때문에 순이익이 30% 이상 하락하여 공시하는 것은 주가관리 측면 등에서 매우 악영향이 있으므로 IPO를 계획하고 있는 법인은 유족보상금 지급규정 제정 시 이러한 부분까지 고려하여야 한다.

이 경우 유족보상금 지급규정을 제정한 후 공표이익 때문에 이를 지급하지 않는 경우에는 유족이 유족보상금을 수령하여 법인에 무상으로 증여한 것으로 보아 법인에게는 채무면제이익으로 법인세가 과세되고 업무관련 사망이 아닌 경우에는 유족의 유족보상금 수령액에 대해 소득세 또는 상속세가 과세될 수 있는 점을 주의하여야 한다.

법인세법 제19조【손금의 범위】

② 손비는 이 법 및 다른 법률에서 달리 정하고 있는 것을 제외하고는 그 법인의 사업과 관련하여 발생하거나 지출된 손실 또는 비용으로서 일반적으로 인정되는 통상적인 것이거나 수익과 직접 관련된 것으로 한다.

법인세법 시행령 제40조【기업업무추진비의 범위】

① 주주 또는 출자자(이하 "주주등"이라 한다)나 다음 각 호의 어느 하나에 해당하는 직무에 종사하는 자(이하 "임원"이라 한다) 또는 직원이 부담하여야 할 성질의 기업업무추진비를 법인이 지출한 것은 이를 기업업무추진비로 보지 아니한다.

1. 법인의 회장, 사장, 부사장, 이사장, 대표이사, 전무이사 및 상무이사 등 이사회의 구성원 전원과 청산인
2. 합명회사, 합자회사 및 유한회사의 업무집행사원 또는 이사
3. 유한책임회사의 업무집행자
4. 감사
5. 그 밖에 제1호부터 제4호까지의 규정에 준하는 직무에 종사하는 자

법인세법 시행령 제45조【복리후생비의 손금불산입】

① 법인이 그 임원 또는 직원을 위하여 지출한 복리후생비 중 다음 각 호의 어느 하나에 해당하는 비용 외의 비용은 손금에 산입하지 아니한다. 이 경우 직원은 「파견근로자보호 등에 관한 법률」 제2조에 따른 파견근로자를 포함한다.

8. 그 밖에 임원 또는 직원에게 사회통념상 타당하다고 인정되는 범위에서 지급하는 경조사비 등 제1호부터 제7호까지의 비용과 유사한 비용

법인세법 시행령 제19조【손비의 범위】

21. 임원 또는 직원(제43조 제7항에 따른 지배주주등인 자는 제외한다)의 사망 이후 유족에게 학자금 등으로 일시적으로 지급하는 금액으로서 기획재정부령으로 정하는 요건을 충족하는 것

법인세법 시행규칙 제10조의3【유족에게 지급하는 학자금 등 손금산입】

영 제19조 제21호에서 "기획재정부령으로 정하는 요건"이란 임원 또는 직원의 사망 전에 정관이나, 주주총회 · 사원총회 또는 이사회의 결의에 의하여 결정되어 임원 또는 직원에게 공통적으로 적용되는 지급기준에 따라 지급되는 것을 말한다.

법인세법 시행령 제43조【상여금 등의 손금불산입】

⑦ 제3항에서 "지배주주등"이란 법인의 발행주식총수 또는 출자총액의 100분의 1 이상의 주식 또는 출자지분을 소유한 주주등으로서 그와 특수관계에 있는 자와의 소유 주식 또는 출자지분의 합계가 해당 법인의 주주등 중 가장 많은 경우의 해당 주주등(이하 "지배주주등"이라 한다)을 말한다.

법인세법 기본통칙 19-19…13【임원의 순직으로 지급된 장례비 등의 손금산입】

임원의 순직과 관련하여 지급하는 장례비나 위로금 등으로서 사회통념상 타당하다고 인정되는 범위 안의 금액은 이를 당해 사업연도의 손금에 산입할 수 있다.

서면-2017-법인-1764, 2017.11.30.

귀 질의의 경우 「법인세법」 제19조 제2항에 따라 내국법인이 **임원**(지배주주등인 임원 포함)의 **순직**과 관련하여 지급하는 장례비나 위로금 등으로서 사회통념상 타당하다고 인정되는 범위 내의 금액은 각 사업연도 소득금액을 계산할 때 손금에 산입할 수 있는 것임.

이 경우 "사회통념상 타당하다고 인정되는 범위"는 정관, 유족보상금 지급규정, 유족보상 내용, 법인의 지급능력, 지배주주인 임원 등의 직위 · 연봉 등을 종합적으로 감안하여 사실 판단할 사항임.

서면법령법인-324, 2015.08.28.

임원 또는 사용인의 사망 이후 유족에게 '학자금 등'으로 일시적으로 지급하는 금액은 각 사업연도의 소득금액을 계산할 때 손금에 산입할 수 있는 것이며, 이 경우 임원 또는 사용인의 사망 사유에는 업무상 재해나 질병으로 인한 것이 아닌 경우도 포함하는 것이나, 임원 또는 사용인에는 같은 법 시행령 제43조 제7항에 따른 **지배주주등(이하 "지배주주등"이라 함)인 자는 제외**하는 것임. 또한, 법인이 임원(지배주주 등인 임원 포함)의 순직과 관련하여 지급하는 장례비나 위로금 등으로서 사회통념상 타당하다고 인정되는 범위 내의 금액은 각 사업연도 소득금액을 계산할 때 손금에 산입할 수 있는 것임.

Ⅱ 유족보상금 지급규정 제정! 올바른 제정사례는 다음과 같다!

다음과 같이 등기임원만을 대상으로 유족보상금 지급규정을 제정하는 것은 임원 또는 직원에게 공통적인 지급기준에 따라 지급된 것이 아니므로 법인의 비용으로 인정되지 않으며 법인에 근로를 제공하는 것이 아닌 경영상 업무를 하는 임원에게 유족보상금을 지급하는 것은 소득세, 상속세가 과세될 수 있으므로 주의하여야 한다.

| 잘못된 유족보상금 제정사례 |

유족보상금 지급규정

제1조 [목적]
본 규정은 당사의 **등기임원**에 관한 임원유족보상금 지급에 관한 사항에 대해 정함을 목적으로 하며, 임원의 사망으로 인하여 지급되는 임원퇴직금 외에 별도로 임원유족보상금을 지급한다.

제2조 [적용범위]
본 규정상의 임원이라 함은 주주총회에서 선임된 이사 및 감사를 말하는 것으로 계약직 임원은 제외한다.

제3조 [지급사유]
유족보상금은 임원의 사망 시 유족에게 지급한다.

이하 생략

유족보상금 지급규정

제1조 [목적]

본 규정은 당사의 임직원이 업무와 관련하여 사망하는 경우에 지급하는 사망위로금과 장의비에 관한 사항을 정함을 목적으로 한다.

제2조 [적용범위]

- 본 규정은 당사의 임직원으로서 계속하여 1년을 초과하여 근속한 자에 대하여 적용한다. 다만 법인세법 시행령 제43조 제7항에서 규정하는 **지배주주등에 해당하는 자는 제외**한다.
- 본 규정상의 임원이라 함은 주주총회에서 선임된 이사 및 감사를 말하는 것으로 계약직 임원은 제외한다.

제3조 [지급사유]

유족보상금은 제2조에 해당하는 자가 업무상 사망 시 유족에게 지급한다.

제4조 [장의비]

제3조의 사유가 발생 시 회사는 다음 금액을 위로금으로 지급한다.

ex 대표이사, 이사 등, 직원으로 구분

제5조 [유족위로금]

제3조의 사유가 발생 시 회사는 다음 금액을 위로금으로 지급한다.

ex 실손보험가입 수급사망보험금 전액

제6조 [자녀학자금]

제3조의 사유가 발생 시 순직한 임직원의 25세 이하의 자녀가 다음의 학교에 재학하는 경우 다음의 금액을 학자금으로 지급한다.

ex 대학교, 중고등학교, 초등학교

⇒ 세법 준용하는 경우 유족보상금 지급규정은 신중해야 함.

07

CEO가 꼭 알아야 할 법인의 배당전략

PART 01

전략적인 이익배당! 법인경영 시 가장 중요한 전략 중 하나이다

I 전략적인 이익배당! 법인경영 시 가장 중요한 전략 중 하나이다

전략가이드

법인이 배당가능이익을 재원으로 배당하면서 금전으로 배당금을 지급하는 경우에는 배당금을 수령하는 주주가 배당소득세를 부담하여야 하지만 이익잉여금이 감소하면서 법인의 현금성 자산이 개인 주주에게 이전됨과 동시에 법인의 주식평가액이 인하되는 효과가 있다.
따라서 주식평가액이 높고 법인은 부자인데 상대적으로 대표이사는 보유자산이 적은 경우 적극적으로 이익배당을 실행할 필요가 있다.

1 이익배당의 의의 및 한도

일반적으로 이익배당이란 결산 승인하는 정기주주총회 결의에 의해 배당가능이익을 재원으로 하여 금전으로 배당금을 지급하는 것을 의미한다.

이익배당 한도는 결산 확정된 대차대조표상 순자산가액에서 자본금, 자본준비금과 이익준비금, 미실현이익을 차감한 가액을 한도로 한다(상법 §462).

이익배당 시(주식배당 제외)에는 자본금의 2분의 1이 될 때까지 매 결산기 이익배당액의 10분의 1 이상을 이익준비금으로 적립하여야 한다(상법 §458).

- **이익배당**
  - 배당재원: 미처분이익잉여금
  - 배당금 지급: 금전으로 지급
  - 이익준비금 적립의무: 자본금의 1/2에 달할 때까지 이익배당의 1/10 이상을 적립하여야 함

■ **이익배당 한도**

대차대조표상 순자산가액
-) 자본금
-) 결산기까지 적립된 자본준비금과 이익준비금의 합계액
-) 그 결산기에 적립하여야 할 이익준비금의 액
-) 기업회계기준에 따른 자산 · 부채의 평가로 증가한 대차대조표상 순자산가액(미실현손실과 상계하지 아니한 금액)

2 이익배당의 효과

법인이 이익배당을 하는 경우 미처분이익잉여금이 감소하고 법인의 현금성 자산이 주주에게 이전되어 비상장법인의 경우 이익잉여금이 감소하고 주식평가액이 하락하는 효과가 있다.

따라서 이익잉여금이 많이 누적되고 법인의 현금성 자산이 많아 비상장주식의 평가액이 높은 경우라면 적절한 이익배당 전략 수립이 반드시 필요하다고 할 수 있다.

이익배당 효과

• 이익잉여금 ↓, 법인의 현금성 자산 ↓, 주주의 현금성 자산(주주의 세부담) ↑
⇒ 비상장법인 주식평가액 ↓

3 이익배당의 기준

이익배당은 각 주주가 가진 주식의 수에 따라 균등하게 하는 것이 원칙이다(상법 §464). 다만 소액주주 권리를 보호하기 위해 대주주와 소액주주의 1주당 배당금을 차등하여 지급하는 것은 가능하다(1980.8.26., 대법원80다1263판결).

07

4 이익배당의 지급시기

법인이 이익배당을 하면서 주주총회 또는 이사회에서 배당금 지급시기를 따로 정하지 않은 경우에는 주주총회 결의일 또는 이사회 결의일부터 1개월 내에 지급하여야 한다. 이 경우 배당금 지급청구권은 5년간 행사하지 않으면 소멸한다(상법 §464의2).

제458조(이익준비금)

회사는 그 자본금의 2분의 1이 될 때까지 매 결산기 이익배당액의 10분의 1 이상을 이익준비금으로 적립하여야 한다. 다만, 주식배당의 경우에는 그러하지 아니하다.

상법 제462조(이익의 배당)

① 회사는 대차대조표의 순자산액으로부터 다음의 금액을 공제한 액을 한도로 하여 이익배당을 할 수 있다.

1. 자본금의 액
2. 그 결산기까지 적립된 자본준비금과 이익준비금의 합계액
3. 그 결산기에 적립하여야 할 이익준비금의 액
4. 대통령령으로 정하는 미실현이익

② 이익배당은 주주총회의 결의로 정한다. 다만, 제449조의2 제1항에 따라 재무제표를 이사회가 승인하는 경우에는 이사회의 결의로 정한다.

③ 제1항을 위반하여 이익을 배당한 경우에 회사채권자는 배당한 이익을 회사에 반환할 것을 청구할 수 있다.

④ 제3항의 청구에 관한 소에 대하여는 제186조를 준용한다.

상법 제464조(이익배당의 기준)

이익배당은 각 주주가 가진 주식의 수에 따라 한다. 다만, 제344조 제1항을 적용하는 경우에는 그러하지 아니하다.

제464조의2(이익배당의 지급시기)

① 회사는 제464조에 따른 이익배당을 제462조 제2항의 주주총회나 이사회의 결의 또는 제462조의3 제1항의 결의를 한 날부터 1개월 내에 하여야 한다. 다만, 주주총회 또는 이사회에서 배당금의 지급시기를 따로 정한 경우에는 그러하지 아니하다.

② 제1항의 배당금의 지급청구권은 5년간 이를 행사하지 아니하면 소멸시효가 완성한다.

5 이익배당이 확정된 후 이를 취소하여도 원천징수세액을 납부하여야 한다

법인이 정기주주총회 결의에 의하여 이익배당을 결의한 후 여러 사정으로 인하여 임시주주총회를 열어 만장일치로 정기주주총회에서 확정된 배당을 취소하는 결의를 한 경우에도 배당금액을 지급한 것으로 보아 주주총회 결의일부터 3월이 되는 날까지 원천징수세액을 납부하여야 하는 점을 주의하여야 한다.

따라서 정기주주총회에서 배당금 지급에 대한 결의는 신중하여야 하는 점을 주의하여야 한다.

법인46013-1000, 1998.04.23.
정기주주총회의 결의에 의하여 상법 제462조 제1항의 규정에 의한 이익배당(배당소득)으로 확정된 경우에는, 그 후 당초 정기주주총회에서 확정된 배당소득에 대하여 임시주주총회에서 만장일치로 취소하였다 하더라도, 동 금액에 대하여 소득세법 제132조 제1항의 규정에 따라 당해법인이 잉여금처분 결의일로부터 3월이 되는 날까지 지급하지 아니한 때에는 그 3월이 되는 날에 배당소득을 지급하는 것으로 보아 같은 법 제127조 및 금융실명거래 및 비밀보장에 관한 법률(법률 제5493호, 1997.12.31.) 부칙 제12조의 규정에 의해 원천징수하는 것임.

6 재무제표 승인하는 정기주주총회에서 이익배당을 결의하는 양식은 다음과 같다

| 정기주주총회 소집절차에 관한 사항 생략 |

주식회사 현인
정기주주총회 회순 및 의안

Ⅰ. 개회선언
Ⅱ. 국민의례
Ⅲ. 출석주주 보고
Ⅳ. 의장 인사말
Ⅴ. 회의의 목적사항
  1. 보 고 사 항
    가. 감사의 감사보고
    나. 영업보고
    다. 외부감사인 선임보고
  2. 결 의 사 항
    제1호 의안: 제7기(2023.1.1.~ 2023.12.31.)
        재무제표 승인의 건
    제2호 의안: 이익잉여금 처분의 건
    제3호 의안: 이사 보수 한도 승인의 건
    제4호 의안: 감사 보수 한도 승인의 건
Ⅵ. 폐 회 선 언

정기 주주 총회 의사록

1. 일　　시: 2024년 03월 31일 오전 11시
2. 장　　소: 서울 송파구 법원로 11길
3. 출석주주: 주주총수 7 명 발행주식수 주
　　　　　　출석주주 4 명 동의주식수 주

의장인 대표이사 　　은 정관규정에 따라 의장석에 등단하여 위와 같이 법정정족수에 달하는 주주가 출석하였으므로 본 총회가 적법히 성립되었음을 알리고 개회를 선언한 후 다음의 의안을 부의하고 심의를 구하다.

제1호의 안　제7기(2023.1.1 ~ 2023.12.31) 재무상태표 및 손익계산서, 이익잉여금처분계산서 승인의 건

상법 제449조의 규정에 의하여 의장은 별지 재무상태표 및 손익계산서, 이익잉여금처분계산서를 주주에게 배부하고 그 승인여부를 구한 바, 원안대로 승인 가결되다.

(별지1) 재무상태표, 손익계산서, 이익잉여금 처분계산서

제2호의 안　이익잉여금 처분에 관한 건

의장은 상법 제462조의 배당가능 미처분이익잉여금이 ***임을 알리고 해당 미처분이익잉여금 중 ***원(1주당 ***원)을 배당을 하고자 함을 설명한 후 이를 승인하여 줄 것을 구한 바, 출석한 주주 전원의 찬성으로 승인 가결하다.

제3호의 안　이하 생략

Ⅱ 금전 외 현물로도 배당이 가능하다

전략가이드

배당의 재원인 배당가능이익이 있지만 배당금을 지급할 금전이 부족한 경우나 법인이 계약자가 되고 임원을 피보험자로 하여 가입한 보험이 있는 경우 등 법인의 자산을 그대로 주주에게 이전하고자 하는 경우에는 현물로 배당금을 지급하는 것이 유리하다.

1 현물배당의 의의 및 한도

현물배당이란 이익배당과 동일하게 배당가능이익을 재원으로 한 배당으로서 이익배당과 한도는 동일하지만 배당금 지급을 금전 외의 재산으로 지급할 수 있음을 정관으로 정하고 현물로 배당금을 지급하는 것을 말한다(상법 §462의3).

즉 정관에 정함이 있는 경우에 가능하며 정관에 현물배당에 관해 규정 시에는 현물의 평가에 관한 사항에 대해서도 규정할 필요가 있다.

2 현물배당의 효과

이익배당과 동일하게 법인의 이익잉여금이 감소하지만 금전 대신 법인의 현물재산이 감소하게 되며 비상장주식 평가액이 하락하는 효과는 동일하다.

법인이 임원을 피보험자로 하여 보장성 보험을 미리 가입하는 경우 시간경과에 따른 이익을 누리는 효과가 있으므로 통상 법인이 법인을 계약자, 임원을 수익자로 하는 보장성 보험을 가입한 후 배당금을 지급하면서 금전 대신 보장성 보험을 계약자 변경을 통해 지급하는 경우에는 배당금으로 보험금을 수령하는 자가 보험가입의 시간 경과에 따른 이익을 수혜받는 효과가 있다.

■ **현물배당**
- 배당재원: 미처분이익잉여금
- 배당금 지급: 법인의 현물
- 이익배당 효과: 미처분이익잉여금↓, 법인의 현물↓
- 정관에 정함이 있어야 함

■ **현물배당 한도**

이익배당과 동일

상법 제462조의4(현물배당)

① 회사는 정관으로 금전 외의 재산으로 배당을 할 수 있음을 정할 수 있다.

② 제1항에 따라 배당을 결정한 회사는 다음 사항을 정할 수 있다.

1. 주주가 배당되는 금전 외의 재산 대신 금전의 지급을 회사에 청구할 수 있도록 한 경우에는 그 금액 및 청구할 수 있는 기간
2. 일정 수 미만의 주식을 보유한 주주에게 금전 외의 재산 대신 금전을 지급하기로 한 경우에는 그 일정 수 및 금액

Ⅲ 상법을 위반한 중간배당은 무효가 되어 가지급금으로 과세될 수 있다

전략가이드

중간배당금 지급 시에는 반드시 상법을 준용하여야 하는 것으로 실무에서 중간배당금 지급사례를 보면 상법을 위반하여 지급한 경우를 종종 볼 수 있다.

상법을 위반한 중간배당은 상법상 무효가 되어 법인에 반환의무가 있으며, 세법상으로는 가지급금으로 보므로 중간배당 시에는 반드시 상법을 준용하여 지급하여야 한다.

1 중간배당의 의의

중간배당이란 정기주주총회에서 재무제표 승인을 하면서 이루어진 배당이 아닌 모든 배당을 의미한다.

서울행정법원2019구합52652, 2020.07.03.

상법상 정기배당이란 원칙적으로 사업연도 종료 후 정기주주총회에서 이루어지는 것으로 그 배당이 결산기 말 이후에 지급되는 것을 의미하는 것으로 봄이 상당하므로 임시주주총회의 결의에 의한 이 사건 배당이 정기배당이라는 원고의 주장은 이유 없음

2 중간배당 방법과 횟수

가. 중간배당 방법

중간배당의 방법은 금전으로 지급하는 것만 가능했지만 비상장법인의 경우 2011.4.14. 법률 제10600호의 개정으로 금전 외 주식, 기타재산으로도 배당이 가능하다. 반면 상장법인의 경우에는 금전으로만 중간배당금 지급이 가능하다.

나. 중간배당 횟수

비상장법인은 연 1회에 한하여 결산기에 대한 이익잉여금이 확정된 후 언제든지 중간배당이 가능하고, 상장법인은 사업연도 개시일부터 3 · 6 · 9월 말일 당시 주주에게 분기별 중간배당이 가능하다. 이러한 이유로 상장법인은 중간배당이 아닌 분기배당이라는 용어를 사용하고 있다.

상법 제462조의3【중간배당】

① 연 1회의 결산기를 정한 회사는 영업연도 중 1회에 한하여 이사회의 결의로 일정한 날을 정하여 그날의 주주에 대하여 이익을 배당(이하 이 조에서 "중간배당"이라 한다)할 수 있음을 정관으로 정할 수 있다.

자본시장과 금융투자업에 관한 법률 제165조의12【이익배당의 특례】

① 연 1회의 결산기를 정한 주권상장법인은 정관으로 정하는 바에 따라 사업연도 중 그 사업연도 개시일부터 3월, 6월 및 9월 말일 당시의 주주에게 이사회 결의로써 금전으로 이익배당(이하 "분기배당"이라 한다)을 할 수 있다.

3 중간배당 요건

가. 비상장법인

(1) 절차적 요건

① 이사회 결의사항으로 정관 규정 필수

중간배당은 이사회 결의사항으로 반드시 정관에 일정한 날을 정하여 중간배당을 할 수 있음을 규정하여야 하며, 이러한 요건을 충족하지 않은 경우에는 상법상 임의배당에 해당하므로 주주의 부당이득이 된다(상법 §462의3 ①).

다만, 자본금 10억 원 미만인 회사로서 이사가 2인 이하인 경우에는 주주총회 결의로 중간배당이 가능하다(상법 §383 ④).

07

중간배당에 대해 규정한 정관예시

제조 [중간배당]**

① 영업연도 중 1회에 한하여 이사회의 결의로 일정한 날을 정하여 그날의 주주에 대하여 이익을 배당(이하 이 조에서 "중간배당"이라 한다)할 수 있다.

② 제1항의 중간배당은 이사회가 없는 경우 주주총회의 결의로 한다.

③ 중간배당은 직전 결산기의 대차대조표상의 순자산액에서 다음 각 호의 금액을 공제한 액을 한도로 한다.

1. 직전 결산기의 자본금의 액
2. 직전 결산기까지 적립된 자본준비금과 이익준비금의 합계액
3. 직전 결산기의 정기총회에서 이익으로 배당하거나 지급하기로 정한 금액
4. 중간배당에 따라 당해 결산기에 적립하여야 할 이익준비금

상법 제462조의3 【중간배당】

① 연 1회의 결산기를 정한 회사는 영업연도 중 1회에 한하여 이사회의 결의로 일정한 날을 정하여 그날의 주주에 대하여 이익을 배당(이하 이 조에서 "중간배당"이라 한다)할 수 있음을 정관으로 정할 수 있다.

② 중간배당 기준일

정관에 중간배당 기준일 규정이 있는 경우에는 배정기준일 공고 없이 이사회 결의만 있으면 되지만, 정관에 중간배당 기준일 규정이 없는 경우에는 중간배당 전 중간배당 기준일 공고를 하여야 한다.

이 경우 중간배당 기준일은 배당일보다 3개월 전의 날짜로 할 수 없는 점을 주의하여야 한다(상법 §354 ①·②).

상법 제354조 【주주명부의 폐쇄, 기준일】

① 회사는 의결권을 행사하거나 배당을 받을 자 기타 주주 또는 질권자로서 권리를 행사할 자를 정하기 위하여 일정한 기간을 정하여 주주명부의 기재변경을 정지하거나 일정한 날에 주주명부에 기재된 주주 또는 질권자를 그 권리를 행사할 주주 또는 질권자로 볼 수 있다.

② 제1항의 기간은 3월을 초과하지 못한다.

③ 제1항의 날은 주주 또는 질권자로서 권리를 행사할 날에 앞선 3월내의 날로 정하여야 한다.

조심2018서1681, 2018.10.24.

청구법인은 정관에 중간배당에 관한 규정을 두지 아니하였고 이사회의 결의를 거치지도 아니한 점 등에 비추어 쟁점배당은 「상법」 또는 정관에 위배되는 임의배당에 해당함.

> **심사법인2007-121, 2008.05.26.**
> 중간배당 관련 이사회를 실지 개최하지 아니한 사실이 확인되므로 이는 적법한 절차를 거치지 아니한 위법 부당한 중간배당금으로 부당행위계산부인대상에 해당함.

(2) 실질적 요건

① 직전 결산기준으로 중간배당한도 충족

중간배당 한도는 직전 결산기 대차대조표상의 순자산액에서 ① 직전 결산기 자본금, 자본준비금, 이익준비금, ② 직전 결산기 이익배당금 결의액, ③ 중간배당 시 이익준비금으로 적립할 금액을 차감한 금액을 한도로 한다.

중간배당 결의 시 순자산액이 아닌 직전 결산기 말 기준 순자산액을 기준으로 하는 점을 주의하여야 한다(상법 §463의3 ②).

중간배당의 한도금액
= 직전 결산기 대차대조표상의 순자산액
–) 직전 결산기 자본금, 자본준비금, 이익준비금
–) 직전 결산기 정기총회 이익배당금 결의액
–) 중간배당에 따라 적립할 이익준비금(중간배당금액의 10%, 자본금의 1/2에 달할 때까지)

상법 제462조의3【중간배당】

② 중간배당은 직전 결산기의 대차대조표상의 순자산액에서 다음 각호의 금액을 공제한 액을 한도로 한다.

1. 직전 결산기의 자본금의 액
2. 직전 결산기까지 적립된 자본준비금과 이익준비금의 합계액
3. 직전 결산기의 정기총회에서 이익으로 배당하거나 지급하기로 정한 금액
4. 중간배당에 따라 당해 결산기에 적립하여야 할 이익준비금

② 당해 결산 기준으로 순자산 한도 충족

중간배당으로 인한 자본충실의 침해를 염려하여, 직전 결산기 말을 기준으로 중간배당한도를 충족한 경우라도 당해 결산기의 대차대조표상의 순자산액이 제462조 제1항 각호의 금액 합계액(자본금, 자본준비금, 이익준비금, 당해 결산기 적립할 이익준비금, 미실현이익의 합)에 이르지 못할 우려가 있는 경우에는 중간배당을 할 수 없다(상법 §463의3 ③).

상법 제462조의3 【중간배당】

③ 회사는 당해 결산기의 대차대조표상의 순자산액이 제462조 제1항 각호의 금액의 합계액에 미치지 못할 우려가 있는 때에는 중간배당을 하여서는 아니된다.

상법 제462조 【이익의 배당】

① 회사는 대차대조표의 순자산액으로부터 다음의 금액을 공제한 액을 한도로 하여 이익배당을 할 수 있다.

1. 자본금의 액
2. 그 결산기까지 적립된 자본준비금과 이익준비금의 합계액
3. 그 결산기에 적립하여야 할 이익준비금의 액
4. 대통령령으로 정하는 미실현이익

③ 이사의 연대배상책임

중간배당을 결의한 당해 결산기의 대차대조표상의 순자산액이 제462조 제1항 각 호 금액의 합계액(자본금, 자본준비금, 이익준비금, 당해 결산기 적립할 이익준비금, 미실현이익의 합)에 미치지 못함에도 불구하고 중간배당을 한 경우에는 중간배당을 결의한 이사는 회사에 대하여 그 부족액(배당액이 차액보다 적을 경우에는 배당액)을 배상할 책임이 있다.

다만, 이사가 이를 판단함에 있어 주의를 게을리하지 아니하였음을 증명한 경우에는 그러하지 아니한다(상법 §463의3 ④).

상법 제462조의3 【중간배당】

④ 당해 결산기 대차대조표상의 순자산액이 제462조 제1항 각 호의 금액의 합계액에 미치지 못함에도 불구하고 중간배당을 한 경우 이사는 회사에 대하여 연대하여 그 차액(배당액이 그 차액보다 적을 경우에는 배당액)을 배상할 책임이 있다. 다만, 이사가 제3항의 우려가 없다고 판단함에 있어 주의를 게을리하지 아니하였음을 증명한 때에는 그러하지 아니하다.

(3) 중간배당금의 지급시기

중간배당금은 배당지급을 결의한 날부터 1개월 내에 지급하여야 한다. 다만 주주총회 또는 이사회에서 지급시기를 따로 정한 경우에는 그러하지 아니한다(상법 §464의2 ①).

상법 제464조의2(이익배당의 지급시기)

① 회사는 제464조에 따른 이익배당을 제462조 제2항의 주주총회나 이사회의 결의 또는 제462조의3 제1항의 결의를 한 날부터 1개월 내에 하여야 한다. 다만, 주주총회 또는 이사회에서 배당금의 지급시기를 따로 정한 경우에는 그러하지 아니하다

나. 상장법인

(1) 절차적 요건

상장법인은 정관으로 사업연도 개시일부터 3월, 6월, 9월 말일 당시 주주에게 이사회 결의로 금전으로 이익배당을 할 수 있음을 정하여 분기 배당을 할 수 있으며, 분기 배당 이사회 결의는 반드시 사업연도 개시일 3월, 6월, 9월 말일부터 45일 이내에 하여야 한다(자본시장과 금융투자업에 관한 법률 §152의12 ①·②).

> **자본시장과 금융투자업에 관한 법률 제165조의12(이익배당의 특례)**
> ① 연 1회의 결산기를 정한 주권상장법인은 정관으로 정하는 바에 따라 사업연도 중 그 사업연도 개시일부터 3월, 6월 및 9월 말일 당시의 주주에게 이사회 결의로써 금전으로 이익배당(이하 "분기배당"이라 한다)을 할 수 있다.
> ② 제1항의 이사회 결의는 제1항의 말일부터 45일 이내에 하여야 한다.

(2) 실질적 요건

① 직전 결산기준으로 분기배당의 한도 충족

분기 배당은 직전 결산기의 재무상태표상의 순자산액에서 직전 결산기 자본의 액, 직전 결산기까지 적립된 자본준비금, 이익준비금의 합, 직전 결산기 정기총회 이익배당 결의액, 분기 배당에 따라 적립할 이익준비금의 합을 차감한 금액을 한도로 한다(자본시장과 금융투자업에 관한 법률 §152의12 ④).

> **자본시장과 금융투자업에 관한 법률 제165조의12(이익배당의 특례)**
> ④ 분기배당은 직전 결산기의 재무상태표상의 순자산액에서 다음 각 호의 금액을 뺀 금액을 한도로 한다.
> 1. 직전 결산기의 자본의 액
> 2. 직전 결산기까지 적립된 자본준비금과 이익준비금의 합계액
> 3. 직전 결산기의 정기총회에서 이익배당을 하기로 정한 금액
> 4. 분기배당에 따라 해당 결산기에 적립하여야 할 이익준비금의 합계액

② 당해 결산기준으로 순자산 한도 충족

직전 결산기준으로 분기 배당한도를 충족한 경우라도 당해 결산기 재무상태표상 순자산액이 상법 제462조 제1항 각 호의 금액 합계액(자본금, 자본준비금, 이익준비금, 당해 결산기 적립할 이익준비금, 미실현이익의 합)에 미달할 우려가 있는 경우에는 분기 배당을 하여서는 안 된다(자본시장과 금융투자업에 관한 법률 §152의12 ④).

자본시장과 금융투자업에 관한 법률 제165조의12(이익배당의 특례)

⑤ 해당 결산기의 재무상태표상의 순자산액이 「상법」 제462조 제1항 각 호의 금액의 합계액에 미치지 못할 우려가 있으면 분기배당을 하여서는 아니 된다.

③ 이사의 연대배상책임

중간배당을 결의한 당해 결산기의 재무상태표상의 순자산액이 제462조 제1항 각 호 금액의 합계액(자본금, 자본준비금, 이익준비금, 당해 결산기 적립할 이익준비금, 미실현 이익의 합)에 부족할 우려가 있는 경우에 분기배당을 한다는 이사회 결의에 찬성한 이사는 해당 법인에 대하여 연대하여 그 차액(배당액이 차액보다 적을 경우에는 배당액)을 배상할 책임이 있다.

다만, 이사가 이를 판단함에 있어 주의를 게을리하지 아니하였음을 증명한 경우에는 그러하지 아니한다(자본시장과 금융투자업에 관한 법률 §152의12 ⑥).

자본시장과 금융투자업에 관한 법률 제165조의12(이익배당의 특례)

⑥ 해당 결산기의 재무상태표상의 순자산액이 「상법」 제462조 제1항 각 호의 금액의 합계액에 미치지 못함에도 불구하고 분기배당을 한다는 이사회 결의에 찬성한 이사는 해당 법인에 대하여 연대하여 그 차액(분기배당액의 합계액이 그 차액보다 적을 경우에는 분기배당액의 합계액)을 배상할 책임이 있다. 다만, 그 이사가 상당한 주의를 하였음에도 불구하고 제5항의 우려가 있다는 것을 알 수 없었음을 증명하면 배상할 책임이 없다.

(3) 분기배당금의 지급시기

분기 배당금은 이사회 결의일부터 20일 내에 지급하여야 한다. 다만 정관에서 그 지급시기를 따로 정한 경우에는 그에 따른다(자본시장과 금융투자업에 관한 법률 §152의12 ③).

자본시장과 금융투자업에 관한 법률 제165조의12(이익배당의 특례)

③ 제1항에 따른 분기배당금은 이사회 결의일부터 20일 이내에 지급하여야 한다. 다만, 정관에서 그 지급시기를 따로 정한 경우에는 그에 따른다.

4 가결산에 의해 중간배당을 한 경우

직전 결산기를 기준으로 중간배당 한도가 부족한 경우로서 당해 연도 실적이 호전되어 당해 연도 가결산 실적을 기준으로 중간배당한 경우에는 상법과 세법상 다음과 같은 불이익이 있으므로 주의하여야 한다.

가. 상법상 취급

직전 결산기를 기준으로 중간배당 한도에 부족한 경우로서 당해 연도 실적이 호전되어 당해 연도 가결산 실적을 기준으로 중간배당을 한 경우에는 상법 제462조의3 제2항에 위반한 것으로서 상법상 위법한 배당이 되어 회사는 주주에게 부당이득반환청구권을 행사할 수 있다.

광주지방법원2018가합51558, 2019.4.18.; 광주고등법원 2019나21803, 2020.01.08.; 대법원2020다208621, 2021.06.24.

[이 사건 중간배당의 구 상법 제462조의3 제2항(중간배당한도) 위반 여부]

갑 제7호증의 1의 기재에 변론 전체의 취지를 종합하면 0000.12.31. 기준 참가인의 순자산액은 −00,000,000원(=자산총계 00,000,000,000원 − 부채총계 00,000,000,000원)인 사실,

따라서 이 사건 중간배당 당시 구 상법 제462조의3 제2항에 따라 산출된 참가인의 배당가능이익은 −0,000,000,000원[=−00,000,000원 − 자본의 액 000,000,000원 − 중간배당에 따라 당해 결산기에 적립하여야 할 이익준비금 000,000,000원(=이사건 중간배당금 0,000,000,000원 × 1/102), 원 미만 버림)]이 되므로, 이 사건 중간배당은 배당가능이익이 없음에도 실시된것으로 **구 상법 제462조의3 제2항을 위반**하였다고 할 것이다.

[이 사건 중간배당의 구 상법 제462조의3 제3항(중간배당의 제한) 위반 여부]

위 인정사실에 이 사건 중간배당 당시 구 상법 제462조의3 제2항에 따라 산출된 참가인의 배당가능이익은 −0,000,000,00원이었던 점을 더하여 보면, 이 사건 중간배당은 당해 결산기의 대차대조표상의 순자산액이 구 상법 제462조 제1항 각 호의 금액의 합계액에 미치지 못할 우려가 있음에도 실시된 것으로 **구 상법 제462조의3 제3항을 위반**하였다고 할 것임.

나. 세법상 취급

직전 결산기를 기준으로 중간배당 한도에 부족한 경우로서 당해 연도 실적이 호전되어 당해 연도 가결산 실적을 기준으로 중간배당을 한 경우 해당 지급된 금원은 가지급금으로 보며, 부당행위계산부인 대상 거래에 해당한다.

법인세법 기본통칙 52−88…2 [조세의 부담을 부당하게 감소시킨 것으로 인정되는 경우의 예시]

"조세의 부담을 부당하게 감소시킨 것으로 인정되는 경우"에는 법에서 규정하는 것을 제외하고, 다음 각 호의 어느 하나에 해당되는 경우를 포함하는 것으로 한다.

4. 사업연도기간 중에 가결산에 의하여 중간배당금 등의 명목으로 주주 등에게 금전을 지급한 때

서면2팀−1342(2007.07.19.)

전년도 이월결손금이 있는 법인이 중간배당요건을 미구비한 상태에서 법인이 사업연도기간 중에 가결산에 의하여 중간배당금 등의 명목으로 주주등에게 금전을 지급한 경우에는 법인세법 기본통칙 52−88…2 제4호에 의해 부당행위계산 부인의 규정이 적용되는 것임.

5 중간배당금 원천징수

중간배당금을 수령하는 주주가 법인인 경우 중간배당금을 지급하는 회사는 법인세법 제73조에 따라 원천징수 의무가 없다.

중간배당금을 수령하는 주주가 거주자인 경우에는 지급금액에 원천징수세율 15.4%(지방소득세 포함)를 적용한 금액을 원천징수하여야 한다(소법 §130 ①).

이 경우 중간배당을 결의한 날부터 3개월이 되는 날까지 배당소득을 지급하지 아니한 경우에는 3개월이 되는 날에 지급한 것으로 보아 원천징수하여야 하며, 11.1부터 12.31. 사이에 중간배당 결의가 있는 경우로서 익년 2월말까지 배당소득을 지급하지 아니한 경우에는 익년 2월 말일에 배당소득을 지급한 것으로 보아 소득세를 원천징수하여야 한다(소법 §131 ①).

6 중간배당 실행 적격법인

가. 배우자 증여 후 이익소각 또는 감자계획이 있는 법인

배우자에게 주식 증여 후 이익소각 또는 감자를 계획하고 있는 경우로서 실질과세원칙에 의해 증여자의 의제배당소득으로 과세되는 것을 피하기 위해서는 수증받은 자의 재산권 행사사실이 명확하게 있어야 한다.

따라서 배우자 증여 후 이익소각 또는 감자를 계획하고 있는 경우에는 중간배당 실행 후 해당 배당금이 수증자에게 귀속되도록 하는 것이 유리하다.

나. 지분증여 계획이 있는 법인

일반적인 법인의 비상장주식 평가 시에는 1주당 순손익가치와 순자산가치를 3:2의 가중평균하여 산정하지만 가중평균하여 산정한 주식평가액이 1주당 순자산가치의 80%에 미달하는 경우에는 1주당 순자산가치의 80%를 한도로 한다.

1주당 순자산가치의 80%로 주식평가를 하는 경우로서 지분증여 계획이 있는 경우에는 중간배당을 통해 1주당 순자산가치를 낮춘 후 지분증여를 하는 것이 유리하다.

다. 법인에서 자금인출이 필요한 법인

대표이사 등이 부동산 등 구입계획이 있는 경우로서 부득이하게 법인자금 인출이 필요하여 무리하게 가지급금을 발생시키는 경우에는 부동산 등 구입 시 자금출처조사 대상에 선정되는 문제점, 이사회 등 승인 없이 가지급금이 발생하는 경우에는 이사의 법적 책임이 발생하는 문제점, 가지급금 발생에 따른 제반 세무상 과세문제가 발생하는 문제점이 있다.

따라서 이러한 경우에는 배당에 대한 세금을 부담하더라도 중간배당을 통해 일정금액을 적법한 방법으로 인출하여 자금출처재원을 만들고 과다한 가지급금 발생에 따른 법률 및 세무상 리스크를 최소화하는 것이 유리하다.

전략적으로 중간배당 실행이 필요한 법인

- **배우자에게 주식 증여법인**
  배우자 증여 후 이익소각 또는 감자를 목적으로 배우자에게 주식을 증여한 법인
  ⇒ 재산권 행사 근거를 남김으로써 과세리스크 최소화 목적
- **순자산가치가 높은 법인**
  비상장주식 평가 시 순자산가치의 80%로 평가되는 경우로서 2024년 지분증여계획이 있는 법인
  ⇒ 순자산가액을 낮춤으로써 지분 이동에 따른 증여세 최소화 목적
- **가지급금 발생 예정 법인**
  대표이사 부동산 구입자금 등이 필요하여 법인자금을 인출하여야 하는 법인
  ⇒ 자금출처 재원 마련과 과다한 가지급금 발생에 따른 법률 및 세무상 리스크 최소화 목적

7 중간배당 진행 시 상법을 준용한 실행양식은 다음과 같다

Case Ⅰ 이사가 3인 이상이어서 이사회에서 중간배당 결의하는 경우

이사 및 감사 동의서

2024년 8월 27일 이사 및 감사의 동의로서 다음의 이사회 소집절차를 생략하는 것을 결의 함

– 결 의 사 항 –

1. 상법 제390조 제4항에 의거 다음의 이사회 소집절차를 생략함
2. 이사회개최일: 2024년 8월 27일

위와 같이 동의함

2024.8.27.

주식회사 현인

대표이사 ***
이 사 ***
이 사 ***
감 사 ***

이사회 의사록

주식회사 현인

위 회사는 서기 2024.8.27. 오후 1시 30분 본점 회의실에서 이사회를 개최한다.

총 이사 수: 3명, 출석이사 수: 3명

총 감사 수: 1명, 출석감사 수: 1명

의장은 위와 같이 성원이 되었음을 알리고 의안심의에 들어갈 것을 제의하다.

제1호 의안 중간배당금 지급의 건

의장은 당 회사가 2023. 12. 31. 기준 900,993,987원의 배당가능이익이 존재하는바 그 배당가능이익의 범위 내에서 다음과 같이 중간배당을 실행하기로 하고 그 의견을 물은바 주주 전원이 이의 없이 안건을 원안대로 승인 가결한다.

- 다 음 -

1. 배당기준일: 2024년 6월 30일
2. 배당총액: 5,000만 원
3. 주당 배당금: 5,000원
4. 주주별 배당금
   (1) ***: 17,500,000원
   (2) ***: 27,500,000원
   (3) ***: 2,500,000원
   (4) ***: 2,500,000원
5. 배당금 지급시기: 2024년 9월 30일까지

의장은 이상으로서 의안 전부의 심의를 종료하였으므로 폐회를 선언하다(회의 종료 시간 같은날 오후 2시00분).

위 의사의 경과요령과 결과를 명확히 하기 위하여 이 의사록을 작성하고 의장과 출석한 이사가 기명날인하다.

2024.8.27.

주식회사 현인

의장 대표이사 ***

이 사 ***

이 사 ***

감 사 ***

결 정 서

본 회사는 상법 제383조 제1항 단서규정의 자본금 10억 원 미만, 이사 2인 이하의 회사로써 동법 제383조 제5항에 의거 동법 제391조의3 제1항의 이사회 의사록작성 의무를 적용하지 아니하므로 대표권 있는 사내이사 단독으로 다음과 같이 회사 업무를 결정한다.

=== 결 정 사 항 ===

1. 임시 주주총회 소집의 건
   1) 총회일자: 2024년 8월 31일
   2) 총회장소: 본점 회의실
   3) 회의 목적사항: 중간배당의 건

2024.8.31.

주식회사 현인
대표이사

총주주 동의서

2024년 8월 31일 총주주의 동의로서 다음의 임시주주총회 소집절차를 생략하는 것을 결의함.

– 결의사항 –

1. 상법 제 390조 제4항에 의거 임시주주총회의 소집절차를 생략함.
2. 임시주주총회 개최일: 2024년 8월 31일
3. 임시주주총회 안건: 중간배당 지급의 건

위와 같이 동의함.

2024년 8월 31일

주식회사 현인
주 주
주 주
주 주
주 주

임시주주총회 의사록

2024년 8월 31일 오후 4시 당사 회의실에서 주주총회를 개최하다.

1. 의결권이 있는 전체 주주총수	4명
2. 의결권이 있는 발행주식 총수	10,000주
3. 출석주주수(위임장에 의한 자를 포함)	4명
4. 출석주주 중 의결권이 있는 자의 지분총수	10,000주

의장 대표이사 ***은 규정에 따라 의장석에 등단하여 위와 같이 법정수에 달하는 주주가 출석하였으므로, 본 총회가 적법하게 성립되었음을 알리고 개회를 선언한 후 다음의 의안을 부의하고 심의를 구하다.

– 중간배당의 건

의장은 당 회사가 2023. 12. 31. 기준 900,993,987원의 배당가능이익이 존재하는바 그 배당가능이익의 범위 내에서 다음과 같이 중간배당을 실행하기로 하고 그 의견을 물은바 주주 전원이 이의 없이 안건을 원안대로 승인 가결한다.

– 다 음 –

1. 배당기준일: 2024년 6월 30일
2. 배당총액: 5,000만 원
3. 주당 배당금: 5,000원
4. 주주별 배당금

(1) ***: 17,500,000원

(2) ***: 27,500,000원

(3) ***: 2,500,000원

(4) ***: 2,500,000원

5. 배당금 지급시기: 2024년 9월 30일까지

주주 의장은 이상으로서 회의 목적인 의안 전부의 심의를 종료하였으므로 폐회한다고 선언한다(회의종료시간 오후 4시 20분).

위 의사의 경과요령과 결과를 명확히 하기 위하여 이 의사록을 작성하고 출석한 의장과 이사가 기명날인 또는 서명하다.

2024년 8월 31일

주식회사 현인
주 주 ***
주 주 ***
주 주 ***
주 주 ***

PART 02

배당지급을 통해 사전증여 효과를 극대화하는 전략은 필수이다

I 향후 지속적으로 배당계획이 있는 경우에는 지분증여를 서두르는 것이 유리하다

전략가이드

2021년 전까지는 자녀에게 소수지분을 증여한 후 초과배당을 통해 자녀에게 많은 배당금을 지급함으로써 사전증여 효과를 극대화할 수 있었지만 2021년 이후 배당금 지급분부터는 이러한 초과배당에 대해 증여세가 과세되는 것으로 개정되었다.
따라서 지속적으로 이익이 실현되어 현금 자산이 풍부하고 향후 지속적으로 배당계획이 있는 법인의 경우에는 자녀에게 일정 배당금을 수령할 수 있는 지분을 증여한 후 해당 증여세는 연부연납을 통해 납부하는 전략이 필요할 수 있다.

1 지속적으로 배당계획이 있는 경우에는 자녀수령 배당금에 맞추어 지분을 증여하자!

가. 2020년까지 배당을 통한 사전증여 전략

2020년까지는 자녀나 배우자에게 소수의 지분만을 증여하여 수증받는 주식에 대해서는 자녀의 증여세 부담이 거의 없게 한 후 자녀나 배우자에게만 많은 배당금을 지급하는 차등배당을 하여도 해당 차등배당금에 대한 증여세가 소득세 상당액보다 큰 경우에 한하여 차등배당금액을 증여로 보아 증여세가 과세되었다.

이 경우 차등배당금에 대한 증여세가 소득세 상당액보다 더 큰 경우는 차등배당금액이 50억 원을 초과하는 경우였으므로 소수지분 증여 후 자녀에게 많은 배당금을 지급하는 방식을 통해 사전증여효과를 극대화할 수 있었다.

2021년 이전 초과배당에 따른 이익의 증여 증여세

- **과세요건(① & ② & ③ & ④)**

  ① 지분율에 따라 배당하지 않는 불균등 배당

  ② 최대주주가 균등배당 시 배당금액의 일부 또는 전부를 포기

  ③ 최대주주의 특수관계인이 균등배당 시 배당금액보다 과다배당금 수령

  ④ 초과배당금액에 대한 증여세 > 초과배당금액에 대한 소득세상당액(기증여재산이 없는 경우 초과배당금액이 50억 원 정도 이하인 경우에는 초과배당에 대한 소득세가 더 큼)

나. 2021년 이후 배당을 통한 사전증여전략

2021년 이후 배당금 지급하는 분부터는 법인이 배당을 함에 있어 ① 최대주주등이 본인이 지급받을 배당금액의 전부 또는 일부를 포기하고, ② 최대주주가 포기한 배당금을 최대주주의 특수관계인이 균등배당보다 많은 배당금을 지급받는 경우(초과배당)에는 초과배당금액에서 초과배당금액에 대한 실제 소득세 상당액을 차감한 금액을 최대주주등의 특수관계인의 증여재산으로 보아 증여세를 과세하는 것으로 개정되었다.

2021년 이후 초과배당에 따른 이익의 증여 증여세

- **과세요건(① & ② & ③)**

  ① 지분율에 따라 배당하지 않는 불균등 배당

  ② 최대주주가 균등배당 시 배당금액의 일부 또는 전부를 포기

  ③ 최대주주의 특수관계인이 균등배당 시 배당금액보다 과다배당금 수령

- **초과배당금액에 대한 증여세 과세표준(사전증여재산 없는 경우)**

  초과배당금액 − 확정된 소득세액 − 증여재산공제

- **초과배당금액에 대한 증여세 과세표준(사전증여재산 있는 경우)**

  〔(초과배당금액 − 확정된 소득세액) + 사전증여재산가액〕 − 증여재산공제

따라서 이익이 계속 실현되어 향후 지속적으로 연간 일정 금액이상 배당이 가능한 경우로서 자녀가 가업에 종사할 계획이 없어 가업승계에 대한 증여세 과세특례 적용이 어려운 경우에는 자녀가 매년 수령할 배당금을 정하고 해당 배당금에 맞추어 주식을 증여한 후 해당 주식증여에 대한 증여세는 배당금을 수령하여 연부연납으로 납부하는 방식을 통해 사전 증여효과를 극대화하는 전략이 필요할 수 있다.

자녀가 많은 지분을 증여받은 후 많은 배당금을 수령하는 전략은 주식수증에 대한 증여세 부담이 큰 단점이 있지만 자녀가 배당금을 지속적으로 수령하게 되므로 자녀의 적법한

자금출처 재원이 된다. 뿐만 아니라 부모가 배당금을 수령하는 경우 증가하게 되는 금융자산에 대한 상속세를 줄일 수 있고 부모가 주식 외에 부동산 등 다른 재산이 많은 경우에 가액이 큰 알짜배기 부동산을 증여받으면서 기수령한 배당금으로 증여세를 납부하는 경우에는 궁극적으로 큰 상속세 절세효과를 누릴 수 있는 측면이 있다.

자녀수령 목표 배당금 설정하여 지분증여 후 매년 배당지급 플랜

〈Step Ⅰ〉 법인의 매년 배당가능 금액 산정 후 자녀가 매년 수령할 목표 배당금 설정
⇒ 목표 배당금 수령 가능한 지분증여 시 발생 증여세 계산
〈Step Ⅱ〉 자녀가 목표 배당금 수령 가능한 지분 증여
〈Step Ⅲ〉 매년 배당금 지급 통해 자녀가 목표배당금 수령
⇒ 연부연납으로 지분수증에 대한 증여세 납부 ↑, 법인의 주식평가액 ↓
〈Step Ⅳ〉 부모의 부동산 등 주식 외 다른 재산 증여
⇒ 배당금 수령액 중 증여세 납부 후 금액으로 증여세 납부
⇒ 상속세 절세효과 극대화

자녀 수령 배당금에 맞추어 지분 증여하는 전략이 유리한 경우

- 자녀가 가업에 종사할 가능성이 없어 가업승계에 대한 증여세 과세특례 적용이 불가능한 경우
- 이익이 계속 실현되고 지속적 배당 가능한 재원이 있는 경우
- 가업상속계획이 없어 배당을 통해 계속적으로 주식평가액을 낮추어야 하는 경우
- 법인 주식 외 부모의 부동산 등 보유재산이 많은 경우

2 자녀에게 지분증여 후 배당을 지급하는 경우에는 다음 사항을 고려해야 한다

가. 건강보험료 피부양자 박탈 조건

2022.9.1.부터 소득이 없는 자녀라도 배당소득금액이 2,000만 원을 초과(2022.8.31. 이전은 3,400만 원)하는 경우에는 건강보험료 피부양자에 해당하지 않아 별도로 건강보험료를 납부하여야 한다.

따라서 배당금액이 2,000만 원에서 크게 높지 않은 경우에는 지분을 수증받은 자녀의 배당금액이 2,000만 원 이하가 되도록 하는 것이 유리하다.

나. 종합소득세 확정신고 의무

법인이 자녀에게 배당금 지급 시에는 15.4%의 원천징수세액을 차감하고 지급한다.

이 경우 배당금 수령 시 원천징수세액을 이미 납부하였다고 하더라도 배당 등 금융소득금액이 2,000만 원 초과인 경우에는 금융소득 종합합산과세 대상자에 해당하여 별도로 종합소득세 신고를 하여야 한다. 하지만 자녀가 소득이 없는 경우로서 1억1,900만 원 정도까지의 배당금을 수령하는 경우에는 종합소득확정신고를 하는 경우에도 추가납부세액은 없다.

따라서 자녀 수령 배당금액이 2,000만 원을 크게 상회하여 어차피 건강보험료 지역보험 대상자에 해당하는 경우에는 자녀 수령 배당금액을 종합소득세 확정신고 시 추가납부세액이 나오지 않는 범위(1억1,900만 원 정도) 내에서 최대한 크게 하는 것이 유리할 수 있다.

Ⅱ 초과배당을 통해서도 절세가 가능할 수 있다

전략가이드

2021년 이후 최대주주의 특수관계인이 최대주주가 포기한 배당금을 수령(초과배당)하는 경우에는 초과배당금액에서 소득세 상당액을 차감한 금액에 대해 증여세가 과세되지만 법인의 최대주주이자 대표이사인 부모가 급여 등 소득금액이 많아 높은 소득세율이 적용되고 자녀가 낮은 증여세율이 적용되는 정도의 초과배당금액을 수령하는 경우에는 전체적으로 절세효과가 있다.

또한 초과배당에 대한 증여세는 특수관계 있는 최대주주가 포기한 배당을 받는 경우에 한하여 과세되는 것으로 법인의 주주 중 특수관계 없는 주주가 균등배당 수령액을 포기하고 최대주주의 자녀가 해당 배당금을 수령하는 경우에는 증여세 과세문제가 없다.

1 최대주주의 소득금액이 높은 경우에는 초과배당을 통해 절세가 가능하다

2021년 이후 배당금 수령분부터 최대주주가 균등배당금액의 일부 또는 전부를 포기하고 최대주주의 특수관계인이 최대주주가 포기한 배당금을 수령하는 경우에는 수령한 초과배당금액에서 배당금에 대해 부담한 소득세 상당액을 차감한 잔액에 대해 증여세가 과세된다.

이 경우 최대주주인 대표이사가 근로소득금액이 높고 사업소득금액(부동산 임대)이 있어 높은 소득세율이 적용되는 경우에 소득이 없는 자녀와 배우자에게 소수지분을 증여하고 건강보험료가 추가 부과되지 않는 정도의 금액(2,000만 원 이하)을 차등배당금으로 지급하는 경우에는 자녀의 초과배당금에 대한 배당소득세와 증여세 합이 대표이사가 균등배당 시 수령할 배당금액에 대한 소득세와 건강보험료보다 낮으므로 전체적으로 절세효과가 있다.

특히 배우자와 자녀의 기증여받은 재산이 없어 배우자 6억 원, 자녀 5,000만 원(미성년자 2,000만 원)의 증여재산공제 적용이 가능한 경우에 배우자와 자녀에게 2,000만 원의 초과배당금액을 지급하면 건강보험료 부담 없이 배당소득금액에 대한 원천징수세액 3,080,000원만 부담하고 초과배당액을 수령할 수 있어 실질적으로는 법인자금으로 배우자와 자녀에게 증여하는 효과가 발생한다.

따라서 대표이사가 높은 소득세율이 적용되는 경우에는 세 부담 차이를 비교한 후 초과배당을 통해 사전 증여효과를 극대화할 수 있는 전략이 될 수 있다.

Case

- **A법인의 대표이사 김현인**
  근로소득금액과 부동산 임대소득금액 합계액이 3억 원을 초과하여 종합소득세율 40%가 적용됨
- **김현인의 배우자, 자녀1, 자녀2**
  김현인으로부터 받은 사전증여재산 없으며 자녀1과 자녀2는 미성년자임.
  A법인으로부터 수령하는 배당 외에 소득금액 없음

〈지분증여 전 균등배당〉

주주	주식수	배당금액	배당소득세(지소세 포함)	지역건강 보험료 (가정)	세금합계	수령액	실효세율
김현인	10,000주	80,000,000	38,104,000	5,000,000	43,104,000	36,896,000	53.88%

〈지분증여 후 차등배당을 통한 절세〉

주주	주식수	① 배당금액*	②소득세등 (지소세 포함)	증여세** (① – ②)	수령액	실효세율
김현인	9,997주	20,000,000	3,080,000		16,920,000	15.4%
배우자	1주	20,000,000	3,080,000	차등배당금액이 증여재산 공제액에 미달	16,920,000	15.4%
자녀1	1주	20,000,000	3,080,000		16,920,000	15.4%
자녀2	1주	20,000,000	3,080,000		16,920,000	15.4%
		80,000,000	12,320,000	0	67,680,000	15.4%

* 김현인 외 주주가 수령하는 배당금 전액 초과배당금 가정
** 증여세: 자녀1, 자녀2의 경우 다음연도 초과배당 수령분부터 과세, 배우자의 경우 6억 원이 될 때까지 과세되는 금액 없음
*** 건강보험료: 배당소득금액이 2,000만 원 초과하지 않으므로 없음

2 증여세가 과세되지 않는 초과배당을 전략적으로 활용할 필요가 있다

2021년 이후 수령하는 초과배당금액은 증여세가 과세되는 것으로 개정되었지만 증여세가 과세되는 초과배당금액은 최대주주의 특수관계인이 수령하는 경우에 한하여 과세되므로 최대주주 아닌 자가 균등배당보다 과소하게 배당받고 해당 금액을 특수관계인이 초과배당으로 수령하거나 최대주주가 균등배당보다 과소하게 배당받고 해당 금액을 특수관계없는 자가 초과배당으로 수령하는 경우에는 증여세 과세문제가 발생하지 않는다.

따라서 대표이사가 최대주주로 되어 있는 법인의 주식을 자녀에게 지분증여 후 초과배당하는 경우에는 자녀에게 증여세 과세문제가 발생하지만 부모가 비상장법인에 일정 지분율을 출자한 경우로서 최대주주에 해당하지 않는 경우에는 주주총회에서 배당결의 시 초과배당을 요청하여 자녀에게 증여세 없이 초과배당금액이 이전되도록 할 수 있다.

초과배당하는 경우에도 증여세 과세되지 않는 경우

- 최대주주 아닌 자 균등배당 포기
  & 특수관계인이 초과배당금 수령 또는 특수관계 아닌 자 초과배당 수령
- 최대주주 균등배당 포기
  & 특수관계 아닌 자가 초과배당 수령

사례 | 초과배당에 대해 증여세 과세되지 않는 사례 I

- A법인 주주현황

주주명	주식수	지분율	비 고
대표이사 갑	1,900주	19%	을, 병과 상속세 및 증여세법상 특수관계 없음
주주 을	3,000주	30%	
주주 병	5,000주	50%	
(갑의 아들)정	100주	1%	
합 계	10,000주		

- A법인은 2024년 3월 결산승인하는 정기주주총회에서 주당 50,000원 총 5억 원을 배당하기로 하였고 대표이사인 갑은 균등배당 시 본인 수령 배당금 9,500만 원을 포기하고 해당 배당금을 결혼을 앞둔 자녀 정이 받는 것으로 차등배당 결의하였다.
- 초과배당을 수령한 자녀 정의 과세문제
  균등배당을 포기한 갑과 특수관계가 성립하지만 갑이 최대주주가 아니므로 초과배당에 대한 증여세 과세문제는 없으며 초과배당으로 수령받은 1억 원은 사전증여재산으로도 합산되지 않음.

사례 **초과배당에 대해 증여세 과세되지 않는 사례 II**

■ A법인 주주현황

주주명	주식수	지분율	비 고
대표이사 갑	5,000주	50%	
주주 을	3,000주	30%	
주주 병	2,000주	20%	갑의 명의신탁 주식 갑, 을과 상속세 및 증여세법상 특수관계 없음
(갑의 아들)정	100주	1%	
합 계	10,000주		

■ A법인은 2023년 3월 결산승인하는 정기주주총회에서 주당 50,000원 총 5억 원을 배당하기로 하였고 주주 병은 균등배당 시 본인 수령 배당금 1억 원을 포기하고 해당 주주 정이 받는 것으로 차등배당 결의하였다.
주주 병의 주식은 갑의 명의신탁주식으로 명의신탁사실이 입증되지 않아 실명전환하지 못하고 있는 상태이다.

■ 초과배당을 수령한 정의 과세문제
균등배당을 포기한 병과 특수관계가 성립하지 않고 병은 최대주주가 아니므로 초과배당에 대한 증여세 과세문제 없음.

PART 03

법인상황에 맞는 다양한 배당정책을 실행할 필요가 있다

I 자본금 증액이 필요한 법인은 주식배당을 통해 자본금을 높일 수 있다

1 주식배당의 의의 및 한도

주식배당이란 배당가능이익을 재원으로 배당하면서 금전으로 배당금을 지급하는 대신 신주를 새로 발행하여 신주를 교부하는 방식으로 하는 배당금을 지급하는 것을 말한다(상법 §462의2).

주식배당은 주주총회 결의사항으로서 이익배당총액의 2분의 1을 한도로 하며 이익배당과 달리 이익준비금을 적립하지 않아도 된다.

- **주식배당**
  - 배당재원: 미처분이익잉여금
  - 배당금 지급: 신주를 발행하여 주식으로 지급
  - 이익준비금 적립의무: 없음
- **주식배당 한도**
  = 이익배당총액의 1/2

2 주식배당의 효과

주식배당을 하는 경우 법인의 이익잉여금이 감소하는 대신 자본금이 증가하게 되어 자본잉여금이 감소하는 대신 자본금이 증가하는 무상증자와 유사하며 자본총계와 전체 회사가치는 변동 없지만, 발행주식총수가 증가하므로 1주당 주식평가액이 하락하는 효과가 있다.

- **주식배당 효과**

  미처분이익잉여금 ↓, 법인의 발행주식총수 ↑, 법인의 자본금 ↑, 1주당 주식평가액 ↓

상법 제462조의2(주식배당)

① 회사는 주주총회의 결의에 의하여 이익의 배당을 새로이 발행하는 주식으로써 할 수 있다. 그러나 주식에 의한 배당은 이익배당총액의 2분의 1에 상당하는 금액을 초과하지 못한다.

② 제1항의 배당은 주식의 권면액으로 하며, 회사가 종류주식을 발행한 때에는 각각 그와 같은 종류의 주식으로 할 수 있다.

③ 주식으로 배당할 이익의 금액 중 주식의 권면액에 미달하는 단수가 있는 때에는 그 부분에 대하여는 제443조 제1항의 규정을 준용한다.

④ 주식으로 배당을 받은 주주는 제1항의 결의가 있는 주주총회가 종결한 때부터 신주의 주주가 된다.

⑤ 이사는 제1항의 결의가 있는 때에는 지체 없이 배당을 받을 주주와 주주명부에 기재된 질권자에게 그 주주가 받을 주식의 종류와 수를 통지하여야 한다.

⑥ 제340조 제1항의 질권자의 권리는 제1항의 규정에 의한 주주가 받을 주식에 미친다. 이 경우 제340조 제3항의 규정을 준용한다.

3 주식배당 실행 적격법인

배당가능이익은 있지만 배당금 지급재원이 없는 경우 또는 건설법인 등으로서 자본금을 증액할 필요가 있지만 주주가 주금을 납입할 여력이 없는 경우에는 주주총회 결의로 배당 시 신주를 교부하는 방식으로 자본금을 높이는 전략을 실행할 수 있다.

주식배당 실행 적격법인

- 배당가능이익은 있지만 배당금 지급 재원이 없는 경우
- 자본금을 증액할 필요가 있지만 주주가 주금납입 할 자금력이 없는 경우

07

4 주식배당으로 신주를 교부받은 경우 주주의 과세문제

가. 취득시기

주주가 주식배당으로 신주를 교부받은 경우 해당 무상주의 취득시기는 잉여금 처분결의일이다.

> **서면법규재산-2209, 2022.02.09.**
> 이익배당(주식배당)으로 인한 무상주 취득시기는 주주총회 결의에 의하여 잉여금처분이 실제로 결정된 날이며, 취득시기가 동일하고 취득가액이 다른 주식 중 일부가 양도된 경우로서 양도된 주식의 취득가액을 구체적으로 확인할 수 없는 경우에는 각 주식 비율대로 양도된 것으로 보아 취득가액 산정하는 것임

나. 의제배당으로 과세

법인주주가 주식배당을 통해 주식발행법인의 신주를 교부받은 경우에는 신주의 발행가액을 의제배당소득금액으로 하여 법인세가 과세된다(법법 §16 ① 2호, 법령 §14 ① 1호 다목).

법인이 주식배당으로 신주를 교부받는 경우에는 재무제표에 반영이 되지 않으므로 의제배당소득으로 법인세 신고 · 납부하는 것을 놓치는 경우가 많이 있는데 법인이 주식배당으로 신주를 교부받은 경우에는 법인세 신고 시 의제배당금액으로 하여 법인세를 신고 · 납부하여야 하는 점을 주의하여야 한다.

개인주주도 마찬가지로 주식배당을 통해 주식발행법인의 신주를 교부받은 경우에는 의제배당소득으로 소득세가 과세된다(소법 §17 ② 2호, 소령 §27 ① 1호 다목).

II 주식발행초과금 등이 있는 경우에는 자본준비금 감액배당을 통해 세금 없이 배당받을 수 있다!

전략가이드

법인이 이익배당을 하는 경우에는 과세대상 소득에 해당하므로 법인주주에게는 법인세, 개인주주에게는 소득세가 과세된다.
하지만 법인이 액면가액보다 높은 가액으로 신주를 발행하여 발생한 주식발행초과금 등 자본거래로 발생한 자본준비금을 감액하여 배당하는 경우 이를 수령한 개인주주에게는 소득세가 과세되지 않는다.
따라서 법인에 법인세법상 과세대상에 해당하지 않는 자본준비금이 있는 경우에는 해당 자본준비금을 재원으로 배당을 실시하여 주주이익을 극대화하는 전략을 실행할 필요가 있다.

1 자본준비금! 법인경영 시 필수적으로 알아야 하는 사항이다

자본준비금이란 증자, 감자, 합병, 자기주식 거래 등 자본거래에서 발생한 잉여금(주식발행초과금, 감자차익, 합병차익, 자기주식처분이익, 자기주식소각이익 등)을 말하는 것으로 실무적으로 가장 많이 발생하는 것은 주식발행초과금이라 할 수 있다.

상법에서는 자본거래에서 발생한 잉여금을 자본준비금으로 적립하여야 하는 것으로 규정하면서 자본준비금이란 용어로 사용하고 있고 회계에서는 자본잉여금이란 용어로 사용하는 차이가 있다.

2 상법상 이익잉여금이 없는 경우에도 자본준비금을 감액하여 배당가능하다

가. 자본준비금 감액배당가능 여부

2011.4.14. 상법개정으로 2011.4.15.부터 상법 제462조 제1항의 금액을 한도로 하여 실행하는 이익배당뿐만 아니라 **상법 제459조에 의해 적립한 자본준비금으로도 상법 제461조의2의 금액을 한도로 배당이 가능하다.**

나. 주주총회 결의사항

자본준비금 감액배당은 주주총회 결의사항으로서 **이사회 결의로 중간배당을 하는 경우에는 별도로 주주총회 결의를 거쳐야 한다.**

다. 자본준비금 감액배당 한도

자본준비금 감액배당은 자본준비금 및 이익준비금의 합계액이 **자본금의 1.5배를 초과하는 경우 초과하는 금액의 범위 내에서 가능하다.**

이익배당과 달리 이익잉여금 누적액을 한도로 하지 않기 때문에 결손법인의 경우에도 자본준비금 감액배당은 가능한 특이점이 있다.

- **자본준비금 감액배당 한도**
  = 자본준비금 및 이익준비금의 합계액 − **자본금의 1.5배**

상법 제459조(자본준비금)

① 회사는 자본거래에서 발생한 잉여금을 대통령령으로 정하는 바에 따라 자본준비금으로 적립하여야 한다.

상법 제461조의2(준비금의 감소)

회사는 적립된 자본준비금 및 이익준비금의 총액이 자본금의 1.5배를 초과하는 경우에 주주총회의 결의에 따라 그 초과한 금액 범위에서 자본준비금과 이익준비금을 감액할 수 있다.

상법 제458조(이익준비금)

회사는 그 자본금의 2분의 1이 될 때까지 매 결산기 이익배당액의 10분의 1 이상을 이익준비금으로 적립하여야 한다. 다만, 주식배당의 경우에는 그러하지 아니하다.

상법 제459조(자본준비금)

① 회사는 자본거래에서 발생한 잉여금을 대통령령으로 정하는 바에 따라 자본준비금으로 적립하여야 한다.

② 합병이나 제530조의2에 따른 분할 또는 분할합병의 경우 소멸 또는 분할되는 회사의 이익준비금이나 그 밖의 법정준비금은 합병 · 분할 · 분할합병 후 존속되거나 새로 설립되는 회사가 승계할 수 있다.

3 법인세가 과세되는 자본준비금과 법인세가 과세되지 않는 자본준비금이 있다

자본준비금 감액배당을 실행하기 위해서는 우선 법인세가 과세되는 자본준비금과 법인세가 과세되지 않는 자본준비금을 명확하게 알아야 할 필요가 있다.

가. 법인세가 과세되는 자본준비금

다음에 해당하는 자본준비금은 법인세 과세대상 자본거래 수익에 해당하여 해당 자본금 자체에 대해 법인세가 과세된다.

- 자기주식처분이익
- 채무의 출자전환 시 시가를 초과하여 발행함으로써 발생한 주식발행초과금
- 합병차익 중 다음에 해당하는 금액
  ① 피합병법인의 장부가액을 초과하여 승계한 자산의 가액
  ② 피합병법인의 자본잉여금 중 의제배당 대상 자본잉여금
  ③ 피합병법인의 이익잉여금
- 분할차익 중 다음에 해당하는 금액
  ① 분할법인의 장부가액을 초과하여 승계한 재산의 가액
  ② 분할법인의 자본금 및 의제배당대상 자본잉여금 외의 잉여금 감소액이 분할사업부문의 순자산 장부가액에 미달하는 경우 미달금액

나. 법인세가 과세되지 않는 자본준비금

다음에 해당하는 자본잉여금은 법인의 순자산이 증가하였음에도 상법상 자본충실 원칙에 따라 법인세가 과세되는 수익으로 보지 않는다.

(1) 주식발행초과금

액면금액 이상으로 주식을 발행한 경우 그 액면금액을 초과한 금액(채무의 출자전환 시 시가를 초과하여 발행함으로써 발생한 주식발행초과금 제외)

(2) 주식의 포괄적 교환차익

「상법」 제360조의 2에 따른 주식의 포괄적 교환을 한 경우로서 같은 법 제360조의 7에 따른 자본금 증가의 한도액이 완전모회사의 증가한 자본금을 초과한 경우의 그 초과액

(3) 주식의 포괄적 이전차익

「상법」 제360조의 15에 따른 주식의 포괄적 이전을 한 경우로서 같은 법 제360조의 18에 따른 자본금의 한도액이 설립된 완전모회사의 자본금을 초과한 경우의 그 초과액

(4) 감자차익

자본감소의 경우로서 그 감소액이 주식의 소각, 주금의 반환에 든 금액과 결손의 보전에 충당한 금액을 초과한 경우의 그 초과금액

(5) 합병차익

「상법」 제174조에 따른 합병의 경우로서 소멸된 회사로부터 승계한 재산의 가액이 그 회사로부터 승계한 채무액, 그 회사의 주주에게 지급한 금액과 합병 후 존속하는 회사의 자본금증가액 또는 합병에 따라 설립된 회사의 자본금을 초과한 경우의 그 초과금액

(6) 분할차익

「상법」 제530조의 2에 따른 분할 또는 분할합병으로 설립된 회사 또는 존속하는 회사에 출자된 재산의 가액이 출자한 회사로부터 승계한 채무액, 출자한 회사의 주주에게 지급한 금액과 설립된 회사의 자본금 또는 존속하는 회사의 자본금증가액을 초과한 경우의 그 초과금액

법인세법 제17조【자본거래로 인한 수익의 익금불산입】

① 다음 각 호의 금액은 내국법인의 각 사업연도의 소득금액을 계산할 때 익금에 산입(算入)하지 아니한다.

1. 주식발행액면초과액: 액면금액 이상으로 주식을 발행한 경우 그 액면금액을 초과한 금액(무액면주식의 경우에는 발행가액 중 자본금으로 계상한 금액을 초과하는 금액을 말한다). 다만, 채무의 출자전환으로 주식 등을 발행하는 경우에는 그 주식 등의 제52조 제2항에 따른 시가를 초과하여 발행된 금액은 제외한다.
2. 주식의 포괄적 교환차익:「상법」제360조의 2에 따른 주식의 포괄적 교환을 한 경우로서 같은 법 제360조의 7에 따른 자본금 증가의 한도액이 완전모회사의 증가한 자본금을 초과한 경우의 그 초과액
3. 주식의 포괄적 이전차익(移轉差益):「상법」제360조의 15에 따른 주식의 포괄적 이전을 한 경우로서 같은 법 제360조의 18에 따른 자본금의 한도액이 설립된 완전모회사의 자본금을 초과한 경우의 그 초과액
4. 감자차익(減資差益): 자본감소의 경우로서 그 감소액이 주식의 소각, 주금(株金)의 반환에 든 금액과 결손의 보전(補塡)에 충당한 금액을 초과한 경우의 그 초과금액
5. 합병차익:「상법」제174조에 따른 합병의 경우로서 소멸된 회사로부터 승계한 재산의 가액이 그 회사로부터 승계한 채무액, 그 회사의 주주에게 지급한 금액과 합병 후 존속하는 회사의 자본금증가액 또는 합병에 따라 설립된 회사의 자본금을 초과한 경우의 그 초과금액. 다만, 소멸된 회사로부터 승계한 재산가액이 그 회사로부터 승계한 채무액, 그 회사의 주주에게 지급한 금액과 주식가액을 초과하는 경우로서 이 법에서 익금으로 규정한 금액은 제외한다.
6. 분할차익:「상법」제530조의 2에 따른 분할 또는 분할합병으로 설립된 회사 또는 존속하는 회사에 출자된 재산의 가액이 출자한 회사로부터 승계한 채무액, 출자한 회사의 주주에게 지급한 금액과 설립된 회사의 자본금 또는 존속하는 회사의 자본금증가액을 초과한 경우의 그 초과금액. 다만, 분할 또는 분할합병으로 설립된 회사 또는 존속하는 회사에 출자된 재산의 가액이 출자한 회사로부터 승계한 채무액, 출자한 회사의 주주에게 지급한 금액과 주식가액을 초과하는 경우로서 이 법에서 익금으로 규정한 금액은 제외한다.

2의 2. 자기주식(합병법인이 합병에 따라 피합병법인이 보유하던 합병법인의 주식을 취득하게 된 경우를 포함한다)의 양도금액

4 법인주주가 주식발행초과금 등을 재원으로 배당금을 수령하는 경우에는 주식의 취득가액을 한도로 법인세가 과세되지 않는다

가. 2022년까지 법인주주가 자본준비금 감액배당을 수령하는 경우 과세문제

법인세법 제17조 제1항에 따른 자본준비금을 감액하여 법인주주가 배당받는 경우 해당 배당금에 대해서는 법인세가 과세되지 않는다(법법 §18 8호).

다만, 주주가 법인인 경우 **보유주식의 장부가액 계산 시 수령한 배당금은 차감하여 계산**하며, 수령한 배당금이 보유주식 장부가액을 초과하는 경우 초과하는 금액은 익금에 산입하지 않는 특이점이 있다.

나. 2023년 이후 법인주주가 자본준비금 감액배당을 수령하는 경우 과세문제

세법개정에 의해 2023년 이후 법인세가 과세되지 않는 자본준비금을 감액하여 법인주주가 배당금을 수령하는 경우에는 해당 주식의 장부가액(취득가액)까지만 법인세가 과세되지 않고 장부가액을 초과하는 자본준비금에 대해서는 법인세가 과세된다.

여기서 장부가액은, 예컨대 A법인은 C법인에 액면가 출자(1억 원, 지분율 50%)하고 B법인은 C법인에 제3자 배정방식으로 액면가(1억 원, 지분율 50%)의 5배수로 출자한 경우를 가정 시 A법인의 장부가액은 1억 원, B법인의 장부가액은 5억 원이 되며 C법인에는 주식발행초과금 4억 원이 발생한다.

이 경우 C법인이 주식발행초과금 4억 원을 재원으로 배당하여 A법인, B법인이 각각 배당금 2억 원을 수령한 경우 A법인은 장부가액을 초과하는 1억 원에 대해 과세되고 B법인은 수령배당금이 장부가액보다 작으므로 수령배당금에 대해 과세되지 않는다.

즉, 개정된 세법의 실질효과는 법인주주 본인이 출자하여 발생한 주식발행초과금을 재원으로 배당받는 경우에는 법인세가 과세되지 않으며 타주주가 출자하면서 발생한 주식발행초과금을 재원으로 수령하는 배당에 대해서만 과세되는 것이라 할 수 있다.

또한 2024년 세법개정에 의해 법인주주가 자본준비금 감액배당 시 과세되지 않은 금액은 장부가액에서 차감하는 것으로 명확하게 개정되었는 바 해당 주식 처분 시 과세되지 않은 자본준비금 감액 배당금이 과세되는 결과가 된다.

사례

A법인 → B법인에 액면가 출자(장부가액 1억 원)
갑 주주 → B법인에 시가출자(주식발행초과금 4억 원 발생)
발생한 주식발행초과금을 재원으로 배당받은 경우

A법인 – 매도가능증권 1억 원(B법인) 보유
– B법인으로부터 자본준비금 감액배당금 3억 원 수령

〈2022년까지 배당금 수령분〉
〈익금불산입〉 수입배당금 3억 원(기타)
〈손금산입〉 매도가능증권 1억 원(△유보)

〈2023년 이후 배당금 수령분〉
〈손금산입〉 매도가능증권 1억 원(△유보)
⇒ 장부가액 조정(1억 원 → 0원)
⇒ 결국 자본준비금 감액배당금이 전액 과세되는 결과가 됨.

법인세법 제18조【평가이익 등의 익금불산입】

8. 「상법」 제461조의 2에 따라 자본준비금을 감액하여 받는 배당금액(내국법인이 보유한 주식의 장부가액을 한도로 한다). 다만, 다음 각 목의 어느 하나에 해당하는 자본준비금을 감액하여 받는 배당금액은 제외한다.
   가. 제16조 제1항 제2호 가목에 해당하지 아니하는 자본준비금
   나. 제44조 제2항 또는 제3항의 적격합병에 따른 제17조 제1항 제5호의 합병차익 중 피합병법인의 제16조 제1항 제2호 나목에 따른 재평가적립금에 상당하는 금액(대통령령으로 정하는 금액을 한도로 한다)
   다. 제46조 제2항의 적격분할에 따른 제17조 제1항 제6호의 분할차익 중 분할법인의 제16조 제1항 제2호 나목에 따른 재평가적립금에 상당하는 금액(대통령령으로 정하는 금액을 한도로 한다)

5 개인주주가 주식발행초과금 등을 재원으로 배당금을 수령하는 경우에는 소득세가 과세되지 않는다

법인주주의 경우 세법개정에 따라 법인의 장부가액 한도 내에서 법인세가 과세되지 않다가 처분 시 처분이익을 증가시키는 방법으로 과세하는 것으로 개정되었지만 개인주주의 경우에는 상법 제461조의2에 따라 법인세가 과세되지 않는 주식발행초과금 등의 자본준비금(법법 §17 ①)을 감액하여 배당금을 수령하는 경우에도 소득세가 과세되지 않는다.

자본준비금 감액배당에 대한 과세는 법인주주와 개인주주 간 과세형평성 문제가 있는

상태여서 향후 개인주주가 수령하는 자본준비금 감액배당도 법인주주와 동일하게 과세하는 방식으로 개정될 수 있으므로 법인에 주식발행초과금 등 자본준비금이 있는 경우에는 서둘러 자본준비금 감액배당을 실행할 필요가 있다.

다만, 특수관계인이 제3자 배정방식으로 액면가 초과하는 가액으로 출자하면서 발생한 주식발행초과금을 재원으로 배당받는 경우(예컨대 아버지가 아들이 100% 주주인 회사에 시가로 출자하여 10% 지분율을 가진 주주가 되면서 주식발행초과금 30억 원이 발생하고 해당 주식발행초과금을 재원으로 아들이 27억 원, 아버지가 3억 원의 배당금을 수령한 경우)에는 실질이 증여인 것으로 보아 과세할 수 있으므로 주의하여야 한다.

가. 자본준비금 감액배당 시 의제배당으로 과세되지 않는 자본준비금

아래에 해당하는 자본준비금을 재원으로 배당금을 수령하는 경우에는 소득세가 과세되는 배당소득으로 보지 않으므로 금전으로 배당금을 수령하는 경우에도 납부할 세액이 없다(자본전입하여 무상주 교부하는 경우에도 **의제배당에 해당하지 않음**).

자본준비금 감액배당 시 의제배당으로 과세되지 않는 자본준비금(자본준비금 자체가 법인세법상 익금불산입 항목)

- 유상증자시 발생한 주식발행초과금(세법상 주식발행초과금만 해당)
  (채무의 출자전환 시 시가를 초과하여 발행함으로써 발생한 금액 제외)
- 주식의 포괄적 교환차익
- 주식의 포괄적 이전차익
- 감자차익
- 합병차익, 분할차익(세법상 익금으로 보는 합병차익, 분할차익 제외)

나. 자본준비금 감액배당 시 의제배당으로 과세되는 자본준비금

아래에 해당하는 자본잉여금을 재원으로 배당하는 경우에는 의제배당에 해당하여 과세된다(**자본전입하여 무상주 교부하는 경우에도 의제배당에 해당함**).

자본준비금 감액배당 시 의제배당으로 과세되는 자본준비금(자본준비금 자체가 법인세법상 익금에 해당하는 항목)

- 채무의 출자전환으로 주식 등을 발행한 경우 시가를 초과하여 발행된 금액
- 자기주식 또는 자기주식출자지분 소각이익(소각당시 시가가 취득가액을 초과하지 않는 경우로서 소각일부터 2년 후 자본전입액은 제외)
- 적격합병을 한 경우로서 다음의 금액의 합계액

※ 용인시, 광주오포, 일산, 파주는 수도권과밀억제권역 아님
※ 수도권과밀억제권역에 대한 제재: 창업중소기업에 대한 세액감면 배제, 통합투자세액공제 배제, 설립 후 5년 이내 부동산 취득 시 취득세 중과

- 적격분할을 한 경우로서 다음 금액의 합계액

※ 용인시, 광주오포, 일산, 파주는 수도권과밀억제권역 아님
※ 수도권과밀억제권역에 대한 제재: 창업중소기업에 대한 세액감면 배제, 통합투자세액공제 배제, 설립 후 5년 이내 부동산 취득 시 취득세 중과

- 상법 제345조 제1항에 따른 상환주식 발행 시 발생한 주식발행초과금으로써 이익잉여금으로 상환된 금액(2024.2.29. 이후 자본에 전입하는 분부터 적용)

소득세법 시행령 제26조의3【배당소득의 범위】

⑥ 「상법」 제461조의2에 따라 자본준비금을 감액하여 받은 배당(법 제17조 제2항 제2호 각 목에 해당하지 아니하는 자본준비금을 감액하여 받은 배당은 제외한다)은 법 제17조 제1항에 따른 배당소득에 포함하지 아니한다.

소득세법 제17조【배당소득】

② 제1항 제3호에 따른 의제배당이란 다음 각 호의 금액을 말하며, 이를 해당 주주, 사원, 그 밖의 출자자에게 배당한 것으로 본다.

2. 법인의 잉여금의 전부 또는 일부를 자본 또는 출자의 금액에 전입함으로써 취득하는 주식 또는 출자의 가액. 다만, 다음 각 목의 어느 하나에 해당하는 금액을 자본에 전입하는 경우는 제외한다(2009.12.31. 개정).

가. 「상법」 제459조 제1항에 따른 자본준비금으로서 대통령령으로 정하는 것

나. 「자산재평가법」에 따른 재평가적립금(같은 법 제13조 제1항 제1호에 따른 토지의 재평가차액에 상당하는 금액은 제외한다) (2009.12.31. 개정)

소득세법 시행령 제27조【의제배당의 계산】

①~③ 생략

④ 법 제17조 제2항 제2호 가목에서 "대통령령으로 정하는 것"이란 「법인세법」 제17조 제1항 각 호에 해당하는 금액을 말한다. 다만, 「법인세법 시행령」 제12조 제1항 각 호의 어느 하나에 해당하는 금액은 제외한다.

사전-2020-법령해석소득-0004, 2021.01.22.

「상법」 제461조의2에 따라 주식발행초과금을 감액하여 거주자인 주주에게 금전 배당을 실시하는 경우 배당소득에 해당되지 아니함.

사전-법령해석소득-0716, 2021.08.26.

주식의 포괄적 이전차익에 해당하는 자본준비금을 「상법」 제461조의2에 따라 감액하여 지급받는 배당은 「소득세법」 제17조 제1항에 따른 배당소득에 포함하지 아니함

법인경영과 절세전략

08

CEO가 꼭 알아야 할 전략적인 지분이동 전략

PART 01

주식양도 전에는 세법상 평가액과 특수관계 성립여부를 먼저 파악하여야 한다

I 주식양수도 하기 전에는 세무사에게 세법상 주식평가를 의뢰한 후 진행하여야 한다

전략가이드

비상장주식의 경우 제3자 간 빈번하게 거래가 이루어지지 않으므로 시가로 확인할 수 있는 거래가격이 없고 환가성이 없는바 통상 비상장주식 양수도 거래 시에는 액면가 거래를 시도하는 경우를 많이 볼 수 있다.
하지만 국세청은 언제든지 모든 비상장법인의 세법상 주식평가액을 확인할 수 있는 전산시스템을 갖추고 있으며 액면가 거래나 시가보다 낮거나 높게 거래된 주식양수도 거래에 대해서는 집중적으로 검토하여 과세하고 있다.
따라서 세법상 평가액이 아닌 가액으로 거래 시에는 세금폭탄을 맞을 수 있으므로 반드시 주식양수도 거래 전에는 세법상 주식평가액을 확인한 후 거래에 대한 의사결정을 하여야 한다.
상장주식의 경우 시간 외 대량매매나 장외거래를 제외하고는 통상적으로 거래소를 통해 거래되므로 주식양수도 거래에 대해 추가적인 과세문제가 발생하지 않지만 비상장주식 양수도 시에는 특히 주의할 필요가 있다.

1 세법상 주식평가액이 아닌 액면가 거래는 국세청 집중 과세대상이다

세법상 평가액으로 거래한 경우에는 주식 양수자의 경우 과점주주 간주취득세 문제 외에는 과세문제가 발생하지 않고, 주식 양도자도 양도가액과 취득가액과의 차액에 대해 양도소득세 납세의무, 양도가액에 대해 증권거래세 납세의무만 발생할 뿐 추가 과세문제는 발생하지 않는다.

하지만 시가가 아닌 가액, 특히 주식평가액이 액면가액보다 높거나 낮은 경우에 액면가로 거래한 경우에는 국세청의 집중 검토대상거래로서 양도자에게 양도소득세 또는 증여세, 양수자에게 증여세, 거래주체가 법인인 경우에는 법인세 과세문제가 추가적으로 발생할 수 있으므로 주식양수도 거래 전에는 반드시 세법상 평가액을 확인한 후 거래진행에 관한 제반사항에 대해 의사결정을 하여야 한다.

❷ 제3자 간 거래가액이 없는 경우 세법상 비상장주식 평가액

특수관계가 아닌 자 간에 전체 발행주식총수의 1% 또는 액면가액 기준으로 3억 원 이상에 해당하는 주식이 거래된 경우에는 해당 거래가액을 시가로 본다.

다만 특수관계 없는 제3자 간 발행주식총수의 1% 또는 액면가액 기준으로 3억 원 이상에 해당하는 주식이 거래된 경우라도 경제적 합리성이 없거나 일부러 시가를 만들기 위해 거래한 경우에는 시가로 인정되지 않는다.

비상장주식의 경우 통상 3자 간 거래가 이루어지는 경우가 드물어 시가로 인정되는 가액을 확인하기 어려우므로 상속세 및 증여세법을 준용하여 아래 3.과 같이 평가한 가액을 세법상 평가액으로 본다.

❸ 제3자 간 거래가액이 없는 경우 세법상 비상장주식 평가액

시가로 인정되는 제3자 간 거래가액이 없는 경우에는 다음과 같이 계산한 가액을 세법상 시가로 본다.

가. 일반적인 법인의 비상장주식 평가액

○ 2017.4.1. 이후 일반적인 법인의 비상장주식의 평가: Max(①, ②)

2017년 4월 1일 이후 일반적인 법인의 비상장주식의 1주당 평가는 순손익가치에 3의 가중치, 순자산가치에 2의 가중치를 두어 가중평균하는 방식으로 평가하며 순손익가치가 낮아 가중평균한 평가액이 1주당 순자산가치의 80%에 미달하는 경우에는 1주당 순자산가치의 80%를 주식의 평가액으로 본다.

즉, PBR(1주당 주가/1주당 순자산가액)의 최저치를 0.8로 평가하는 구조로 우량한 상장법인의 경우에도 PBR이 0.8 미만인 경우가 많은 것을 감안 시 높게 평가되는 구조이다.

$$① \text{ 1주당 가중평균액} = \frac{\text{1주당 순손익가치} \times 3 + \text{1주당 순자산가치} \times 2}{5}$$

② 1주당 순자산가치의 80%(2018.4.1. 이후부터)(2017.4.1.부터 2018.3.31.까지 70%)

○ 1주당 순손익가치

1주당 순손익가치는 1주당 최근 3년간 순손익액의 가중평균액에 10%를 나누어 계산한다.

즉 PER(1주당 주가/1주당 수익)을 10배로 보아 계산하는 구조로 전체 상장법인의 평균 PER이 8배 정도인 걸 감안 시 매우 높게 평가되는 구조라 할 수 있다.

$$\frac{\text{1주당 최근 3년간 순손익액의 가중평균액}}{\text{순손익가치환원율(10\%)}}$$

○ 1주당 최근 3년간 순손익액의 가중평균액

1주당 최근 3년간 순손익액의 가중평균액은 평가기준일 이전 1년(2년, 3년)이 되는 사업연도 1주당 순손익액에 3(2년 2, 3년 1)의 가중치를 두어 계산하는 구조로 평가기준일 이전 1년의 손익변동에 급등락이 있는 경우에는 순손익가치가 크게 변동되는 특징이 있다.

$$\text{1주당 최근 3년간 순손익액의 가중평균액} = \frac{A \times 3 + B \times 2 + C \times 1}{6}$$

A: 평가기준일 이전 1년이 되는 사업연도의 1주당 순손익액
B: 평가기준일 이전 2년이 되는 사업연도의 1주당 순손익액
C: 평가기준일 이전 3년이 되는 사업연도의 1주당 순손익액

○ 순자산가치

1주당 순자산가치는 법인의 순자산가액을 발행주식총수로 나눈 금액이다.

$$\text{1주당 순자산가치} = \text{당해 법인의 순자산가액} \div \text{발행주식총수}$$

나. 부동산 과다보유법인의 비상장주식평가액

부동산 과다보유법인이란 자산총액 중 토지, 건물, 부동산에 관한 권리, 직접 또는 간접 보유한 주식가액에 다른 법인의 부동산비율을 곱한 금액이 50% 이상인 법인을 말한다.

부동산 과다보유법인의 주식은 손익가치보다는 자산가치가 중요한 것으로 보아 1주당 순자산가치에 3, 1주당 순손익가치에 2의 가중치를 둔 후 가중평균하여 평가한다.

또한 부동산 과다법인은 부동산을 감정평가액으로 평가하여 주식평가를 하여야 하므로 부동산 가치가 상승한 경우에는 주식평가액이 높아질 수 있다.

ㅇ 부동산 과다보유 법인 = $\frac{A+B+C+D}{E} \geq 50\%$

A: 토지
B: 건물
C: 부동산에 관한 권리
D: 직접 또는 간접으로 보유한 다른 법인의 주식가액에 그 다른 법인의 부동산등 보유비율
E: 자산 총액(세무상 장부가액, 토지·건물의 기준시가가 장부가액보다 큰 경우에는 기준시가)

* 자산총액
= 세무상 장부가액 – 개발비 – 사용수익기부자산 – 1년 이내 차입 또는 증가 등에 의해 증가한 현금, 금융자산, 대여금(각각 상환기간 및 이자율에 대한 약정이 없는 동일인에 대한 가지급금과 가수금은 상계)

ㅇ 부동산 과다보유법인의 비상장주식의 평가: Max(①, ②)

① 1주당 가중평균액

$$1주당\ 평가액 = \frac{1주당\ 순손익가치 \times 2 + 1주당\ 순자산가치 \times 3}{5}$$

② 1주당 순자산가치의 80%(2018.4.1. 이후부터)(2017.4.1.부터 2018.3.31.까지 70%)

다. 순자산가치로만 평가하는 경우

청산절차가 진행 중이거나 사업자의 사망 등으로 인하여 사업의 계속이 곤란하다고 인정되는 경우 등 순손익가치를 반영하여 주식을 평가하는 것이 적정하지 않다고 인정되는 다음에 해당하는 경우에는 순자산가치만 반영하여 평가한다.

순자산가치로만 평가하는 경우

- 청산절차가 진행 중이거나 사업자의 사망 등으로 인하여 사업의 계속이 곤란하다고 인정되는 경우
- 사업개시 전 법인, 사업개시 후 3년 미만의 법인 등
- 부동산 등이 차지하는 비율이 80% 이상인 법인
- 주식 등의 가액의 합계액이 차지하는 비율이 80% 이상인 법인
- 평가기준일 현재 잔여 존속기한이 3년 이내인 법인

Ⅱ 특수관계인과의 액면가 거래는 세금폭탄을 맞을 수도 있다

전략가이드

세법상 주식평가액을 거래가액으로 하여 주식양수도 거래를 하는 경우에는 특수관계인과 거래하는 경우에도 추가 과세문제가 발생하지 않는다.
하지만 세법상 주식평가액이 아닌 가액으로 거래하는 경우에는 거래상대방과 특수관계가 성립하는지 여부에 따라 추가적인 과세문제 발생여부와 과세금액이 달라지게 된다.
따라서 세법상 주식평가액이 아닌 가액으로 주식양수도 거래 시에는 반드시 거래상대방과 특수관계가 성립하는지 여부를 검토한 후 추가과세에 대한 리스크를 최소화하는 측면에서 의사결정을 하여야 한다.
세법상 주식평가액이 아닌 가액으로 거래 시 체크하여야 하는 특수관계는 거래주체별, 과세세목별로 달라진다.

1 소득세법상 특수관계인 범위를 검토하여야 하는 경우와 소득세법상 특수관계인 범위는 다음과 같다

소득세법상 특수관계인 범위를 검토하여야 하는 경우

- 개인이 비상장주식을 저가로 양도하는 경우
- 개인이 비상장주식을 고가로 양수하는 경우

소득세법상 특수관계인 범위 검토가 필요 없는 경우

- 대표이사(지분율 관계없음)와 임직원 간에 비상장주식 양수도 거래를 하는 경우
- 주주 간에 비상장주식 양수도 거래를 하는 경우
- 주주와 임직원 간에 비상장주식 양수도 거래를 하는 경우

개인이 비상장주식을 저가로 양도하거나 고가로 양수하는 경우에는 소득세법상 특수관계가 성립하는지 여부를 검토하여야 한다.

소득세법상 특수관계인 범위는 다음과 같으며 소득세법상으로는 대표이사와 직원, 법인의 최대주주와 대표이사, 임원 간, 직원 간에는 친족관계나 사용자와 사용인 관계에 있지 않는 한 특수관계가 성립하지 않으므로 이러한 관계에 있는 자 간에 거래하는 경우에는 검토하지 않아도 된다.

아래의 소득세법상 특수관계인 범위를 비전문가가 보기에는 어려울 수 있는 데 개인 간 주식을 거래하는 경우에는 친족관계, 사실혼 관계, 친생자와 얽힌 관계에 있는 경우에는

특수관계가 성립하는 것으로 이해하면 된다.

특히 법인과 특수관계 성립여부 판단은 어려울 수 있는데 법인의 임직원(생계를 함께하는 가족 포함)이거나 30% 이상 출자(특수관계인 지분 포함)한 법인과는 특수관계가 성립하는 것으로 이해하면 된다.

소득세법상 특수관계인 범위

1. 친족관계에 있는자

- 4촌 이내의 혈족
- 3촌 이내의 인척
- 배우자(사실혼 관계 포함)
- 친생자로서 친양자 입양된 자 및 배우자와 직계비속
- 본인이 「민법」에 따라 인지한 혼인 외 출생자의 생부나 생모(생계를 유지하거나 생계를 함께하는 경우 한정)

2. 경제적 연관관계에 있는 자

- 임원, 사용인
- 임원, 사용인 외 생계를 유지하는 자
- 위의 자들과 생계를 함께하는 친족

3. 경영지배관계에 있는 자

〈본인이 개인인 경우〉

① 1차 지배적 영향력을 행사하는 법인 본인이 직접 또는 본인이 친족관계, 경제적 연관관계에 있는 자와 함께 또는 본인이 아닌 친족관계, 경제적 연관관계에 있는 자(기획재정부 조세법령운용과-759, 2022.07.15.)
⇒ 지배적 영향력 행사

② 2차 지배적 영향력을 행사하는 법인 본인이 직접 또는 본인이 친족관계, 경제적 연관관계에 있는 자, 지배적 영향력을 행사하는 자와 함께 또는 본인이 아닌 친족관계, 경제적 연관관계, 1차 지배적 영향력 행사법인(기획재정부 조세법령운용과-759, 2022.07.15.)
⇒ 지배적 영향력 행사

〈본인이 법인인 경우〉

① 법인에 지배적 영향력을 행사하는 개인 또는 법인이 직접 또는 법인이 친족관계, 경제적 연관관계에 있는 자와 함께 또는 법인이 아닌 친족관계, 경제적 연관관계에 있는 자(기획재정부 조세법령운용과-759, 2022.07.15.)가 지배적 영향력 행사

② 1차 지배적 영향력을 행사하는 법인 법인이 직접 또는 법인이 경제적 연관관계에 있는 자, 법인에 지배적 영향력을 행사하는 자와 함께 또는 법인이 아닌 경제적 연관관계에 있는 자, 법인에 지배적 영향력을 행사하는 자(기획재정부 조세법령운용과-759, 2022.07.15.)가 지배적 영향력 행사
⇒ 지배적 영향력 행사

③ 2차 지배적 영향력을 행사하는 법인이 직접 또는 법인이 경제적 연관관계에 있는 자, 법인에 지배적 영향력을 행사하는 자, 법인이 지배적 영향력을 행사하는 법인과 함께 또는 법인이 아닌 경제적 연관관계에 있는 자, 법인에 지배적 영향력을 행사하는 자, 법인이 지배적 영향력을 행사하는 법인(기획재정부 조세법령운용과-759, 2022.07.15.)이 지배적 영향력 행사

⇒ 지배적 영향력 행사

* 지배적 영향력 행사
- 영리법인 30% 이상 출자 또는 사실상 영향력 행사
- 비영리법인 이사의 과반수 또는 설립 시 30% 이상 출연 & 설립자

④ 기업집단 소속기업과 임원

2 법인세법상 특수관계인 범위를 검토하여야 하는 경우와 법인세법상 특수관계인 범위는 다음과 같다

법인세법상 특수관계인 범위를 검토하여야 하는 경우

- 법인이 개인으로부터 비상장주식을 시가보다 낮은 가액으로 양수하는 경우(자사주 양수하는 경우는 거의 모두 해당함)
- 법인이 시가보다 높은 가액으로 비상장주식을 양수하는 경우
- 법인이 시가보다 낮은 가액으로 비상장주식을 양도하는 경우

법인이 개인으로부터 비상장주식을 시가보다 낮은 가액으로 양수하거나 법인이 시가보다 높은 가액으로 비상장주식을 양수하는 경우 또는 시가보다 낮은 가액으로 양도하는 경우에는 법인세법상 특수관계인 범위를 검토하여야 한다.

실무상 가장 많이 발생하는 케이스는 법인이 자사주를 특수관계인으로부터 저가로 양수하는 경우이다.

아래의 법인세법상 특수관계인 범위를 비전문가가 보기에는 어려울 수 있는데 법인의 임직원(생계를 함께하는 가족 포함)은 당연히 법인과 특수관계가 성립한다.

주식양수도 거래이므로 주주와의 특수관계 성립여부가 중요한데 주주의 경우 1% 이상 지분만 가지고 있어도 본인뿐만 아니라 본인의 친족까지 무조건 법인과 특수관계가 성립한다.

통상 비상장법인의 경우 지분율 1% 미만 주주가 있는 경우는 극소수이므로 법인이 주주로부터 자사주를 매수하는 경우에는 무조건 특수관계인 간 거래인 것으로 보아 과세문제를 검토하여야 하는 점을 주의하여야 한다.

법인세법상 특수관계인 범위는 다음과 같다.

법인세법상 특수관계인 범위

1. 경제적 연관관계에 있는 자

- 임원, 사용인
- 임원, 사용인 외 생계를 유지하는 자
- 위의 자들과 생계를 함께하는 친족
- 비소액주주(지분율 1% 이상 주주)등이 개인인 경우
  ① 비소액주주등과 친족(생계를 함께하는지 여부 불문하고 특수관계 성립)
  ② 비소액주주등의 직원
  ③ 비소액주주등과 생계를 유지하는 자
  ④ ②, ③과 생계를 함께하는 친족
- 비소액주주등이 법인인 경우
  ① 비소액주주등의 직원 – 영리법인의 임원(직원은 특수관계 불성립)
  – 비영리법인의 경우 이사 및 설립자
  ② 비소액주주등과 생계를 유지하는 자
  ③ ①, ②와 생계를 함께하는 친족
- 법인이 1% 이상 출자한 법인(지분율 합산 ×)

2. 경영지배관계에 있는 자

① 법인에 사실상 영향력을 행사하는 자와 친족
② 법인이 직접 또는 법인이 경제적 연관관계에 있는 자, 실질지배자와 친족과 함께 또는 법인이 아닌 경제적 연관관계에 있는 자, 사실상 영향력을 행사하는 자와 친족(기획재정부 조세법령운용과-759, 2022.07.15.)
⇒ 지배적 영향력 행사법인
③ 법인이 직접 또는 법인이 경제적 연관관계에 있는 자, 실질지배자와 친족, 지배적 영향력을 행사하는 법인과 함께 또는 법인이 아닌 경제적 연관관계에 있는 자, 실질지배자와 친족 또는 법인이 아닌 경제적 연관관계에 있는 자, 실질지배자와 친족, 지배적 영향력을 행사하는 법인(기획재정부 조세법령운용과-759, 2022.07.15.)
⇒ 지배적 영향력 행사법인
④ 법인에 30% 이상 출자한 법인에 30% 이상 출자한 개인 또는 법인
⑤ 기업집단 소속기업과 그 소속기업의 임원

❸ 상속세 및 증여세법상 특수관계인 범위를 검토하여야 하는 경우와 상속세 및 증여세법상 특수관계인 범위는 다음과 같다

상속세 및 증여세법상 특수관계인 범위를 검토하여야 하는 경우

- 개인이 비상장주식을 시가보다 낮은 가액으로 양수하는 경우
- 개인이 비상장주식을 시가보다 높은 가액으로 양도하는 경우
- 대표이사와 임직원 간 또는 출자 임직원 간에 주식양수도 거래를 하는 경우
- 주주와 임직원 간에 주식양수도 거래를 하는 경우
- 특정주주로부터 특수관계인의 지분율이 30% 이상인 법인이 비상장주식을 저가로 양수하거나 수증받는 경우(양도자와 지분율 30% 이상인 자와의 특수관계 검토 필요)

개인이 비상장주식을 시가보다 낮은 가액으로 양수하거나 시가보다 높은 가액으로 양도하는 경우 또는 특정주주로부터 특수관계인 지분율이 30% 이상인 법인이 시가보다 낮은 가액으로 비상장주식을 양수하거나 비상장주식을 수증받는 경우에는 상속세 및 증여세법상 특수관계인 범위를 검토하여야 한다.

비전문가가 아래의 표를 보고 상속세 및 증여세법상 특수관계인 범위를 이해하기는 어려울 수 있는 데 친족 간에는 당연히 특수관계가 성립하며 특이하게 사돈 간에도 특수관계가 성립한다.

특이점은 본인이 30% 이상 출자한 법인이 있는 경우 법인뿐만 아니라 해당 법인의 임직원 간에도 특수관계가 성립하는 점이다.

따라서 30% 이상 지분율을 갖고 있는 대표이사와 임직원 간, 30% 이상 지분율을 가진 출자임직원과 임직원 간, 30% 이상 지분율을 갖고 있는 주주와 임직원 간에도 특수관계가 성립하므로 대표이사와 임직원 간, 임직원 간, 주주와 임직원 간에 주식양수도 거래 시에는 주의하여야 하며 특히 명의신탁주식을 주식 양수도 방법으로 정리하는 경우에는 특수관계 성립여부를 검토하여 진행하여야 한다.

상속세 및 증여세법상 특수관계인 범위는 다음과 같다.

상속세 및 증여세법상 특수관계인 범위

1. 친족관계에 있는 자

- 4촌 이내의 혈족
- 3촌 이내의 인척
- 배우자(사실혼 관계 포함)
- 친생자로서 친양자 입양된 자 및 배우자와 직계비속

• 본인이 「민법」에 따라 인지한 혼인 외 출생자의 생부나 생모(생계를 유지하거나 생계를 함께하는 경우 한정)
• 직계비속의 배우자의 2촌 이내의 혈족과 배우자

2. 경제적 연관관계에 있는 자

• 사용인(임원, 직원)
• 사용인 외의 자로서 생계를 유지하는 자
• 사용인과 생계를 함께하는 친족 ×(특수관계인 아님)
• 법인의 지분율 30% 이상인 주주, 출자임직원과 법인의 임직원

3. 경영지배관계에 있는 자

① 실질지배관계

• 본인 또는 친족관계에 있는 자가 사실상 영향력을 행사하는 기업집단소속기업과 임원, 퇴직임원
• 본인 또는 친족관계에 있는 자가 사실상 영향력을 행사하는 법인(지분율 합산 ×)
• 법인이 기업집단에 소속된 경우 기업집단소속기업과 임원 또는 퇴직임원
• 법인에 사실상 영향력을 행사하는 자와 친족

☞ 사실상 영향력 행사 여부 판단 시 친족관계 있는 자만 고려
☞ 개인이 사실상 영향력을 행사하는 법인이 기업집단소속기업인 경우 임원, 퇴직임원도 포함
☞ 법인이 기업집단에 소속된 경우 기업집단소속기업의 임원, 퇴직임원도 포함

② 1차 경영지배 비영리법인

친족관계 또는 경제적 연관관계 또는 실질지배관계에 있는 자
⇒ 이사의 과반수 또는 공동으로 재산출연하여 설립한 비영리법인

☞ 1차 경영지배 비영리법인을 별도로 규정

③ 기업집단소속기업의 임원 또는 퇴직임원이 이사장인 비영리법인

☞ 기업집단소속기업의 임원(퇴직임원)이 이사장인 비영리법인을 별도로 규정

④ 1차 직접출자에 의해 지배하는 법인

친족관계 또는 경제적 연관관계 또는 ① 또는 ② 또는 ③에 해당하는 자
⇒ 30% 이상 **출자**한 법인(**사실상 영향력 행사** ×)

⑤ 2차 간접출자에 의해 지배하는 법인

친족관계 또는 경제적 연관관계 또는 ① 또는 ② 또는 ③ 또는 ④에 해당하는 자
⇒ 50% 이상 **출자**한 법인(**사실상 영향력 행사** ×)

☞ 2차 간접출자지분율이 <u>50%</u>임.

⑥ 2차 경영지배 비영리법인

친족관계 또는 경제적 연관관계 또는 ① 또는 ② 또는 ③ 또는 ④ 또는 ⑤에 해당하는 자
⇒ 이사의 과반수 또는 공동으로 재산출연하여 설립한 비영리법인

☞ **<u>모든 선순위 특수관계인을 판단한 후 마지막으로 2차 경영지배 비영리법인 판단</u>**

08

PART 02

주식 양수도에 따른 과세문제를 사전에 검토한 후 진행하여야 한다

I 주식양도 시 발생하는 세금은 다음과 같다

전략가이드

상장법인의 경우 대주주에 해당하는 경우에 한하여 양도소득세가 과세되지만 대주주에 해당하는 경우는 극소수에 해당한다.
하지만 비상장법인의 경우 대주주 여부와 관계없이 양도소득세가 과세되고 높은 양도소득세율이 적용되는 대주주 판단도 지분율 4% 이상인 주주로 판단하므로 거의 대부분의 비상장법인 주식양도는 대주주 양도주식에 해당한다.
법인 경영에 있어 주식양수도에 대한 세금을 정확하게 아는 것은 필수적인 사항이라 할 수 있다.

1 개인이 주식양도 시에는 발생하는 양도소득세는 다음과 같다

가. 주식 양도소득세 계산구조

주식양도에 대한 양도소득세는 양도가액에서 취득가액과 신고수수료, 증권거래세, 양도소득 기본공제를 차감한 금액에 대해 주식양도에 대한 양도소득세율을 적용하여 계산한다.

	양도가액	… 실지거래가액
(−)	취득가액	… 실지거래가액
(−)	기타필요경비	… 양도비용(양도소득세 신고 수수료, 증권거래세 등)
(=)	양도소득금액	… 250만 원
(−)	양도소득기본공제	…
(=)	양도소득과세표준	
(×)	양도소득세율	
(=)	양도소득산출세액	

나. 주식양도 시 적용되는 양도소득세 세율은 다음과 같다

구 분	대 상 자 산	양도소득세율
대주주(※)	1년 미만 보유한 주식으로서 중소기업 외의 법인의 주식	30%
	그 밖의 주식	20% (3억 원 초과분 25%)
대주주가 아닌 자 및 해외주식	중소기업의 주식	10%
	그 밖의 주식	20%

※ 주식양도 시 대주주 범위

구 분	소유주식비율	시 가 총 액
유가증권시장 상장법인	1%	50억 원
코스닥시장 상장법인	2%	
코넥스시장 상장법인	4%	
주권 비상장법인	4%	10억 원 (프리보드에서 거래되는 벤처기업의 주식은 40억 원)

다. 주식 양도소득세 신고 시 대주주 범위

(1) 대주주 범위

주식 양도소득세 신고 시 대주주는 소유주식 비율이 1%(코스닥 시장 2%, 코넥스 시장과 비상장법인 4%) 이상이거나 보유주식의 시가총액이 일정가액 이상인 자를 의미한다.

(2) 주권 · 코스닥 · 코넥스 시장 상장법인이 주식양도 시 대주주 지분율 판단

상장주식의 경우 대주주에 해당하는 경우에만 양도소득세가 과세된다.

이 경우 지분율 판단은 최대주주가 아닌 한 친족 등의 지분율은 합산하지 않고 본인 보유 지분율만으로 판단한다.

최대주주에 해당하는 경우에는 기타주주에 해당하는 자[4촌 이내의 혈족, 3촌 이내의 인척, 배우자(사실혼 포함), 친생자로서 친양자 입양된 자 및 그 배우자와 직계비속, 혼외 출생자의 생모 · 생부, 경영지배관계 있는 법인]의 지분율을 합산하여 대주주 해당 여부를 판단한다.

최대주주란 직전 사업연도 종료일 현재 주주 1인 및 법인의 지배주주 판단 시 지분율 합산하는 특수관계인(법령 §43 ⑧)의 소유주식 합계가 법인의 주주 중 최대인 자를 의미한다(소령 §157 ④).

주권·코스닥·코넥스 상장법인 주식양도 시 대주주 지분율 판단

- **최대주주에 해당하지 않는 경우: 본인 지분율만으로 판단**
- **최대주주에 해당하는 경우: 본인과 기타주주의 지분율 합산하여 판단**

※ 기타주주의 범위
① 4촌 이내의 혈족, 3촌 이내의 인척
② 배우자(사실혼 배우자 포함)
③ 친생자로서 친양자 입양된 자 및 그 배우자와 직계비속
④ 주주 1인이 민법에 따라 인지한 혼외 출생자의 생부와 생모
⑤ 주주 1인 또는 ①부터 ④에 해당하는 자가 30% 이상 직접 · 출자하거나 사실상 영향력 행사하는 법인

- **최대주주**

직전 사업연도 종료일 현재 본인과 다음의 특수관계인의 지분율 합계가 법인의 주주 중 최대인 자
a. 친족관계에 있는 자
b. 본인 또는 친족이 사실상 영향력을 행사하는 법인
c. 해당 주주등과 a., b.에 해당하는 자가 30% 이상을 출자한 법인
d. 해당 주주등과 친족이 이사의 과반수를 차지하거나 설립을 위한 출연금의 30% 이상을 출연하고 그중 1인이 설립자인 비영리법인 b,c,d에 해당하는 법인이 30% 이상을 출자한 법인
e. c, d에 해당하는 법인이 30% 이상을 출자한 법인

(3) 비상장법인 주식양도 시 대주주 지분율 판단

비상장법인 주식양도 신고 시 지분율 4% 이상 보유한 대주주 판단은 최대주주에 해당하는 경우에는 기타주주의 지분율을 합산하여 판단하고 최대주주에 해당하지 않는 경우에는 직계존비속, 배우자(사실혼 관계 포함), 30% 이상 직간접 출자하거나 사실상 영향력을 행사하는 법인의 지분율을 합산하여 판단한다.

비상장법인 주식양도 시 대주주 지분율 판단

- **최대주주에 해당하지 않는 경우**

본인과 다음에 해당하는 자의 지분율 합산하여 판단
① 직계존비속
② 배우자(사실혼 배우자 포함)
③ 본인 또는 4촌 이내의 혈족, 3촌 이내의 인척, 배우자(사실혼 배우자 포함), 친생자로서 친양자 입양된 자 및 그 배우자와 직계비속, 주주 1인이 민법에 따라 인지한 혼외 출생자의 생부와 생모가 직간접으로 30% 이상 출자하거나 사실상 영향력을 행사하는 법인

■ **최대주주에 해당하는 경우: 본인과 기타주주의 지분율 합산하여 판단**

※ **기타주주의 범위**

① 4촌 이내의 혈족, 3촌 이내의 인척

② 배우자(사실혼 배우자 포함)

③ 친생자로서 친양자 입양된 자 및 그 배우자와 직계비속

④ 주주 1인이 민법에 따라 인지한 혼외 출생자의 생부와 생모

⑤ 주주 1인 또는 ①부터 ④에 해당하는 자가 30% 이상 직접 · 출자하거나 사실상 영향력 행사하는 법인

라. 양도소득세 신고기한

주식을 양도한 경우에는 다음의 기한 내에 양도소득세 신고를 하여야 한다.

① 예정신고: 양도일이 속하는 반기의 말일로부터 2개월 이내

② 확정신고: 해당 과세기간의 다음 연도 5월 1일부터 5월 31일까지

* 양도소득이 있는 거주자로서 자산양도차익 예정신고를 한 경우 확정신고의무 면제

2 주식양도 시에는 양도소득세 외에 증권거래세를 부담하여야 한다

가. 증권거래세 세율

증권거래세는 주식양도가액에 다음의 세율을 적용하여 계산한다.

구 분	증권거래세율
코스피	0.03%
코스닥	0.18%
코넥스	0.1%
기타	0.35%

나. 증권거래세 신고 · 납부기한

증권거래세는 다음의 기한 내에 신고 · 납부하여야 한다.

① 상장주식

상장주식의 경우 증권거래소를 통해 거래하므로 원천징수로 납부의무 종결

② 비상장주식

양도일이 속하는 반기의 말일로부터 2개월 이내

다. 법인도 증권거래세를 신고 · 납부 하여야 한다

주식양도 시 양도소득세 신고를 하는 개인의 경우에는 증권거래세 신고를 놓치는 경우가 많지 않지만 주식양도에 대해 양도세 신고를 하지 않는 법인의 경우에는 간혹 증권거래세 신고를 놓치는 경우를 종종 볼 수 있다.

하지만 법인도 증권거래세 신고 · 납부 의무가 있으므로 법인이 주식을 양도하는 경우에는 증권거래세 신고 · 납부기한 내에 증권거래세 신고를 하여야 하는 점을 주의하여야 한다.

Ⅱ 비상장주식의 저가양도 거래! 국세청의 집중점검 사항이다

전략가이드

세법상 비상장주식의 평가액은 PER을 10배로, PBR의 최저치를 0.8로 두고 평가하는 구조로서 상장법인보다도 오히려 높게 평가되므로 혁신 기술력 보유법인 또는 IPO 가능성이 있는 법인을 제외하고는 굉장히 고평가되는 측면이 있다.
하지만 현실적으로 세법상 비상장주식 평가액을 기준으로 주식양수도 계약이 체결되는 경우는 극히 드물며 사실상 거의 불가능하다고 할 수 있다.
따라서 실무에서 비상장주식 거래는 거의 모두 저가거래에 해당한다고 할 수 있지만 국세청에서는 세법상 비상장주식의 평가액을 기준으로 모든 과세를 하고 있어 비상장주식 거래 전에는 과세문제를 명확하게 파악한 후 진행하여야 한다.

1 개인이 특수관계 없는 자에게 비상장주식을 시가보다 낮은 가액으로 양도하는 경우에는 양도소득세 추가 과세문제가 없다

실무에서 상장주식과 달리 기업정보가 공개되지 않는 비상장주식이 거래되는 사례를 보면 법인의 임직원 간, 주주 간, 주주와 임직원 간 거래가 많은 비중을 차지하는 것을 볼 수 있다.

비상장주식을 시가보다 낮은 가액으로 양도하는 경우에 양도자는 양도소득세 추가과세 문제를 검토하여야 한다.

주식을 양도하는 자의 양도소득세의 경우 특수관계 없는 자에게 시가보다 낮은 가액으로 양도하여 낮은 양도가액을 기준으로 양도소득세, 증권거래세를 부담하여도 추가적인 과세문제는 없다.

따라서 법인의 임직원 간, 주주 간, 주주와 임직원 간에는 특수관계가 없으므로 법인의 대표이사가 임직원에게, 임직원이 대표이사에게, 주주가 주주에게, 주주가 임직원에게, 임직원이 주주에게 비상장주식을 저가양도 하는 경우에는 양도소득세 추가 과세문제가 없다.

다만 저가로 양수하는 자의 경우에는 증여세 과세문제가 발생하므로 반드시 저가로 양수하는 자의 증여세 과세문제를 검토한 후 양수도 거래를 진행하여야 한다.

개인이 특수관계 없는 자에게 비상장주식을 저가로 양도하는 경우

- **실제 양도가액을 양도가액으로 인정**
  양도소득세 추가 과세문제 없음
- **대표이사가 임직원에게, 임직원이 대표이사에게, 주주가 주주에게, 주주가 임직원에게, 임직원이 주주에게 비상장주식을 저가양도 하는 경우**
  양도소득세 추가과세문제 없음
  ※ 다만 양수자의 경우 증여세 과세문제 발생하므로 증여세 과세문제 검토 필요함

2 개인이 특수관계 있는 자에게 시가보다 낮은 가액으로 비상장주식을 양도하는 경우에는 시가를 기준으로 양도소득세와 증권거래세가 과세된다

개인이 소득세법상 특수관계 있는 자에게 시가보다 낮은 가액으로 비상장주식을 양도하는 경우로서 시가와 양도가액의 차액이 시가의 5% 또는 3억 원 이상인 경우에는 양도소득세 부당행위계산부인이 적용되어 시가를 기준으로 양도소득세가 과세되고 시가를 기준으로 증권거래세가 과세된다(소법 §101, 증권거래세법 §7).

실무상 개인과 소득세법상 특수관계 있는 자는 개인의 친족, 개인의 사용인, 개인이 친족과 함께 30% 이상 출자한 법인, 개인(또는 개인과 생계를 함께하는 친족)이 임직원으로 있는 법인에 해당하는 자라 할 수 있다.

실무상 개인이 친족에게 비상장주식을 양도하는 경우, 법인의 임직원이 법인에 자사주를 양도하는 경우, 법인의 30% 이상 지분율을 가진 주주가 자사주를 양도하는 경우가 이에 해당한다.

개인이 특수관계 있는 자에게 비상장주식을 저가로 양도하는 경우

- **시가와 양도가액의 차액이 시가의 5% 또는 3억 원 이상인 경우**

  시가를 기준으로 양도소득세, 증권거래세 추가과세

- **개인이 친족에게, 개인이 본인 사업장의 임직원에게, 개인이 친족과 함께 30% 이상 출자한 법인에게, 개인(또는 개인과 생계를 함께하는 친족)이 임직원으로 있는 법인에게 비상장주식을 저가로 양도하는 경우**

  양도소득세, 증권거래세 추가과세문제 발생

  ※ 저가로 양수한 자가 개인인 경우 증여세 과세문제 발생하고 법인인 경우 법인세 추가 과세문제 검토필요함

소득세법 제101조【양도소득의 부당행위계산】

① 납세지 관할 세무서장 또는 지방국세청장은 양도소득이 있는 거주자의 행위 또는 계산이 그 거주자의 특수관계인과의 거래로 인하여 그 소득에 대한 조세 부담을 부당하게 감소시킨 것으로 인정되는 경우에는 그 거주자의 행위 또는 계산과 관계없이 해당 과세기간의 소득금액을 계산할 수 있다.

소득세법 시행령 제167조【양도소득의 부당행위 계산】

③ 법 제101조 제1항에서 "조세의 부담을 부당하게 감소시킨 것으로 인정되는 경우"란 다음 각 호의 어느 하나에 해당하는 때를 말한다. 다만, 시가와 거래가액의 차액이 3억 원 이상이거나 시가의 100분의 5에 상당하는 금액 이상인 경우로 한정한다.

1. 특수관계인으로부터 시가보다 높은 가격으로 자산을 매입하거나 특수관계인에게 시가보다 낮은 가격으로 자산을 양도한 때

증권거래세법 제7조(과세표준)

① 증권거래세의 과세표준은 다음 각 호의 구분에 따른다.

1. 제3조제1호 각 목에 따른 주권을 양도하는 경우에는 그 주권의 양도가액
2. 제1호 외의 주권 등을 양도하는 경우에는 다음 각 목의 구분에 따른 가액

   가. 주권 등의 양도가액을 알 수 있는 경우: 해당 주권등의 양도가액. 다만, 다음의 어느 하나에 해당하는 경우에는 다음에 규정하는 가액으로 한다.

   1) 「소득세법」 제101조, 「법인세법」 제52조 또는 「상속세 및 증여세법」 제35조에 따라 주권 등이 시가(時價)보다 낮은 가액으로 양도된 것으로 인정되는 경우(「국제조세조정에 관한 법률」 제7조가 적용되는 경우는 제외한다)에는 그 시가액

3 법인이 특수관계 없는 자에게 시가의 70%보다 낮은 가액으로 비상장주식을 양도하는 경우에는 기부금으로 보아 법인세가 과세될 수 있다

개인이 특수관계 없는 자에게 시가보다 낮은 가액으로 비상장주식을 양도하는 경우에는 추가적인 과세문제가 없는 것과 달리, 법인이 특수관계 없는 자에게 시가의 70%보다 낮은 가액(정상가액)으로 비상장주식을 양도하는 경우로서 정당한 사유가 없는 경우에는 전액 경비로 인정되지 않는 비지정 기부금으로 보아 정상가액과 양도가액과의 차액에 대해 법인세가 과세된다(법법 §24, 법령 §35).

따라서 법인이 특수관계 없는 자에게 양도하는 경우에는 양도가액 결정 시 시가의 70% 이상으로 하여야 추가 과세문제가 발생하지 않으므로 주의하여야 한다. 이 경우 시가의 70%에 미달하는 가액으로 거래한 경우에는 법인세 추가 과세문제뿐만 아니라 이사회 결의를 거치지 않고 이러한 거래로 회사에 손해가 발생한 경우에는 이사의 회사에 대한 손해배상책임 문제가 발생하므로 주의하여야 한다.

법인이 특수관계 없는 자에게 비상장주식을 저가로 양도하는 경우

- **양도가액이 시가의 70% 미만인 경우 & 정당한 사유 없는 경우 (시가의 70% − 양도가액)을 기부금으로 보아 해당 금액에 대해 법인세 과세**

  ※ 10% 한도기부금, 50% 한도기부금 적용 단체에 저가양도한 경우에는 제외
- **법인은 특수관계 없는 자에게 시가보다 낮은 가액으로 양도하여도 법인세 과세문제가 발생하므로 주의할 것**

  ※ 저가로 양수한 자가 개인인 경우 증여세 과세문제 발생

법인세법 제24조【기부금의 손금불산입】

① 이 조에서 "기부금"이란 내국법인이 사업과 직접적인 관계없이 무상으로 지출하는 금액(대통령령으로 정하는 거래를 통하여 실질적으로 증여한 것으로 인정되는 금액을 포함한다)을 말한다.

법인세법 시행령 제35조【기부금의 범위】

법 제24조 제1항에서 "대통령령으로 정하는 거래"란 특수관계인 외의 자에게 정당한 사유 없이 자산을 정상가액보다 낮은 가액으로 양도하거나 특수관계인 외의 자로부터 정상가액보다 높은 가액으로 매입하는 것을 말한다. 이 경우 정상가액은 시가에 시가의 100분의 30을 더하거나 뺀 범위의 가액으로 한다.

4 법인이 특수관계 있는 개인에게 시가보다 낮은 가액으로 비상장주식을 양도하는 경우에는 양도한 법인과 양수한 개인 모두에게 추가 과세문제가 발생한다

법인이 법인세법상 특수관계 있는 개인에게 시가보다 낮은 가액으로 비상장주식을 양도한 경우로서 시가와 양도가액의 차액이 시가의 5% 또는 3억 원 이상인 경우에는 부당행위계산부인 대상에 해당하여 시가를 기준으로 법인세가 과세된다(법법 §52, 법령 §88).

또한 시가보다 저가로 양수한 개인이 출자 임직원인 경우에는 상여, 주주인 경우에는 배당, 그 외 특수관계인에 해당하는 경우에는 기타소득으로 소득세가 과세된다(법령 §106).

이러한 방식으로 저가로 양수한 개인에게 소득세가 과세된 경우에는 저가양수에 따라 얻은 이익에 대해 증여세가 과세되지 않는다.

법인세법 제52조【부당행위계산의 부인】

① 납세지 관할 세무서장 또는 관할지방국세청장은 내국법인의 행위 또는 소득금액의 계산이 특수관계인과의 거래로 인하여 그 법인의 소득에 대한 조세의 부담을 부당하게 감소시킨 것으로 인정되는 경우에는 그 법인의 행위 또는 소득금액의 계산(이하 "부당행위계산"이라 한다)과 관계없이 그 법인의 각 사업연도의 소득금액을 계산한다.

법인세법 시행령 제88조【부당행위계산의 유형 등】

① 법 제52조 제1항에서 "조세의 부담을 부당하게 감소시킨 것으로 인정되는 경우"란 다음 각 호의 어느 하나에 해당하는 경우를 말한다(2011.6.3. 개정).

3. 자산을 무상 또는 시가보다 낮은 가액으로 양도 또는 현물출자한 경우. 다만, 제19조 제19호의 2 각 목 외의 부분에 해당하는 주식매수선택권 등의 행사 또는 지급에 따라 주식을 양도하는 경우는 제외한다.

③ 제1항 제1호 · 제3호 · 제6호 · 제7호 및 제9호(제1항 제1호 · 제3호 · 제6호 및 제7호에 준하는 행위 또는 계산에 한한다)는 시가와 거래가액의 차액이 3억 원 이상이거나 시가의 100분의 5에 상당하는 금액 이상인 경우에 한하여 적용한다.

법인이 특수관계 있는 자에게 비상장주식을 저가로 양도하는 경우

- **시가와 양도가액의 차액이 시가의 5% 또는 3억 원 이상인 경우**
  시가를 기준으로 시가와 취득가액과의 차액에 대해 법인세 과세
- **저가로 양수한 특수관계인이 개인인 경우**
  주주인 경우에는 배당, 임직원 · 출자임직원인 경우에는 상여, 그 외의 자인 경우에는 기타소득세 과세
  ※ 저가로 양수한 자가 개인인 경우 소득세가 과세되었으므로 증여세 과세문제는 검토할 필요 없음

Ⅲ 비상장주식의 저가 양수도 거래! 세금폭탄이 될 수 있다

> **전략가이드**
>
> 개인이 특수관계 없는 자에게 비상장주식을 저가양도한 경우에는 양도소득세 추가과세문제가 없지만 세법상 증여는 무상으로 받은 것뿐만 아니라 자산을 저가로 양수하여 이익을 이전받은 것도 증여에 해당하므로 비상장주식의 저가거래 시 양수자에게는 특수관계 성립 여부와 관계없이 증여세 과세문제가 발생한다.
>
> 또한 법인이 비상장주식을 저가양수한 경우에는 법인세가 과세될 수 있을 뿐만 아니라 법인의 주주에게 증여세가 과세될 수도 있다.
>
> 따라서 비상장주식을 저가로 양수하는 경우에는 개인, 법인 모두에게 세금폭탄이 될 수 있으므로 거래유형별 과세문제를 정확하게 검토한 후 진행하여야 한다.

1 개인이 비상장주식을 시가보다 낮은 가액으로 양수하는 경우에는 증여세 과세문제가 발생한다

가. 개인이 특수관계 있는 자로부터 비상장주식을 저가로 양수한 경우

개인이 상속세 및 증여세법상 특수관계 있는 자로부터 비상장주식을 시가보다 저가로 양수한 경우로서 시가와 양수가액과의 차액이 시가의 30% 또는 3억 원 이상인 경우에는 시가와 양수가액과의 차액에서 시가의 30% 또는 3억 원 중 적은 금액을 차감한 금액에 대해 증여세가 과세된다(상증법 §35 ①).

따라서 비상장주식을 세법상 평가액보다 낮은 가액으로 양수하는 경우에는 반드시 증여세 과세문제를 검토한 후 의사결정을 하여야 한다.

- 개인이 특수관계 있는 자로부터 비상장주식을 저가로 양수하는 경우 증여세
  - 과세요건 – 가액요건에 해당하는 경우 무조건 증여세 과세

구 분	가액요건
저가양수	(시가 – 대가) / 시가 ≥ 시가의 30% or (시가 – 대가) ≥ 3억 원

  - 과세금액

구 분	증여재산가액
저가양수	(시가 – 대가) – Min[시가의 30%, 3억 원]

08

나. 개인이 특수관계 없는 자로부터 비상장주식을 저가로 양수한 경우

개인이 상속세 및 증여세법상 특수관계 없는 자로부터 비상장주식을 시가보다 낮은 가액으로 양수하여 시가와 대가와의 차액이 시가의 30% 이상인 경우로서 정당한 사유가 없는 경우에는 시가와 대가와의 차액에서 3억 원을 차감한 금액에 대해 증여세가 과세된다(상증법 §35 ②).

즉, 개인이 특수관계 없는 자로부터 비상장주식을 양수하는 경우에 시가보다 3억 원 이내에서 낮은 금액으로 양수하는 경우에는 증여세 과세문제가 없다.

따라서 환가성이 없음에도 세법상 높은 가액으로 평가되는 비상장주식을 특수관계 없는 자 간에 거래하는 경우에는 양수하는 인원수를 늘려서 시가와 양수가액의 차액을 3억 원 이내로 하여 양수하는 전략이 필요하다.

■ 개인이 특수관계 없는 자로부터 비상장주식을 저가양수하는 경우 증여세

• 과세요건 – 거래의 관행상 정당한 사유가 없는 경우에 과세

구 분	가액요건
저가양수	(시가 – 대가) / 시가 ≥ 시가의 30%

• 과세금액

구 분	증여재산가액
저가양수	(시가 – 대가) – 3억 원 ⇒ 특수관계 없는 자로부터 세법상 평가액보다 3억 원 낮게 양수하는 경우에는 과세문제 없음

2 법인이 특수관계 있는 개인으로부터 시가보다 낮은 가액으로 비상장주식을 양수하는 경우에는 법인세가 과세된다

법인이 자산을 시가보다 낮은 저가로 양수한 경우에는 해당 양도 시 양도차익에 대해 법인세가 과세되므로 자산을 시가보다 낮은 가액으로 양수한 경우에는 법인세가 과세되지 않는다.

하지만 이러한 점을 이용하여 부모가 부모 법인 주식을 자녀에게 직접 증여하는 대신 자녀가 주주인 법인에 저가양도하는 방법으로 주식을 편법증여하는 것을 막기 위해 법인이 법인세법상 특수관계 있는 개인으로부터 주식을 시가보다 낮은 가액으로 양수한 경우에는 양수한 시점에 시가와 대가와의 차액에 대해 법인세가 과세된다(법법 §15 ② 1호).

여기서 법인과 특수관계가 성립하는 주주는 지분율 1% 이상인 주주이므로 법인이 주주로부터 시가보다 낮은 가액으로 감자 또는 이익소각 목적 외의 목적으로 자기주식을 양수하는

경우에는 시가와 양수가액과의 차액에 대해 법인세가 과세되는 점을 주의하여야 한다.

실무상 법인이 시가보다 낮은 가액으로 비상장주식을 양수하는 경우는 명의신탁주식 있는 법인이 명의수탁자의 주식을 시가보다 낮은 가액으로 자사주 양수하는 경우가 많다.

따라서 자사주를 양수하는 경우에는 이러한 과세문제를 반드시 검토하여야 한다.

법인이 특수관계 있는 개인으로부터 비상장주식을 저가양수하는 경우 법인세 과세문제

- **법인세법상 특수관계 있는 개인으로부터 저가양수하는 경우**
  시가와 양수가액과의 차액에 대해 법인세 과세
- **법인이 지분율 1% 이상인 주주로부터 자기주식을 저가로 양수하는 경우**
  시가와 양수가액과의 차액에 대해 법인세 과세대상임을 주의할 것(※ 감자 또는 이익소각 목적인 경우에는 제외)

법인세법 제15조【익금의 범위】
② 다음 각 호의 금액은 익금으로 본다.
1. 특수관계인인 개인으로부터 유가증권을 제52조 제2항에 따른 시가보다 낮은 가액으로 매입하는 경우 시가와 그 매입가액의 차액에 상당하는 금액

❸ 법인이 비상장주식을 시가보다 낮은 가액으로 양수하는 경우에는 법인의 주주에게 증여세가 과세될 수 있다

비상장주식을 저가로 양수한 법인이 지배주주(법인에 대한 지분율이 가장 많은 자)와 친족의 지분율이 30% 이상인 특정법인에 해당하고 저가로 양도한 자와 지배주주 간에 특수관계가 성립하며 시가와 양수가액의 차액이 시가의 30% 또는 3억 원 이상인 경우로서 지배주주별 증여의제이익이 1억 원 이상인 경우에는 지배주주에게 증여세가 과세된다(상증법 §45의5).

따라서 명의신탁주식을 정리목적 등으로 법인이 자기주식을 저가로 양수하는 경우에는 법인 주주의 증여세 과세문제까지 검토한 후 진행하여야 한다.

가. 과세요건

(1) 저가로 양도한 자 요건

저가로 양도한 자가 법인의 100% 주주인 경우에는 본인에게 이익을 분여한 결과가 되므로 저가로 양도한 주주는 저가로 양수한 법인의 100% 주주가 아닌 경우로서 지배주주와 상속세 및 증여세법상 특수관계가 성립하여야 한다.

(2) 저가로 양수한 법인 요건

저가로 양수한 법인은 지배주주와 친족의 직접 · 간접 지분율이 30% 이상인 특정법인에 해당하여야 한다.

여기서 지배주주란 해당 법인의 최대주주등 중에서 그 법인에 대한 직접보유비율이 가장 높은 개인(직접 보유비율이 가장 높은 자가 법인인 경우에는 그 법인에 대한 직 · 간접 보유비율이 가장 높은 개인)을 의미한다(상증령 §34의3 ①).

(3) 비상장주식 양수가액 요건

시가와 양수가액의 차액이 시가의 30% 또는 3억 원 이상이어야 한다.

(4) 증여의제이익 규모요건

지배주주와 친족의 개인별 증여의제이익이 1억 원 이상인 경우에 한하여 증여세가 과세된다(상증령 §34의5 ⑤).

나. 증여의제이익에 대한 증여세

(1) 특정법인의 이익

특정법인이 비상장주식을 저가로 양수함으로써 얻은 이익은 비상장주식의 시가와 양수가액의 차액에서 해당 차액에 대한 법인세 상당액을 차감한 가액으로 한다(상증령 §34의5 ④).

> ■ 특정법인의 이익
> = (비상장주식의 시가 − 양수가액)
> − [법인세 × (비상장주식의 시가 − 양수가액) / 각 사업연도 소득)]

(2) 지배주주등 개인별 증여의제이익에 대한 증여세

지배주주등 개인별 증여의제이익은 특정법인의 이익에 지배주주등의 지분율을 곱한 금액으로 계산하며, 해당 증여의제이익(1억 원 이상인 경우에 한하여 과세)에 증여세율을 적용한 금액에 대해 증여세가 과세된다.

이렇게 계산된 증여세액이 법인세 상당액 차감 전 특정법인의 이익(시가 − 양수가액)에 지배주주등의 주식보유비율을 곱한 금액에 대한 증여세에서 법인세 상당액 중 지배주주등의 주식보율비율을 차감한 금액을 초과하는 경우 초과하는 금액은 없는 것으로 본다(상증법 §45의5 ②, 상증령 §34의5 ⑨).

- **지배주주등 개인별 증여세 Min(①, ②)**
  ① 특정법인의 이익 × 지배주주등 지분율 × 증여세율
  ② [(시가 − 양수가액) × 지배주주등 지분율 × 증여세율)]
  − (특정법인의 법인세 상당액 × 지배주주등 지분율)

법인이 비상장주식을 저가양수하는 경우 법인의 주주의 증여세 과세문제

다음 요건을 충족하는 경우 법인의 주주에게 증여세 과세

- **저가로 양도한 자 요건**
  저가로 양도한 자가 법인의 지분율 100% 소유한 주주가 아닐 것
- **저가로 양수한 법인 요건**
  지배주주등의 직·간접 지분율이 30% 이상인 특정법인에 해당할 것
- **특수관계 요건**
  저가로 양도한 자와 지배주주 간에 상속세 및 증여세법상 특수관계가 성립할 것
- **증여의제이익 규모요건**
  지배주주별 증여의제이익이 1억 원 이상일 것

※ 법인이 명의신탁주식을 시가보다 낮은 가액으로 자기주식 취득하는 방식으로 정리하는 경우에는 주주의 증여세 문제 검토 필요함.

Ⅳ 비상장주식의 고가양수도 거래도 과세문제가 있다

전략가이드

중소기업의 경우에는 최대주주등의 지분에 대해서도 경영권 프리미엄을 고려한 할증평가가 적용되지 않는다.
실무적으로 비상장주식을 고가양도하는 경우는 IPO 계획 있는 법인의 구주를 매각하거나 법인의 최대주주가 전체 경영권을 이전하면서 주식을 양도하는 경우로서 특수관계 없는 자 간의 거래인 경우가 대부분이다.
비상장주식을 고가로 양도하는 경우에는 양도소득세뿐만 아니라 통상적인 거래관행상 합리적인 이유가 없는 경우에는 증여세가 과세될 수도 있는 점을 주의하여야 한다.

1 개인이 비상장주식을 시가보다 높은 가액으로 양도한 경우에는 양도소득세뿐만 아니라 증여세가 과세될 수 있다

가. 양도소득세 과세문제

개인이 시가보다 높은 가액으로 비상장주식을 양도한 경우에는 실제 양도가액을 기준으로 양도소득세가 과세된다.

다만 고가양도로 얻은 이익에 대해 증여세가 과세된 경우에는 시가를 양도가액으로 보아 기납부한 양도소득세를 환급받게 된다.

나. 증여세 과세문제

개인이 특수관계인에게 시가보다 높은 가액으로 비상장주식을 양도한 경우로서 대가와 시가와의 차액이 시가의 30% 이상 또는 3억 원 이상인 경우에는 대가와 시가와의 차액에서 시가의 30% 또는 3억 원 중 적은 금액을 차감한 금액에 대해 증여세가 과세된다.

또한 개인이 특수관계 없는 자에게 정당한 사유 없이 시가보다 높은 가액으로 비상장주식을 양도한 경우로서 대가와 시가와의 차액이 시가의 30% 이상인 경우에는 대가와 시가와의 차액에서 3억 원을 차감한 금액에 대해 증여세가 과세된다.

비상장주식을 시가보다 높은 가액으로 양도한 경우는 보통 최대주주에 해당하는 자가 경영권 프리미엄을 감안하여 양도하는 경우가 이에 해당한다.

따라서 법인을 양도하는 거래를 하는 경우에는 증여세 과세문제를 고려하여야 한다.

■ 개인이 특수관계 있는 자에게 비상장주식을 고가로 양도한 경우 증여세

• 과세요건 – 가액요건에 해당하는 경우 무조건 증여세 과세

구분	수증자	가액요건
고가양도	양도자	(대가 – 시가) / 시가 ≥ 시가의 30% or (대가 – 시가) ≥ 3억 원

• 과세금액

구분	증여재산가액
고가양도	(대가 – 시가) – Min[시가의 30%, 3억 원]

■ 개인이 특수관계 없는 자에게 비상장주식을 고가로 양도한 경우 증여세

• 과세요건 – 거래의 관행상 정당한 사유가 없는 경우에 과세

구분	수증자	가액요건
고가양도	양도자	(대가 – 시가) / 시가 ≥ 시가의 30%

• 과세금액

구분	증여재산가액
고가양도	(대가 – 시가) – 3억 원

2 법인이 비상장주식을 시가보다 높은 가액으로 양도한 경우에는 법인의 주주에게 증여세가 과세될 수 있다

가. 법인세 과세문제

법인이 비상장주식을 시가보다 높은 가격으로 양도한 경우에는 시가보다 높은 양도가액을 기준으로 법인세가 과세되며 추가적인 과세문제는 없다.

나. 법인 주주의 증여세

비상장주식을 고가로 양도한 법인이 지배주주등의 지분율이 30% 이상인 특정법인에 해당하고 비상장주식의 양도가액과 시가와의 차액이 시가의 30% 또는 3억 원 이상이며 고가로 주식을 양수한 자와 지배주주 간에 특수관계가 성립하는 경우로서 지배주주별 증여의제이익이 1억 원 이상인 경우에는 고가로 양도한 법인의 주주에게 증여세가 과세된다.

법인이 비상장주식을 고가양도하는 경우 법인 주주의 증여세 과세문제

■ **다음 요건을 충족하는 경우 법인의 주주에게 증여세 과세**

- 고가로 양수한 자 요건
  고가로 양수한 자가 법인의 지분을 100% 소유한 주주가 아닐 것
- 고가로 양도한 법인 요건
  지배주주등의 직·간접 지분율이 30% 이상인 특정법인에 해당할 것
- 특수관계 요건
  고가로 양수한 자와 지배주주 간에 상속세 및 증여세법상 특수관계가 성립할 것
- 증여의제이익 규모요건
  지배주주별 증여의제이익이 1억 원 이상일 것

08

V 경영권을 인수하는 등 과정에서 비상장주식을 시가보다 높은 가액으로 양수하는 경우 과세리스크

전략가이드

중소기업의 경우에는 최대주주등의 지분에 대해서도 경영권 프리미엄을 고려한 할증평가를 하지 않는다.
실무적으로 비상장주식을 고가양수하는 사례는 드문 경우이지만 경영권을 인수할 목적 등으로 최대주주의 지분을 양수하면서 경영권 프리미엄을 지급하는 경우에는 세법상 평가액보다 높은 가액으로 양수하는 결과가 된다.
이러한 경우에는 각 Case별로 발생하는 과세문제를 정확하게 인지할 필요가 있다.

1 개인이 특수관계 없는 자로부터 시가보다 높은 가액으로 주식을 양수한 경우에는 실제 거래가액이 취득가액으로 인정된다

개인이 특수관계 없는 자로부터 시가보다 높은 가액으로 주식을 양수한 경우에는 시가보다 높은 실제 거래가액이 취득가액으로 인정된다.

따라서 시가보다 높은 가액으로 주식을 양수한 불리한 점은 있지만 해당 주식 양도 시 양도소득세가 낮아지는 효과가 있다.

비상장주식 세법상 평가액 100억 원, 양수가액 150억 원

- **특수관계 없는 자 → 주식의 고가양수(150억 원) → 개인**

⇒ 해당 주식 150억 원에 양도 시 과세대상 양도차익
(150억 원 - 150억 원*) =0원
* 실제 양수가액

2 개인이 특수관계 있는 자로부터 시가보다 높은 가액으로 주식을 양수한 경우에는 높은 양수가액을 지급하고 취득하였더라도 실제 양수가액이 아닌 시가가 취득가액으로 인정된다

개인이 특수관계 있는 자로부터 시가보다 높은 가액으로 주식을 양수한 경우에는 시가보다 높은 양수가액을 지불하였음에도 실제 지급한 거래가액이 취득가액으로 인정되지 않고 시가가 취득가액으로 인정된다.

따라서 시가보다 높은 가액으로 주식을 양수하여 불리한 점뿐만 아니라 높은 취득가액이 양도소득세 계산 시 취득가액으로 인정되지 않으므로 향후 해당 주식 양도 시 양도소득

세 부담이 늘어나는 불리한 점이 있다.

비상장주식 세법상 평가액 100억 원, 양수가액 150억 원

- **특수관계 있는 자 → 주식의 고가양수(150억 원) → 개인**

  ⇒ 해당 주식 150억 원에 양도 시 과세대상 양도차익

  (150억 원 − 100억 원*) = 50억 원(50억 원에 대해 양도소득세 납부)

  * 세법상 평가액

3 법인이 특수관계 없는 자로부터 주식을 시가보다 높은 가액으로 양수한 경우에는 의제기부금으로 보며 해당 주식 양도 시 의제기부금에 해당하는 만큼 법인세가 증가하게 된다

법인이 특수관계 없는 자로부터 주식을 시가의 130%보다 높은 가액으로 양수한 경우에는 시가의 130%와 양수가액과의 차액을 의제기부금으로 보므로 양도자가 50% 한도기부금, 10% 한도기부금 단체가 아닌 경우에는 해당 금액이 소득금액에 가산되고 자산가액이 차감되어 양수한 사업연도에는 추가과세금액이 없다.

다만 해당 주식을 양도한 사업연도에는 의제기부금에 대한 부분만큼 법인세가 증가하게 된다.

4 법인이 특수관계 있는 자로부터 주식을 시가보다 높은 가액으로 양수한 경우에는 주식양도 시 시가와의 차액만큼 주식양도한 사업연도의 소득금액이 증가한다

법인이 특수관계 있는 자로부터 시가의 5% 또는 3억 원보다 높은 가액으로 주식을 양수한 경우에는 해당 주식의 취득가액은 실제 양수가액이 아닌 시가로 보아 대가와 시가와 차액이 소득금액에서 차감되고 동일한 금액이 부당행위계산부인이 적용되어 소득금액에 가산되므로 주식을 양수한 사업연도에는 법인세 증가효과가 없다.

다만, 이후 해당 주식 양도 시 실제 취득가액이 아닌 시가가 취득가액이 되므로 시가와 대가와의 차액만큼 소득금액이 증가하게 되어 법인세가 증가하게 된다.

또한 법인에게 고가양도한 특수관계인이 개인인 경우에는 해당 개인에게 배당, 상여, 기타소득으로 소득세가 과세되며 이렇게 소득세가 과세된 경우에는 해당 거래를 통해 이익을 분여받은 경우에도 증여세가 과세되지 않는다.

사례 비상장주식을 시가보다 고가로 양수한 경우 과세문제

- ㈜현인의 안대표 세법상 주식평가액 40억 원
- A투자자의 지분양수: 안대표 주식 60억 원에 양수(경영권 인수)
- A투자자의 지분양도: 2년 뒤 ㈜현인 주식을 90억 원에 양도(창투사에 전체 양도)

• 개인인 A투자자가 특수관계 없는 자로부터 고가양수한 경우 A투자자의 양도차익

(양도가액 90억 원 – 취득가액 60억 원) = 30억 원

• 개인인 A투자자가 특수관계 있는 자로부터 고가양수한 경우 A투자자의 양도차익

(양도가액 90억 원 – 취득가액 40억 원) = 50억 원

• 법인인 A투자자가 특수관계 없는 자로부터 고가양수한 경우 주식양도 시 양도차익

취득가액: 40억 원 × 130% = 52억 원
(양도가액 90억 원 – 취득가액 52억 원) = 38억 원

• 법인인 A투자자가 특수관계 있는 자로부터 고가양수한 경우 주식양도 시 양도차익

(양도가액 90억 원 – 취득가액 40억 원) = 50억 원

PART 03

부동산 보유법인의 지분이동 전략! 신중하게 접근해야 한다

I 부동산 과다보유 법인의 과점주주가 50% 이상의 주식을 양도하는 경우에는 최고 60.5%의 소득세율이 적용된다

전략가이드

법인의 자산 중 부동산 보유비중이 높은 부동산 과다보유법인이 부동산을 양도한 후 부동산 양도차익에 대해 9.9%에서 26.4% 정도의 세율로 법인세를 부담하고 해당 잉여금을 재원으로 배당을 받거나 상여 등을 수령하면서 최고 49.5%의 세율을 적용받아 소득세를 부담하는 경우에는 최고 부동산 매매대금의 60% 정도가 세금으로 소진되는 결과가 된다.

이러한 이유로 부동산 과다보유 법인이 부동산을 양도하는 대신 편법적으로 일반 소득세율보다 낮은 세율이 적용되는 주식을 양도하는 거래를 시도할 수 있으므로 부동산 과다보유법인의 주식양도에 대해서는 주식양도소득세율보다 높은 세율을 적용하고 있다.

따라서 부동산 과다보유법인이 경영권 이전 거래를 하거나 부동산 매각 대신 주식양도를 하는 경우에는 관련 세금을 정확하게 파악한 후 진행하여야 한다.

1 부동산 과다보유법인은 부동산 등 보유비율이 50% 이상인 법인을 말한다

부동산 과다보유법인이란 법인의 자산총액 중 토지, 건물, 부동산에 관한 권리의 가액, 해당법인이 직접 또는 간접적으로 보유한 다른 법인의 주식가액에 그 다른 법인의 부동산 등 보유비율을 곱한 가액이 50% 이상인 법인을 말한다(소법 §94 ① 4호 다목).

부동산 과다보유 법인

- **법인의 자산 총액 중 다음 가액의 합계액이 차지하는 비율이 50% 이상인 법인**
  - ① 토지, 건물, 부동산에 관한 권리의 가액
  - ② 해당 법인이 직접 또는 간접으로 보유한 다른 법인의 주식가액 × 그 다른 법인의 부동산 등 보유비율

08

* 자산총액에서 제외되는 금액
무형자산, 양도일부터 소급하여 1년이 되는 날부터 양도일까지 기간 중에 차입 또는 증자에 의하여 증가한 현금 및 금융재산

■ **다른 법인의 부동산 등 보유비율**

$$\text{다른 법인의 부동산등 보유비율} = \frac{A+B+C}{D}$$

A: 다른 법인이 보유하고 있는 토지, 건물
B: 다른 법인이 보유하고 있는 부동산에 관한 권리의 가액
C: 다른 법인이 지분율 합산 특수관계인(국기령 §1의2)과 함께 30% 이상 직접 · 간접 출자하거나 사실상 영향력을 행사하는 법인의 주식가액에 해당 법인의 부동산 등 보유비율을 곱하여 산출한 가액
D: 다른 법인의 자산총액

2 과점주주의 범위

과점주주란 주주 1인과 기타주주의 주식등의 합계액이 해당 법인의 주식등의 합계액의 50%를 초과하는 경우 주주 1인과 기타주주를 말한다(소령 §158 ①).

이 경우 기타주주는 ① 4촌 이내의 혈족, 3촌 이내의 인척, ② 배우자(사실혼 배우자 포함), ③ 친생자로서 친양자 입양된 자 및 그 배우자와 직계비속, ④ 주주 1인이 민법에 따라 인지한 혼외 출생자의 생부와 생모, ⑤ 주주 1인 또는 ①부터 ④에 해당하는 자가 30% 이상 직접 · 출자하거나 사실상 영향력을 행사하는 법인을 의미한다.

과점주주 판단 시 지분율 합산하는 기타주주 범위

① 4촌 이내의 혈족, 3촌 이내의 인척
② 배우자(사실혼 배우자 포함)
③ 친생자로서 친양자 입양된 자 및 그 배우자와 직계비속
④ 주주 1인이 민법에 따라 인지한 혼외 출생자의 생부와 생모
⑤ 주주 1인 또는 ①부터 ④에 해당하는 자가 30% 이상 직접 · 출자하거나 사실상 영향력을 행사하는 법인

3 과점주주 외의 자에게 50% 이상 양도한 경우

부동산 보유비율이 50% 이상인 법인의 과점주주가 그 법인의 주식등의 50% 이상을 과점주주 외의 자에게 양도하는 경우에는 주식양도에 대한 양도소득세율이 적용되지 않고 소득세 누진세율이 적용되어 최고 49.5%(지방소득세 포함)의 소득세율이 적용된다(소법 §104

① 1호).

한편 부동산의 대부분이 비사업용 토지로 되어 있어 전체 자산 중 비사업용 토지가 차지하는 비율이 50% 이상인 경우에는 일반적인 소득세 누진세율에 10%가 중과되어 최고 60.5%의 세율이 적용된다(소법 §104 ① 9호).

이 경우 중과 소득세율을 피하기 위해 과점주주가 과점주주 외의 자에게 여러 번에 걸쳐 양도하는 경우에도 과점주주등 1인이 주식양도한 날부터 소급하여 3년 이내 과점주주가 양도한 주식등을 합산하여 해당 법인의 주식등의 50% 이상을 양도한 경우에 해당하는 경우에는 최고 60.5%의 세율이 적용된다(소령 §158 ②, ③).

4 부동산 과다보유 법인 주식을 과점주주가 50% 이상 양도 시 적용되는 세율

가. 일반적인 경우

종합소득과세표준	적용세율	누진공제
1,400만 원 이하	6%	-
1,400만 원 초과 5,000만 원 이하	15%	1,260,000
5,000만 원 초과 8,800만 원 이하	24%	5,760,000
8,800만 원 초과 1억5,000만 원 이하	35%	15,440,000
1억5,000만 원 초과 3억 원 이하	38%	19,940,000
3억 원 초과 5억 원 이하	40%	25,940,000
5억 원 초과 10억 원 이하	42%	35,940,000
10억 원 초과	45%	65,940,000

나. 자산총액 중 비사업용 토지가 차지하는 비율이 50% 이상인 경우

종합소득과세표준	적용세율	누진공제
1,400만 원 이하	16%	-
1,400만 원 초과 5,000만 원 이하	25%	1,260,000
5,000만 원 초과 8,800만 원 이하	34%	5,760,000
8,800만 원 초과 1억5,000만 원 이하	45%	15,440,000
1억5,000만 원 초과 3억 원 이하	48%	19,940,000
3억 원 초과 5억 원 이하	50%	25,940,000
5억 원 초과 10억 원 이하	52%	35,940,000
10억 원 초과	55%	65,940,000

Ⅱ 골프장, 스키장업 등을 영위하는 법인의 주식을 양도하는 경우에는 최고 60.5%의 소득세율이 적용된다

전략가이드

골프장, 스키장, 휴양콘도미니엄, 전문휴양시설업을 영위하는 법인의 경우 자산의 대부분이 부동산으로 구성되어 있다.
골프장등을 영위하는 법인의 자산 중 부동산등이 차지하는 비율이 80% 이상인 법인의 경우 주식을 1주라도 양도하는 경우에는 주식양도에 대한 세율과 소득세 누진세율 중 높은 세율을 적용받게 되므로 과점주주 아닌 자가 주식양도하는 경우에도 주의하여야 한다.

1 1주를 양도하여도 소득세 누진세율이 적용되는 대상 업종

골프장, 스키장, 휴양콘도미니엄, 전문휴양시설업을 영위하는 법인이 해당한다(소법 §94 ① 4호 라목).

2 부동산 등 보유비율이 80% 이상인 법인

부동산 등 보유비율이 80% 이상인 법인은 법인의 자산총액 중 토지, 건물, 부동산에 관한 권리의 가액, 해당법인이 직접 또는 간접적으로 보유한 다른 법인의 주식가액에 그 다른 법인의 부동산 등 보유비율을 곱한 가액이 80% 이상인 법인을 말한다(소법 §94 ① 4호 라목).

부동산 등 보유비율이 80% 이상인 법인

- **법인의 자산 총액 중 다음 가액의 합계액이 차지하는 비율이 80% 이상인 법인**
  ① 토지, 건물, 부동산에 관한 권리의 가액
  ② 해당 법인이 직접 또는 간접으로 보유한 다른 법인의 주식가액
  × 그 다른 법인의 부동산 등 보유비율
  * 자산총액에서 제외되는 금액
  무형자산, 양도일부터 소급하여 1년이 되는 날부터 양도일까지 기간 중에 차입 또는 증자에 의하여 증가한 현금 및 금융재산

■ 다른 법인의 부동산 등 보유비율

$$다른\ 법인의\ 부동산등\ 보유비율 = \frac{A+B+C}{D}$$

A: 다른 법인이 보유하고 있는 토지, 건물
B: 다른 법인이 보유하고 있는 부동산에 관한 권리의 가액
C: 다른 법인이 지분율 합산 특수관계인(국기령 §1의2)과 함께 30% 이상 직접·간접 출자하거나 사실상 영향력을 행사하는 법인의 주식가액에 해당 법인의 부동산등 보유비율을 곱하여 산출한 가액
D: 다른 법인의 자산총액

3 과점주주 아닌 자가 1주의 주식만을 양도하여도 소득세 누진세율이 적용된다

부동산 보유비율이 50% 이상인 법인의 과점주주가 법인의 주식 중 50% 이상을 양도하는 경우에만 소득세 누진세율이 적용되지만 골프장 등을 영위하는 법인으로서 부동산 등 보유비율이 80% 이상인 법인의 주식을 양도하는 경우에는 과점주주 해당여부, 양도하는 주식수와 관계없이 주식양도소득세율과 소득세 누진세율 중 큰 세율이 적용된다.

또한 부동산 중 비사업용 토지가 자산총액의 50% 이상인 경우에는 10% 중과된 소득세 누진세율이 적용된다.

4 골프장등 부동산 보유비율이 80% 이상인 법인주식 양도 시 적용세율

가. 전체 자산 중 비사업용 토지가 50% 미만인 경우(Max ①, ②)

① 주식양도소득세율

구 분	대 상 자 산	양도소득세율
대주주(※)	1년 미만 보유한 주식으로서 중소기업 외의 법인의 주식	30%
	그 밖의 주식	20% (3억 원 초과분 25%)
대주주가 아닌 자 및 해외주식	중소기업의 주식	10%
	그 밖의 주식	20%

* 1주를 양도하여도 누진세율이 적용되므로 주식양도소득세율이 더 높은 경우가 있을 수 있다.

08

② 소득세 누진세율

종합소득과세표준	적용세율	누진공제
1,400만 원 이하	6%	–
1,400만 원 초과 5,000만 원 이하	15%	1,260,000
5,000만 원 초과 8,800만 원 이하	24%	5,760,000
8,800만 원 초과 1억5,000만 원 이하	35%	15,440,000
1억5,000만 원 초과 3억 원 이하	38%	19,940,000
3억 원 초과 5억 원 이하	40%	25,940,000
5억 원 초과 10억 원 이하	42%	35,940,000
10억 원 초과	45%	65,940,000

나. 전체 자산 중 비사업용 토지가 50% 이상인 경우(Max ①, ②)

① 주식양도소득세율

구 분	대 상 자 산	양도소득세율
대주주(※)	1년 미만 보유한 주식으로서 중소기업 외의 법인의 주식	30%
	그 밖의 주식	20% (3억 원 초과분 25%)
대주주가 아닌 자 및 해외주식	중소기업의 주식	10%
	그 밖의 주식	20%

*1주를 양도하여도 누진세율이 적용되므로 주식양도소득세율이 더 높은 경우가 있을 수 있다.

② 소득세 중과누진세율

종합소득과세표준	적용세율	누진공제
1,400만 원 이하	16%	–
1,400만 원 초과 5,000만 원 이하	25%	1,260,000
5,000만 원 초과 8,800만 원 이하	34%	5,760,000
8,800만 원 초과 1억5,000만 원 이하	45%	15,440,000
1억5,000만 원 초과 3억 원 이하	48%	19,940,000
3억 원 초과 5억 원 이하	50%	25,940,000
5억 원 초과 10억 원 이하	52%	35,940,000
10억 원 초과	55%	65,940,000

Ⅲ 법인보유 부동산 가치가 상승한 경우 부동산 양도의 주식양도 전환 전략

전략가이드

법인이 가치상승된 부동산을 양도하는 경우에는 20.9%(과세표준 200억 원 초과 시 23.1%)의 법인세(주택, 비사업용 토지의 경우 10~20% 중과)를 납부하여야 한다.
또한 거액의 부동산 매각대금이 법인에 입금되어도 해당 자금을 급여로 처리하여 인출하는 경우 배임에 해당할 수 있고 세법상 임원보수 부인에 대한 과세문제가 있으므로 배당으로 인출할 수밖에 없는데 10억 원 이상의 배당금을 수령하는 경우에는 건강보험료 포함 거의 50%의 세부담을 하여야 한다.
따라서 법인에 100억 원의 부동산 매매차익 금액이 입금되어도 주주가 수령하는 실제 현금은 40억 원 정도밖에 되지 않고 나머지 60%는 세금으로 납부하여야 한다.
현재 법인으로 구입한 부동산 가격이 크게 상승한 많은 법인의 대표님들의 딜레마인 부분이라고 할 수 있다.
이러한 경우에는 각 경우별 세부담을 비교하여 의사결정 할 필요가 있다.

Case

■ ㈜현인

보유 부동산(부동산 보유비율 90%)의 시가 105억 원(취득가액 5억 원)

■ ㈜현인 대표이사 안대표(지분율 100%)

보유주식 평가액 105억 원(부동산 가치 반영된 가액으로 취득가액 5억 원)

■ 부동산 양도거래

A법인에 ㈜현인은 보유 부동산을 105억 원에 양도하기로 하였다.
안대표는 A안) 법인에서 부동산을 매각하여 매각대금을 배당으로 수령할지,
B안) 안대표 보유주식을 105억 원에 양도할지 여부를 고민하고 있는 상황이다.

1. A안) 법인에서 부동산을 105억 원에 매각하고 배당으로 수령하는 경우

가. 양도차익 100억 원에 대한 법인세

(2억 원 × 9.9%) + (98억 원 × 20.9%) = 20억6,800만 원

과세표준	세율
과세표준 2억 원 이하	9%
과세표준 2억 원 초과 200억 원 이하	19%

나. 법인세 납부 후 금액을 배당금으로 수령 시 소득세

(단위: 원, %)

구분	금액	비고
배당금액	8,432,000,000	(105억 원 – 20억6,800만 원)
Gross-up(11%)	925,320,000	2천만 원 초과액의 11%
배당소득금액	9,357,320,000	
소득공제	1,500,000	
과세표준	9,355,820,000	
세율	42%	
산출세액	3,887,904,400	
배당세액공제	925,320,000	
소득세	2,962,584,400	
지방소득세	296,258,440	
건강보험료	57,478,800*	
안대표 부담세액 합계	3,316,321,640	
안대표 수령액	5,115,678,360	대표이사가 수령 시까지 실효세율 51%
105억 원에 법인의 부동산을 양도하면서 양도차익이 100억 원 발생한 경우 대표이사 개인자금 귀속액 ⇒ 불과 51억 원		

* 건강보험료 지역가입자 상한선

다. 최종 세부담

법인이 부동산을 105억 원에 양도하여 100억 원의 양도차익이 발생한 경우에도 해당 양도차익에 대해 법인세 부담하고 법인세 부담 후 금액을 대표이사가 수령하는 경우에는 최종적으로 51% 정도의 세부담 후 49% 정도의 금액인 51억1,500만 원만 수령하는 결과가 됨.

2. B안) 안대표 주식을 105억 원에 양도하는 경우

(단위: 원, %)

구분	비사업용 토지 50% 미만	비사업용 토지 50% 이상
주식양도가액	10,500,000,000	10,500,000,000
주식취득가액	500,000,000	500,000,000
증권거래세	36,750,000	36,750,000
기본공제	2,500,000	2,500,000
과세표준	9,960,750,000	9,960,750,000
세율	42%	52%
산출세액	4,147,575,000	5,143,650,000
지방소득세	414,757,500	514,365,000
증권거래세	36,750,000	36,750,000
안대표 부담세액 합	4,599,082,500	5,694,765,000
안대표 수령액	5,900,917,500	4,805,235,000
실효세율	44%	54%

3. 최종 세부담 비교

(단위: 원, %)

구분	법인에서 부동산 양도 후 배당수령	대표이사 주식 양도	
		비사업용 토지비율 50% 미만	비사업용 토지비율 50% 이상
부동산 매각금액	10,500,000,000	10,500,000,000	10,500,000,000
법인세	2,068,000,000		
안대표 최종 소득세 등	3,316,321,640	4,599,082,500	5,694,765,000
실효세율	51%	44%	54%
안대표 최종 수령액	5,115,678,360	5,900,917,500	4,805,235,000
양수법인 적용 취득세율	4% (부동산 유상취득세율)	2.2%	2.2%
		과점주주 간주취득세	
		가장 유리	
		대표이사 주식양도 방식이 더 유리함	

Ⅳ 부동산 보유법인의 주식을 취득하는 경우에는 취득세 납세의무가 발생할 수 있다

전략가이드

부동산을 직접 취득하는 경우에는 부동산이 취득세 과세대상에 해당하므로 취득세를 납부하여야 하지만 부동산을 보유한 법인의 주식을 취득하는 경우에는 주식의 경우 취득세 과세대상이 아니므로 원칙적으로 취득세를 납부하지 않아도 된다.
하지만 부동산 보유법인의 과점주주가 된 경우에는 법인의 부동산을 실질적으로 취득하여 관리 · 처분할 수 있게 되므로 부동산 있는 법인의 주식을 취득하여 과점주주가 된 경우에는 부동산을 취득한 것으로 보아 취득세가 과세된다.
따라서 부동산 보유법인의 주식을 취득하거나 지분율이 증가하는 경우에는 반드시 취득세 과세문제를 검토하여야 한다.

1 과점주주 간주취득세 대상에 해당하는 경우

부동산 보유 법인의 주식을 취득하거나 증자 등으로 과점주주가 된 경우에는 해당 법인의 부동산을 취득한 것으로 보아 과점주주 간주취득세 납세의무가 발생한다.

여기서 과점주주란 주주 1인과 지방세기본법상 특수관계인의 지분율 합계가 50% 초과하면서 실질적으로 권리를 행사하는 자를 말한다(지기법 §46 2호).

가. 부동산 보유법인의 과점주주가 된 경우

과점주주 아니었던 자가 부동산 보유법인의 최초로 과점주주가 된 경우에는 최초로 과점주주가 된 날 현재 과점주주 지분율에 법인의 부동산 가액을 곱한 금액에 대해 취득세가 과세된다. 다만 설립 시에 과점주주가 된 경우에는 과세에서 제외한다(지령 §11 ①).

나. 이미 부동산 보유법인의 과점주주였다가 과점주주 지분율이 증가한 경우

이미 부동산보유법인의 과점주주인 자가 주식의 취득 또는 증자로 인하여 지분율이 증가한 경우에는 증가된 지분율에 법인의 부동산 가액을 곱한 금액에 대해 취득세가 과세된다(지령 §11 ②).

다. 과점주주였으나 과점주주에 해당하지 않다가 다시 과점주주가 된 경우

법인의 과점주주였으나 주식의 양도 등으로 과점주주에 해당하지 않다가 주식을 취득하여 다시 과점주주가 된 경우로서 이전 과점주주 당시보다 지분율이 증가한 경우에는 이전 과점주주 당시보다 증가한 지분율에 법인의 부동산 가액을 곱한 금액에 대해 취득세가 과세된다(지령 §11 ③).

❷ 과점주주 간주취득세 과세대상에 해당하지 않는 경우

가. 설립 시 과점주주가 된 경우

설립 시 과점주주가 된 경우에는 과점주주 간주취득세 과세대상에 해당하지 않는다.

나. 감자, 이익소각으로 과점주주가 된 경우

취득이나 증자가 아닌 감자, 이익소각으로 과점주주가 된 경우에는 과점주주 간주취득세 과세대상에 해당하지 않는다. 다만 이익소각 또는 감자 이후 다시 주식을 취득하여 지분율이 증가한 경우에는 증가된 지분율에서 이익소각 또는 감자 전 지분율을 차감한 지분율에 대해 과점주주 간주취득세 납세의무가 발생한다.

다. 과점주주였으나 과점주주에 해당하지 않다가 다시 과점주주가 된 경우로서 이전보다 지분율이 감소한 경우

이전에 과점주주였으나 주식양도 등으로 과점주주에 해당하지 않다가 주식취득 등으로 다시 과점주주에 해당하는 경우로서 이전 과점주주였을 때보다 지분율이 감소한 경우에는 과점주주 간주취득세 과세대상에 해당하지 않는다.

라. 유가증권 상장법인의 주식을 취득하여 과점주주가 된 경우

유가증권 시장에 상장한 법인의 주식을 취득하여 과점주주가 된 경우에는 과점주주 간주취득세 과세대상에 해당하지 않는다.

Ⅰ 사례별 과점주주 간주취득세 Ⅰ

CASE	지분율 변동 내역	과점주주 간주취득세 과세대상 지분율
설립 시 과점주주에 해당	설립 시 80%	과세대상 아님
설립 시 과점주주의 지분율 증가	설립 시 80% → 90%	10%
설립 시 과점주주였다가 일반주주가 된 후 다시 과점주주 해당	설립 시 80% → 40% → 70%	과세대상 아님
	설립 시 80% → 40% → 90%	10%
일반주주가 과점주주에 해당	30% → 60%	60%
일반주주가 과점주주에 해당 (유가증권 상장법인)	45% → 51%	과세대상 아님
일반주주가 감자로 과점주주에 해당	30% → 감자 55%	과세대상 아님
일반주주가 감자로 과점주주가 된 후 지분율 증가	30% → 이익소각 55% → 70%	40%

3 부동산만 과점주주 간주취득세 과세대상에 해당하는 것이 아니다

과점주주 간주취득세는 부동산뿐만 아니라 차량, 기계장비, 골프회원권, 콘도미니엄 회원권, 항공기, 선박, 입목, 광업권, 어업권, 양식업권 등 취득세 과세대상이 되는 자산은 모두 해당한다.

과점주주 간주취득세 과세대상 자산

① 부동산: 토지, 건축물
② 부동산에 준하는 것: 차량, 기계장비, 입목, 항공기, 선박
③ 각종 권리: 광업권, 어업권, 승마회원권, 콘도미니엄회원권, 종합체육시설이용회원권, 요트회원권

4 과점주주 간주취득세 과세표준과 세율 및 신고 · 납부

가. 과세표준

취득세 과세표준은 원칙적으로 취득당시 가액으로 과점주주 간주취득세 계산 시 취득당시 가액은 해당 법인의 결산서와 그 밖의 장부 등에 따른 그 부동산 등의 총가액에 과점주주 과세대상 출자지분율을 곱한 금액으로 한다(지법 §10의6 ④).

즉, 시가가 아닌 장부가액으로서 취득가액에서 감가상각비를 차감한 금액이므로 감가상각비가 클수록 과점주주 간주취득세는 낮아지는 구조이다.

나. 세율

과점주주 간주취득세 세율은 취득세율 중과기준세율 2%에 농어촌특별세 0.2%가 가산되어 2.2%가 적용된다.

이 경우 법인의 자산 중 골프장, 고급주택, 유흥주점영업장, 고급선박 등 취득세 중과대상 자산이 있는 경우에는 과점주주 간주취득세도 중과세율이 적용된다.

다. 신고 · 납부

과점주주 간주취득세는 취득한 날부터 60일 이내에 신고 · 납부하여야 한다.

PART 04

전략적인 지분증여 전략! 타이밍이 제일 중요하다

I 비상장법인의 지분증여! 골든타임을 놓치지 말자!

전략가이드

비상장법인 주식은 세법상 평가액을 기준으로 양도하여 현금화 할 수 있는 환가성이 없지만 양도소득세, 증여세, 상속세 과세는 세법상 평가액을 기준으로 과세된다.
이 경우 일반적인 법인의 세법상 평가액은 손익가치와 자산가치를 3:2로 가중평균하여 평가하는데 이익실현 법인이 순자산가치만으로 평가할 수 있는 경우에는 훨씬 낮은 가액의 평가가 가능하므로 이러한 증여타이밍을 놓치지 않도록 지속적인 관리가 필요하다.
또한 과다하게 이익잉여금이 누적되어 있거나 이익실현법인으로서 주식의 사전증여를 하지 않은 경우, 지속적으로 배당이 예정되어 있는 경우에는 지분증여가 유리하므로 전략적으로 지분이동 전략을 세울 필요가 있다.

1 자녀에게 지분증여는 설립 후 3년 이내에 마무리하는 것이 유리하다

특수관계 없는 제3자 간 거래가 없는 경우 일반적인 법인의 세법상 비상장법인 1주당 평가액은 1주당 순손익가치와 1주당 순자산가치에 3:2의 가중평균치를 두어 평가하는 구조이다.

이 경우 1주당 순손익가치는 법인의 1주당 순손익이 10년간 계속 지속되는 것을 가정하여 법인의 1주당 순손익에 10배수를 적용하여 계산하는 구조이다.

비상장법인 주식이 환가성이 없음에도 높게 평가되는 이유는 순손익가치에 10배수를 적용하여 평가하기 때문인데 설립 후 3년 이내 법인의 주식평가 시에는 순손익가치를 반영하지 않고 순자산가치만을 반영하여 평가한다.

따라서 향후 지속적으로 이익실현이 예상되는 경우에는 설립 후 3년 이내 자녀에게 지분증여를 마무리하는 것이 유리하므로 자녀에게 지분증여는 설립 후 3년 이내에 마무리하는 전략이 필요하다.

❷ 대표이사 지분율이 100%인 경우에는 무조건 증여를 고려해야 한다

최근에는 이런 법인이 많지 않지만 법인에 꾸준히 이익이 실현되고 있음에도 아직도 대표이사 지분율이 100%인 경우를 볼 수 있다.

세법상 비상장주식은 환가성이 없음에도 실제 매각하여 현금화할 수 있는 금액보다 고평가되는 구조로서 주식평가액을 일정 수준으로 유지하기 위해 매년 일정금액을 배당하고 상속 시 거액의 상속세 부담을 낮추기 위한 측면에서 지분증여는 선택이 아닌 필수이다.

이익실현 법인의 대표이사 지분율이 100%인 경우라면 당장 전략적인 지분증여를 통해 자녀, 배우자가 매년 일정 배당금을 지급받게 하고 가업승계나 상속 시 과도한 상속세 부담을 하지 않도록 지분증여 전략을 설계할 필요가 있다.

❸ 직전 연도에 거액의 결손이 발생한 경우에는 지분증여의 적기이다

비상장주식 평가 시 순손익가치는 직전 1년에 순손익가치에 3, 직전 2년에 2, 직전 3년에 1의 가중치를 두어 평가하는 구조이므로 바로 직전연도 손익에 큰 변동이 있는 경우에는 평가액이 급등락하게 된다.

3의 가중치를 두는 직전연도에 거액의 결손이 발생한 경우에는 1주당 순손익가치가 많이 낮아질 수 있으므로 직전연도에 거액의 결손이 발생하였다면 지분증여의 적기로써 지분증여전략을 실행할 필요가 있다.

❹ 배우자에게 지분증여는 주식평가액이 높을 때 하는 것이 유리할 수 있다

배우자에게 기증여재산이 없는 경우에는 6억 원까지 증여세가 없으므로 비상장주식평가액이 어느 정도 높은 경우에도 배우자에게 증여하는 것은 큰 부담이 없는 편이다.

배우자에게 증여한 지분은 자녀에게 증여한 지분과 달리 배우자가 계속 주식을 보유하여 배우자 사망 시 상속세 과세대상에 포함되도록 하는 것보다 일정 시점에 이익소각 또는 감자를 통해 현금화하는 것이 유리할 수 있다.

이익소각 또는 감자 시에는 소각대가와 취득가액의 차액에 대해 의제배당으로 소득세가 과세되므로 회사가 계속 성장하고 있고 배우자에게 지분증여 후 일정시점에 이익소각 또는 감자를 계획하고 있는 경우라면 주식평가액이 일정금액 이상일 때 증여하는 것이 유리할 수 있다.

⑤ 매년 12월 초에는 주식평가액을 체크하여 지분증여에 대한 의사결정을 할 필요가 있다

매년 12.31.에 증여하는 경우에는 비상장주식 평가 시 증여일이 속하는 사업연도의 1주당 순손익가치, 직전연도와 직전전연도의 1주당 순손익가치가 반영된다.

반면 매년 12.30. 이전에 증여하는 경우에는 증여일이 속하는 사업연도의 1주당 순손익가치는 반영되지 않고 직전 1개년부터 직전 3개년 사업연도의 손익이 반영된다.

따라서 매년 12월 초에는 해당 사업연도의 예상 손익을 검토하여 해당 사업연도의 실적이 좋은 경우에는 증여일자를 12.30. 이전으로 하는 것이 유리하다.

매년 12월 초 지분이동 전략

- **올해 손익이 전년보다 하락할 것으로 예상되는 경우**
  내년에 지분증여
- **올해 손익이 전년보다 상승할 것으로 예상되는 경우**
  올해 12.30. 전에 지분증여
  ⇒ 12월 증여의 경우 내년 3월까지 증여세 신고마무리되면 되므로 12월이 지난 경우에도 내년 3월 내에 진행가능

⑥ 최대주주의 소득금액이 높은 경우로서 배당금이 큰 경우에는 지분증여를 검토하여야 한다

법인의 대표이사가 최대주주인 경우로서 높은 급여, 높은 부동산 임대소득이 있어 배당금 수령액에 대해 높은 소득세율을 적용받고 있는 경우를 볼 수 있다.

배당에 대한 소득세의 경우 소득이 없는 자가 배당금을 수령하는 경우에는 1억1,900만원까지의 배당금에 대해서는 15.4% 원천징수세액만 부담하면 추가 종합소득세 부담이 없다.

따라서 차등배당의 대안으로 대표이사의 소득금액이 높은 경우로서 향후 지속적으로 배당계획이 있는 경우에는 대표이사 주식을 배우자와 자녀에게 일정 지분율 이상 증여하고 해당 증여세는 연부연납 방식으로 납부하여 대표이사가 매년 수령하는 배당에 대한 소득세 부담을 낮추고 자녀와 배우자에게 배당소득이 귀속되도록 할 필요가 있다.

Ⅱ 상장주식 지분증여! 다르게 접근할 필요가 있다

전략가이드

상장주식의 경우 비상장주식과 달리 현금으로 환가할 수 있는 환가성이 있지만 회사의 호재·악재에 따라 급등락하거나 회사의 펀더멘탈이 아닌 시장상황에 따라 급락할 수 있는 특성이 있다.
또한 세법상 상장주식 평가액은 일정 시점의 평가액이 아닌 평가기준일 전후 2개월간 평균액으로 증여시점에 증여주식의 평가액을 알 수 없는 특징이 있으므로 증여 후 주가추이를 보아 증여취소가 유리한 경우에는 증여취소를 하는 사후관리가 필요한 특징이 있다.
상장주식을 증여하는 경우에는 이러한 특징을 고려하여 전략적으로 진행할 필요가 있다.

1 상장주식 증여 후 주식가치 변동추이를 살펴본 후 증여취소에 대한 의사 결정하는 사후관리가 필요하다

상장주식 증여 시 세법상 상장주식 평가액은 평가기준일 전후 2개월간 종가평균액이다.

여기서 평가기준일은 증여일로서 증여일 당시 증여세가 과세되는 증여재산 평가액을 알 수 없고 비상장주식과 달리 매일 매매 시세가 변동하고 회사의 호재·악재, 시장의 외부환경에 따라 주가가 급등락하는 특징이 있다.

즉, 상장주식을 증여한 후에 주가가 계속 하락하여 증여시점을 변경하는 것이 유리한 경우가 있을 수 있다.

이 경우 재산을 증여한 후 증여세 신고기한인 증여일이 속하는 달의 말일부터 3개월 이내 증여를 취소하는 경우에는 당초 증여와 반환에 대해 모두 증여세가 없다. 따라서 상장주식을 증여한 경우에는 증여주식 증권계좌 대체 후 증여세 신고로 마무리할 것이 아니라 증여세 신고기한 내에 주가추이를 파악하여 증여취소 후 다시 증여하는 것이 유리한 경우에는 증여세 신고기한 내에 증여를 취소하는 사후관리가 필요하다.

❷ 가업상속공제 한도액을 초과하는 경우에는 주가 하락시점에 전략적으로 사전증여하자!

대표이사의 가업영위기간이 30년 이상인 경우 가업상속공제 한도액은 600억 원으로 비상장법인의 경우 한도를 초과하는 경우가 많지 않지만 주가가 계속 상승추이에 있는 상장법인의 경우에는 대표이사의 지분평가액이 600억 원을 초과할 것으로 예상되는 경우가 많이 있다.

또는 상장법인 주식으로서 대표이사 지분평가액이 600억 원을 초과하지 않지만 사업무관자산비율이 높거나 대표이사 개인 재산이 많아 향후 상속 시 가업상속공제를 적용받고도 많은 상속세 부담이 예상되는 경우가 있을 수 있다.

이에 해당하는 경우에는 주가변동추이를 계속 확인하여 전략적으로 사전증여를 진행할 필요가 있다.

09

CEO가 꼭 알아야 할 자기주식 취득 및 이익소각 전략

PART 01

전략적인 자기주식 취득전략

I 자기주식에 대한 이해 편

전략가이드

자기주식을 전략적으로 취득하는 경우 낮은 세금으로 법인자산의 개인화, 전략적인 지분율 조정 등 여러 가지 방안으로 활용할 수 있지만 자기주식에 대한 이해가 없는 상태에서 실행하는 경우 세법적, 상법적 측면에서 많은 리스크가 있으므로 법인이 자기주식을 취득하기 전에는 반드시 자기주식에 대해 충분하게 이해하고 진행할 필요가 있다.

1 자기주식 취득 전 자기주식 개념을 먼저 이해할 필요가 있다

자기주식이란 법인이 발행한 주식을 그 주식발행법인이 소각목적 또는 일시보유목적으로 다시 취득한 주식을 말한다.

법인이 자기주식 취득 시에는 주식발행법인이 해당 주식발행법인의 주주가 되는 것으로 자기주식이 있는 법인의 주주명부를 보면 다음과 같이 주식발행법인이 해당 법인의 주주로 표기된다.

엄격한 의미에서는 감자, 이익소각의 경우에도 법인이 자기주식을 취득하여 소각하는 것이지만 취득한 자기주식이 소각되는 경우에는 당연히 주주명부에 표기되지 않는다.

자기주식은 성격상 의결권, 배당권, 신주배정권이 없다.

따라서 자기주식이 있는 경우 실질적으로 대주주등의 의결권 행사 지분율과 배당률은 높아지는 효과가 있으며 증자를 하는 경우 자기주식의 지분율은 낮아지는 효과가 있다.

자기주식

- 주식발행법인이 발행한 주식을 주식발행법인이 취득한 주식
- 성격

  의결권 없음 ⇒ 일반 주주 법인에 대한 실질 지배지분율 ↑

  배당권 없음 ⇒ 전체 배당금액이 동일한 경우 일반 주주 수령배당금 ↑

  신주배정권 없음 ⇒ 증자 시 일반 주주 법인에 대한 실질 지분율 ↑

주 주 명 부

주주명	주민등록 번호	소유 주식수	1주의 금액	금액	비율
김대표	******	5,000	10,000	50,000,000	50%
김대표 사모님	******	3,000	10,000	30,000,000	30%
주식회사 현인(자기주식) ⇒ 의결권, 배당권 없음 ⇒ 김대표, 김대표 사모님의 실질지분율, 배당률↑	******	2,000	10,000	20,000,000	20%
합 계		10,000	10,000	100,000,000	100%

위 주주명부는 본사에 비치된 주주명부와 대조하여 틀림이 없음을 증명합니다.

2024년 4월 30일

회사명: 주식회사 현인
사업자등록번호:
대표이사: 김대표 (인)

2 자기주식 취득과 처분의 회계상 · 재무비율 측면에서의 효과는 다음과 같다

가. 자기주식 취득

회계상 자기주식은 자산으로 보지 않고 출자금의 반환 또는 환급으로 보아 자본조정계정(자본의 마이너스)으로 분류된다.

따라서 법인이 자기주식을 취득하는 경우에는 법인의 현금성 자산이 감소하면서 자본총계가 감소되어 유동비율, 부채비율 등 재무비율이 악화되므로 외부회계감사 대상이 아닌 법인으로서 소각목적 외의 목적으로 취득한 경우에는 자산으로 계상하는 것이 법인의 재무비율 관리 측면에서 유리한 점을 주의하여야 한다.

나. 자기주식 처분

회계상 자기주식은 자산으로 보지 않으므로 처분손익도 손익계산서상 손익으로 표기되지 않는다.

따라서 법인이 자기주식을 처분하여 이익이 발생한 경우에는 자본총계가 증가하면서 현금성 자산이 유입되므로 유동비율, 부채비율 등 재무비율이 개선되는 효과가 있다.

비상장법인으로서 대출 · 입찰 등 문제 때문에 손익계산서상 당기순이익이 크게 표시되는 것이 유리한 경우에는 자기주식처분이익을 손익계산서에 표기하는 것이 유리하다.

자기주식 취득의 회계적·재무비율 측면에서의 효과

〈취득 시〉

차)	자기주식 (자본조정계정)	×××	대)	현 금	×××

⇒ 유동자산 ↓, 자본총계 ↓ ⇒ 유동비율 ↓, 부채비율 ↑

⇒ 외부회계감사대상이 아닌 경우로서 소각목적 취득이 아닌 경우에는 자산으로 계상하는 것이 유리

〈처분 시〉

차)	자기주식처분손실(자본조정계정)	×××	대)	자기주식	×××
	현 금	×××		자기주식처분이익(자본잉여금)	×××

⇒ 유동자산 ↑, 자본총계 ↑ ⇒ 유동비율 ↑, 부채비율 ↓(처분이익인 경우)

⇒ 외부회계감사대상이 아닌 경우로서 손익계산서상 이익이 크게 공표되는 것이 유리한 경우에는 손익계산서에 유가증권처분이익으로 표시하는 것이 유리

자본	
Ⅰ. 자본금	
Ⅱ. 자본잉여금	△ ×××
자기주식	△ ×××
자기주식처분손실	△(세법상 비용인정)
자기주식처분이익	×××(세법상 과세대상 소득)
Ⅲ. 기타포괄손익 누계액	
Ⅳ. 이익잉여금	

❸ 상법은 2012.4.15.부터 자기주식 취득을 허용하고 있다

2012.4.14.까지는 특정목적으로 자기주식을 취득하는 경우 외에는 자기주식 취득이 자본충실의 원칙에 반하는 것으로 보아 상법상 허용되지 않았다.

하지만 2012.4.15. 상법이 개정되어 법인이 자기주식을 취득한다고 하더라도 자기주식 매각대금이 결국 주주에게 이전하는 것으로 자본충실의 우려가 없고 주주평등권을 침해하지 않는 경우까지 자기주식 취득을 규제하는 것은 부당하다는 지적 등이 있어 2012.4.15. 각 주주가 가진 주식수에 따라 균등한 조건으로 배당가능이익의 범위 내에서 자기주식을 취득하는 것은 허용되는 것으로 개정되었다.

이 경우 상법상 자기주식 취득 허용은 상법상 적법한 절차 준수와 주주평등의 원칙 준수를 전제로 하는 것으로 자기주식 취득과정에서 치유할 수 없는 절차상 하자나 주주평등의 원칙을 준수하지 않은 경우에는 상법상 무효가 될 수 있는 점을 주의하여야 한다.

상법 제341조【자기주식의 취득】

① 회사는 다음의 방법에 따라 자기의 명의와 계산으로 자기의 주식을 취득할 수 있다. 다만, 그 취득가액의 총액은 직전 결산기의 대차대조표상의 순자산액에서 제462조 제1항 각 호의 금액을 뺀 금액을 초과하지 못한다.

1. 거래소에서 시세(時勢)가 있는 주식의 경우에는 거래소에서 취득하는 방법
2. 제345조 제1항의 주식의 상환에 관한 종류주식의 경우 외에 각 주주가 가진 주식 수에 따라 균등한 조건으로 취득하는 것으로서 대통령령으로 정하는 방법

상법 제462조【이익의 배당】

① 회사는 대차대조표의 순자산액으로부터 다음의 금액을 공제한 액을 한도로 하여 이익배당을 할 수 있다.

1. 자본금의 액
2. 그 결산기까지 적립된 자본준비금과 이익준비금의 합계액

3. 그 결산기에 적립하여야 할 이익준비금의 액
4. 대통령령으로 정하는 미실현이익

자기주식 취득 시 주의사항

1. 상법상 절차를 준수할 것
2. 주주평등의 원칙을 준수할 것
⇒ 위 1, 2 위배 시 상법상 무효에 해당하는 점 주의

4 상법상 정하고 있는 자기주식 취득한도 범위 내에서만 취득이 가능하다

상법상 자기주식 취득이 허용되는 것으로 개정되었지만 무작정 허용하는 것이 아닌 다음의 한도 내에서만 취득이 허용되는 점을 주의하여야 한다.

자기주식 취득한도

대차대조표상 순자산가액
– 자본금
– 그 결산기까지 적립된 자본준비금과 이익준비금 합계액
– 미실현이익(기업회계기준에 따른 자산 및 부채에 대한 평가로 인하여 증가한 대차대조표상의 순자산액으로서 미실현손실과 상계하지 아니한 금액)
= 상법상 배당가능이익

Ⅱ 자기주식 취득 전 필수 검토사항 편

전략가이드

자기주식은 일시보유 목적 또는 감자 · 이익소각 목적으로 취득할 수 있다.
이 경우 일시보유 목적인지 또는 감자 · 이익소각 목적인지 여부에 따라 회계적 · 세법적 · 상법적 문제가 완전하게 달라지므로 취득목적을 분명하게 한 후 진행하여야 한다.
또한 자기주식 취득 전에는 정관에 자기주식 취득에 관한 규정을 정비할 필요가 있고 세법상 주식평가액보다 낮거나 높은 가액으로 자기주식을 취득하는 경우에는 많은 과세문제가 발생하므로 세법상 평가액을 체크한 후 진행할 필요가 있다.

1 일시보유 목적인지 또는 소각목적인지 여부를 명확하게 하여야 한다

자기주식은 일시보유한 후 매각목적으로 취득하는 것인지, 취득 후 감자 또는 이익소각할 목적으로 취득하는 것인지 여부에 따라 세법상 주주 및 법인에 대한 과세문제, 비상장주식평가액, 상법상 취급, 회계처리가 크게 달라질 수 있으므로 취득 시 일시보유 목적인지 또는 소각목적인지를 명확하게 하여야 한다.

통상적으로 자기주식을 양도한 개인주주 입장에서는 일시보유목적으로 양도한 경우에는 양도소득으로 구분되어 최고 27.5%의 세율이 적용되지만 배당소득으로 구분되는 경우에는 소득세 최고세율(배당세액공제 감안 시 10% 정도 낮은 세율)이 적용되므로 주주입장에서는 당연히 일시보유 목적으로 취득하는 것을 명확하게 하는 것이 유리하다.

이 경우 일시보유목적 취득으로 인정받기 위해서는 자기주식 취득에 관한 이사회 의사록 등 어떠한 서류에서도 소각목적이 언급되어서는 안되는 점을 주의하여야 한다.

2 자기주식 취득에 관한 사항을 정관에 규정할 필요가 있다

자기주식 취득은 상법상 절차와 결의요건, 취득한도 등을 적법하게 준수하여야 하는 것으로 자기주식을 취득하기 위해서는 정관에 자기주식 취득에 관한 사항을 규정할 필요가 있으므로 정관에 자기주식 취득에 관한 사항이 규정되어 있는지 여부를 검토하여야 한다.

‖ 자기주식 취득 시 정관 규정사항 ‖

정관

제 **조 [자기주식의 취득]

① 회사는 다음의 방법에 따라 자기의 명의와 계산으로 자기의 주식을 취득할 수 있다. 다만, 그 취득가액의 총액은 직전 결산기의 대차대조표상의 순자산액에서 상법 제462조 제1항 각호(자본금의 액 + 그 결산기까지 적립된 자본준비금과 이익준비금의 합계액 + 그 결산기에 적립하여야 할 이익준비금의 액 + 미실현이익)의 금액을 뺀 금액을 초과하지 못한다.

1. 거래소에서 시세(時勢)가 있는 주식의 경우에는 거래소에서 취득하는 방법
2. 주식의 상환에 관한 종류주식의 경우 외에 각 주주가 가진 주식 수에 따라 균등한 조건으로 취득하는 것으로서 회사가 모든 주주에게 자기주식 취득의 통지 또는 공고를 하여 주식을 취득하는 방법
3. 주식의 상환에 관한 종류주식의 경우 외에 각 주주가 가진 주식 수에 따라 균등한 조건으로 취득하는 것으로서 「자본시장과 금융투자업에 관한 법률」 제133조부터 제146조까지의 규정에 따른 공개매수의 방법

② 제1항에 따라 자기주식을 취득하려는 경우 회사는 미리 주주총회의 결의로 다음 각 호의 사항을 결정하여야 한다. 다만, 이사회의 결의로 이익배당을 할 수 있다고 정관으로 정하고 있는 경우에는 이사회의 결의로써 주주총회의 결의를 갈음할 수 있다.
1. 취득할 수 있는 주식의 종류 및 수
2. 취득가액의 총액의 한도
3. 1년을 초과하지 아니하는 범위에서 자기주식을 취득할 수 있는 기간

③ 회사는 해당 영업연도의 결산기에 대차대조표상의 순자산액이 상법 제462조 제1항 각 호(자본금의 액 + 그 결산기까지 적립된 자본준비금과 이익준비금의 합계액 + 그 결산기에 적립하여야 할 이익준비금의 액 + 미실현이익)의 금액의 합계액에 미치지 못할 우려가 있는 경우에는 제1항에 따른 주식의 취득을 하여서는 아니된다.

제조 [특정목적에 의한 자기주식의 취득]**
회사는 다음 각 호의 어느 하나에 해당하는 경우에는 제15조의 규정에 불구하고 자기의 주식을 취득할 수 있다.
1. 회사의 합병 또는 다른 회사의 영업전부의 양수로 인한 경우
2. 회사의 권리를 실행함에 있어 그 목적을 달성하기 위하여 필요한 경우
3. 단주(端株)의 처리를 위하여 필요한 경우
4. 주주가 주식매수청구권을 행사한 경우

제조 [자기주식의 처분]**
회사가 보유하는 자기의 주식을 처분하는 경우에 다음의 사항을 이사회가 결정한다.
1. 처분할 주식의 종류와 수
2. 처분할 주식의 처분가액과 납입기일
3. 주식을 처분할 상대방 및 처분방법

제조 [주식의 소각]**
회사는 이사회의 결의에 의하여 회사가 보유하는 자기주식을 소각할 수 있다.

3 세법상 주식평가액을 먼저 체크한 후 자기주식 취득을 진행하여야 한다

통상적으로 자기주식을 세법상 평가액으로 양도한 경우에는 주식을 양도한 주주의 경우 양도소득세 또는 배당소득세 과세문제만 발생한다.

반면 자기주식을 시가보다 낮거나 높게 취득하는 경우에는 법인, 법인의 주주, 주식을 양도한 주주에게 추가적으로 법인세, 증여세, 양도소득세 과세문제가 발생할 수 있다.

또한 세법상 과세문제뿐만 아니라 자기주식의 고저가 취득거래는 상법상 이사의 법적 책임문제 등 상법상 문제가 발생할 수 있으므로 자기주식을 취득하기 전에는 반드시 세법상 주식평가액에 대한 확인이 선행되어야 한다.

계속적으로 비특수관계인 간 실시간 거래되는 상장주식의 경우 매일의 시가확인이 가능

하지만 비특수관계인 간 거래가 없는 비상장주식의 경우 시가 확인이 되지 않으므로 상속세 및 증여세법 제60조, 동법 시행령 제54조를 준용하여 평가할 수밖에 없는바 비상장법인이 자기주식을 취득하는 경우에는 비상장주식 평가를 먼저 한 후 1주당 자기주식 취득가액, 취득수량을 결정하여야 한다.

Ⅲ 자기주식 취득절차

전략가이드

상법은 자기주식 취득 절차 및 결의요건에 대해 명확하게 규정하고 있으므로 자기주식을 취득하는 경우에는 반드시 다음의 절차를 준수하여 진행하여야 한다.

STEP Ⅰ 비상장주식 평가

자기주식 취득 시에는 취득목적에 따라 비상장주식 평가액이 높은 경우 또는 낮은 경우에 취득하는 것의 유불리가 달라질 수 있다.

예컨대 대표이사가 법인자금 출구목적으로 자기주식을 양도하는 경우에는 비상장주식 평가액이 높은 경우가 유리할 수 있고 퇴직한 직원의 주식을 정리하기 위해서 취득하는 경우에는 주식평가액이 낮은 경우가 유리할 수 있다.

따라서 자기주식 취득 전에는 현재 법인의 주식평가액이 자기주식 취득목적을 달성하기 위해 적정한지 여부를 체크한 후 진행여부를 결정하여야 한다.

STEP Ⅱ 정관검토 후 정관변경

자기주식 취득 시에는 먼저 정관에 자기주식 취득에 관한 사항이 규정되어 있는지 여부와 배우자로부터 수증받은 주식을 자기주식으로 양도할 계획이 있는 경우로서 기보유주식이 있는 경우에는 주권발행에 관한 사항이 명확하게 규정되어 있는지 여부를 검토하여야 한다.

이 경우 정관변경의 필요가 있는 경우에는 주주총회 특별결의를 통해 정관을 변경할 수 있다.

‖ 정관에 규정되어야 할 사항 ‖

제2장 주식

제10조【주권의 발행과 주권의 종류】 당 회사의 주권은 1주권, 10주권, 50주권, 100주권, 500주권, 1,000주권, 5,000주권, 10,000주권의 8종류로 한다.

ㅇㅇ조【자기주식의 취득】 상법 제342조

ㅇㅇ조【자기주식의 취득방법】 상법 시행령 제10조

ㅇㅇ조【특정목적에 의한 자기주식의 취득】 상법 제341조의2

ㅇㅇ조【자기주식의 처분】 상법 제342조

ㅇㅇ조【주식의 소각】 상법 제343조

‖ 정관변경의 방법 ‖

상법 제433조【정관변경의 방법】

① 정관의 변경은 주주총회의 결의에 의하여야 한다.

② 정관의 변경에 관한 의안의 요령은 제363조에 따른 통지에 기재하여야 한다.

제434조【정관변경의 특별결의】

제433조 제1항의 결의는 출석한 주주의 의결권의 3분의 2 이상의 수와 발행주식총수의 3분의 1 이상의 수로써 하여야 한다.

STEP Ⅲ 임시주주총회 소집관련 이사회 결의

자기주식 취득은 주주총회 결의를 거쳐 자기주식 취득 여부와 한도 등에 관한 사항을 결정한 후 최종적으로 이사회 결의를 거쳐 1주당 취득가액 및 자기주식 취득의 구체적인 사항에 대해 확정하게 된다.

이 경우 자기주식 취득에 관한 임시주주총회 소집은 이사회 결의사항이므로 임시주주총회 소집을 위한 이사회 결의를 먼저 선행하여야 한다.

이사회 의사록

주식회사

위 회사는 서기 2024. . . 오후 1시 30분 이사 전원의 동의가 있으므로 상법 제390조 제4항의 규정에 의하여 소집절차를 생략하고 본점 회의실에서 이사회를 개최한다.

총 이사 수: 3명, 출석이사 수: 3명

의장은 위와 같이 성원이 되었음을 알리고 의안심의에 들어갈 것을 제의하다.

제1호 의안 임시주주총회 소집의 건

의장은 다음과 같은 안건의 처리를 위하여 본 회사의 임시주주총회를 개최할 것을 부의한바 출석 이사 전원의 찬성으로 다음과 같이 임시주주총회를 개최할 것을 승인가결하다.

1. 총회일자: 2024. . . 오전 10시
2. 총회장소: 본점 회의실
3. 회의 목적사항: 자기주식취득 결의

의장은 이상으로서 의안 전부의 심의를 종료하였으므로 폐회를 선언하다(회의 종료시간 같은날 오후 2시 00분).

위 의사의 경과요령과 결과를 명확히 하기 위하여 이 의사록을 작성하고 의장과 출석한 이사가 기명날인하다.

2024. . .

주식회사

의장 대표이사

이 사

이 사

STEP Ⅳ 임시주주총회 소집통지

자본금 10억 원 이상인 법인은 임시주주총회일 2주 전(임시주주총회결의일 - 15일: 임시주주총회 소집통지일)에 임시주주총회 소집통지를 하여야 하고 자본금 10억 원 미만인 법인은 10일 전 통지하거나 주주 전원의 동의로 생략할 수 있다.

임시주주총회 소집통지

주주 귀하

당 회사는 다음과 같이 임시주주총회를 개최하기로 하였으므로 이를 통지하오니 주주님들께서는 참석하여 의결권을 행사하여 주시기 바랍니다.

- 아 래 -

1. 총회일시: 2024년 월 일 오전 10:00

2. 총회장소: 본점 회의실

3. 회의의 목적사항
   제1의 안: 자기주식 취득(보통주식 주)의 건

4. 지참서류
(1) 주주본인 출석: 소집통지서, 신분증
(2) 대리인 출석: 의결권위임장(주주본인 인감도장 날인할 것), 인감증명서 1통(주주본인: 3월 이내 발급한 것)

2024년 월 일

주식회사
대표이사

STEP V 자기주식 취득에 관한 임시주주총회 결의

자기주식 취득 관련하여 임시주주총회에서는 ① 취득할 수 있는 주식의 종류와 수, ② 취득가액 총액의 한도, ③ 1년을 초과하지 않는 범위 내에서 자기주식을 취득할 수 있는 기간을 주주총회 보통결의(출석주주 의결권의 과반수, 발행주식총수 1/4 이상 출석)로 결의하여야 한다.

임시주주총회 의사록

2024년 월 일 오전 10시 본점 회의실에서 주주총회를 개최하다.

1. 의결권이 있는 전체 주주총수 명
1. 의결권이 있는 발행주식총수 주
1. 출석주주수(위임장에 의한 자를 포함) 명
1. 출석주주 중 의결권이 있는 자의 지분총수 주

의장 대표이사 은 정관규정에 따라 의장석에 등단하여 위와 같이 법정수에 달하는 주주가 출석하였으므로, 본 총회가 적법하게 성립되었음을 알리고 개회를 선언한 후 다음의 의안을 부의하고 심의를 구하다.

제1호 의안 자기주식 취득의 건

의장은 당 회사가 「상법」 제341조에 의한 배당가능이익(2024. . . 현재 원)이 존재하는바 그 배당가능이익의 범위 내에서 회사의 권리를 실행함에 있어 그 목적을 달성하기 위하여 다음과 같이 자기주식을 취득할 필요가 있음을 설명하고 그 의견을 물은바 주주 전원이 이의 없이 안건을 원안대로 승인 가결하다.

\- 다 음 -

1. 취득할 주식의 종류와 수: 보통주식 주(전체 발행주식총수의 %)
2. 주식취득의 대가로 지급할 금전의 총액: 금 원정(₩ 원)
3. 자기주식을 취득할 수 있는 기간: 2024년 월 일까지

의장은 이상으로서 회의 목적인 의안 전부의 심의를 종료하였으므로 폐회한다고 선언하다(회의종료시간 오전 10시 30분).

위 의사의 경과요령과 결과를 명확히 하기 위하여 이 의사록을 작성하고 출석한 의장과 이사가 기명날인 또는 서명하다.

2024년 월 일

주식회사

의장 대표이사

이 사

이 사

STEP Ⅵ 자기주식 취득에 관한 이사회 소집통지 및 이사회 결의

자기주식 취득에 관한 구체적인 사항은 이사회 결의사항으로 이사회 결의를 위해서는 원칙적으로 1주 전에 소집통지를 하여야 하지만 정관에 소집통지기간을 단축하는 것으로 정한 경우에는 단축된 기간 내에 통지하여도 되고 이사, 감사 전원의 동의가 있는 경우에는 소집통지 없이 이사회 결의가 가능하다.

자기주식 취득에 관한 이사회 결의에서는 자기주식 취득에 관한 다음 사항을 결의하여야 하며 법인의 상황에 맞게 자기주식 취득목적을 명확하게 기술하고, 취득목적에 맞게 취득주식의 종류와 수를 결정하는 것이 중요하다.

자기주식 취득 관련 이사회 결의사항

- 자기주식 취득의 목적(※ 중요)
- 취득할 주식의 종류와 수(※ 취득할 주식의 수는 취득목적에 맞게 결정)
- 주식 1주를 취득하는 대가로 교부할 금전이나 그 밖의 재산의 내용 및 신청방법
- 주식 취득의 대가로 교부할 금전 등의 총액
- 주식양도신청기간(20일~60일)
- 주식양도신청기간이 끝나는 날부터 1개월의 범위에서 양도의 대가로 금전 등을 교부하는 시기와 그 밖에 주식 취득의 조건

이사회 의사록
(공증 위해 2부 작성)

주식회사

위 회사는 서기 2024. . . 1시 30분 본점 회의실에서 이사회를 개최한다.

총 이사 수: 3명, 출석이사 수: 3명

의장은 위와 같이 성원이 되었음을 알리고 의안심의에 들어갈 것을 제의하다.

제1호 의안: 자기주식 취득결의

의장은 당 회사가 상법 제341조에 따라 자기주식을 취득하고자 하므로, 상법시행령 제10조에서 규정한 방법대로 취득하고자 함을 설명하고 취득의 범위는 상법상 취득한도의 범위 내이고, 또한 영업실적에 비추어 이와 같은 취득범위에 문제가 발생하지 않을 것으로 판단되므로, 이를 승인하여 줄 것을 구한바, 출석한 이사 전원의 찬성으로 승인가결하다.

– 다 음 –

의장은 본 회사가 자기주식을 취득하고자 함을 설명하고, 상법 제341조에 따라서 "각 주주가 가진 주식 수에 따라 균등한 조건으로 취득하는 것"으로서 다음과 같이 취득함에 대하여 승인을 구한바, 전원 이의없이 만장일치로 이를 승인가결하다.

1. 자기주식 취득의 목적
   자기주식을 취득함으로써 주주의 주식가치를 제고함과 공신력 있는 외부투자자에게 매각을 통한 기업가치 제고

2. 취득할 주식의 종류 및 수
   보통주 주, 단, 양도신청 된 주식이 주를 초과한 경우 주 범위 내에서 취득한다.

3. 주식 1주를 취득하는 대가로 교부할 금전이나 그 밖의 재산의 내용 및 그 산정방법
   상속세및증여세법 제60조 및 동법 시행령 제54조를 준용하여 평가한 1주당 일금 원을 현금지급

4. 주식 취득의 대가로 교부할 금전 등의 총액:
   - 총액: 금 원 범위 내
   - 재원: 자기자금

5. 자기주식 취득사실을 통지하는 기간: 2024년 월 일~2024년 월 일(2주간)

6. 주식양도를 신청할 수 있는 기간: 2024년 월 일~2024년 월 일(20일 이상 60일 이내)

7. 주식양도대금의 지급시기: 2024년 월 일까지 현금지급

8. 주주별 양도신청주식 한도

주주별 신청 주식 한도			
주주명	주식수	주주명	주식수
갑	주	병	주
을	주	정	주
총 주			

개별 주주에게 균등하게 취득의 통지를 하여 취득하고, 취득할 주식 수를 초과하여 승인신청이 있는 경우 양도승인 신청된 주식 수에 비례하여 취득한다. 또한 주주가 신청한 주식의 총수가 상기 취득할 주식의 총수에 미달하는 경우에는 미달하는 주식 총수만큼 추가신청을 원하는 주주에게 이사회의 결의로 추가 배정할 수 있다.

9. 자기주식보유현황: 0주

10. 취득대상 주식기준일: 2024년 월 일

11. 기타 필요한 사항은 대표이사에게 위임함.

이상과 같이 심의를 완료하였으므로 의장은 폐회를 선언하다. 오늘의 결의 사실을 명백히 하기 위하여 의사록을 작성하고 의장과 출석이사가 아래와 같이 기명 날인하다 (오후 2시 30분 종료).

2024년 월 일

주식회사

의장 대표이사
이 사
이 사

STEP Ⅶ 자기주식 취득 관련 사항 통지

자기주식 취득에 관한 이사회 결의가 끝난 후에는 주식양도신청기간이 시작하는 날의 2주 전까지 ① 자기주식취득결의에 관한 이사회 결의사항, ② 자기주식보유현황, ③ 재무제표를 모든 주주에게 통지하여야 한다.

통지 시에는 각 주주별 주식양도신청서와 주식양도포기신청서를 첨부하여야 하며 자기주식취득관련 사항 통지 시에는 반드시 모든 주주에게 통지하여야 하는 점과 자기주식 취득관련 통지 시 각 주주별 취득할 수 있는 주식수는 전체 자기주식 취득주식 총수에 지분율을 곱한 주식수를 초과하여서는 안되는 점을 주의하여야 한다.

자기주식취득의 통지

주주 A 귀하

당 회사는 다음과 같이 이사회의 결의로 회사가 주주들로부터 자기주식을 취득하기로 결의하였습니다. 회사에 대하여 주식을 양도하기를 원하는 주주께서는 아래와 같이 주식양도를 청구하여 주시기 바랍니다.

– 아 래 –

1. 자기주식 취득의 목적: 자기주식을 취득함으로써 주주의 주식가치를 제고함과 공신력 있는 외부투자자에게 매각을 통한 기업가치 제고
2. 취득할 수 있는 주식의 종류 및 수: 보통주식 주(총 자기주식 취득수×지분율)
3. 1주당 교부할 금전: 금 원
4. 주식취득의 대가로 지급할 금전 총액: 금 원(총 자기주식 취득수×지분율×1주당 교부할 금전)
5. 회사에 주식양도를 신청할 수 있는 기간: 2024. . . ~ 2024. . .
   (20일 이상~60일 이내 결정)
6. 양도신청기간 종료 후 주식대금 교부시기: 2024. . .까지(⇒1개월 이내)
7. 양도신청 주식의 한도 및 기타사항: 주식의 양도신청은 주주평등의 원칙에 따라 모든 주주에게 균등하게 적용되며, 주식 취득계약의 성립시기는 양도신청기간이 끝나는 날로 합니다. 또한 주주가 신청한 주식의 총수가 상기 취득할 주식의 총수에 미달하는 경우에는 미달하는 주식 총수만큼 추가신청을 원하는 주주에게 이사회의 결의로 추가배정 할 수 있습니다.
8. 주식양도 신청 시 필요서류: 신분증 사본, 인감증명서, 입금통장사본
9. 신청서 제출 및 문의처: ㈜ (T.02-2008-)

별첨: 1. 재무제표(2024. . . 기준)
　　　2. 회사 자기주식 보유현황: 0주

2024년 월 일

주식회사

대표이사 (법인)

"통지서를 2024. . . 정히 수령하였음."

주주 A (인)

STEP Ⅷ 주식 양도신청서 및 포기신청서 접수

각 주주는 자기주식취득관련 사항을 통지받은 후 본인 소유 주식을 자기주식으로 양도할 경우에는 주식양도신청서를 법인에 제출하고 양도하지 않는 경우에는 포기신청서를 접수하여야 한다.

이 경우 주식양도청구를 한 경우 계약성립일은 주식양도신청기간이 끝나는 날이며 주식양도 신청을 할 경우 각 주주별 신청할 수 있는 최대한도는 전체 이사회 결의를 통한 자기주식취득 총주식수에 각 주주별 지분율을 곱한 주식수를 한도로 한다.

STEP Ⅸ 자기주식 매각 포기분 추가배정 이사회 결의 및 추가양도신청

통상적으로 비상장법인이 자기주식을 취득하는 경우에는 자기주식으로 주식을 양도할 주주와 취득 주식수를 미리 결정하고 진행하는 경우가 대부분이지만, 자기주식 취득에 관한 사항을 통지받고 실제 자기주식을 양도하려고 하는 주주가 자기주식 취득예정 주식수 전부에 대해 양도신청을 하는 경우에는 주주평등의 원칙에 반하는 문제점이 있다.

따라서 자기주식 취득통지를 받은 후에는 1차로 전체 자기주식 취득예정 주식수에 지분율을 곱한 주식수에 대해 양도신청을 한 후 2차로 다른 주주들이 양도를 포기한 주식에 대해 이사회 결의를 통해 재배정하고 추가로 양도신청하는 절차를 반드시 거쳐야 하는 점을 주의하여야 한다.

PART 02

자기주식의 취득, 보유, 처분에 대한 과세문제

전략가이드

법인이 자기주식을 취득하는 경우 주식을 양도한 주주는 양도소득세 또는 배당소득세 과세문제가 발생하고, 자기주식을 양수(일시보유 목적)한 법인은 시가보다 낮은 가액으로 양수하는 경우 법인세, 시가보다 높은 가액으로 양수하는 경우 부당행위계산부인, 양도한 주주에게 소득세 과세문제가 발생한다.
또한 법인이 자기주식을 시가보다 낮은 가액으로 양수하는 경우로서 주식을 양도한 주주와 법인의 지배주주 간에 상속세 및 증여세법상 특수관계가 성립하는 경우에는 법인의 지배주주에게 증여세 과세문제가 발생한다.
그 외에도 소각목적으로 자기주식을 취득하는 경우로서 시가보다 고저가로 취득하는 경우에는 증여세 과세문제가 발생하는 등 자기주식은 취득단계, 보유단계, 처분단계, 소각단계 모든 단계에서 과세문제가 발생할 수 있다.
따라서 자기주식을 취득하는 경우에는 이러한 과세문제를 완벽하게 검토한 후 실행하여야 한다.

I 자기주식의 취득 및 처분 시 과세문제

1 주식을 양도한 주주에게는 양도차익에 대해 양도소득세 또는 배당소득세가 과세된다

자기주식을 양도한 주주에게는 취득가액과 양도가액의 차액에 대해 자기주식 취득이 일시보유목적으로 인정되는 경우에는 양도소득세, 소각목적으로 인정되는 경우에는 배당소득세가 과세된다.

주식의 양도차익이 1억 원 이상인 경우에는 주식양도에 대해 양도소득세로 과세되는 것이 훨씬 세부담 측면에서 유리하다.

이 경우 일시보유목적으로 인정되기 위해서는 자기주식 취득절차를 이행하는 과정에서 절대 소각목적이라는 단어가 언급되어서는 안되고 제3자에게 처분하려고 한 노력의 흔적이

09

있어야 하며 매년 이사회 결의를 통해 자기주식 처분에 관한 사항을 결의할 필요가 있다.

주식을 양도한 주주의 주식양도차익에 대한 과세문제

■ **양도소득세로 과세되는 경우(유리)**

양도소득세 = (양도가액 − 필요경비) × 세율*

* 1. 중소기업 소액주주(4% 미만): 10%

2. 중소기업 대주주(4% 이상): 20%(과세표준 3억 원 초과분: 25%, 1년 미만 보유분 양도분: 30%)

■ **배당소득세로 과세되는 경우**

의제배당금액에 대한 소득세 = [(양도가액 − 취득가액) + (양도가액 − 취득가액 - 2천만 원) × 11% + 타종합소득금액] × 종합소득세율 − 배당세액공제[(양도가액 − 취득가액 - 2천만 원) × 11%]

■ **양도소득으로 구분되는 경우**

- M&A를 위한 지분 단순화 필요, 관계사의 재무구조 개선목적, 불가피한 사정 등 자기주식 매각에 관한 뚜렷한 목적이 있는 경우
- 자기주식 취득 통지서에 취득목적을 보유로 기재하고 취득 후 소각 시까지 장기간이 소요된 경우
- 소각목적으로 취득하였다고 인정할 만한 주주총회, 이사회 결의 등 객관적인 사실 관계가 없는 경우
- 주식이 실제로 소각되어 감자되지 않은 경우
- 매매대가와 감자대가가 상이한 경우
- 자기주식 중 일부가 실제 매각된 경우

2 주식을 양도한 주주가 지분율 30% 이상인 주주이거나 임직원인 경우에는 주식양도가액이 아닌 시가로 양도소득세 또는 배당소득세가 과세된다

주식을 양도한 주주가 4촌 이내의 혈족, 3촌 이내의 인척의 지분율 포함하여 30% 이상의 지분율을 갖고 있는 경우나 지분율이 30% 미만인 경우에도 법인의 임직원 또는 임직원과 생계를 함께하는 친족인 경우에는 소득세법상 법인과 특수관계가 성립한다.

주식을 양도한 주주가 법인과 소득세법상 특수관계가 성립하는 경우에는 실제 양도가액이 아닌 세법상 주식평가액과 취득가액의 차액에 대해 양도소득세 또는 배당소득세가 과세된다.

따라서 주식을 양도한 주주가 특수관계인의 지분율 포함 법인에 대한 지분율이 30% 이상이거나 법인의 임직원 또는 임직원과 생계를 함께하는 친족인 경우에는 시가로 양도소득세 또는 배당소득세가 과세되는 점을 검토한 후 진행하여야 한다.

주식을 양도한 주주가 법인과 소득세법상 특수관계에 있는 경우 과세문제

- **개인주주가 법인과 소득세법상 특수관계가 성립하는 경우**
  - 특수관계인(4촌 이내 혈족, 3촌 이내 인척 등)의 지분율 포함하여 지분율이 30% 이상인 경우
  - 법인의 임직원 또는 법인의 임직원과 생계를 함께하는 친족인 경우
- **소득세법상 특수관계에 있는 경우 과세문제**

  실제 양도가액이 아닌 세법상 평가액을 양도가액으로 하여 양도소득세 또는 배당소득세 과세

3 법인이 지분율 1% 이상 주주로부터 시가보다 고·저가로 자기주식을 취득하는 경우에는 법인세가 과세된다

주주가 법인과 법인세법상 특수관계가 성립하는 지분율은 1% 이상이다.

통상 자기주식을 법인에 양도하는 경우는 지분율 1% 이상인 경우가 거의 대부분인데 법인이 1% 이상 주주인 특수관계 있는 개인으로부터 시가보다 낮은 가액으로 주식을 양수하는 경우에는 시가와 취득가액과의 차액에 대해 법인세가 과세된다. 다만 소각목적으로 취득하는 경우에는 법인세 과세문제가 없다(법법 §15 ②).

또한 법인이 시가보다 높은 가액으로 1% 이상인 주주로부터 자기주식을 취득하는 경우에는 해당 주식을 양도 시 실제 취득가액이 아닌 실제 취득가액보다 낮은 시가를 기준으로 계산된 양도차익에 대해 법인세가 과세되는 문제가 발생한다.

따라서 법인이 자기주식을 취득하는 경우에는 이러한 과세문제를 검토한 후 진행하여야 한다.

법인이 시가보다 고저가로 자기주식을 취득하는 경우 과세문제

- **주주가 법인과 특수관계가 성립하는 지분율**
  - 본인이 주주인 경우: 본인이 단독으로 1% 이상 지분율을 보유한 경우
  - 본인이 주주가 아닌 경우: 본인의 특수관계인(또는 본인과 특수관계인)이 30% 이상 지분율을 보유한 경우
- **법인이 지분율 1% 이상 주주로부터 시가보다 저가로 자기주식을 취득하는 경우**
  - 시가와 취득가액과의 차액에 대해 법인세 과세
- **법인이 지분율 1% 이상 주주로부터 시가보다 고가로 자기주식을 취득하는 경우**
  - 자기주식 처분 시 (처분가액 − 실제 취득가액이 아닌 시가)에 대해 법인세 과세

09

❹ 자기주식을 시가보다 저가로 취득하는 경우에는 법인의 주주에게 증여세가 과세될 수 있다

법인이 자기주식을 저가로 취득하는 경우에는 주식을 양도하지 않은 주주의 경우 법인에 대한 실질적인 지배지분율이 상승하면서 주식평가액이 상승하는 효과가 있다.

법인이 시가보다 낮은 가액으로 자기주식을 취득하는 경우에 주식을 양도한 주주와 주식을 양도하지 않은 법인의 주주가 상속세 및 증여세법상 특수관계가 성립하는 경우로서 법인이 자기주식을 저가로 취득함으로써 주식을 양도하지 않은 주주가 얻은 증여의제이익이 1억 원 이상인 경우에는 주식을 양도하지 않은 주주에게 증여세가 과세된다.

구체적으로는

① 법인이 지배주주 등의 직접 · 간접 지분율이 30% 이상인 특정법인에 해당(대부분 비상장법인의 경우 해당)하고,

② 자기주식을 시가보다 30% 또는 3억 원 이상 낮은 가액으로 양수하는 경우로서,

③ 저가로 양도한 주주와 지배주주 간에 상속세 및 증여세법상 특수관계가 성립하고,

④ 해당 지배주주 등 개인별 증여의제이익이 1억 원 이상인 경우에는 지배주주 등에게 특정법인과의 거래를 통한 이익의 증여의제이익에 대한 증여세가 과세된다(상증법 §45의5).

자기주식을 양도한 주주와 법인의 주주 간에 상속세 및 증여세법상 특수관계가 성립하는 경우는 주주 간에 4촌 이내 혈족, 3촌 이내 인척, 사돈관계에 있거나 주식을 양도한 주주가 지분율 30% 이상인 주주인 경우로서 주식을 양도하지 않은 주주가 임직원에 해당하는 경우 또는 주식을 양도한 주주가 출자임직원에 해당하는 경우로서 주식을 양도하지 않은 주주가 지분율 30% 이상인 경우 등이다.

따라서 법인이 자기주식을 저가로 취득하는 경우에는 반드시 법인이 주식을 양도한 주주와 법인의 주주 간에 상속세 및 증여세법상 특수관계가 성립하는지 여부까지 검토하여 진행하여야 한다.

법인이 주식을 저가로 양수하는 경우 법인의 주주 증여세 과세문제

■ **법인의 주주에게 증여세가 과세되는 경우**

- 법인에 지분율 30% 이상인 최대주주가 있는 경우(비상장법인 거의 해당)
- 자기주식을 시가보다 30% 또는 3억 원 이상 낮은 가액으로 취득하는 경우
- 주식을 양도한 주주와 법인의 주주 간에 상속세 및 증여세법상 특수관계가 성립하는 경우
- 주식을 양도하지 않은 주주가 얻은 이익이 1억 원 이상인 경우

- **주식을 양도한 주주와 법인의 주주 간에 상속세 및 증여세법상 특수관계가 성립하는 경우**
  - 4촌 이내 혈족 또는 3촌 이내 인척 또는 사돈관계인 경우
  - 주식을 양도하는 주주의 지분율 30% & 법인의 주주가 임직원 해당
  - 주식을 양도하는 주주가 출자임직원 & 법인의 주주가 지분율 30% 이상

5 법인이 자기주식 처분하는 경우 발생하는 처분손실, 처분이익은 법인세에 반영된다

법인이 자기주식을 처분하는 경우로서 취득가액보다 낮은 가액으로 처분하는 경우에는 자기주식처분손실이 발생하는 데 자기주식처분손실은 회계상 자본조정계정에 계상되어 손익계산서에 계상되지 않더라도 세법상 손실로 인정되어 법인세가 감소되는 효과가 있다.

따라서 법인이 자기주식을 높은 가액에 취득하여 보유하고 있는 경우로서 취득 당시보다 주식평가액이 하락한 상태에서 법인세를 낮추고 싶은 경우에는 자기주식 매각전략을 검토할 수 있다.

반면 자기주식을 취득가액보다 높은 가액으로 처분하는 경우에는 자기주식처분이익이 발생하는 데 자기주식처분이익도 회계상 자본조정계정에 계상되어 손익계산서에 계상되지 않더라도 세법상 과세대상 소득에 해당하여 법인세가 과세된다.

주의하여야 할 점은 법인이 자기주식을 처분하는 경우에도 원칙적으로는 세법상 시가에 맞추어서 처분하여야 하는 것으로 특수관계 있는 자에게 시가보다 낮은 가액으로 처분하는 경우에는 실제 양도가액이 아닌 시가를 양도가액으로 한 처분손익에 대해 법인세가 과세되며 특수관계 없는 자에게 정당한 사유 없이 시가의 70%보다 저가로 양도하는 경우에는 기부금으로 의제되는 과세문제가 발생한다.

자기주식의 처분 시 과세문제

- **취득가액보다 높은 가액으로 처분하는 경우**
  (양도가액 – 취득가액)에 대해 법인세 과세
- **취득가액보다 낮은 가액으로 처분하는 경우**
  (취득가액 – 양도가액)에 법인세율 적용된 가액만큼 법인세 감소
- **특수관계 있는 자에게 시가보다 낮은 가액으로 양도하는 경우**
  (실제 양도가액 아닌 시가 – 취득가액)에 대해 법인세 과세
- **특수관계 없는 자에게 시가의 70%보다 낮은 가액으로 양도하는 경우**
  (시가의 70% – 양도가액)을 기부금으로 의제
  ⇒ 통상 비지정기부금에 해당하므로 기부금 가액에 대해 법인세 과세

Ⅱ 자기주식의 보유 시 과세문제

1 자기주식은 가업승계세제 혜택 적용이 배제되며 사업무관자산에 해당한다

자기주식은 가업상속공제 대상주식, 가업승계에 대한 증여세 과세특례 대상 주식에 해당하지 않는다.

또한 법인이 일시보유 목적으로 자기주식을 보유하고 있는 경우 자기주식은 사업무관자산으로 구분되므로 승계 특례대상 주식가액 중 자기주식이 차지하는 비율에 상당하는 가액만큼은 가업상속공제액, 가업승계 증여세 과세특례 적용이 배제된다.

따라서 법인이 보유하고 있는 자기주식가액이 큰 경우로서 가업상속공제, 가업승계에 대한 증여세 과세특례를 적용받을 계획이 있는 경우에는 자기주식 추가 관리에 대한 계획을 세울 필요가 있다.

2 가업상속공제 및 가업승계 증여세 과세특례 요건의 최대주주 등 지분율 판단 시 자기주식은 제외하고 판단한다

가업상속공제나 가업승계에 대한 증여세 과세특례를 적용받기 위해서는 중소기업 또는 중견기업의 최대주주 등인 경우로서 피상속인과 그의 특수관계인의 주식 등을 합하여 해당 기업의 발행주식총수 등의 100분의 40(상장법인의 경우 100분의 20) 이상을 10년 이상 계속하여 보유하여야 하는 요건을 충족하여야 한다.

이 경우 최대주주 등으로서 10년 이상 40%(20%) 이상을 계속보유하고 있는지 여부 판단 시에는 발행주식총수에서 자기주식을 제외하고 판단한다.

따라서 해당 지분율 요건을 충족하기 어려운 경우에는 자기주식을 취득함으로서 최대주주 지분율을 높이는 전략(비상장법인의 경우 사업무관자산비율이 높아지는 점 주의)이 필요할 수 있다.

❸ 자기주식을 보유하고 있는 경우에는 자기주식 평가액을 포함하여 비상장주식을 평가하여야 한다

법인이 일시보유 목적으로 자기주식을 보유하고 있는 경우에는 비상장주식 평가 시 자기주식을 세법상 평가액으로 환산하여 순자산가액에 가산하여야 한다.

또한 법인의 발행주식총수 계산 시에는 자기주식을 포함하여 계산한다.

반면 법인이 소각목적으로 자기주식을 보유하고 있는 경우에는 비상장주식 평가 시 자기주식을 제외하여 발행주식총수를 계산한다.

PART 03

전략적인 자기주식 활용방안

전략가이드

법인이 일정 궤도에 올라 안정기에 접어든 경우에는 언제든지 법인의 필요에 따라 전략적으로 자기주식 취득, 보유, 소각 전략을 실행할 수 있어야 한다.
법인이 자기주식을 취득하는 경우는 주주가 보유주식 매수를 의뢰하는 경우, 소각목적인 경우 등 외에도 최대주주 등 지분율을 높이는 경우 등에 활용할 수 있다.

I 최대주주 등 지분율이 낮은 경우에는 전략적으로 자기주식취득을 활용할 수 있다

1 비상장법인의 자기주식 취득 활용한 최대주주 지분율 높이는 방안

비상장법인의 경우 대표이사 또는 대표이사의 친족이 과반수 이상의 지분율을 보유하고 있는 경우가 대부분이지만 비상장법인으로서 설립 시 또는 사업 진행과정에서 외부투자를 받거나 최대주주의 자금 사정으로 구주를 매각하여 최대주주 지분율이 굉장히 낮은 경우를 간혹 볼 수 있다.

비상장법인 최대주주 지분율이 50% 미만인 경우에는 주주총회에서 전체 주주가 의결권 행사하는 경우를 가정 시 주주총회 보통결의(출석 주주의 과반수 이상, 발생주식총수의 1/4 이상) 요건을 충족하지 못하게 되므로 임원선임 등 모든 주주총회 결의가 필요한 사항에 대한 진행이 어렵게 된다.

또한 가업승계에 대한 증여세 과세특례 또는 가업상속공제 적용 시 최대주주 등 지분율이 40% 미만인 경우에는 공제요건을 충족하지 못하는 문제점이 있다.

비상장법인이 이러한 문제가 있는 경우에는 의결권 행사에 적극적으로 참여하지 않는 소액주주의 주식을 자기주식으로 취득하여 지분율을 높이는 전략을 실행할 필요가 있다.

❷ 상장법인의 자기주식 취득 활용한 최대주주 지분율 높이는 방안

우리나라 코스닥 상장법인의 평균 최대주주 지분율은 30% 내외이다.

상장법인의 경우 2023년 이후 상속 또는 증여분부터 가업상속공제 또는 가업승계에 대한 증여세 과세특례 적용 시 최대주주 지분율 요건이 30%에서 20%로 낮아져서 그동안 가업상속공제 또는 가업승계에 대한 증여세 과세특례 요건을 갖추지 못했던 많은 상장법인들이 요건을 충족하게 되었지만 아직도 최대주주 등 지분율이 20% 미만인 경우가 있다.

가업상속공제 등 요건 판단 시 최대주주 등 지분율은 자기주식을 제외하고 판단하므로 최대주주 등 지분율이 20% 미만인 상장법인의 경우에는 자기주식 취득을 통해 주가를 부양하고 가업상속공제 등 요건을 충족할 수 있도록 하는 전략이 필요하다.

Ⅱ 명의신탁주식 정리

법인설립 초기 또는 사업을 하는 과정에서 타인명의로 주식을 명의신탁 하였지만 명의신탁사실이 명확하게 입증되지 않아 명의신탁주식 실명전환 절차를 밟지 못하고 고민하는 경우를 많이 볼 수 있다.

신탁자가 명의신탁주식을 수탁자로부터 저가로 취득하는 방법을 통해 명의신탁주식을 되찾는 경우에는 통상 액면가액 또는 세법상 평가액보다 낮은 가액으로 양수하게 되는데 특수관계 없는 자로부터 정당한 사유 없이 세법상 평가액과 실제 양수가액의 차액이 3억 원 이상인 경우에는 명의신탁자에게 증여세가 과세된다.

이러한 경우에 명의수탁자와 해당 법인의 지배주주 간에 상속세 및 증여세법상 특수관계가 성립하지 않는 경우에는 개인이 증여세를 부담하는 것보다 법인이 명의신탁주식을 저가로 취득하면서 세법상 평가액과 양수가액의 차액에 대해 법인세를 부담하는 것이 유리할 수 있다.

법인이 자기주식을 저가로 취득하면서 부담한 법인세는 법인이 해당 주식을 양도하는 경우에 법인세가 낮아지는 방식으로 상쇄된다.

10

CEO가 꼭 알아야 할 가지급금 관리 전략

PART 01

가지급금으로 구분되는 경우와 구분되지 않는 경우

전략가이드

가지급금이란 통상 대표이사 등 특수관계인에 대한 자금대여액을 의미하는 것으로 많은 과세 문제가 발생한다.
하지만 특수관계인에게 자금대여액이 아닌 경우에도 세법에서는 가지급금으로 보거나 특수관계인에 대한 자금대여액인 경우에도 세법에서는 가지급금으로 보지 않는 경우가 있으므로 법인이 전략적으로 가지급금을 관리하기 위해서는 가지급금으로 구분되는 경우와 구분되지 않는 경우를 먼저 명확하게 파악할 필요가 있다.

I 특수관계인에 대한 자금대여가 아닌 경우에도 가지급금으로 보는 경우

1 상법상 중간배당 요건을 충족하지 않고 지급된 중간배당금은 가지급금으로 본다

중간배당이란 사업연도 종료 후 정기주주총회에서 재무제표 승인을 하면서 이루어진 배당이 아닌 사업연도 중에 하는 배당을 말하는 것으로 상법상 절차적 요건과 실질적 요건을 갖추어 지급하여야 한다.

여기서 절차적 요건이란 정관으로 중간배당 기준일을 정하여 중간배당 할 수 있음을 정하고 이사회 결의로 중간배당을 하는 것을 말한다. 정기배당이 주주총회 결의사항인 것과 다르게 중간배당은 이사회 결의사항이며 이사회가 성립되지 않은 경우에는 주주총회 결의로 중간배당이 가능하다.

실질적 요건이란 직전 사업연도 실적기준으로 중간배당 한도금액을 충족하는 것과 당해 결산기 기준으로 이익배당한도 이상의 순자산액을 충족하는 것을 의미한다. 따라서 당해 연도에 거액의 이익이 발생한 경우에도 직전 사업연도 실적기준으로 중간배당한도를 충족하지 못한 경우에는 상법상 중간배당요건을 충족하지 못하는 점을 주의하여야 한다.

상법상 절차적 요건과 실질적 요건을 갖추지 않은 상태에서 지급한 중간배당금은 세법상으로는 가지급금으로 보아 과세문제가 발생하며, 상법상으로는 위법한 배당이 되어 주주의 부당이득에 해당하게 되므로 회사는 주주에게 부당이득반환청구권을 행사할 수 있게 된다.

상법상 중간배당 요건

■ **절차적 요건**

정관에 중간배당 기준일을 정하여 중간배당할 수 있음을 규정 & 이사회 결의로 중간배당 (이사회가 없는 경우 주주총회 결의로 가능)

■ **실질적 요건**

- 직전 결산기준 중간배당 한도 충족

  중간배당의 한도금액 = 직전 결산기 대차대조표상의 순자산액 − 직전 결산기 자본금, 자본준비금, 이익준비금 − 직전 결산기 정기총회 이익배당금 결의액 − 중간배당에 따라 적립할 이익준비금(중간배당금액의 10%, 자본금의 1/2에 달할 때까지)

- 당해 결산기준 순자산 한도 충족

  당해 결산기 순자산액이 이익배당 한도 이상일 것

상법 제354조【주주명부의 폐쇄, 기준일】

① 회사는 의결권을 행사하거나 배당을 받을 자 기타 주주 또는 질권자로서 권리를 행사할 자를 정하기 위하여 일정한 기간을 정하여 주주명부의 기재변경을 정지하거나 일정한 날에 주주명부에 기재된 주주 또는 질권자를 그 권리를 행사할 주주 또는 질권자로 볼 수 있다.

② 제1항의 기간은 3월을 초과하지 못한다.

③ 제1항의 날은 주주 또는 질권자로서 권리를 행사할 날에 앞선 3월 내의 날로 정하여야 한다.

10

2 대표이사 친족에게 무상으로 금전을 대여한 경우에는 대표이사 가지급금으로 본다

법인이 대표이사 친족에게 금전을 대여한 경우에는 세법상 대표이사의 가지급금으로 보므로 대표이사에게 가지급금 인정이자 불입의무, 가지급금 반제의무가 발생하므로 주의하여야 한다.

법인세법 기본통칙 52-88…2【조세의 부담을 부당하게 감소시킨 것으로 인정되는 경우의 예시】

"조세의 부담을 부당하게 감소시킨 것으로 인정되는 경우"에는 법에서 규정하는 것을 제외하고, 다음 각 호의 어느 하나에 해당되는 경우를 포함하는 것으로 한다.

5. 대표자의 친족에게 무상으로 금전을 대여한 때(이 경우에는 대표자에게 대여한 것으로 본다)

❸ 연임된 임원에게 지급한 퇴직금은 가지급금으로 본다

상법상 이사의 경우 3년마다 중임등기를 하여야 한다.

법인세법 시행령 제44조 제2항에서 규정하고 있는 현실적인 퇴직 사유가 아닌 임원 중임등기로 임원 연임 시 지급한 퇴직금은 가지급금으로 본다.

> **법인세법 기본통칙 52-88…2【조세의 부담을 부당하게 감소시킨 것으로 인정되는 경우의 예시】**
> "조세의 부담을 부당하게 감소시킨 것으로 인정되는 경우"에는 법에서 규정하는 것을 제외하고, 다음 각 호의 어느 하나에 해당되는 경우를 포함하는 것으로 한다(2019.12.23. 개정).
> 6. 연임된 임원에게 퇴직금을 지급한 때

❹ 특수관계인에 대한 외상매출금을 정당한 사유 없이 회수지연 하는 경우에는 가지급금으로 본다

특수관계인에 대한 외상매출금 회수지연액은 평상시에는 국세청 전산체크로 확인이 어렵지만 세무조사 시에는 필수 검토사항이므로 특수관계 법인에 매출이 있는 경우에는 이러한 점을 주의하여 관리하여야 한다.

> **법인세법 집행기준 28-53-2【업무무관 가지급금의 범위】**
> ③ 법인이 특수관계 있는 자와의 거래에서 발생된 외상매출금 등의 회수가 지연되는 경우로서 해당 매출채권이 실질적인 소비대차로 전환된 것으로 인정되는 때에는 업무와 관련 없는 가지급금으로 본다. 다만, 거래상대방의 자금사정 등으로 불가피하게 그 회수가 지연되는 등 매출채권의 회수가 지연되는 데 정당한 사유가 있다고 인정되는 경우에는 해당 매출채권의 지연에 따른 연체료 상당액을 받기로 한 경우에도 해당 매출채권이 업무와 관련 없는 가지급금으로 전환된 것으로 보지 아니한다.

Ⅱ 세법상 과세문제가 없는 가지급금

다음에 해당하는 경우에는 특수관계인에 대한 자금대여액인 경우에도 세법상 과세문제가 발생하는 가지급금으로 보지 않으므로 가지급금 인정이자를 법인에 불입하지 않아도 무관하다.

❶ 국외투자법인의 비용대납액

국외에 자본을 투자한 내국 법인이 해당 국외 투자법인에 종사하거나 종사할 자의 여비 · 급료 기타 비용을 대신하여 부담하고 이를 가지급금 등으로 계상한 금액(그 금액을 실지로 환부받을 때까지의 기간에 상당하는 금액에 한함)은 가지급금으로 보지 않는다.

따라서 해외현지법인에 자금을 대여하여야 하는 경우에는 비용대납액 형식을 취하는 것이 유리하다.

❷ 우리사주조합원에 대한 대여액

법인이 「근로복지기본법」 제2조 제4호에 따른 우리사주조합 또는 그 조합원에게 해당 우리사주조합이 설립된 회사의 주식취득(조합원 간에 주식을 매매하는 경우와 조합원이 취득한 주식을 교환하거나 현물출자함으로써 「독점규제 및 공정거래에 관한 법률」에 의한 지주회사 또는 「금융지주회사법」에 의한 금융지주회사의 주식을 취득하는 경우를 포함)에 소요되는 자금을 대여한 금액(상환할 때까지의 기간에 상당하는 금액에 한함)은 가지급금으로 보지 않는다.

❸ 직원에 대한 급여범위 내 가불금

직원에 대한 월정급여액의 범위에서의 일시적인 급료의 가불금(월정급여를 초과하는 대여금 또는 퇴직금 범위 내 가불금은 가지급금 인정이자 대상)은 가지급금으로 보지 않는다.

통상 직원들이 가불을 요청하는 경우에는 퇴직금 범위 내에서 가불을 요청하는 경우가 있는데 월정급여 범위를 초과하여 퇴직금 범위 내에서 금전을 대여하는 경우에는 세법상 가지급금 인정이자를 반드시 수령하여야 한다.

❹ 직원에 대한 경조사비 또는 학자금(자녀의 학자금 포함)의 대여액

직원의 결혼 등 경조사 또는 자녀의 대학등록금 마련 때문에 자금을 대여하는 경우에는 가지급금으로 보지 않는다.

❺ 중소기업 직원의 주택구입, 전세자금 대여액

2020.1.1.부터 「조세특례제한법 시행령」 제2조에 따른 중소기업에 근무하는 직원(지배주주 등인 직원은 제외한다)에 대한 주택구입 또는 전세자금의 대여액은 가지급금으로 보지 않는다.

PART 02

가지급금이 있는 경우 법적 · 세무적 문제점

전략가이드

가지급금에 대한 세금문제는 죽어서도 해결되지 않는 것으로 가지급금 채권을 보유한 법인, 가지급금 반제채무가 있는 개인 모두에게 과세문제가 발생한다.
또한 최근에는 대표이사가 법인자금을 인출하면서 법적절차를 밟지 않은 경우에 대해 법원이 엄중하게 판결을 하고 있으므로 이러한 점을 정확하게 인지하고 법인자금을 부득이하게 인출하는 경우에는 신중하게 진행하여야 한다.

I 법인이 특수관계인에게 자금을 대여한 경우에는 법인세 부담이 커진다

1 가지급금 인정이자에 대한 법인세 부담 증가(업무관련 가지급금도 대상)

대표이사 등 법인과 특수관계 있는 자에게 법인이 자금을 대여한 경우에는 매년 세법에서 규정하고 있는 가중평균차입이자율[1)](대여시점 법인의 평균 차입이자율) 또는 당좌대출이자율(4.6%)로 계산한 이자를 법인의 이자수익으로 계상하여야 하므로 해당 이자수익만큼 법인세가 증가하게 된다.

이렇게 가지급금 인정이자를 법인이 이자수익으로 계상하여야 하는 것은 업무관련 가지급금인 경우에도 적용된다.

1) $\text{가중평균 차입이자율} = \dfrac{\Sigma\left(\begin{array}{c}\text{자금 대여시점 현재 각각의 차입금 잔액}\\ \text{(특수관계인으로부터의 차입금은 제외)}\end{array} \times \begin{array}{c}\text{차입당시의}\\ \text{각각의 이자율}\end{array}\right)}{\text{해당 차입금 잔액의 총액}}$

$$\text{법인세 과세대상 이자수익} = \left\{ \text{가지급금 등의 적수}^{*} \times \text{선택한 이자율} \times \frac{1}{365} \right\}$$

* 적수 계산 시 초일은 산입하고, 가지급금이 회수된 날은 제외한다.

$$\text{가중평균 차입이자율} = \frac{\Sigma \left(\begin{matrix}\text{자금 대여시점 현재 각각의 차입금 잔액} \\ \text{(특수관계인으로부터의 차입금은 제외)}\end{matrix} \times \begin{matrix}\text{차입당시의} \\ \text{각각의 이자율}\end{matrix} \right)}{\text{해당 차입금 잔액의 총액}}$$

법인세법 시행령 제88조【부당행위계산의 유형 등】

① 법 제52조 제1항에서 "조세의 부담을 부당하게 감소시킨 것으로 인정되는 경우"란 다음 각 호의 어느 하나에 해당하는 경우를 말한다.

6. 금전, 그 밖의 자산 또는 용역을 무상 또는 시가보다 낮은 이율 · 요율이나 임대료로 대부하거나 제공한 경우

2 차입금에 대한 이자비용 부인(업무무관 가지급금 대상)

법인이 차입금에 대해 이자비용을 지불하는 경우라도 특수관계인에 대한 업무무관가지급금이 있는 경우에는 전체 자산 적수 중 가지급금 적수가 차지하는 비율만큼 이자비용에 대해 비용인정을 받을 수 없다.

$$\text{비용부인되는 이자비용} = \left\{ \text{이자비용} \times \frac{\text{가지급금 적수}}{\text{전체 자산적수}} \right\}$$

법인세법 제28조【지급이자의 손금불산입】

① 다음 각 호의 차입금의 이자는 내국법인의 각 사업연도의 소득금액을 계산할 때 손금에 산입하지 아니한다.

4. 다음 각 목의 어느 하나에 해당하는 자산을 취득하거나 보유하고 있는 내국법인이 각 사업연도에 지급한 차입금의 이자 중 대통령령으로 정하는 바에 따라 계산한 금액(차입금 중 해당 자산가액에 상당하는 금액의 이자를 한도로 한다)

   가. 제27조 제1호에 해당하는 자산

   나. 특수관계인에게 해당 법인의 업무와 관련 없이 지급한 가지급금 등으로서 대통령령으로 정하는 것

10

❸ 대손상각 불가능(업무무관 가지급금 대상)

법인이 특수관계 없는 자에게 자금을 대여 후 자금을 차입한 자가 법인세법 시행령 제19조의2 대손처리 사유에 해당하는 경우에는 대손상각을 통해 비용인정 받을 수 있다.

반면 법인이 특수관계 있는 자에게 자금대여 후 해당 대여금을 회수하지 못한 경우에는 자금을 차입한 자가 법인세법 시행령 제19조의2 대손처리 사유에 해당하여도 대손상각을 통한 비용인정을 받을 수 없게 된다.

법인세법 제19조의2【대손금의 손금불산입】

① 내국법인이 보유하고 있는 채권 중 채무자의 파산 등 대통령령으로 정하는 사유로 회수할 수 없는 채권의 금액[이하 "대손금"(貸損金)이라 한다]은 대통령령으로 정하는 사업연도의 소득금액을 계산할 때 손금에 산입한다.

② 제1항은 다음 각 호의 어느 하나에 해당하는 채권에는 적용하지 아니한다.

2. 제28조 제1항 제4호 나목에 해당하는 가지급금(假支給金) 등. 이 경우 특수관계인에 대한 판단은 대여시점을 기준으로 한다.

❹ 대손충당금 설정 불가능(업무무관 가지급금 대상)

법인이 특수관계 없는 자에 대한 대여금 채권을 보유하고 있는 경우로서 회수가능성이 낮은 경우에는 채권잔액의 1% 또는 직전 사업연도 대손실적률 중 큰 금액을 대손충당금을 설정하는 방식으로 비용인정이 가능하다.

반면 법인이 특수관계 있는 자에 대한 대여금 채권을 보유하고 있는 경우에는 회수가능성이 상당히 낮더라도 설정된 대손충당금이 전액 부인된다.

법인세법 제34조【대손충당금의 손금산입】

① 내국법인이 각 사업연도의 결산을 확정할 때 외상매출금, 대여금 및 그 밖에 이에 준하는 채권의 대손(貸損)에 충당하기 위하여 대손충당금을 손비로 계상한 경우에는 대통령령으로 정하는 바에 따라 계산한 금액의 범위에서 그 계상한 대손충당금을 해당 사업연도의 소득금액을 계산할 때 손금에 산입한다.

② 제1항은 제19조의2 제2항 각 호의 어느 하나에 해당하는 채권에는 적용하지 아니한다.

❺ 가지급금 채권처분손실 비용부인(업무무관 가지급금 대상)

법인이 특수관계 없는 자에 대한 대여금 채권을 보유하고 있다가 회수가능성이 낮아 매각하여 채권처분손실이 발생하는 경우에는 해당 채권처분손실을 비용인정 받을 수 있다.

반면 법인이 특수관계 있는 자에 대한 대여금 채권을 보유하고 있다가 회수가능성이 낮아 타인에게 매각하여 채권처분손실이 발생하는 경우에는 손실이 발생하였음에도 불구하고 비용인정을 받을 수 없는 불이익이 있다.

법인세법 시행령 제50조【업무와 관련이 없는 지출】
③ 법 제19조의2 제2항 각 호의 어느 하나에 해당하는 채권의 처분손실은 손금에 산입하지 않는다.

Ⅱ 연말 재무제표에서 가지급금을 줄인 경우에는 세법상 사기 기타부정한 행위에 해당한다

신용보증기금 등에서 보증을 받아 대출받을 계획이 있거나 신용평가 등 때문에 재무구조가 건실하여야 하는 법인이 가지급금을 많이 보유하고 있는 경우에는 마이너스 요소가 된다.

이에 해당하는 경우에는 통상 연말에 가지급금을 다른 자산 또는 부채와 상계하여 연말 재무제표에서만 가지급금을 없앤 뒤 연초에 다시 발생시키는 경우를 볼 수 있다.

이렇게 연말 재무제표에 가지급금을 다른 자산 또는 부채와 상계하여 줄이거나 없앤 경우로서 가지급금을 회수할 것으로 인정되는 경우에는 가지급금 인정이자에 대해 법인과 개인에게 각각 법인세와 소득세가 과세되고, 가지급금을 회수할 것으로 인정되지 않는 경우에는 가지급금 원본과 가지급금 인정이자에 대해 법인과 개인에게 각각 법인세와 소득세가 과세된다.

또한 이에 해당하는 경우에는 사기기타부정한 행위로 보아 40% 부정과소신고가산세와 10년의 제척기간이 적용되므로 주의하여야 한다.

다만 가지급금 인정이자 조정명세서를 작성하고 가지급금 인정이자를 법인에 불입한 경우에는 이러한 과세문제가 발생하지 않으므로 연말에 재무제표에서 가지급금을 다른 계정과목으로 대체한 경우에는 반드시 가지급금 인정이자 조정명세서를 작성하고 가지급금 인정이자를 불입하여야 하는 점을 주의하여야 한다.

조심 2021중1725, 2021.5.18.
법인이 가지급금을 지급하고도 장부상에 가지급금이 아닌 가공자산으로 계상하게 되면 과세관청으로서는 세무조사를 실시하지 않는 이상 가지급금의 존재를 쉽게 알기 어려워 보이는 점 등에 비추어 청구법인이 대표이사들에게 쟁점금액을 지급하고도 가지급금이 아닌 가공자산으로 계상한 행위는 사기나 그 밖의 부정한 행위에 해당한다고 할 것임.

Ⅲ 가지급금 채무 있는 개인의 불이익

1 주식평가액이 상승하여 주식의 증여·상속 시 세부담이 커지게 된다

일반적인 비상장법인 주식은 순자산가치와 순손익가치에 2:3의 가중치를 두어 평가하게 되는데 가지급금이 있는 경우에는 순자산가치가 높아지며 가지급금 발생원인이 부실잉여금을 동반한 경우에는 순손익가치도 높아지게 되어 세법상 비상장주식 평가액이 상승하게 된다.

상장주식과 달리 비상장주식은 세법상 평가액으로 양도하여 현금화할 수 없으므로 비상장주식 평가액이 높아지는 경우에는 비상장주식 증여·상속 시 세부담만 커지는 결과가 된다.

가지급금 있는 법인 주식 증여·상속 시 증여세·상속세 부담 증가

- 가지급금(부실잉여금) ↑ ⇒ 순자산가액(순손익) ↑ ⇒ 1주당 순자산가치(순손익가치) ↑ ⇒ 비상장 주식평가액 ↑ ⇒ 상속·증여 시 상속세·증여세 ↑

2 가지급금이 있는 상태에서 법인과 특수관계가 소멸하거나 폐업하는 경우에는 가지급금 전액에 대해 상여 등으로 소득세가 과세된다

가지급금이 있는 상태에서 폐업하거나 법인과 특수관계가 소멸하는 경우에는 가지급금 전액에 대해 상여(임원이 아닌 주주인 경우에는 배당)로 소득세가 과세된다.

법인과 특수관계가 소멸하는 경우란 주식을 전부 양도하고 임원에서 퇴임하거나 직원에서 퇴사하는 것을 말하므로 주식을 1% 이상 보유하고 있는 경우에는 특수관계가 소멸하지 않는다.

가지급금이 있는 상태에서 폐업하는 경우 과세문제를 보면, 예컨대 대표이사 가지급금 30억 원이 있는 상태에서 법인이 폐업하는 경우에는 30억 원에 대해 소득세가 과세되므로 14억 원 정도의 소득세가 과세될 수 있다.

이러한 과세는 가지급금 채무가 있는 대표이사 등에게 가장 부담이 되는 것으로 거액의 가지급금이 있지만 정리할 수 없는 경우에는 폐업하지 않고 실질적으로 휴업상태에 있는 법인을 계속 유지할 수밖에 없다.

실질적으로 휴업상태인 법인을 계속 유지하는 경우에는 반드시 원천세, 부가가치세 신고를 하여야 하며 이러한 신고를 일정기간 하지 않은 경우에는 국세청에서 직권폐업하면서 가지급금 전액에 대해 상여 등으로 과세할 수 있는 문제점이 발생할 수 있는 점을 주의하여야 한다.

가지급금 있는 상태에서 폐업· 법인과 특수관계 소멸 시 소득세 과세

- **A법인, 대표이사 김대표 가지급금 30억 원 → A법인 폐업 또는 특수관계 소멸**
  ⇒ A법인: 30억 원에 대한 상여 원천징수의무 발생
  ⇒ 김대표: 30억 원에 대한 소득세 납세의무 발생

수원지방법원 2021구합68316, 2022.7.21.
직권폐업으로 인해 법인과 대표이사의 특수관계는 소멸되었으므로, 가지급금 등을 폐업 당시 대표자에게 상여처분한 것은 적법함.

3 매년 가지급금에 대한 인정이자를 법인에 불입해야 한다

대표이사 등이 법인에 가지급금 반제 채무가 있는 경우에는 매년 가지급금 적수에 가중평균차입이자율 또는 당좌대출이자율(4.6%)을 적용한 인정이자를 실제 불입하여야 한다.

이 경우 가지급금이 거액이어서 인정이자 금액이 일정금액 이상인 경우에는 가지급금을 실제 불입하지 않고 법인자금을 인출하면서 가지급금을 발생시킨 후 해당 금원으로 가지급금 인정이자를 불입하므로 적용이자율만큼 계속 복리로 가지급금이 증가하게 된다.

또한 가지급금 인정이자를 1년 이내 불입하지 않거나 불입하지 않는 경우에는 가지급금 인정이자 전액에 대해 소득세가 과세된다.

주의하여야 할 점은 대표이사 등이 가지급금 인정이자를 법인에 불입 시에는 반드시 법인계좌에 가지급금 인정이자 불입내역이 있어야 하므로 인정이자를 불입하기 어려운 경우에는 법인에서 새로운 가지급금을 발생시킨 후 시차를 두고 법인계좌에 실제 불입내역을 남겨야 하는 점을 주의하여야 한다.

매년 가지급금 인정이자 법인에 불입하여야 할 의무 발생

- **A법인(대출없음), 대표이사 김대표 가지급금 30억 원**
  ⇒ 김대표: 매년 1억3,800만 원(4.6% 이자율 적용)을 법인에 이자로 불입해야 함.
  ⇒ 김대표가 실제 1억3,800만 원을 법인에 불입한 내역이 없거나 1년 이내 불입하지 않는 경우
  : 1억3,800만 원에 대해 상여로 과세

10

4 상속발생 시 상속받은 재산으로 가지급금을 반제해야 하므로 상속인의 상속재산이 감소하게 된다

상속은 피상속인의 적극적인 재산인 금융재산, 부동산 등 자산뿐만 아니라 소극적인 재산인 피상속인의 부채까지 포괄적으로 승계하는 것으로 가지급금 반제 채무가 있는 피상속인이 유고 시에는 상속을 포기하지 않는 한 가지급금 채무를 승계받게 된다.

가지급금 채무가 있는 상태에서 대표이사 등의 유고가 발생한 경우로서 상속인이 가지급금을 반제하는 사실이 입증되고 가지급금이 피상속인에게 귀속된 사실이 입증되는 경우에는 피상속인의 법인에 대한 채무인 가지급금을 상속세 신고 시 부채로 인정받아 상속세가 낮아지게 된다.

가지급금 채무를 부채로 인정 시 상속세는 낮아지지만 상속인은 상속받은 재산으로 가지급금 원본을 반제하여야 하고 상속일부터 반제시점까지 가지급금 인정이자를 불입하여야 하므로 상속인의 상속재산이 가지급금 액수만큼 줄어들게 된다.

따라서 피상속인의 가지급금 채무를 상속부채로 인정받는 것은 반드시 유리한 것이 아니므로 상속세 적용세율이 낮은 경우에는 해당 가지급금이 피상속인에게 귀속된 것이 분명한지 여부 등을 검토하여 승계받지 않는 것이 유리할 수도 있다.

또한 피상속인의 가지급금 채무가 상속개시일 전 1년 이내 2억 원, 2년 이내 5억 원 이상인 경우에는 사용처 불분명 금액에서 2억 원과 사용처 불분명금액의 20% 중 적은 금액을 차감한 금액에 대해 추정상속재산으로 상속세가 과세되므로 피상속인 건강이 좋지 않은 경우에는 가지급금 발생에 주의하여야 한다.

가지급금 부채 있는 대표이사 등 사망 시 문제

- **A법인, 대표이사 김대표 가지급금 30억 원**

⇒ 김대표: 가지급금 있는 상태에서 사망(사망 시 상속재산가액: 50억 원)
⇒ 김상속(김대표 상속인)
: 상속재산 50억 원에서 가지급금 부채 30억 원 차감하여 상속세 부담
상속세 납부 후 재산으로 가지급금 30억 원과 상속 후 발생한 가지급금 인정이자 불입

Ⅳ 이사회 결의 없이 대표이사가 법인에서 자금을 대여하여 가지급금을 발생시키는 경우에는 형법상 횡령죄가 성립할 수 있다

상법은 법인 주요자산의 처분, 자금의 차입 등 주요 회사 업무의 집행은 이사회 결의를 거쳐 집행하도록 규정하고 있다.

통상 비상장법인 대표이사가 가지급금을 발생시키면서 이사회 결의를 거치는 경우는 많지 않지만 대표이사 또는 자금을 실질적으로 관리하고 운용하는 자가 거액의 가지급금을 인출하면서 이사회 결의를 거치지 않은 경우에는 횡령 또는 배임에 해당하여 형법상 횡령죄가 성립할 수 있으며 최근 법원은 이에 대해 엄중하게 판결하는 추세이다.

따라서 대표이사가 거액의 가지급금을 발생시키는 경우에는 반드시 이사회 결의로 반제기간, 이자율에 대한 약정서를 작성하여야 하는 점을 주의하여야 하고 대표이사가 지분율 100%인 경우에도 마찬가지이다.

■ **대법원 2003도135, 2006.4.27.**

회사의 대표이사 또는 회사의 자금의 보관이나 운영을 실질적으로 관리한 자가 회사를 위한 지출 외의 용도로 거액의 자금을 법인에서 인출하여 사용할 때 이사회 결의 등 적법한 절차를 거치지 않고 이자나 변제기간의 약정이 없는 경우에는, 통상 용인되는 직무권한이나 업무범위를 벗어나 회사자금을 사적용도로 대여 처분한 것으로 보아 형법상 횡령죄에 해당함.

■ **대법원 2014도11263, 2014.12.24.**

회사의 대표이사가 회사를 위한 지출 이외의 용도로 거액의 회사 자금을 가지급금 등의 명목으로 인출, 사용하면서 이자나 변제기의 약정이 없음은 물론 이사회 결의 등 적법한 절차도 거치지 아니하는 것은 통상 용인될 수 있는 범위를 벗어나 대표이사의 지위를 이용하여 회사자금을 사적인 용도로 임의로 대여, 처분하는 것과 다름없어 횡령죄를 구성함.

상법 제393조【이사회의 권한】

① 중요한 자산의 처분 및 양도, 대규모 재산의 차입, 지배인의 선임 또는 해임과 지점의 설치·이전 또는 폐지 등 회사의 업무집행은 이사회의 결의로 한다.

② 이사회는 이사의 직무의 집행을 감독한다.

③ 이사는 대표이사로 하여금 다른 이사 또는 피용자의 업무에 관하여 이사회에 보고할 것을 요구할 수 있다.

④ 이사는 3월에 1회 이상 업무의 집행상황을 이사회에 보고하여야 한다.

형법 제355조【횡령, 배임】

① 타인의 재물을 보관하는 자가 그 재물을 횡령하거나 그 반환을 거부한 때에는 5년 이하의 징역 또는 1천500만 원 이하의 벌금에 처한다.

형법 제356조【업무상의 횡령과 배임】

업무상의 임무에 위배하여 제355조의 죄를 범한 자는 10년 이하의 징역 또는 3천만 원 이하의 벌금에 처한다.

PART 03

가지급금 발생원인과 발생원인별 정리방안

전략가이드

비상장법인을 컨설팅하다 보면 재무상태표상 거액의 가지급금이 있는데도 불구하고 해당 가지급금 액수가 어떻게 구체적으로 발생했는지를 모르는 경우를 볼 수 있다.
가장 최선의 가지급금 관리는 가지급금 발생원인을 정확하게 파악하여 가지급금 발생을 차단하는 것으로서 가지급금 발생원인을 정확하게 인지하는 것이 가장 중요하다고 할 수 있다.
또한 최적의 가지급금 정리방안은 가지급금 발생원인별로 다르게 접근하는 것이라 할 수 있다.

I 건설업 법인의 가지급금 발생원인

통상적으로 건설업 법인의 경우 건설산업기본법 시행령 제13조와 별표 2의 건설업종별 자본금 요건을 충족하기 위해 설립 시 실제 자본금을 불입하지 않아 설립 시부터 가지급금이 발생하는 경우를 많이 볼 수 있다.

또한 건설현장에서 실제 일한 일용직, 외국인 근로자에 대한 인건비 중 불법체류 등을 사유로 신고하지 못한 인건비가 있거나 건설현장에 지급한 전도금에 대해 전도금 금액만큼 증빙을 수취하지 못해 가지급금이 발생하며 아직도 공사수주의 대가로 리베이트를 지급해야 하는 경우가 많아 가지급금이 발생한다.

각 업종별로 비교 시 가지급금 액수가 가장 큰 업종은 건설업 법인이라 할 수 있으며 다양한 원인으로 가지급금이 거액으로 누적 시 가지급금에 대한 인정이자를 불입할 수 없어 복리로 가지급금이 증가하게 된다.

건설업법인의 경우 대표이사 등의 자금으로 가지급금을 정리할 수 없는 경우가 대부분이므로 전기오류수정손실, 자기주식 양도 등 세부담은 최소화하면서 상대적으로 큰 금액의 가지급금 정리가 가능한 방법으로 가지급금을 정리하여야 하며 가지급금 액수가 25억원 이상인 경우에는 현실적으로 시공능력 평가금액 등을 높게 한 후 법인 양도 시 승계시키는 것이 차선책이 될 수 있다.

건설업 법인의 가지급금 발생원인

- 건설업 면허 취득 시 자본금 가장 납입
- 건설현장에서 실제 일한 일용직 · 외국인 근로자 중 인건비 신고할 수 없는 인원 존재
- 건설현장에 전도금으로 경비 미리 지급하고 전도금 금액만큼 증빙미수취
- 입찰 등 목적으로 재무비율 등 맞추기 위해 경비누락
- 수주위해 거액의 리베이트 지급, 과다세금계산서 발행
- 거액의 가지급금에 대한 인정이자를 실제 불입하지 못해 복리로 가지급금 증가

Ⅱ 가지급금 있는 법인 양수한 경우

실무에서 거액의 가지급금이 있는 경우를 보면 대부분 가지급금 있는 건설업법인을 양수하여 가지급금 승계에 대한 명확한 약정 없이 양도법인 대표이사 가지급금을 승계하고 있는 경우라 할 수 있다.

이때 가지급금을 승계하는 것으로 약정한 경우에 양수법인 대표이사 주식취득가액은 주식양수도가액에 가지급금 승계액이 가산된 금액이므로 주식의 취득가액이 높아지게 된다. 이러한 경우에는 자본금 유지요건을 충족하는 범위 내에서 불균등 시가 감자하는 것이 가장 좋은 가지급금 정리방안이 될 수 있다.

반면 가지급금을 승계하지 않는 것으로 약정한 경우에는 해당 가지급금 채무의 경우 양수법인 대표이사에게 반제의무가 있는 것이 아닌 양도법인 대표이사에게 반제의무가 있는 것이므로 양도법인 대표이사 특수관계 소멸시점부터 제척기간 경과 후 전기오류수정손실, 대손처리로 정리하는 것이 가장 좋은 가지급금 정리방안이 될 수 있다.

10

건설업법인을 양수한 경우 가지급금 정리

■ 양도법인 대표이사 가지급금 승계한 경우

효 과	내 용
주식취득가액 ↑	(주식양수도 대가 지급액 + 가지급금 승계액) : 세법상 주식취득가액
최적의 가지급금 정리방안	불균등시가감자(자본금 요건 충복하는 범위 내)

■ 양도법인 대표이사 가지급금 미승계한 경우

구 분	효 과
주식취득가액	주식취득가액은 주식양수도 가액으로 변동 없음
가지급금 반제의무	전 대표이사에게 있음. 현 대표이사와 무관 : 법인이 가지고 있는 제3자에 대한 채권임.
최적의 가지급금 정리방안	전기오류수정손실, 대손처리

Ⅲ 과다세금계산서 발행

매입거래처의 요구로 실제 매출금액보다 더 높은 금액의 세금계산서를 발행하는 경우를 아직도 볼 수 있다.

거래처가 과다 세금계산서 발행을 요구하는 경우 실제 매출금액과의 차액은 가지급금으로 계상될 수밖에 없으므로 이러한 점을 고려하여 의사결정을 하여야 하며 과다세금계산서 발행으로 가지급금이 발생한 경우로서 거래처가 폐업하거나 해당 거래에 대한 부과제척기간이 경과한 경우에는 전기오류수정손실(기업업무추진비)로 가지급금을 정리하는 것이 최적의 정리방안이 될 수 있다.

다만 해당 정리방안은 매입거래처 거래대금을 전액 입금 후 대표이사가 법인자금을 인출하여 현금으로 전달한 경우에는 적용될 수 없다.

Ⅳ 설립 시 자본금 또는 유상증자 대금 미불입

건설업 등으로서 설립 시 자본금 요건이 높지만 실제 자본금을 불입할 여력이 없어 법인 설립 등기시만 자본금을 불입한 후 해당 자금을 바로 인출한 경우 또는 설립 후 재무비율, 자본잠식 때문에 유상증자를 했지만 실제 증자대금을 불입하지 않은 경우에는 설립자본금, 유상증자의 법적효력은 문제없지만 세법상 가지급금으로 보게 되므로 가지급금 발생 원인이 된다.

이에 해당하는 경우로서 가지급금 액수가 크지 않고 감자가 가능한 경우라면 액면가 균등감자를 하는 것이 최적의 가지급금 정리방안이 될 수 있으며 차선으로 주식평가액이 높지 않은 경우라면 가지급금 있는 대표이사 등의 지분만을 불균등 시가감자하는 것도 대안이 될 수 있다. 다만 이러한 정리는 자본금 유지요건을 충족하는 경우에 한하여 가능하다.

V 리베이트 지급

아직도 상당수 중소법인들은 수주를 위해 리베이트를 지급하면서 영업을 해야 하는 것이 현실이다. 법인이 영업을 위해 리베이트를 지급하여야 하는 경우에 대표이사 개인자금으로 리베이트를 지급하는 것은 한계가 있으므로 통상은 법인자금으로 리베이트를 지급하게 되는데 해당 금액은 당연히 가지급금이 될 수밖에 없다.

문제는 영업을 위해 리베이트를 지급하는 법인을 보면 지속적으로 리베이트를 지급하여야 하는 경우가 대부분이어서 가지급금이 쌓이게 된다.

이렇게 지속적으로 가지급금이 발생하는 경우라면 임원보수를 인상하는 등의 방법으로 일부 가지급금을 반제하고 배우자 증여 후 이익소각 또는 감자 등의 방법으로 가지급금 정리하는 것이 추가 대안이 될 수 있다.

Ⅵ 급여 또는 배당이 과소한 경우

법인이 성장하였음에도 불구하고 설립 초기의 임원급여를 수령하고 있는 경우로서 자녀의 유학이나 대표이사의 개인적인 생활비 규모가 커지는 등 지속적으로 법인자금을 인출할 수밖에 없는 경우가 있다.

또는 법인에 배당가능이익이 있음에도 불구하고 가지급금 인정이자를 불입할 재원이 없어 법인에서 자금을 인출하여 새로운 가지급금을 발생시켜서 가지급금 인정이자를 불입함으로써 복리로 가지급금이 증가하는 경우를 볼 수 있다.

이렇게 실제 생활비, 가지급금 인정이자 등이 부족하여 계속 법인자금을 인출하는 경우에는 적정 임원급여를 책정하고 일정금액 배당을 수령하는 것이 최적의 가지급금 정리방안이 될 수 있으며, 과세리스크 최소화하는 방법으로 배우자 증여 후 이익소각 등을 실행할 수도 있다.

PART 04

중소기업의 가지급금 관리 시 주의점 및 전략적인 관리 전략

I 가지급금 인정이자! 95.1%만 불입해도 문제없다!

가지급금이 거액인 대표이사의 경우 매년 가지급금 인정이자를 불입해야 하는 부담과 인정이자 납입재원이 없어 법인에서 가지급금을 추가로 인출하여 가지급금을 불입하는 경우 복리로 가지급금이 증가하는 문제가 발생하며 법인의 경우 매년 이자수익에 대해 법인세를 부담하여야 하는 문제가 발생한다.

이 경우 세법상 부당행위계산부인은 시가의 5% 미만 차이 나는 가격으로 거래하는 경우에는 문제가 없으므로 세법상 가지급금 인정이자의 95.1%만 계상하여도 추가적인 과세문제가 발생하지 않는다.

따라서 가지급금 인정이자 불입 시에는 가중평균차입이자율 또는 당좌대출이자율을 적용한 금액의 95.1%만 불입하여도 되며 가지급금이 상당액 이상인 경우에는 효과적인 전략이 될 수 있다.

- **가지급금 인정이자 낮추는 팁!**
  인정이자 계산액의 100%가 아닌 95.1%만 납입할 것

Ⅱ 법인이 차입금이 없는 경우에는 낮은 이자율의 차입금을 발생시키는 것이 유리하다

법인에 차입금이 없는 경우에는 가지급금인정이자율 적용 시 4.6% 당좌대출이자율이 적용되므로 차입이 가능하다면 소액이라도 최대한 낮은 이자율의 차입금을 발생시켜서 해당 차입이자율을 가중평균차입이자율로 적용하여 가지급금인정이자를 계상하는 것이 유리하다.

특히 건설업법인인 경우에는 건설공제조합 출자금을 담보로 낮은 이자율로 차입이 가능하므로 활용할 필요가 있다.

- **법인에 차입금이 없는 경우**
  낮은 이자율의 차입금을 발생시킬 것

Ⅲ 가지급금 인정이자 불입 시에는 실제 불입한 근거를 반드시 남겨야 한다

가지급금인정이자를 1년 이내 불입하지 않거나 실제 불입하지 않고 가지급금 원본과 대체하는 경우에는 해당 가지급금인정이자 전액에 대해 상여 등으로 과세되는 문제가 발생한다.

따라서 대표이사 등이 가지급금인정이자 등을 실제 불입할 여력이 없는 경우에는 법인으로부터 자금을 인출하여 가지급금을 발생시킨 뒤 해당 금원으로 시차를 두고 가지급금 인정이자 불입근거를 남기는 것이 유리하다.

10

- 가지급금 인정이자 불입 시 대표이사 등이 법인계좌에 실제 불입한 근거를 남길 것

Ⅳ 경비처리 하지 못해 대표이사 가지급금이 된 경우에는 실제 지출된 근거를 남기는 것이 유리하다

대표이사 등이 실제 법인자금을 인출한 것이 아닌 신용불량자, 불법체류자 등에게 인건비를 지급하고 인건비 신고를 하지 못하는 등 법인에서 실제 경비로 지출되었지만 인건비 신고를 못하거나 적격 증빙을 수취하지 못해 가지급금이 발생한 경우에는 법적 · 세무적으로 대표이사에게 반제의무가 있는 가지급금이 되지 않도록 실제 지출된 근거를 남겨두고 현금이 아닌 계좌이체로 경비 집행하는 것이 유리하다.

■ 실제 지출되었지만 인건비 신고 등을 하지 못해 가지급금이 발생한 경우에는 실제 지출된 근거를 남겨둘 것

Ⅴ 연말 재무제표에서 가지급금 잔액을 줄이는 경우에는 가지급금인정이자 조정명세서를 반드시 작성하여야 한다

법인을 경영하다 보면 세금문제보다 차입 등 자금조달문제 또는 입찰 등 영업문제가 더 중요한 경우가 많다. 계약수주 또는 차입 때문에 신용평가가 중요한 경우로서 신용도 평가시 마이너스 요인이 될 수 있는 가지급금 금액을 연말 재무제표에서만 줄이거나 없애는 경우에는 사기기타부정한 행위로 보아 10년의 제척기간이 적용되고 부정과소신고가산세가 적용될 수 있다.

다만 실제 가지급금 금액을 쉽게 확인할 수 있도록 가지급금인정이자 조정명세서를 작성한 경우에는 사기기타부정한 행위로 보나 과세할 수 없을 것으로 생각되므로 연말 재무제표에서만 가지급금 잔액을 줄이는 경우에는 주의하여야 한다.

■ 연말 재무제표에서 가지급금 금액을 줄이는 것으로 조정하는 경우에는 가지급금 인정이자 조정명세서를 작성하고 가지급금 인정이자를 이자수익으로 계상할 것

Ⅵ 법인이 타법인 등에 대여하는 경우에는 법인이 직접 대여한 것으로 하는 것이 유리하다

대표이사 등 1인이 2개 이상의 법인에 출자한 경우로서 법인 간에 자금대여가 필요한 경우에 대표이사가 법인에서 자금을 인출하여 다른 출자법인에 가수금으로 불입하는 경우 또는 거래처 등이 자금대여를 요청하는 경우 대표이사가 법인에서 자금을 인출하여 대여하는 경우를 볼 수 있다.

이러한 경우에 법인이 직접 대여한 것으로 하면 법인의 대여금이 되어 대표이사 등이 가지급금 원본 및 가지급금인정이자에 대한 불입의무가 없지만 대표이사 등이 법인에서 자금을 인출하여 가지급금을 발생시키는 방법으로 대여하는 경우에는 대표이사 등 개인에게 반제의무 있는 가지급금이 되므로 주의하여야 한다.

- 법인이 타법인 등에 자금을 대여하는 경우에는 대표이사가 법인에서 자금을 인출하여 대여하는 것이 아닌 법인이 직접 대여한 것으로 처리할 것

Ⅶ 거액의 가지급금이 발생하는 경우에는 반드시 이사회 결의를 거쳐야 한다

법인의 대표이사 등 회사자금을 실질적으로 관리하는 자가 거액의 가지급금을 인출하면서 변제기간, 이자지급에 대한 약정 없이 법인자금을 대여한 경우에는 형법 제355조, 제356조의 횡령죄가 성립될 수 있으며 이러한 점은 1인 주주로 되어 있는 법인에도 동일하게 적용된다.

따라서 거액의 가지급금이 발생하는 경우에는 반드시 이사회 결의로 반제기간, 이자지급에 관하여 약정하여야 하는 점을 주의하여야 한다.

- 거액의 가지급금이 발생하는 경우에는 반드시 이사회 결의로 가지급금 반제기간, 이자지급에 관하여 약정할 것

11

CEO가 꼭 알아야 할 전략적인 법인의 가수금 관리 전략

PART 01

가수금이 있는 경우 법적 · 세무적 문제점

전략가이드

가지급금은 법인이 대표이사 등에게 자금을 대여하여 법인이 채권자가 되고 대표이사 등이 채무자가 되는 것인 반면, 가수금은 대표이사 등이 법인에 자금을 대여하여 대표이사 등이 채권자가 되고 법인이 채무자가 되는 것이다.
통상 가지급금에 대한 문제에 대해서는 많이 관심을 갖지만 가수금에 대한 문제에 대해서는 간과하는 경우가 많은데 가수금이 있는 경우에는 가지급금보다 더 큰 과세문제가 발생할 수 있으므로 가수금이 있는 경우 법적 · 세무적 문제점을 정확하게 인지한 후 정리방안을 수립해야 한다.
특히 코로나 19로 인해 직접적인 피해를 입은 업종의 경우 상당액수의 가수금이 누적되어 있는 경우를 볼 수 있는데 어느 정도 실적이 호전된 경우에는 가수금 정리에 대해 관심을 가질 필요가 있다.

I 법인에 가수금이 있는 상태에서 대표이사 등의 유고발생 시 상속재산에 포함되어 상속세가 과세된다

가수금은 법인자금이 부족하여 법인자금으로 회사운영이 불가능하거나 신규투자 등 거액의 자금이 필요한 경우에 대표이사 등이 개인자금을 법인에 대여한 금액을 말하는 것으로 통상적으로 대표이사 등이 법인에 자금을 대여하는 법인을 보면 실적이 나쁘거나 설립초기의 법인으로서 주식평가액이 높지 않은 경우가 대부분이다.

즉 최대주주 등인 대표이사 등의 유고가 발생하는 경우에도 주식평가액에 대한 상속세 부담은 낮은 경우가 대부분이라 할 수 있다.

하지만 회사주식평가액이 낮은 경우라 하더라도 대표이사 등이 법인에 자금을 대여하여 법인으로부터 받을 채권이 있는 경우에는 해당 가수금 채권을 상속재산으로 보아 상속세가 과세된다.

다만 대표이사 등이 가수금 채권을 회수할 가능성이 없는 사실을 입증하는 경우에는 상속세가 과세되지 않는데 회수불가능성에 대한 입증은 결손발생이나 자본잠식만으로는 부족하고 파산, 화의, 회사정리 혹은 강제집행 등의 절차가 진행 중이거나 사업폐쇄, 행방불명, 형의 집행 등에 의하여 대출을 받을 가능성도 없는 정도까지를 입증하여야 하므로 실무적으로 회수불가능한 경우로 입증되어 상속재산에서 빠지는 경우는 많지 않다.

■ **A법인, 대표이사 김현인 가수금 15억 원**
: A법인 결손누적으로 김현인 가수금 반제재원 없음
⇒ 김현인 사망 ⇒ 가수금 15억 원에 대해 상속세 과세

■ **대법원 2003두9886, 2004.9.24.**
상속개시 당시에 주된 채무자가 변제불능의 상태에 있는가 아닌가는 주된 채무자가 파산, 화의, 회사정리 혹은 강제집행 등의 절차개시를 받거나 사업폐쇄, 행방불명, 형의 집행 등에 의하여 채무초과의 상태가 상당 기간 계속되면서 달리 융자를 받을 가능성도 없고, 재기의 방도도 서 있지 않는 등의 사정에 의하여 사실상 채권을 회수할 수 없는 상황에 있는 것이 객관적으로 인정될 수 있는가 아닌가로 결정하여야 하는 것으로 입증책임은 납세자에게 있음.

■ **감심 2016-110, 2018.4.5.**
상속개시일 당시 청구 외 법인의 미처리결손금이 ○○원이나 되는 등 자본잠식 상태로 가수금채권이 회수불가능하다고 하나, 청구 외 법인에 미처리결손금이 있다는 사실만으로 이 사건 가수금채권을 회수불가능한 채권으로 단정하기 어려운 점 등을 종합해 보면 이 사건 가수금채권은 상속개시일 당시 재산적 가치가 있는 채권으로 판단됨.

■ **조심 2021부3675, 2022.5.31.**
쟁점가수금 불입 경위에 대하여 2002년 이전 납입액에 대하여는 시간이 오래 지나 입증이 어렵다 하더라도 비교적 최근인 2013년~2017년 사이에 납입된 1억2,400만 원의 납입경위에 대해 입증하지 못하는 점 등에 비추어 처분청이 쟁점가수금을 피상속인의 소유로 보아 상속재산가액에 포함시켜 청구인들에게 이 건 상속세를 부과한 처분은 달리 잘못이 없는 것으로 판단됨.

Ⅱ 법인에 가수금이 많은 경우에는 매출누락으로 의심받을 수 있다

법인에 매출누락이 있는 상태에서 매출누락 대금이 법인에 입금되는 경우에는 가수금으로 계정처리 될 수밖에 없으므로 가수금이 있는 경우에는 세무조사 시 매출누락 여부 확인에 대해 검증을 하게 된다.

이 경우 법인에 지속적으로 가수금이 누적되는 경우로서 대표이사 등이 가수금 마련재원에 대한 자금출처가 입증되지 않는 경우에는 매출누락으로 의심받을 수 있으며 가수금 불입재원에 대해 자금출처조사가 추가로 진행될 수 있으므로 주의하여야 한다.

■ **A법인, 대표이사 김현인 가수금 15억 원**
: 김현인 가수금 15억 원 불입재원에 대해 입증 안 됨
⇒ 세무조사 ⇒ 가수금 15억 원이 매출누락이 아닌지 집중조사

Ⅲ 법인에 가수금이 많은 경우에는 부채비율이 높아져서 신용평가점수가 낮아진다

가수금은 법인이 법인에 자금을 대여한 대표이사 등에게 반제할 부채로서 가수금이 있는 경우에는 부채금액이 커지고 부채비율(부채총액/자본총계)이 높아져서 재무비율이 악화되는 문제점이 있다.

따라서 대출계획이 있거나 신용평가점수가 중요한 경우, 건설업 등 일정비율이상 부채비율이 높으면 안되는 법인에게는 치명적인 문제점이 될 수 있다.

가수금: 부채 ⇒ 부채비율 ↑(부채/자본총계)

Ⅳ 법인의 주주가 아닌 법인의 주주와 특수관계 있는 자가 법인에 21억7,300만 원 이상의 자금을 대여한 경우에는 법인의 주주에게 증여세가 과세될 수 있다

자녀가 스타트업 법인을 설립하여 법인을 경영하지만 아직 매출실현이 되지 않거나 자녀 설립법인이 극심한 자금경색 상황이지만 대출이 되지 않는 경우로서 부모가 자금여력이 있는 경우에는 자녀설립법인에 자금을 대여하는 경우를 많이 볼 수 있다.

꼭 자녀가 아니더라도 친족이 설립한 법인이 자금경색에 처해있는 경우에 친족이 자금을 대여해주는 경우를 많이 볼 수 있다.

이 경우 무상으로 금전을 대여한 자가 법인의 지분을 100% 소유한 주주가 아닌 경우로서 무상으로 자금을 차입한 법인이 지배주주와 친족의 직접 · 간접 지분율이 30% 이상인

특정법인에 해당하고 무상으로 금전을 대여한 자와 지배주주 간에 상속세 및 증여세법상 특수관계가 성립하며 지배주주별 증여의제이익이 1억 원 이상인 경우에는 특정법인의 지배주주 등에게 증여세가 과세된다(상증법 §45의5).

지배주주별 증여의제이익이 1억 원 이상인 경우에 과세되는데 지배주주 지분율이 100%인 경우에는 대여금액이 21억7,300만 원 이상인 경우가 이에 해당한다. 다만 부와 모가 각각 자녀 설립법인에 자금을 대여하는 경우에는 부와 모의 자금대여액을 합하여 21억 7,300만 원 이상이면 과세문제가 발생하므로 부와 모가 각각 자녀 설리법인에 자금을 대여하는 경우에는 주의하여야 한다.

■ 자금을 차입한 법인의 주주에게 증여세가 과세되는 경우

- **가수금을 불입한 자 요건**
  가수금을 불입한 자가 법인의 지분을 100% 소유한 주주가 아닐 것
- **가수금을 입금 받은 법인 요건**
  지배주주 등의 직 · 간접 지분율이 30% 이상인 특정법인에 해당할 것
- **특수관계 요건**
  가수금을 불입한 자와 지배주주 간에 상속세 및 증여세법상 특수관계가 성립할 것
- **증여의제이익 규모요건**
  지배주주별 증여의제이익이 1억 원 이상일 것
  : 지배주주 지분율 100%, 적정이자율 4.6%, 법인세 상당액 없는 경우 가정 시 가수금 규모가 2,173,913,048원 이상인 경우 과세문제 발생
- **과세가능시기**
  2016.2.5. 이후 대여분부터 과세가능

■ 부모가 자녀설립법인에 자금대여시 증여세

A법인(결손누적), 자녀 김현인 100% 지분율
: 김현인의 부모가 각각 15억 원씩 A법인에 이자 없이 대여

■ 한해 A법인의 이익(1억3,800만 원)
= 30억 원(부모의 경우 합산) × 4.6% (법인세 상당액 없는 것으로 가정)

■ 김현인의 증여의제이익에 대한 증여세 Min(①, ②)

① 특정법인의 이익(1억3,800만 원 × 년수) × 지배주주 등 지분율(100%) × 증여세율*
* 증여재산공제 차감하고 사전증여재산이 있는 경우 합산하여 적용

② (30억 원 × 4.6% × 지배주주 등 지분율 × 증여세율)
− (특정법인의 법인세 상당액 × 지배주주 등 지분율) (법인세 상당액 없는 경우 가정)

PART 02

전략적인 가수금 정리방안

전략가이드

가지급금 정리의 경우 정리시기가 빠를수록 유리하기는 하지만 정리시기에 따라 가지급금 정리의 실효성이 달라지지는 않는다.
하지만 가수금 정리의 경우 가수금 골든타임을 놓치는 경우 가수금 정리의 실효성이 없을 수도 있으며 가수금을 정리하지 않는 것이 유리할 수도 있어 가수금 정리는 가지급금 정리보다 더 신중하게 접근할 필요가 있다.

Ⅰ 가수금 채무를 출자전환하는 방식으로 가수금 정리가 가능하다

1 가수금을 출자전환하는 경우 부채비율이 낮아지고 가수금 채권이 아닌 법인의 주식이 상속재산이 된다

가수금 출자전환이란 법인이 유상증자방식으로 신주발생 시 대표이사 등의 가수금 채권을 유사증자대금으로 대체하는 것으로 법인에서는 가수금 부채가 감소하고 자본금이 증가하게 된다.

구체적으로 상속 측면에서 보면, 상속재산이 가수금 채권이 아닌 법인의 주식으로 전환되어 법인의 실적이 계속 악화되어 실제 상속발생 시 주식평가액이 하락하는 경우에는 상속재산가액이 감소하여 상속세가 줄어드는 효과가 있다.

법인의 재무비율 측면에서 보면, 법인의 부채인 가수금이 감소하고 자본금이 증가하게 되므로 재무비율이 건실해지는 효과가 있다.

가수금 출자전환은 가수금 채권을 보유한 대표이사 등의 건강이 좋지 않은 경우 상속재산가액을 줄이려는 목적, 재무비율이 좋지 않은 법인이 부채비율을 줄이는 목적, 건설업 등 일정가액이상 자본금 요건 있는 법인이 추가적으로 건설면허 추가 시 자본금을 높이려는 목적에서 많이 활용된다.

■ **가수금 출자전환의 효과**
- 법인: 가수금(부채) → 자본금(자본) → 자본총계 ↑, 부채비율 ↓
- 대표이사 등의 자산: 가수금 채권(법인: 채무자) → 주식발행법인의 주식

2 2011.4.15.부터 상법상 적법하게 가수금 출자전환을 실행할 수 있다

2011.4.14.까지는 대표이사 등이 법인에 가수금 채권이 있는 경우에도 현물출자 방식으로만 가수금 채권을 출자전환할 수 있었다.

현물출자의 경우 검사인을 선임하여야 하는 등 그 절차상 번거로움과 소요되는 비용 등 때문에 실행하는 경우가 많지 않아 2011.4.14.까지는 가수금을 출자전환 사례가 거의 없었다.

하지만 2011.4.15.부터 유상증자 시 신주 인수가액을 가수금 채권과 상계하는 방식으로 증자가 가능하도록 개정되어 대표이사 등의 신주 인수가액의 납입채무와 대표이사 등의 법인에 대한 가수금 채권을 상계하는 방식으로 가수금을 출자전환할 수 있다.

해당 방식은 대표이사 등의 가수금 불입사실만 입증되면 현물출자방식보다 훨씬 간편하여 법 개정이후 많이 실행하고 있다.

상법 제421조【주식에 대한 납입】

① 이사는 신주의 인수인으로 하여금 그 배정한 주수(株數)에 따라 납입기일에 그 인수한 주식에 대한 인수가액의 전액을 납입시켜야 한다.

② 신주의 인수인은 회사의 동의 없이 제1항의 납입채무와 주식회사에 대한 채권을 상계할 수 없다.

3 가수금을 출자전환하는 경우 다음 절차를 준용하여야 한다

STEP Ⅰ 신주발행결의

가수금을 출자전환하기 위해서는 우선 이사회 결의(이사회가 없거나 정관에서 주주총회 결의로 정하기로 한 경우에는 주주총회 결의)에 따라 신주발행결의를 하여야 한다.

상법 제416조【발행사항의 결정】

회사가 그 성립 후에 주식을 발행하는 경우에는 다음의 사항으로서 정관에 규정이 없는 것은 이사회가 결정한다. 다만, 이 법에 다른 규정이 있거나 정관으로 주주총회에서 결정하기로 정한 경우에는 그러하지 아니하다.

1. 신주의 종류와 수
2. 신주의 발행가액과 납입기일

2의2. 무액면주식의 경우에는 신주의 발행가액 중 자본금으로 계상하는 금액

3. 신주의 인수방법
4. 현물출자를 하는 자의 성명과 그 목적인 재산의 종류, 수량, 가액과 이에 대하여 부여할 주식의 종류와 수
5. 주주가 가지는 신주인수권을 양도할 수 있는 것에 관한 사항
6. 주주의 청구가 있는 때에만 신주인수권증서를 발행한다는 것과 그 청구기간

신주발행공고

당 회사는 2024.3. 이사회 결의 및 상법 제416조, 제418조 규정에 따라 신주발행을 결의하였기에 공고합니다.

1. 신주의 종류와 수: 기명식 보통주 300,000주
2. 신주배정방법: 주주배정방식
   - 가수금 채권 있는 대표이사 등의 지분율이 100%인 경우

   ※ 100%가 아닌 경우: 제3자 배정방식 또는 주주초과배정방식(제3자배정 방식의 경우에는 정관 규정명시 필요)
3. 신주의 발행가액: 1주당 10,000원

   ※ 가수금 채권이 있는 대표이사 등의 지분율이 100%인 경우 높게 하는 것이 유리
4. 신주의 청약 및 납입기일: 2024.5.31.
5. 납입방법: 회사에 대한 가수금 채권과 주금납입채무의 상계

STEP Ⅱ 대표이사 등의 신주인수가액 납입채무와 가수금 채권상계 동의

신주발행에 대한 이사회 결의 후에는 대표이사 등의 신주인수가액 납입채무와 가수금 채권을 상계하는 것을 동의하고 상계계약서를 작성하여야 한다.

채권확인 및 상계동의서

1. ㈜현인의 대표이사이자 신주청약인 김현인은 별첨 내용과 같이 ㈜현인으로부터 수령하여야 하는 가수금 채권 30억 원이 있음을 확인합니다.

2. ㈜현인과 청약인 김현인은 제1항의 김현인의 가수금 채권과 김현인의 신주청약에 따른 주금납입채무 30억 원을 상계처리(1주당 10,000원)하는데 동의합니다.

2024년 5월 일

– 상계내용 –

김현인의 주금납입채무: 30억 원
(보통주식 300,000주, 주식발행가액 10,000원)
김현인의 가수금 채권: 30억 원

청약인 김 현 인 (인)
주식회사 현 인 (인)

11

STEP Ⅲ 주식배정, 주식청약 및 신주인수

주식배정에 대한 주식청약서를 작성하여 신주인수절차를 진행한다.

STEP Ⅳ 자본금 증자등기 접수

채권확인 및 상계동의서 작성일부터 2주 내에 본점소재지 등기소에 등기신청을 하여야 한다.

주금납입채무의 상계방식으로 증자등기 신청 시에는 ① 신주인수인이 회사에 대해 채권이 있다는 사실을 증명하는 서면(금전소비대차계약서), 신주인수인의 가수금 채권과 신주납입채무를 상계하였음을 증명하는 서류(채권확인 및 상계동의서)를 첨부하여야 한다(등기예규 제1450호, 2012.4.24. 제정).

자본금 출자전환 시 필요서류

- 법인등기부등본
- 법인인감증명서 및 인감도장
- 이사 과반수의 인감증명서 및 인감도장
- 가수금 채권자 도장
- 정관 및 주주명부
- 가수금 채권 입증서류
- 재무상태표, 금전소비대차계약서, 입금증(세무대리인 날인 필요)

Ⅱ 가수금채권 회수가능성이 낮은 경우에는 가수금 채권포기를 통해 가수금을 정리하는 것도 방법이 될 수 있다

대표이사 등이 법인에 가수금 채권이 있지만 회수가능성이 낮고 법인의 재무비율을 급격하게 상향해야 할 필요가 있는 경우에는 대표이사 등의 가수금 채권을 포기하는 방식으로 가수금을 정리하는 것도 고려할 수 있다.

대표이사 등이 법인에 대한 가수금 채권을 포기하는 경우에는 법인의 경우 부채인 가수금이 없어지고 채무면제이익이 발생하므로 결손금이 줄어들거나 이익잉여금이 증가하는 재무비율 측면에서 긍정적인 효과가 있다.

또한 가수금을 출자전환하는 경우에는 주식평가액만큼이 상속재산에 가산되지만 가수금 채권을 포기하고 5년이 경과한 경우에는 상속재산에 가산되는 금액이 없어 가수금 출자전환보다 상속세 절세효과가 크다고 할 수 있다.

반면 법인에 대한 가수금 채권을 포기한 대표이사 등은 향후 법인의 실적이 호전되어 법인이 가수금 채무를 반제할 재원이 확보되는 경우에도 포기한 가수금 채권을 회수할 방법이 없게 되므로 가수금 채권을 포기하는 경우에는 이러한 부분을 고려하여 의사결정하여야 한다.

■ **가수금 채권포기의 효과**

- 법인: 가수금(부채) → 채무면제이익 → 자본총계 ↑, 이익잉여금(결손금) ↑(↓), 부채비율 ↓
- 대표이사 등의 자산: 가수금 채권(법인: 채무자) → 0원(5년 경과 시 상속재산: 0원)

Ⅲ 배당, 상여 대신 가수금 인출

대표이사 등이 법인에 상당액의 가수금 채권을 보유하고 있음에도 불구하고 해당 가수금 채권을 반제받지 않고 소득세를 부담하면서 배당, 상여금을 수령하는 경우를 볼 수 있다.

이 경우 상여금은 법인세가 절세되는 효과는 있지만 임원보수지급규정을 준용하지 않거나 이익이 많이 발생한 해에 과다하게 임원상여금을 지급하는 경우에는 비용에서 부인될 수 있으며 배당의 경우 이익잉여금 누적액이 줄어드는 효과가 있지만 법인세가 절세되는 효과는 없이 소득세만 부담하게 되므로 대표이사 등이 법인에 가수금 채권을 보유하고 있는 경우에는 배당 등 대신 세금 없이 우선 가수금 채권을 반제받아 법인의 부채를 낮추는 것이 유리할 수 있다.

PART 03

가수금 정리 시 주의점 및 과세문제

전략가이드

가수금을 출자전환하는 경우에는 법인과 가수금 채권을 보유한 대표이사 등 또는 법인의 다른 주주에게 증여세 과세문제가 발생할 뿐만 아니라 과점주주의 간주취득세 등 부수적인 과세문제가 발생한다.
또한 가수금 채권을 포기하는 경우에는 가수금 채권을 포기한 자, 법인, 법인의 주주에게 과세문제가 발생할 수 있다.
가지급금을 정리하는 경우뿐만 아니라 가수금을 정리하는 것도 많은 과세문제가 발생하므로 사전에 발생할 수 있는 과세문제를 꼼꼼하게 검토한 후 진행하여야 한다.

I 가수금 출자전환 시 주의점 및 과세문제

1 가수금 출자전환을 실행할 때에는 전략적으로 신주발행가액을 결정하여야 한다

가수금 채권이 있는 대표이사 등의 지분율이 100%가 아닌 경우에 가수금을 출자전환하는 것은 모두 불균등증자에 해당한다.

세법상 불균등증자 시 신주발행가액을 주식의 시가보다 낮거나 높게 하는 경우에는 증여세 과세문제가 발생한다.

가수금이 거액인 경우로서 가수금을 출자전환하는 경우에는 통상 가수금 가액이 일정가액 이상이고 법인의 주식평가액이 액면가액 이하인 경우가 많다.

이러한 경우에 주식의 시가를 신주발행가액으로 하는 경우에는 거액의 자본금이 증가하게 되어 많은 등록면허세를 부담하여야 하는 바 통상적으로는 신주의 발행가액을 높게 하는 경우가 많다.

주식의 평가액보다 높은 가액으로 신주를 발행하는 경우로서 주주들 간에 상속세 및 증여세법상 특수관계인이 있는 경우에는 가수금 채권자 외 주주에게 증여세 과세문제가 발생한다.

반대로 가수금이 거액은 아니지만 자본금을 증액하기 위하여 가수금을 출자전환하는 경우로서 신주의 발행가액을 주식의 시가로 하는 경우에는 자본금 증액효과가 감소되므로 액면가액으로 신주의 발행가액을 정하는 경우를 볼 수 있는데 이에 해당하는 경우에는 주주 간에 상속세 및 증여세법상 특수관계 성립여부를 불구하고 무조건 증여세 과세문제가 발생한다.

따라서 가수금 채권이 있는 대표이사 등의 지분율이 100%인 경우로서 자본금 증액 목적이 아닌 경우에는 등록면허세를 낮추는 것이 유리하므로 신주의 발행가액을 최대한 높게 하여 낮은 등록면허세를 부담하는 것이 유리하다.

반면 가수금 채권이 있는 대표이사 등의 지분율이 100%가 아닌 경우로서 자본금 증액 목적 또는 재무비율 개선목적으로 가수금을 출자전환하거나 가수금 채권을 주식으로 전환할 목적으로 출자전환하는 경우에는 증여세 과세문제를 검토한 후 진행하여야 한다.

■ **자본금 증액목적인 경우**

⇒ 대부분 시가보다 낮은 가액으로 신주를 발행하는 경우 해당

※ 가수금 출자전환 시 신주를 시가보다 저가 발행하는 경우 증여세 과세

• 거래요건(① 또는 ②, 또는 ③)

① 가수금 있는 대표이사 등이 주주가 아닐 것(제3자 배정 방식)

② 가수금 있는 대표이사 등이 주주인 경우로서 신주를 전부 배정받을 것(주주초과배정 방식)

③ 가수금 있는 대표이사 등이 주주인 경우로서 실권주를 재배정 받을 것(실권주 재배정 방식)

• 특수관계인 요건, 가액 요건: 없음

• 증여자와 수증자

① 증여자: 지분율만큼 신주를 인수하지 않은 주주

② 수증자: 가수금을 출자전환한 대표이사 등

■ **상속재산을 가수금 채권에서 주식으로 전환하는 것이 목적인 경우**

⇒ 시가로 신주발행가액 결정 시 높은 등록면허세 부담

⇒ 대부분 신주의 고가발행에 해당

※ 가수금 출자전환 시 신주를 시가보다 고가 발행하는 경우 증여세 과세

• 거래요건(① 또는 ② 또는 ③)

① 가수금이 있는 대표이사 등이 주주가 아닐 것(제3자 배정 방식)

② 가수금이 있는 대표이사 등이 주주인 경우로서 신주를 전부 배정받을 것(주주초과배정 방식)

③ 가수금이 있는 대표이사 등이 주주인 경우로서 실권주를 재배정 받을 것(실권주 재배정 방식)

• 특수관계인 요건: 신주미배정, 신주배정·신주인수의 일부 또는 전부를 포기한 주주와 가수금을 출자전환한 대표이사 등이 상속세 및 증여세법상 특수관계가 성립할 것

11

- 가액요건: 없음.
- 증여자와 수증자
  ① 증여자: 가수금을 출자전환한 대표이사 등
  ② 수증자: 지분율만큼 신주를 인수하지 않은 주주

❷ 신주의 발행가액이 액면가액에 미달하는 경우에는 법원의 인가를 필요로 한다

가수금이 있는 법인의 상당수는 결손이 누적되거나 법인의 주식평가액이 매우 낮은 경우가 대부분이다.

법인의 100% 주주가 아닌 대표이사 등이 보유한 가수금 채권을 출자전환 할 때 시가가 아닌 가액으로 불균등 증자하여 증여세 과세문제가 발생하는 이유 또는 자본금을 크게 증액시키기 위한 이유로 액면가액보다 낮은 금액을 신주의 발행가액으로 하는 경우가 있을 수 있다.

이렇게 액면가액에 미달하는 가액으로 신주를 발행하는 경우에는 회사가 성립일부터 2년이 경과한 상태에서 주주총회특별결의와 법원의 인가를 얻은 후 법원의 인가일부터 1개월 이내에 발행하는 경우에만 가능한 점을 주의하여야 한다.

상법 제330조【액면미달발행의 제한】
주식은 액면미달의 가액으로 발행하지 못한다. 그러나 제417조의 경우에는 그러하지 아니하다.

상법 제417조【액면미달의 발행】
① 회사가 성립한 날로부터 2년을 경과한 후에 주식을 발행하는 경우에는 회사는 제434조의 규정에 의한 주주총회의 결의와 법원의 인가를 얻어서 주식을 액면미달의 가액으로 발행할 수 있다.
② 전항의 주주총회의 결의에서는 주식의 최저발행가액을 정하여야 한다.
③ 법원은 회사의 현황과 제반사정을 참작하여 최저발행가액을 변경하여 인가할 수 있다. 이 경우에 법원은 회사의 재산상태 기타 필요한 사항을 조사하게 하기 위하여 검사인을 선임할 수 있다.
④ 제1항의 주식은 법원의 인가를 얻은 날로부터 1월내에 발행하여야 한다. 법원은 이 기간을 연장하여 인가할 수 있다.

❸ 신주의 발행가액이 시가를 초과하는 경우에는 법인에게 법인세가 과세된다

법인의 결손이 누적되어 가수금이 발생한 경우에는 법인의 주식평가액이 액면가액 미만인 경우가 대부분이다.

주식의 시가로 신주를 발행하는 경우에는 많은 등록면허세를 부담하여야 하므로 통상 신주의 발행가액을 높게 하는 방식으로 진행하며 액면가액과 발행가액과의 차액은 주식발행초과금으로 계상된다.

가수금 출자전환 시 발생한 주식발행초과금 중 신주의 시가와 액면가액과의 차액에 대해서는 법인세가 과세되지 않지만 신주의 시가와 발행가액과의 차액에 대해서는 법인세가 과세된다.

또한 법인세가 과세되는 주식발행초과금(신주의 발행가액 – 주식의 시가)은 해당 주식발행초과금을 재원으로 자본준비금 감액배당하거나 자본전입하여 무상주 발행하는 경우에도 익금에 해당하는 점을 주의하여야 한다(법법 §18 8호 · §16 ① 2호).

법인세법 제17조【자본거래로 인한 수익의 익금불산입】

① 다음 각 호의 금액은 내국법인의 각 사업연도의 소득금액을 계산할 때 익금에 산입(算入)하지 아니한다.

1. 주식발행액면초과액: 액면금액 이상으로 주식을 발행한 경우 그 액면금액을 초과한 금액(무액면주식의 경우에는 발행가액 중 자본금으로 계상한 금액을 초과하는 금액을 말한다). 다만, 채무의 출자전환으로 주식 등을 발행하는 경우에는 그 주식 등의 제52조 제2항에 따른 시가를 초과하여 발행된 금액은 제외한다.

법인세법 제18조【평가이익 등의 익금불산입】

8. 「상법」 제461조의2에 따라 자본준비금을 감액하여 받는 배당. 다만, 제16조 제1항 제2호 각 목에 해당하지 아니하는 자본준비금의 배당은 제외한다.

법인세법 제16조【배당금 또는 분배금의 의제】

① 다음 각 호의 금액은 다른 법인의 주주 또는 출자자(이하 "주주등"이라 한다)인 내국법인의 각 사업연도의 소득금액을 계산할 때 그 다른 법인으로부터 이익을 배당받았거나 잉여금을 분배받은 금액으로 본다.

2. 법인의 잉여금의 전부 또는 일부를 자본이나 출자에 전입(轉入)함으로써 주주등인 내국법인이 취득하는 주식 등의 가액. 다만, 다음 각 목의 어느 하나에 해당하는 금액을 자본에 전입하는 경우는 제외한다.
   가. 「상법」 제459조 제1항에 따른 자본준비금으로서 대통령령으로 정하는 것
   나. 「자산재평가법」에 따른 재평가적립금(같은 법 제13조 제1항 제1호에 따른 토지의 재평가차액에 상당하는 금액은 제외한다)

법인세법 시행령 제12조【자본전입 시 과세되지 아니하는 잉여금의 범위 등】

① 법 제16조 제1항 제2호 가목에서 "대통령령으로 정하는 것"이란 법 제17조 제1항 각 호의 금액에 해당하는 금액을 말한다. 다만, 다음 각 호의 어느 하나에 해당하는 금액은 제외한다.

1. 법 제17조 제1항 제1호 단서에 따른 초과금액

11

4 법인이 부동산을 보유하고 있는 상태에서 가수금을 출자전환하는 경우에는 과점주주 간주취득세 과세문제가 발생한다

법인이 부동산 등 취득세 과세대상 재산을 보유한 상태에서 가수금 출자전환에 의해 새롭게 과점주주가 되거나 이미 과점주주인 경우로서 과점주주 지분율이 높아진 경우에는 법인의 부동산을 과점주주 지분율(이미 과점주주에 해당하는 경우에는 증가된 지분율)만큼 취득한 것으로 보아 2.2%의 중과기준세율이 적용되어 취득세가 과세된다.

■ **가수금 출자전환 시 간주취득세**

- ㈜현인: 가수금 출자전환 전 부동산 장부가액 100억 원
- 김현인: ㈜현인의 대표이사, 가수금 출자전환 전 지분율 40%
- 가수금 출자전환 후 김현인 지분율 60%
- 김현인의 과점주주 간주취득세: 부동산 가액 × 60% × 2.2%(적용 취득세율)

지방세법 제7조【납세의무자 등】

⑤ 법인의 주식 또는 지분을 취득함으로써 「지방세기본법」 제46조 제2호에 따른 과점주주 중 대통령령으로 정하는 과점주주(이하 "과점주주"라 한다)가 되었을 때에는 그 과점주주가 해당 법인의 부동산등(법인이 「신탁법」에 따라 신탁한 재산으로서 수탁자 명의로 등기 · 등록이 되어 있는 부동산등을 포함한다)을 취득(법인설립 시에 발행하는 주식 또는 지분을 취득함으로써 과점주주가 된 경우에는 취득으로 보지 아니한다)한 것으로 본다. 이 경우 과점주주의 연대납세의무에 관하여는 「지방세기본법」 제44조를 준용한다(2023.3.14. 개정).

지방세법 시행령 제11조【과점주주의 취득 등】

① 법인의 과점주주(제10조의2에 따른 과점주주를 말한다. 이하 이 조에서 같다)가 아닌 주주 또는 유한책임사원이 다른 주주 또는 유한책임사원의 주식 또는 지분(이하 "주식 등"이라 한다)을 취득하거나 증자 등으로 최초로 과점주주가 된 경우에는 최초로 과점주주가 된 날 현재 해당 과점주주가 소유하고 있는 법인의 주식 등을 모두 취득한 것으로 보아 법 제7조 제5항에 따라 취득세를 부과한다(2023.3.14. 개정).

② 이미 과점주주가 된 주주 또는 유한책임사원이 해당 법인의 주식 등을 취득하여 해당 법인의 주식 등의 총액에 대한 과점주주가 가진 주식 등의 비율(이하 이 조에서 "주식 등의 비율"이라 한다)이 증가된 경우에는 그 증가분을 취득으로 보아 법 제7조 제5항에 따라 취득세를 부과한다. 다만, 증가된 후의 주식 등의 비율이 해당 과점주주가 이전에 가지고 있던 주식 등의 최고비율보다 증가되지 아니한 경우에는 취득세를 부과하지 아니한다.

지방세법 제15조【세율의 특례】

② 다음 각 호의 어느 하나에 해당하는 취득에 대한 취득세는 중과기준세율을 적용하여 계산한 금액을 그 세액으로 한다. 다만, 취득물건이 제13조 제1항에 해당하는 경우에는 중과기준세율의 100분의 300을, 같은 조 제5항에 해당하는 경우에는 중과기준세율의 100분의 500을 각각 적용한다.

3. 제7조 제5항에 따른 과점주주의 취득. 이 경우 과세표준은 제10조의6 제4항에 따른다.

Ⅱ 가수금 채권포기 시 주의점 및 과세문제

1 가수금 채권을 포기한 대표이사 등의 지분율이 100%가 아닌 경우에는 법인의 주주에게 증여세가 과세될 수 있다

가수금을 포기한 자가 법인의 지분을 100% 소유한 주주가 아닌 경우로서 가수금채무를 면제받은 법인이 지배주주와 친족의 직접 · 간접 지분율이 30% 이상인 특정법인에 해당하고 가수금 채권을 포기한 자와 지배주주 간에 상속세 및 증여세법상 특수관계가 성립하며 지배주주별 증여의제이익이 1억 원 이상인 경우에는 특정법인의 지배주주 등에게 증여세가 과세된다(상증법 §45의5).

예컨대 부모가 자녀 설립법인(자녀 1인 지분율 100%)에 1억 원을 대여한 상태에서 해당 가수금 채권을 포기(법인세 상당액 미고려)하는 경우에는 자녀의 증여의제이익이 1억 원이 되어 1억 원에 대해 증여세가 과세된다.

따라서 부모가 자녀설립 법인에 자금을 무상으로 대여하는 경우에는 21억7,300만 원 이상을 대여하여야 과세문제가 발생하는 것과 달리 가수금 채권을 포기하는 경우에는 1억 원 이상의 채권을 포기하는 경우에도 과세문제가 발생하므로 가수금 채권을 포기하는 경우에는 법인 주주의 증여세 과세문제를 검토한 후 진행하여야 하는 점을 주의하여야 한다.

■ **가수금 채권을 포기하는 경우 법인의 주주에게 증여세 과세되는 경우**

- **가수금 채권을 포기한 자 요건**
  가수금채권을 포기한 자가 법인의 지분을 100% 소유한 주주가 아닐 것
- **가수금 채무를 면제받은 법인 요건**
  지배주주 등의 직 · 간접 지분율이 30% 이상인 특정법인에 해당할 것
- **특수관계 요건**
  가수금 채권을 포기한 자와 지배주주 간에 상속세 및 증여세법상 특수관계가 성립할 것
- **증여의제이익 규모 요건**
  지배주주별 증여의제이익이 1억 원 이상일 것

* 지배주주 지분율 100%, 적정이자율 4.6%, 법인세 상당액 없는 경우 가정 시 가수금 채권포기액이 1억 원 이상인 경우 과세문제 발생

2 가수금 채무의 변제의무를 면제받은 법인은 채무면제이익으로 법인세가 과세된다

법인이 반제하여야 할 부채인 가수금 채무를 대표이사 등으로부터 면제받은 경우에는 채무면제이익으로서 법인세가 과세되므로 대표이사 등이 가수금 채권을 포기하는 경우에는 법인의 각사업연도 소득을 고려하여 전략적으로 포기시기를 결정하여야 한다(법령 §11 6호).

또한 이월결손금 보전에 충당한 채무면제이익에 대해서는 법인세가 과세되지 않는데 채무면제이익에 충당되는 이월결손금은 발생시기에 제한이 없으므로 법인의 주주에게 증여세 과세문제가 발생하지 않는 경우로서 공제시기가 경과한 이월결손금이 있는 법인의 경우에는 가수금 정리방안으로 적정한 방안이 될 수 있다(법법 §18 6호).

법인세법 시행령 제11조【수익의 범위】

법 제15조 제1항에 따른 이익 또는 수입[이하 "수익"(收益)이라 한다]은 법 및 이 영에서 달리 정하는 것을 제외하고는 다음 각 호의 것을 포함한다.

6. 채무의 면제 또는 소멸로 인하여 생기는 부채의 감소액(법 제17조 제1항 제1호 단서의 규정에 따른 금액을 포함한다)

법인세법 제18조【평가이익 등의 익금불산입】

다음 각 호의 금액은 내국법인의 각 사업연도의 소득금액을 계산할 때 익금에 산입하지 아니한다.

6. 무상(無償)으로 받은 자산의 가액(제36조에 따른 국고보조금등은 제외한다)과 채무의 면제 또는 소멸로 인한 부채(負債)의 감소액 중 대통령령으로 정하는 이월결손금을 보전하는 데에 충당한 금액

법인세법 시행령 제16조【이월결손금】

① 법 제18조 제6호에서 "대통령령으로 정하는 이월결손금"이란 다음 각 호의 어느 하나에 해당하는 것을 말한다.

1. 법 제14조 제2항에 따른 결손금(법 제44조의3 제2항 및 제46조의3 제2항에 따라 승계받은 결손금은 제외한다)으로서 법 제13조 제1항 제1호에 따라 그 후의 각 사업연도의 과세표준을 계산할 때 공제되지 아니한 금액
2. 법 제60조에 따라 신고 된 각 사업연도의 과세표준에 포함되지 아니하였으나 다음 각 목의 어느 하나에 해당하는 결손금 중 법 제14조 제2항에 따른 결손금에 해당하는 것
   가. 「채무자 회생 및 파산에 관한 법률」에 따른 회생계획인가의 결정을 받은 법인의 결손금으로서 법원이 확인한 것
   나. 「기업구조조정 촉진법」에 의한 기업개선계획의 이행을 위한 약정이 체결된 법인으로서 금융채권자협의회가 의결한 결손금

■ **서면-법령해석법인-2280, 2016.2.3.**

상법상 소멸시효가 완성되어 채무면제이익이 발생된 경우 해당 채무면제이익을 이미 공제기간이 경과한 이월결손금 보전에 충당할 수 있음.

❸ 대표이사 등이 가수금 채권 포기 후 5년 이내 상속발생 시에는 상속재산에 포함되어 상속세가 과세된다

대표이사 등이 가수금 채권을 포기한 것은 상속인이 아닌 자에게 증여한 것과 동일하다.

대표이사 등이 가수금 채권을 포기하고 5년 이내 상속이 발생한 경우에는 상속인이 아닌 자에게 5년 이내 사전증여한 재산에 해당하므로 상속재산에 합산되어 상속세가 과세된다.

따라서 상속세가 과세되는 것을 피하기 위해 가수금 채권을 포기하는 경우라면 피상속인이 5년 이상 건강을 유지할 수 있을 때 진행하여야 하는 점을 주의하여야 한다.

상속세 및 증여세법 제13조【상속세 과세가액】

① 상속세 과세가액은 상속재산의 가액에서 제14조에 따른 것을 뺀 후 다음 각 호의 재산가액을 가산한 금액으로 한다. 이 경우 제14조에 따른 금액이 상속재산의 가액을 초과하는 경우 그 초과액은 없는 것으로 본다.

1. 상속개시일 전 10년 이내에 피상속인이 상속인에게 증여한 재산가액
2. 상속개시일 전 5년 이내에 피상속인이 상속인이 아닌 자에게 증여한 재산가액

11

■ **재산상속 46014-94, 2001.1.27.**

영리법인이 채권자인 피상속인으로부터 채무를 면제받은 후 5년 내에 상속이 개시된 경우, 상속재산의 가액에 가산하며 그 증여세 상당액은 상속세에서 공제함

12

CEO가 꼭 알아야 할 자본거래 전략

PART 01

세금폭탄이 될 수 있는 증자거래 전략

전략가이드

법인의 자본거래 중 가장 빈번하게 발생하는 것은 증자거래라 할 수 있다.
증자를 하는 이유는
첫째, 법인에 신규투자 또는 추가 운영자금이 필요한 경우
둘째, 법정 자본금 요건이 있는 사업을 영위함에 있어 자본금 요건을 맞추기 위한 경우
셋째, 법인의 주주등이 아닌 VC등이 법인에 자금을 투자하면서 일정 출자지분율을 갖는 경우 (제3자 배정방식)
넷째, 최대주주 등의 지분율을 높이고자 하는 경우 등이 있을 수 있다.

증자거래 시 지분율대로 균등하게 증자하는 경우에는 신주발행가액과 관계없이 과세문제가 없지만 지분율과 달리 불균등하게 증자하는 경우에는 과세문제가 발생하므로 증자 전에는 신주발행법인, 기존 주주, 지분율이 증가하는 주주에 대해 발생하는 모든 과세문제를 검토한 후 진행하여야 한다.
또한 불균등증자하면서 신주발행가액을 잘못 결정하여 외부투자자가 과도한 지분율을 배정받는 경우에는 지배구조 자체가 잘못될 수 있으므로 증자 전에는 전체적인 지배구조를 파악하여 신주발행가액을 결정할 필요가 있다.

I 증자거래의 개요

1 증자의 개요

가. 증자의 의의

증자란 법인이 이사회 등 결의로 신주를 발행함에 따라 법인의 자본금이 증가되는 것을 의미하는 것이다.

증자는 신주를 배정받은 주주가 법인에 신주발행가액만큼 현금을 불입하여 법인의 현금

성 자산이 증가함으로써 법인의 전체 총자산이 증가하는 유상증자와 신주를 배정받은 자가 법인에 유상증자대금을 불입함이 없이 주식발행초과금 등을 신주발행대가로 대체하여 법인의 전체 총자산의 변동이 없는 무상증자로 구분할 수 있다.

나. 유상증자

유상증자의 경우 법인 설립 후 운용자금 충당, 신규 사업에 투자, 외부투자자의 지분율 확보목적 투자, 재무건전성 확보 등을 비롯한 여러 가지 목적에서 법인에 증자대금이 유입되면서 신주를 발행하는 것으로 법인의 총자산이 증가하여 재무구조가 건실해지는 효과가 있다.

유상증자 시 신주의 발행가액은 상법으로 정해져 있지 않으며 법인의 증자목적, 균등증자 또는 불균등증자 여부 등에 따라 액면발행, 시가발행, 시가보다 고저가 발행 등으로 달라지게 된다.

증자의 핵심은 신주를 배정받는 자와 배정받는 주식수, 신주의 발행가액이라 할 수 있다. 특히 신주 발행가액의 경우 신주의 발행가액에 따라 기존 주주 또는 신주를 배정받은 주주에게 이익이 이전되는 효과가 발생할 수 있고 법인의 재무구조와 지배구조가 달라질 수 있으므로 상황에 따른 신주배정과 신주발행가액 결정은 유상증자 거래의 핵심이라 할 수 있다. 유상증자는 통상적으로 비상장법인에서 많이 실행하고 있다.

12

다. 무상증자

무상증자란 법인에 증자대금이 유입되지 않고 자본잉여금(상법상 용어는 법정준비금이라 칭하며 통상 주식발행초과금을 활용)을 자본금으로 전입하여 신주를 발행한 후 기존 주주들이 가진 지분율에 비례하여 신주를 배정하는 방식으로 증자하는 것을 의미한다.

증자대금이 법인에 유입되지 않으므로 법인의 총자산이 증가하지 않고 자본의 구성효과만 바뀌는 효과가 있다.

또한 지분율에 비례하여 신주를 배정하게 되므로 일반적으로는 지분율이 변동되지 않지만 법인이 자기주식을 보유하고 있는 경우 자기주식에 대해서는 신주배정이 되지 않으므로 무상증자를 통해서도 기존 주주지분율이 높아지는 효과가 있다.

이 경우 무상증자를 통해 지분율이 높아지면서 얻는 이익은 의제배당 과세대상이므로 주의하여야 하며 무상증자는 통상적으로 상장법인에서 주주이익 제고차원에서 많이 실행하고 있다.

증자의 개요

■ **증자의 의의**

이사회 등 결의로 신주를 발행함으로써 법인의 자본금을 증가시키는 것

⇒ 법인의 발행주식총수 ↑ ⇒ 자본금 ↑

■ **증자의 종류**

• 유상증자

신주발행 후 신주발행가액만큼 주금을 납입하여 자본금으로 전입

⇒ 법인의 총자산 ↑ ⇒ 법인의 재무구조 개선

⇒ 불균등증자 ⇒ 지분율 변동

• 무상증자

신주발행 후 자본잉여금 등을 주금납입액과 대체하여 자본금으로 전입

⇒ 법인의 총자산 불변 ⇒ 법인의 재무구조 불변

⇒ 균등증자 ⇒ 지분율 불변

(예외: 자기주식을 보유하고 있는 경우 모든 주주 지분율 ↑ ⇒ 의제배당 대상)

2 증자의 방법

무상증자는 기존 주주들이 가진 지분율에 비례하여 신주를 배정하는 것으로 균등증자방식으로만 진행되지만, 유상증자는 주주에게 신주를 우선 배정하는 주주배정 방식, 주주 우선 공모방식, 주주 아닌 자에게 신주를 배정하는 일반 공모방식, 제3자 배정방식이 있다.

가. 주주배정방식

주주배정방식은 말 그대로 신주발행 시 기존 주주가 신주를 인수하게 하는 것을 의미하는 것으로 통상 법인이 유상증자 시 가장 많이 진행하는 방식이라 할 수 있다.

주주배정 방식을 구분하면 기존 주주에게 지분율대로 신주를 인수하게 하는 방법과 특정주주에게 지분율을 초과하여 신주를 인수하게 하는 방식으로 구분할 수 있다.

지분율대로 신주를 배정하고 기존 주주 모두가 청약 및 납입을 할 경우에는 증자 후 지분율 변동이 없으므로 세법상 과세문제가 발생하거나 법인의 지배구조가 변경되지 않는다.

반면 지분율과 다르게 특정주주에게 지분율을 초과하여 배정하거나 기존 주주가 청약 및 납입을 하지 않아 발생한 실권주를 재배정 또는 실권처리하는 경우에는 증자 후 지분율이 변동되므로 세법상 과세문제가 발생함과 동시에 법인의 지배구조가 변경될 수 있다.

주주배정 방식

증자 전 주주현황		신주발행	균등증자 시 배정신주		주주초과 배정 시 배정신주	
갑	20,000주	100,000주	갑	20,000주	갑	50,000주
을	50,000주		을	50,000주	을	10,000주
병	30,000주		병	30,000주	병	40,000주

주주배정 방식에서 실권주 발생 시 처리

증자 전 주주현황		신주발행	신주청약 및 납입		실권주 재배정		실권처리**	
갑	20,000주	100,000주	갑	20,000주	갑	20,000주	갑	20,000주
을	50,000주		을	50,000주	을	80,000주*	을	50,000주
병	30,000주		병	실권	병		병	

* 을이 병의 실권주 30,000주 추가배정 ⇒ 증자를 통해 갑의 지분율은 변동 없이 병의 지분율은 감소하고 을의 지분율만 증가

** 증자를 통해 갑과 을의 지분율 증가

나. 공모방식

공모방식은 주주 우선 공모방식과 일반 공모방식으로 구분할 수 있다.

주주 우선 공모방식은 기존 주주에게 우선 공모한 후 미청약분에 대해 일반인에게 신주를 배정하는 것으로 기존 주주에게 지분율대로 신주를 배정하는 방식이 아니므로 실권주 문제는 발생하지 않으며 통상 상장법인에서 실행하는 방식이다.

일반 공모방식은 정관에 정함이 있는 경우에만 가능하다. 기존 주주가 아닌 제3자에게 신주를 청약할 기회를 주는 것으로서 제3자에게 신주를 발행하는 것이라 할 수 있으며 주주 우선 공모방식과 동일하게 실권주 문제는 발생하지 않는다.

다. 제3자 배정방식

제3자 배정방식은 정관에 정함이 있는 경우에만 가능하며 기존 주주가 아닌 제3자를 대상으로 신주를 발행하는 것이다.

통상 VC등의 투자를 받으면서 투자금을 유치하거나 기술력 있는 임원영입을 하는 경우 등에 실행하는 방식이며 불균등증자에 해당하므로 기존 주주의 주식평가액대로 신주를 발행하지 않는 경우에는 주주 간 이익이 이전되는 결과가 되어 과세문제가 발생한다.

제3자 배정방식으로 증자하는 경우에는 기업의 지배구조가 변경될 수 있으므로 실무상 가장 주의하여야 하는 증자방식이라고 할 수 있다.

제3자 배정방식

증자 전 주주현황		신주발행	제3자 배정방식 배정신주	
갑	20,000주	100,000주	갑	
			을	
을	50,000주		병	
병	30,000주		정	100,000주*

* 증자를 통해 갑, 을, 병의 지분율은 감소하고 정의 지분율만 증가

Ⅱ 상법상 증자

1 유상증자

상법상 증자는 정관에 주주총회 결의로 결정하는 것으로 정하고 있지 않는 한 이사회 결의사항으로 이사가 2인 이하인 경우에는 주주총회 결의사항이다.

이사회 결의로 증자를 결의 시에는 신주의 종류와 수, 신주의 발행가액과 납입기일, 무액면주식의 경우에는 신주의 발행가액 중 자본금으로 계상하는 금액 등을 결정하여야 한다.

상법 제416조(발행사항의 결정)

회사가 그 성립 후에 주식을 발행하는 경우에는 다음의 사항으로서 정관에 규정이 없는 것은 이사회가 결정한다. 다만, 이 법에 다른 규정이 있거나 정관으로 주주총회에서 결정하기로 정한 경우에는 그러하지 아니하다.

1. 신주의 종류와 수
2. 신주의 발행가액과 납입기일

2의2. 무액면주식의 경우에는 신주의 발행가액 중 자본금으로 계상하는 금액

3. 신주의 인수방법
4. 현물출자를 하는 자의 성명과 그 목적인 재산의 종류, 수량, 가액과 이에 대하여 부여할 주식의 종류와 수
5. 주주가 가지는 신주인수권을 양도할 수 있는 것에 관한 사항
6. 주주의 청구가 있는 때에만 신주인수권증서를 발행한다는 것과 그 청구기간

자본시장과 금융투자업에 관한 법률 제165조의6(주식의 발행 및 배정 등에 관한 특례)

① 주권상장법인이 신주(제3호의 경우에는 이미 발행한 주식을 포함한다. 이하 이 항 및 제4항에서 같다)를 배정하는 경우 다음 각 호의 방식에 따른다.

1. 주주에게 그가 가진 주식 수에 따라서 신주를 배정하기 위하여 신주인수의 청약을 할 기회를 부여하는 방식
2. 신기술의 도입, 재무구조의 개선 등 회사의 경영상 목적을 달성하기 위하여 필요한 경우 제1호 외의 방법으로 특정한 자(해당 주권상장법인의 주식을 소유한 자를 포함한다)에게 신주를 배정하기 위하여 신주인수의 청약을 할 기회를 부여하는 방식
3. 제1호 외의 방법으로 불특정 다수인(해당 주권상장법인의 주식을 소유한 자를 포함한다)에게 신주인수의 청약을 할 기회를 부여하고 이에 따라 청약을 한 자에 대하여 신주를 배정하는 방식

② 주권상장법인은 신주를 배정하는 경우 그 기일까지 신주인수의 청약을 하지 아니하거나 그 가액을 납입하지 아니한 주식[이하 이 조 및 제165조의18에서 "실권주"(失權株)라 한다]에 대하여 발행을 철회하여야 한다. 다만, 금융위원회가 정하여 고시하는 방법에 따라 산정한 가격 이상으로 신주를 발행하는 경우로서 다음 각 호의 어느 하나에 해당하는 경우에는 그러하지 아니하다.

1. 실권주가 발생하는 경우 대통령령으로 정하는 특수한 관계에 있지 아니한 투자매매업자가 인수인으로서 그 실권주 전부를 취득하는 것을 내용으로 하는 계약을 해당 주권상장법인과 체결하는 경우
2. 제1항 제1호의 경우 신주인수의 청약 당시에 해당 주권상장법인과 주주 간의 별도의 합의에 따라 실권주가 발생하는 때에는 신주인수의 청약에 따라 배정받을 주식수를 초과하는 내용의 청약(이하 이 호에서 "초과청약"이라 한다)을 하여 그 초과청약을 한 주주에게 우선적으로 그 실권주를 배정하기로 하는 경우. 이 경우 신주인수의 청약에 따라 배정받을 주식수에 대통령령으로 정하는 비율을 곱한 주식수를 초과할 수 없다.
3. 그 밖에 주권상장법인의 자금조달의 효율성, 주주 등의 이익 보호, 공정한 시장질서 유지의 필요성을 종합적으로 고려하여 대통령령으로 정하는 경우

③ 주권상장법인은 제1항 제1호의 방식으로 신주를 배정하는 경우 「상법」 제416조 제5호 및 제6호에도 불구하고 주주에게 신주인수권증서를 발행하여야 한다. 이 경우 주주 등의 이익 보호, 공정한 시장질서 유지의 필요성 등을 고려하여 대통령령으로 정하는 방법에 따라 신주인수권증서가 유통될 수 있도록 하여야 한다.

④ 제1항 제3호의 방식으로 신주를 배정하는 경우에는 정관으로 정하는 바에 따라 이사회의 결의로 다음 각 호의 어느 하나에 해당하는 방식으로 신주를 배정하여야 한다. 이 경우 「상법」 제418조 제1항 및 같은 조 제2항 단서를 적용하지 아니한다.

1. 신주인수의 청약을 할 기회를 부여하는 자의 유형을 분류하지 아니하고 불특정 다수의 청약자에게 신주를 배정하는 방식
2. 제165조의7에 따라 우리사주조합원에 대하여 신주를 배정하고 청약되지 아니한 주식까지 포함하여 불특정 다수인에게 신주인수의 청약을 할 기회를 부여하는 방식
3. 주주에 대하여 우선적으로 신주인수의 청약을 할 수 있는 기회를 부여하고 청약되지 아니한 주식이 있는 경우 이를 불특정 다수인에게 신주를 배정받을 기회를 부여하는 방식
4. 투자매매업자 또는 투자중개업자가 인수인 또는 주선인으로서 마련한 수요예측 등 대통령령으로 정하는 합리적인 기준에 따라 특정한 유형의 자에게 신주인수의 청약을 할 수 있는 기회를 부여하는 경우로서 금융위원회가 인정하는 방식

❷ 제3자 배정방식의 유상증자

법인이 증자를 위한 신주발행 시 주주는 원칙적으로 주주가 가진 주식 수에 따라서 신주를 배정받을 권리가 있다.

다만 신기술의 도입, 재무구조의 개선 등 회사의 경영상 목적을 달성하기 위하여 정관에 정하는 경우에는 주주가 아닌 제3자에게 신주를 배정할 수 있다.

따라서 제3자 배정방식으로 증자를 하는 경우에는 반드시 신기술의 도입, 재무구조의 개선 등의 목적을 달성하기 위하여 제3자에게 신주를 배정하는 경우로서 반드시 이에 대한 내용이 정관에 규정된 경우에 한하여 가능하다.

이 경우 유상증자를 하는 경우에는 무조건 재무구조 개선효과가 있으므로 전략적으로 특수관계인에게 재무구조 개선목적으로 제3자 배정방식을 통해 유상증자하는 것도 가능하다.

상법 제418조(신주인수권의 내용 및 배정일의 지정 · 공고)

① 주주는 그가 가진 주식 수에 따라서 신주의 배정을 받을 권리가 있다.

② 회사는 제1항의 규정에 불구하고 정관에 정하는 바에 따라 주주 외의 자에게 신주를 배정할 수 있다. 다만, 이 경우에는 신기술의 도입, 재무구조의 개선 등 회사의 경영상 목적을 달성하기 위하여 필요한 경우에 한한다.

③ 회사는 일정한 날을 정하여 그 날에 주주명부에 기재된 주주가 제1항의 권리를 가진다는 뜻과 신주인수권을 양도할 수 있을 경우에는 그 뜻을 그 날의 2주간 전에 공고하여야 한다. 그러나 그 날이 제354조 제1항의 기간 중인 때에는 그 기간의 초일의 2주간 전에 이를 공고하여야 한다.

④ 제2항에 따라 주주 외의 자에게 신주를 배정하는 경우 회사는 제416조 제1호, 제2호, 제2호의2, 제3호 및 제4호에서 정하는 사항을 그 납입기일의 2주 전까지 주주에게 통지하거나 공고하여야 한다.

※ 제3자 배정방식으로 증자하기 위해 정관 필수 규정사항

정관

제조 [신주인수권]**

① 당 회사의 주주는 신주발행에 있어서 그가 소유한 주식 수에 비례하여 신주의 배정을 받을 권리를 가진다.

② 제1항의 규정에도 불구하고 다음 각 호의 어느 하나에 해당하는 경우 이사회의 결의로 주주 외의 자에게 신주를 배정할 수 있다.

1. 발행주식총수의 100분의 20을 초과하지 않는 범위 내에서 회사가 경영상 필요로 외국인투자촉진법에 의한 외국인 투자를 위하여 신주를 발행하는 경우
2. 발행주식총수의 100분의 30을 초과하지 않는 범위 내에서 긴급한 자금의 조달을 위하여 국내외 금융기관 또는 기관투자자에게 신주를 발행하는 경우

3. 발행주식총수의 100분의 50을 초과하지 않는 범위 내에서 사업상 중요한 기술도입, 연구개발, 생산 · 판매 · 자본제휴 및 재무구조의 개선 등 회사의 경영상 목적을 달성하기 위하여 신주를 발행하는 경우

❸ 무상증자

상법상 신주발행대금의 납입 없이 자본잉여금(상법상 자본준비금)을 자본에 전입함으로써 신주를 발행하는 무상증자는 정관에 주주총회에서 결정하기로 정하고 있지 않는 한 이사회 결의사항이다.

여기서 자본잉여금(상법상 자본준비금)이라는 용어가 낯설 수 있을 것 같은데 법인이 영업활동 또는 영업외활동을 통해 발생한 잉여금을 이익잉여금이라 하는 것에 반해 법인이 자본거래를 통해 발생한 잉여금을 자본잉여금(자본준비금)이라 한다.

자본거래에서 발생한 잉여금의 경우 상법에 따라 자본준비금으로 적립하도록 되어 있어 법정준비금에 해당한다.

예컨대 증자 시 신주발행가액이 액면가액을 초과하는 경우 발생하는 잉여금인 주식발행초과금, 감자 시 감자대가가 액면가액보다 낮은 경우 발생하는 잉여금인 감자차익, 합병 시 합병회사가 피합병회사로부터 인수한 순자산이 합병대가와 존속회사의 자본금을 초과하는 경우 발생하는 합병차익 등을 들 수 있다.

이 경우 법적인 적립의무 없이 정관의 규정 또는 주주총회의 결의에 의하여 기업 내부에 잉여금을 유보시켜 임의로 적립하는 준비금인 임의준비금을 재원으로 무상증자 할 수는 없지만, 이익잉여금을 법적으로 적립한 이익준비금의 경우 무상증자의 재원이 될 수 있으며 상법상 법정준비금은 이익준비금과 자본준비금을 의미하는 것이다.

무상증자의 경우 상법상 주주가 가진 주식 수에 따라 신주를 발행하여야 하며 일정한 날을 정하여 그 날에 주주명부에 기재된 주주가 발행하는 신주의 주주가 된다는 뜻을 2주 전에 공고하여야 한다.

상법 제459조(자본준비금)

① 회사는 자본거래에서 발생한 잉여금을 대통령령으로 정하는 바에 따라 자본준비금으로 적립하여야 한다.

② 합병이나 제530조의2에 따른 분할 또는 분할합병의 경우 소멸 또는 분할되는 회사의 이익준비금이나 그 밖의 법정준비금은 합병 · 분할 · 분할합병 후 존속되거나 새로 설립되는 회사가 승계할 수 있다.

상법시행령 제18조(적립할 자본준비금의 범위)

법 제459조 제1항에 따라 회사는 제15조에서 정한 회계기준에 따라 자본잉여금을 자본준비금으로 적립하여야 한다.

상법 제461조(준비금의 자본금 전입)

① 회사는 이사회의 결의에 의하여 준비금의 전부 또는 일부를 자본금에 전입할 수 있다. 그러나 정관으로 주주총회에서 결정하기로 정한 경우에는 그러하지 아니하다.

② 제1항의 경우에는 주주에 대하여 그가 가진 주식의 수에 따라 주식을 발행하여야 한다. 이 경우 1주에 미달하는 단수에 대하여는 제443조 제1항의 규정을 준용한다.

③ 제1항의 이사회의 결의가 있은 때에는 회사는 일정한 날을 정하여 그 날에 주주명부에 기재된 주주가 제2항의 신주의 주주가 된다는 뜻을 그 날의 2주간 전에 공고하여야 한다. 그러나 그 날이 제354조 제1항의 기간 중인 때에는 그 기간의 초일의 2주간 전에 이를 공고하여야 한다.

④ 제1항 단서의 경우에 주주는 주주총회의 결의가 있은 때로부터 제2항의 신주의 주주가 된다.

⑤ 제3항 또는 제4항의 규정에 의하여 신주의 주주가 된 때에는 이사는 지체 없이 신주를 받은 주주와 주주명부에 기재된 질권자에 대하여 그 주주가 받은 주식의 종류와 수를 통지하여야 한다.

⑥ 제339조의 규정은 제2항의 규정에 의하여 주식의 발행이 있는 경우에 이를 준용한다.

Ⅲ 세금폭탄이 될 수 있는 증자거래 전 체크사항

1 법인이 증자진행 시에는 반드시 세법상 비상장주식 평가액을 확인 후 진행하여야 한다

이익이 실현되는 비상장법인의 주식평가액은 액면가 이상인 경우가 대부분이지만 비상장법인이 증자 시에는 VC등 외부투자자가 제3자 배정방식으로 투자하거나 채무의 출자전환이 아닌 이상 거의 대부분 액면가액을 신주발행가액으로 하는 액면가 증자로 진행하는 경우를 많이 볼 수 있다.

주식평가액이 액면가보다 높거나 낮은 상태에서 액면가로 증자하는 경우에 지분율과 동일하게 증자를 하면 어느 특정 주주에게 이익이 이전되는 결과가 되지 않지만 불균등증자를 하면 주주 간에 이익이 이전되는 결과가 된다.

세법에서는 이러한 자본거래에서 발생한 이익에 대해 시가보다 높게 발행하는 경우, 시가보다 낮게 발행하는 경우로 나눈 후 특히 신주를 시가보다 낮은 가액으로 발행하는 경우에 대해서는 엄격하게 과세하고 있어 자칫 잘못하면 자본거래를 통해 세금폭탄을 맞을 수 있게 된다.

통상 증자 시에는 세무사에게 상의하는 것이 아닌 법무사 사무실에 의뢰하여 증자등기를 마치는 경우가 많은데 이는 법인경영 시 가장 주의해야 할 사항이므로 불균등증자 시에는 반드시 세무사에게 주식평가액을 문의한 후 신주의 고가발행인지, 저가발행인지 여부를 확인한 후 이에 대한 과세문제를 정확하게 파악한 상태에서 진행하여야 함을 주의하여야 한다.

증자거래 전 체크사항 I

STEP I 균등증자인지 여부

- 균등증자 해당: 추가 체크사항 없이 증자진행
- 불균등증자 해당: 추가 체크필요

STEP II 불균등증자 시 주식평가액 체크

- 신주발행가액과 주식평가액이 동일한 경우
  ⇒ 추가 체크사항 없이 증자진행
- 신주발행가액이 주식평가액보다 낮은 경우: 신주의 저가발행
  ⇒ 대부분 비상장법인 증자형태
  ⇒ 실권주가 실권처리 되지 않는 경우 세법상 엄격하게 과세
- 신주발행가액이 주식평가액보다 높은 경우: 신주의 고가발행
  ⇒ VC 또는 외부투자자가 투자하는 경우 증자형태
  ⇒ 세법상 특수관계 없는 경우 과세문제 없으므로 주주 간에 특수관계 성립 여부 검토 필요

2 불균등증자 전에는 반드시 증자방식을 체크한 후 진행하여야 한다

불균등증자는 주주에게 신주를 배정하는 주주초과배정, 실권주 재배정, 실권주 실권처리 방식과 주주 아닌 자에게 신주를 배정하는 제3자 배정방식이 있다.

이 경우 특정주주에게 지분율을 초과하여 신주를 배정하는 주주초과배정 방식, 실권주를 특정주주에게 배정하는 실권주 재배정방식과 주주 아닌 제3자에게 신주를 배정하는 제3자 배정방식의 경우 특정주주에게 이익분여 목적으로 편법적으로 활용할 수 있으므로 세법에서는 엄격하게 과세하고 있다.

반면 전체 주주에게 균등하게 신주를 배정하였지만 특정 주주가 신주에 대한 청약을 하지 않아 발생한 실권주를 실권처리한 경우에는 신주배정을 포기한 주주에게 주금납입에 대한 부담 등 정당한 사유가 있을 수 있으므로 다른 증자방식보다는 과세요건을 완화하여

12

주주 간에 특수관계가 성립하는 경우에만 과세하고 있다.

따라서 주식평가액이 아닌 가액으로 불균등증자하는 경우에는 증자방식을 검토한 후 제3자 배정방식이 아닌 한 실권주는 실권처리되는 형식이 되도록 하여 진행하는 것이 유리하다.

증자거래 전 체크사항 Ⅱ

<table>
<tr><th colspan="3">구 분</th><th>증자방식</th><th>이익분여 여부</th></tr>
<tr><td rowspan="4">유상
증자</td><td rowspan="3">주주에게
신주배정</td><td>주주
초과배정</td><td>특정주주에게 지분율 초과하여 신주배정</td><td rowspan="2">• 이익분여 의도를 갖고 활용가능
• 이익분여 효과 큼.
⇒ 엄격하게 과세</td></tr>
<tr><td>실권주
재배정</td><td>균등하게 신주배정 후 발생한 실권주를 특정주주에게 지분율 초과하여 배정</td></tr>
<tr><td>실권주
실권처리</td><td>균등하게 신주배정 후 발생한 실권주를 실권처리</td><td>• 이익분여 외 부득이한 사유 있을 수 있고 이익분여 효과 작음
⇒ 주주 간 특수관계 확인필요</td></tr>
<tr><td>주주 아닌
자에게
신주배정</td><td>제3자
배정</td><td>주주 아닌 제3자에게 신주배정</td><td>• 이익분여 의도를 갖고 활용가능
• 이익분여 효과 큼.
⇒ 엄격하게 과세</td></tr>
</table>

3 불균등증자 전에는 반드시 법인주주, 개인주주 여부와 주주 간 세법상 특수관계 성립 여부를 확인한 후 진행하여야 한다

불균등증자하는 경우로서 주식평가액을 신주발행가액으로 하여 신주를 발행하지 않는 경우 발생하는 과세문제는 고저가로 지분율을 초과 또는 미달하여 신주를 인수한 주주가 개인주주, 법인주주인지 여부, 지분율에 미달하게 신주를 인수한 주주가 개인주주, 법인주주인지 여부, 증자방식 및 주주들 간에 특수관계가 성립하는지 여부에 따라 과세문제가 달라진다.

이 경우 특수관계 성립여부는 법인주주의 경우에는 법인세법상 특수관계인 범위를 준용하여야 하며, 개인주주의 경우에는 상속세 및 증여세법상 특수관계인 범위를 준용하여 판단하여야 한다.

증자거래 전 체크사항 Ⅲ

지분율 초과하여 신주를 인수한 주주	지분율에 미달하게 신주를 인수한 주주
개인주주	개인주주 ⇒ 신주의 고가발행의 경우 상속세 및 증여세법상 특수관계 검토
법인주주 ⇒ 신주의 고저가 발행의 경우 법인세법상 특수관계 검토	법인주주 ⇒ 신주의 고저가 발행의 경우 법인세법상 특수관계 검토

불균등증자 시 법인주주가 있는 경우 검토하여야 할 특수관계인 범위

구 분	법인세법상 특수관계인 범위
경제적 연관관계	① 〈임직원을 기준으로 한 특수관계〉 • 법인의 임직원, 이와 생계를 함께하는 친족 ② 〈비소액주주등을 기준으로 한 특수관계〉 • 비소액주주등과 친족 • 비소액주주등과 생계를 유지하는 자, 이와 생계를 함께하는 친족
	• 비소액주주등의 직원, 이와 생계를 함께하는 친족(직원: 개인의 모든 사용인, 영리법인의 임원, 비영리법인의 이사 및 설립자) ③ 〈법인과 생계를 유지하는 자와 이와 생계를 함께하는 친족〉
경영지배관계	④ 사실상 영향력을 행사하는 자와 친족
	⑤ 법인, ①~④의 자(1차 경영지배관계) 지배적 영향력 행사 ⇒ 1차 직접 지배적 영향력 행사법인 ⑥ 법인, ①~④의 자 & ⑤의 자(2차 경영지배관계) 지배적 영향력 행사 ⇒ 2차 간접 지배적 영향력 행사법인
	⑦ 기업집단 소속 법인 – 기업집단에 소속된 다른 계열회사 및 임원

불균등증자 시 개인주주가 있는 경우 검토하여야 할 특수관계인 범위

<table>
<tr><th colspan="3">관 계</th><th>상속세 및 증여세법상 특수관계인 범위</th></tr>
<tr><td colspan="3">친족관계</td><td>• 4촌 이내의 혈족
• 3촌 이내의 인척
• 배우자(사실상의 혼인관계에 있는 자 포함)
• 친생자로서 다른 사람에게 친양자 입양된 자 및 그 배우자와 직계비속
• 「민법」에 따라 인지한 혼외 출생자의 생부, 생모로서 생계를 유지하거나 생계를 함께하는 자</td></tr>
<tr><td colspan="3">경제적 연관관계</td><td>• 임원 · 사용인
• 임원 · 사용인 외의 자로서 생계를 유지하는 자
• 위의 자들과 "생계를 함께"하는 친족</td></tr>
<tr><td rowspan="5">경영지배관계</td><td rowspan="2">1차 지배적 영향력 행사</td><td>개인</td><td>• 본인 또는 친족관계 또는 경제적 연관관계에 있는 자 ⇒ 지배적 영향력을 행사하는 법인</td></tr>
<tr><td>법인</td><td>• 법인에 지배적 영향력을 행사하는 자(지분율 30% 이상인 주주등 또는 법인에 사실상 영향력을 행사하는 자 등)
• 법인 또는 경제적 연관관계에 있는 자 또는 법인에 지배적 영향력을 행사하는 자 ⇒ 지배적 영향력을 행사하는 법인</td></tr>
<tr><td rowspan="2">2차 지배적 영향력 행사</td><td>개인</td><td>• 본인 또는 친족관계 또는 경제적 연관관계에 있는 자와 지배적 영향력을 행사하는 법인 ⇒ 지배적 영향력을 행사하는 법인</td></tr>
<tr><td>법인</td><td>• 본인 또는 경제적 연관관계에 있는 자 또는 법인에 지배적 영향력을 행사하는 자와 법인이 지배적 영향력을 행사하는 법인 ⇒ 지배적 영향력을 행사하는 법인</td></tr>
<tr><td colspan="3">법인이 「독점규제 및 공정거래에 관한 법률」에 따른 기업집단에 속하는 경우 그 기업집단에 속하는 다른 계열회사 및 그 임원</td></tr>
</table>

* 지배적 영향력 행사

- 영리법인 – 30% 이상 출자 또는 사실상 영향력 행사
- 비영리법인 – 이사의 과반수 또는 30% 이상 출연 & 그 중 1인이 설립자

Ⅳ 주식평가액보다 낮은 가액으로 불균등증자 시 과세리스크

1 주식평가액보다 낮은 가액으로 불균등증자 시 이익의 이전효과

발행주식총수 10,000주, 1주당 주식평가액이 300,000원, 주주 2명인 법인(A 50%, B 50%)이 액면가액 10,000원으로 10,000주를 신주발행하는 경우에 주주 A와 B가 동일하게 신주를 배정받아 청약하는 경우에는 증자 후에도 A주주와 B주주의 주식평가액이 동일하므로 법인의 자본금이 증액되는 효과만 있을 뿐 주주 간에 이익이 이전되는 결과가 되지 않는다.

반면 주주 A가 10,000주를 모두 배정받고 주주 B는 증자에 참여하지 않은 경우에 주주 A는 1주당 평가액이 300,000원인 주식을 10,000원에 10,000주 인수하게 되어 증자와 동시에 이익을 보지만 주주 B는 증자와 동시에 손해를 보게 된다.

이처럼 주식평가액이 액면가액보다 높은 경우에 액면가로 신주를 발행하는 경우는 대다수 비상장법인이 많이 시행하는 증자방식이라 할 수 있는데 지분율을 초과하여 신주를 배정받은 주주 A의 경우 증자대금 1억 원만을 불입한 후 7억2,500만 원의 이익을 본 결과가 된다.

즉 낮은 증자대금만을 불입하는 방식으로 편법적으로 주주 A에게 증여세 없이 증여하는 효과가 발생하므로 세법에서는 주식평가액보다 낮은 가액으로 불균등 증자하는 거래에 대해서는 엄격하게 과세하고 있으므로 주주 A와 B가 법인주주, 개인주주 여부에 따라 달라지는 CASE별 과세문제를 검토한 후 진행하여야 한다.

12

Case

Ⅰ. 시가보다 낮은 가액으로 균등증자 시 주주의 주식가치 변동

증자 전 현황			증자	증자 후 현황		
주주	주식수	주식평가액	• 발행주식수 10,000주 • 발행가액 10,000원 • 균등증자	주주	주식수	주식평가액
주주 A	5,000주	15억 원		주주 A	10,000주	15억5천만 원
주주 B	5,000주	15억 원		주주 B	10,000주	15억5천만 원
• 1주당 주식평가액: 300,000원 ⇒ 주주 A, B의 주식평가액 동일				• 1주당 주식평가액: 155,000원 ⇒ 주주 A, B의 주식평가액 동일		

II. 시가보다 낮은 가액으로 불균등증자 시 주주의 주식가치 변동

<table>
<tr><th colspan="3">증자 전 현황</th><th>증자</th><th colspan="3">증자 후 현황</th></tr>
<tr><th>주주</th><th>주식수</th><th>주식평가액</th><td rowspan="4">• 발행주식수 10,000주
• 발행가액 10,000원
• 불균등증자</td><th>주주</th><th>주식수</th><th>주식평가액</th></tr>
<tr><td>주주 A</td><td>5,000주
(50%)</td><td>15억 원</td><td>주주 A</td><td>15,000주
(75%)</td><td>23억2,500만 원</td></tr>
<tr><td>주주 B</td><td>5,000주
(50%)</td><td>15억 원</td><td>주주 B</td><td>5,000주
(25%)</td><td>7억7,500만 원</td></tr>
<tr><td colspan="3">• 1주당 주식평가액: 300,000원
⇒ 주주 A,B의 주식평가액 동일</td><td colspan="3">• 1주당 주식평가액
: 155,000원
〈주주 A〉
신주의 저가발행을 통한 불균등증자 시 증자대금 1억 원만을 불입하여 15억 원의 주식평가액이 23억2,500만 원으로 상승
〈주주 B〉
주주 B의 주식평가액은 15억 원에서 7억7,500만 원으로 하락</td></tr>
</table>

2 신주의 불균등 저가발행 시 지분율을 초과하여 신주를 배정받은 개인주주에게는 무조건 증여세가 과세된다

Case 지분율을 초과하여 신주를 배정받은 주주: 개인주주

<table>
<tr><th colspan="3">증자 전 현황</th><th>증자</th><th colspan="3">증자 후 현황</th></tr>
<tr><th>주주</th><th>주식수</th><th>주식평가액</th><td rowspan="5">• 발행주식수 10,000주
• 발행가액 10,000원
• 불균등증자</td><th>주주</th><th>주식수</th><th>주식평가액</th></tr>
<tr><td rowspan="2">주주 A</td><td rowspan="2">5,000주
(50%)</td><td rowspan="2">15억 원</td><td>주주 A</td><td>15,000주
(75%)</td><td>23억2,500만 원</td></tr>
<tr><td colspan="3">〈주주 A〉 개인주주
⇒ 분여받은 이익에 대해 무조건 증여세 과세
⇒ 제3자 배정방식, 실권주 재배정방식도 동일하게 과세</td></tr>
<tr><td>주주 B</td><td>5,000주
(50%)</td><td>15억 원</td><td>주주 B</td><td>5,000주
(25%)</td><td>7억7,500만 원</td></tr>
<tr><td colspan="3">* 1주당 주식평가액: 300,000원</td><td colspan="3">* 1주당 주식평가액: 155,000원</td></tr>
</table>

해당 사례와 같이 주주초과배정방식 또는 제3자 배정방식, 실권주 재배정방식으로 지분율을 초과하여 신주를 배정받은 주주가 개인주주인 경우로서 신주의 발행가액이 비상장주식 평가액보다 낮은 경우에는 주주 간 특수관계 성립여부 또는 신주의 발행가액과 관계없이 증자를 통해 얻은 이익에 대해 무조건 개인주주 A에게 증여세가 과세된다(실권주 실권처리 된 경우 제외).

주주 A에게 과세되는 증여세

- 증여재산가액
  = (증자 후 1주당 평가액 - 1주당 신주 인수가액) × 지분율 초과하여 인수한 주식수
  = (155,000 - 10,000) × 5,000주
  = 725,000,000원

- 증여세
  = 725,000,000 × 증여세율(30%)
  = 157,500,000원

이러한 증자거래는 비상장법인에서 가장 많이 실행하는 거래라 할 수 있는데 증자 시 주식평가액과 과세문제에 대한 검토 없이 법무사사무실에 증자등기를 의뢰하는 경우에는 현금화할 수 없는 비상장주식에 막대한 증여세가 과세될 수 있으므로 주의하여야 한다.

다만 불균등증자 시 신주발행가액이 비상장주식 평가액보다 낮은 경우라도 실권주가 실권처리 된 경우는 주주 간에 상속세 및 증여세법상 특수관계가 성립하고 균등증자 시 1주당 평가액에서 1주당 신주인수가액을 차감한 가액이 균등증자 시 1주당 평가액의 30% 이상이거나 증여재산가액이 3억 원 이상인 경우에 한하여 과세하므로 제3자 배정방식이 아닌 한 주주초과배정방식으로 증자하는 경우에는 실권주 실권처리되는 방식으로 진행하는 것이 유리하다.

상속세 및 증여세법 제39조【증자에 따른 이익의 증여】

① 법인이 자본금(출자액을 포함한다. 이하 같다)을 증가시키기 위하여 새로운 주식 또는 지분[이하 이 조에서 "신주"(新株)라 한다]을 발행함으로써 다음 각 호의 어느 하나에 해당하는 이익을 얻은 경우에는 주식대금 납입일 등 대통령령으로 정하는 날을 증여일로 하여 그 이익에 상당하는 금액을 그 이익을 얻은 자의 증여재산가액으로 한다(2015.12.15. 개정).

1. 신주를 시가(제60조와 제63조에 따라 평가한 가액을 말한다. 이하 이 조, 제39조의2, 제39조의3 및 제40조에서 같다)보다 낮은 가액으로 발행하는 경우: 다음 각 목의 어느 하나에 해당하는 이익(2015.12.15. 개정)

가. 해당 법인의 주주등이 신주를 배정받을 수 있는 권리(이하 이 조에서 "신주인수권"이라 한다)의 전부 또는 일부를 포기한 경우로서 해당 법인이 그 포기한 신주[이하 이 항에서 "실권주"(失權株)라 한다]를 배정(「자본시장과 금융투자업에 관한 법률」에 따른 주권상장법인이 같은 법 제9조 제7항에 따른 유가증권의 모집방법(대통령령으로 정하는 경우를 제외한다)으로 배정하는 경우는 제외한다. 이하 이 항에서 같다)하는 경우에는 그 실권주를 배정받은 자가 실권주를 배정받음으로써 얻은 이익(2015.12.15. 개정)

다. 해당 법인의 주주등이 아닌 자가 해당 법인으로부터 신주를 직접 배정(「자본시장과 금융투자업에 관한 법률」 제9조 제12항에 따른 인수인으로부터 인수·취득하는 경우와 그 밖에 대통령령으로 정하는 방법으로 인수·취득하는 경우를 포함한다. 이하 이 항에서 같다)받음으로써 얻은 이익(2016.12.20. 개정)

라. 해당 법인의 주주등이 소유한 주식 등의 수에 비례하여 균등한 조건으로 배정받을 수 있는 수를 초과하여 신주를 직접 배정받음으로써 얻은 이익(2015.12.15. 신설)

제3자 배정, 주주초과 배정, 실권주 재배정 방식으로 신주의 저가 발행 시 증여세 과세요건

- **거래요건**
  - 주주가 아닌 자가 신주를 배정받을 것(제3자 배정)
  - 실권주를 재배정 받을 것(실권주 재배정)
    (주권상장법인이 유가증권모집방법으로 배정하는 경우 제외)
  - 지분율을 초과하여 신주를 배정받을 것(주주초과배정)
- **특수관계인 요건**: 없음.
- **가액요건**: 없음.
- **증여자와 수증자**
  - 증여자: 지분율만큼 신주를 인수하지 않은 주주
  - 수증자: 지분율을 초과하여 신주를 인수한 주주
- **증여재산가액**
  = (증자 후 1주당 평가액 − 1주당 신주 인수가액) × 지분율 초과하여 인수한 주식수
- **증여일**
  - 주권상장법인·코스닥 상장법인 주식: 권리락이 있는 날
  - 비상장법인 주식: 주식대금 납입일(납입일 전 신주인수권증서 교부받은 경우에는 교부일)

❸ 지분율을 초과하여 신주를 배정받은 주주가 법인주주인 경우에는 주주 간에 법인세법상 특수관계가 성립하는 경우 법인세가 과세된다

Case 지분율을 초과하여 신주를 배정받은 주주: 법인주주

증자 전 현황			증자	증자 후 현황		
주주	주식수	주식평가액		주주	주식수	주식평가액
주주 A	5,000주 (50%)	15억 원	• 발행주식수 10,000주 • 발행가액 10,000원 • 불균등증자	주주 A	15,000주 (75%)	23억2,500만 원
				〈주주 A〉 법인주주 ⇒ 주주 B와 법인세법상 특수관계 성립 시 분여받은 이익에 대해 법인세 과세 ⇒ 제3자 배정방식, 실권주 재배정방식도 동일하게 과세		
주주 B	5,000주 (50%)	15억 원		주주 B	5,000주 (25%)	7억7,500만 원
* 1주당 주식평가액: 300,000원				* 1주당 주식평가액: 155,000원		

해당 사례와 같이 주주초과배정방식 또는 제3자 배정방식, 실권주 재배정방식으로 지분율을 초과하여 신주를 배정받은 주주가 법인주주인 경우로서 신주의 발행가액이 비상장주식 평가액보다 낮은 경우에는 주주 간에 법인세법상 특수관계가 성립하는 경우 증자를 통해 얻은 이익(7억2,500만 원)에 법인세가 과세된다.

즉 법인이 자본거래를 통해 특수관계인으로부터 이익을 분여받은 경우에는 해당 이익에 법인세가 과세되는 특이점이 있다.

따라서 비상장주식평가액보다 낮은 가액으로 불균등증자 시 법인주주가 지분율을 초과하여 신주를 배정받는 경우에는 반드시 법인세 과세문제를 검토하여야 하는 점을 주의하여야 한다. 다만 법인세가 과세된 법인의 해당 주식의 취득가액은 7억2,500만 원이 가산된 금액이 되므로 해당 주식을 양도 시 처분이익이 낮아지는 측면이 있다.

법인세법 시행령 제11조 【수익의 범위】

법 제15조 제1항에 따른 이익 또는 수입[이하 "수익"(收益)이라 한다]은 법 및 이 영에서 달리 정하는 것을 제외하고는 다음 각 호의 것을 포함한다(2019.2.12. 개정).

8. 제88조 제1항 제8호 각 목의 어느 하나 및 같은 항 제8호의2에 따른 자본거래로 인하여 특수관계인으로부터 분여받은 이익(2019.2.12. 호번개정)

4 신주의 불균등 저가발행 시 지분율에 미달하게 신주를 배정받은 주주가 개인주주인 경우에는 과세문제가 없다

Case 지분율에 미달하게 신주를 배정받은 주주: 개인주주

증자 전 현황			증자	증자 후 현황		
주주	주식수	주식평가액		주주	주식수	주식평가액
주주 A	5,000주 (50%)	15억 원	• 발행주식수 10,000주 • 발행가액 10,000원 • 불균등증자	주주 A	15,000주 (75%)	23억2,500만 원
주주 B	5,000주 (50%)	15억 원		주주 B	5,000주 (25%)	7억7,500만 원
				〈주주 B〉 개인주주 ⇒ 어떠한 경우든 과세문제 없음		
* 1주당 주식평가액: 300,000원				* 1주당 주식평가액: 155,000원		

해당 사례와 같이 주주초과배정방식 또는 제3자 배정방식, 실권주 재배정방식으로 지분율에 미달하게 신주를 배정받아 지분율을 초과하여 신주를 인수한 주주에게 이익을 분여한 주주가 개인주주인 경우에는 어떠한 경우에도 과세문제가 없다.

이처럼 자본거래를 통해 이익을 분여한 주주가 개인주주인 경우에는 어떠한 경우에도 과세문제가 없다.

5 신주의 불균등 저가발행 시 지분율에 미달하게 신주를 배정받은 주주가 법인주주인 경우로서 주주 간에 특수관계가 성립하는 경우에는 법인세가 과세된다

Case 지분율에 미달하게 신주를 배정받은 주주: 법인주주

증자 전 현황			증자	증자 후 현황		
주주	주식수	주식평가액		주주	주식수	주식평가액
주주 A	5,000주 (50%)	15억 원	• 발행주식수 10,000주 • 발행가액 10,000원 • 불균등증자	주주 A	15,000주 (75%)	23억2,500만 원
주주 B	5,000주 (50%)	15억 원		주주 B	5,000주 (25%)	7억7,500만 원
				〈주주 B〉 법인주주 ⇒ 주주 간에 법인세법상 특수관계 성립 시 법인세 과세		
* 1주당 주식평가액: 300,000원				* 1주당 주식평가액: 155,000원		

해당 사례와 같이 주주초과배정방식 또는 제3자 배정방식, 실권주 재배정방식으로 지분율에 미달하게 신주를 배정받아 지분율을 초과하여 신주를 인수한 주주에게 이익을 분여한 주주가 법인주주인 경우로서 주주 간에 법인세법상 특수관계가 성립하는 경우에는 주주 A에게 부당하게 이익을 분여한 것으로 보아 부당하게 분여한 이익(7억2,500만 원)에 대해 법인주주 B에게 법인세가 과세된다.

이처럼 법인이 자본거래를 통해 법인세법상 특수관계 있는 자에게 이익을 분여한 경우에는 분여한 이익에 대해 법인세가 과세된다.

■ **신주의 저가발행의 경우 제3자 배정, 실권주재배정, 주주초과배정 시 부당행위계산부인 요건**

- 주주 간에 법인세법상 특수관계가 성립할 것(특수관계인 외의 자를 통하여 이루어진 거래 포함)
- 신주의 배정 · 인수받을 수 있는 권리의 전부 또는 일부를 포기함으로써 신주를 저가로 인수한 주주에게 이익을 분여하는 경우일 것
- 제3자 배정 방식으로 주주 아닌 자가 신주를 저가로 인수할 것
- 일반공모 방식의 증자가 아닐 것

■ **가액요건**: 없음.

법인세법 시행령 제88조【부당행위계산의 유형 등】

① 법 제52조 제1항에서 "조세의 부담을 부당하게 감소시킨 것으로 인정되는 경우"란 다음 각 호의 어느 하나에 해당하는 경우를 말한다(2011.6.3. 개정).

8. 다음 각 목의 어느 하나에 해당하는 자본거래로 인하여 주주등(소액주주등은 제외한다. 이하 이 조에서 같다)인 법인이 특수관계인인 다른 주주등에게 이익을 분여한 경우(2019.2.12. 개정)

나. 법인의 자본(출자액을 포함한다)을 증가시키는 거래에 있어서 신주(전환사채 · 신주인수권부사채 또는 교환사채 등을 포함한다. 이하 이 목에서 같다)를 배정 · 인수받을 수 있는 권리의 전부 또는 일부를 포기(그 포기한 신주가 「자본시장과 금융투자업에 관한 법률」 제9조 제7항에 따른 모집방법으로 배정되는 경우를 제외한다)하거나 신주를 시가보다 높은 가액으로 인수하는 경우(2009.2.4. 개정)

8의2. 제8호 외의 경우로서 증자 · 감자, 합병(분할합병을 포함한다) · 분할, 「상속세 및 증여세법」 제40조 제1항에 따른 전환사채등에 의한 주식의 전환 · 인수 · 교환 등 법인의 자본(출자액을 포함한다)을 증가시키거나 감소시키는 거래를 통하여 법인의 이익을 분여하였다고 인정되는 경우(2007.2.28. 신설)

12

V 주식평가액보다 높은 가액으로 불균등증자 시 과세리스크

1 주식평가액보다 높은 가액으로 불균등증자 시 이익의 이전효과

발행주식총수 10,000주, 1주당 주식평가액이 10,000원, 주주 2명인 법인(A 50%, B 50%)이 신주발행가액을 300,000원으로 하여 증자하는 경우에 주주 A와 B가 동일하게 신주를 배정받아 청약하는 경우에는 증자 후 주식평가액이 동일하므로 법인의 자본금이 증액되는 효과만 있을 뿐 주주 간에 이익이 이전되는 결과가 되지 않는다. 반면 주주 A가 신주 10,000주를 모두 배정받고 주주 B는 증자에 참여하지 않은 경우에는 주주 A의 경우 1주당 평가액이 10,000원인 주식을 300,000원에 10,000주 인수하게 되므로 증자와 동시에 손해를 보지만 주주 B의 경우 증자와 동시에 이익을 보게 된다.

이처럼 주식평가액보다 높은 가액으로 신주를 발행하는 경우는 편법적인 자본거래를 통해 이익을 이전하는 목적보다는 VC등 또는 외부투자자가 향후 성장가능성 있는 법인에 투자하거나 자금사정이 어려운 관계회사 등에 자금을 지원하기 위해 진행하는 경우라 할 수 있다.

이 경우 VC등이 향후 성장가능성 있는 법인에 투자할 때에는 통상 신주발행가액 결정 시 세법상 비상장주식평가액이 아닌 향후 미래 성장가능성을 반영하여 결정하게 되는데 이러한 투자를 통해 기존 주주가 얻는 이익에 대해 엄격하게 과세하는 경우에는 건전한 투자를 통한 기업성장이 어려워질 수 있으므로 신주발행가액을 주식평가액보다 높은 가액으로 발행하는 경우에는 주주 간에 특수관계가 성립하는 경우에 한하여 과세문제가 발생한다.

Case

Ⅰ. 시가보다 높은 가액으로 균등증자 시 주주의 주식가치 변동

<table>
<tr><th colspan="3">증자 전 현황</th><th>증자</th><th colspan="3">증자 후 현황</th></tr>
<tr><td>주주</td><td>주식수</td><td>주식평가액</td><td rowspan="5">• 발행주식수
10,000주
• 발행가액
300,000원
• 균등증자</td><td>주주</td><td>주식수</td><td>주식평가액</td></tr>
<tr><td>주주 A</td><td>5,000주</td><td>5천만 원</td><td>주주 A</td><td>10,000주</td><td>15억5천만 원</td></tr>
<tr><td>주주 B</td><td>5,000주</td><td>5천만 원</td><td>주주 B</td><td>10,000주</td><td>15억5천만 원</td></tr>
<tr><td colspan="3">• 1주당 주식평가액: 10,000원
⇒ 주주 A, B의 주식평가액 동일</td><td colspan="3">• 1주당 주식평가액: 155,000원
⇒ 주주 A, B의 주식평가액 동일</td></tr>
</table>

II. 시가보다 높은 가액으로 불균등증자 시 주주의 주식가치 변동

<table>
<tr><th colspan="3">증자 전 현황</th><th>증자</th><th colspan="3">증자 후 현황</th></tr>
<tr><td>주주</td><td>주식수</td><td>주식평가액</td><td rowspan="4">• 발행주식수 10,000주
• 발행가액 300,000원
• 불균등증자</td><td>주주</td><td>주식수</td><td>주식평가액</td></tr>
<tr><td>주주 A</td><td>5,000주
(50%)</td><td>5천만 원</td><td>주주 A</td><td>15,000주
(75%)</td><td>23억2,500만 원</td></tr>
<tr><td>주주 B</td><td>5,000주
(50%)</td><td>5천만 원</td><td>주주 B</td><td>5,000주
(25%)</td><td>7억7,500만 원</td></tr>
<tr><td colspan="3">• 1주당 주식평가액: 10,000원
⇒ 주주 A, B의 주식평가액 동일</td><td colspan="3">• 1주당 주식평가액
: 155,000원
〈주주 A〉
신주의 고가발행을 통한 불균등증자를 통해 증자대금 30억 원을 불입하였지만 주식평가액은 23억2,500만 원으로 하락
〈주주 B〉
주주 B의 경우 증자와 동시에 주식평가액이 5천만 원에서 7억7,500만 원으로 상승</td></tr>
</table>

2 신주의 고가발행 시 지분율을 초과하여 신주를 배정받은 개인주주에게는 과세문제가 없다

Case 지분율을 초과하여 신주를 배정받은 주주: 개인주주

<table>
<tr><th colspan="3">증자 전 현황</th><th>증자</th><th colspan="3">증자 후 현황</th></tr>
<tr><td>주주</td><td>주식수</td><td>주식평가액</td><td rowspan="5">• 발행주식수 10,000주
• 발행가액 300,000원
• 불균등증자</td><td>주주</td><td>주식수</td><td>주식평가액</td></tr>
<tr><td rowspan="2">주주 A</td><td rowspan="2">5,000주
(50%)</td><td rowspan="2">5천만 원</td><td>주주 A</td><td>15,000주
(75%)</td><td>23억2,500만 원</td></tr>
<tr><td colspan="3">〈주주 A〉 개인주주
⇒ 개인주주가 자본거래를 통해 이익을 분여한 경우에 해당하므로 과세문제 없음.</td></tr>
<tr><td>주주 B</td><td>5,000주
(50%)</td><td>5천만 원</td><td>주주 B</td><td>5,000주
(25%)</td><td>7억7,500만 원</td></tr>
<tr><td colspan="3">* 1주당 평가액: 10,000원</td><td colspan="3">* 1주당 평가액: 155,000원</td></tr>
</table>

해당 사례와 같이 신주의 발행가액이 비상장주식 평가액보다 높은 경우에 주주초과배정방식 또는 제3자 배정방식, 실권주 재배정방식으로 지분율을 초과하여 신주를 배정받은 주주 A가 주주 B에게 이익을 분여한 경우라도 주주 A가 개인주주인 경우에는 자본거래를 통해 이익을 분여한 경우에 해당하므로 개인주주 A에게는 과세문제가 없다.

❸ 신주의 고가발행 시 지분율을 초과하여 신주를 배정받은 법인주주의 경우 특수관계가 성립하는 경우에는 법인세가 과세된다

Case 지분율을 초과하여 신주를 배정받은 주주: 법인주주

<table>
<tr><th colspan="3">증자 전 현황</th><th>증자</th><th colspan="3">증자 후 현황</th></tr>
<tr><td>주주</td><td>주식수</td><td>주식평가액</td><td rowspan="5">• 발행주식수 10,000주
• 발행가액 300,000원
• 불균등증자</td><td>주주</td><td>주식수</td><td>주식평가액</td></tr>
<tr><td rowspan="2">주주 A</td><td rowspan="2">5,000주
(50%)</td><td rowspan="2">5천만 원</td><td>주주 A</td><td>15,000주
(75%)</td><td>23억2,500만 원</td></tr>
<tr><td colspan="3">〈주주 A〉 법인주주
⇒ 법인세 과세
법인주주가 자본거래를 통해 이익을 분여한 경우에 해당하므로 주주 간에 법인세법상 특수관계가 성립하는 경우 부당행위계산부인에 해당하여 법인세 과세.
⇒ 신주의 취득가액
증자대금을 불입한 30억 원이 아닌 부당행위계산부인으로 과세되는 7억 2,500만 원을 차감한 22억7,500만 원</td></tr>
<tr><td>주주 B</td><td>5,000주
(50%)</td><td>5천만 원</td><td>주주 B</td><td>5,000주
(25%)</td><td>7억7,500만 원</td></tr>
<tr><td colspan="3">* 1주당 평가액: 10,000원</td><td colspan="3">* 1주당 평가액: 155,000원</td></tr>
</table>

해당 사례와 같이 신주의 발행가액이 비상장주식 평가액보다 높은 경우에 주주초과배정방식 또는 제3자 배정방식, 실권주 재배정방식으로 지분율을 초과하여 신주를 배정받은 주주 A가 법인인 경우에는 법인이 자본거래를 통해 이익을 분여한 부당행위계산부인대상거래에 해당하므로 주주 B와 법인세법상 특수관계가 성립하는 경우에는 분여한 이익에 대해 부당행위계산부인이 적용되어 법인세가 과세된다. 또한 배정받은 신주의 취득가액은 실제 증자대금 불입액 30억 원이 아닌 증자 후 평가액을 초과하는 금액(7억2,500만 원)을 차감한 22억7,500만 원이 된다.

따라서 신주를 고가 발행할 때 고가로 신주를 인수한 법인과 주주 간에 특수관계가 성립되므로 임원보수를 받지 않고 등기상으로만 임원으로 등재되어 있지만 임원사임하는 경우에는 특수관계가 성립되지 않도록 정리한 후 증자를 실행하여야 한다.

또한 신주고가발행과 동시에 임원취임, 지분양수도 등이 이루어지는 경우가 있는데 임원취임, 지분양수도로 인해 법인과 주주 간에 법인세법상 특수관계가 성립할 수 있는 경우에는 증자 후 임원취임, 지분 양수도 등을 진행하여야 한다.

실무상 신주의 고가발행에 따라 발생하는 과세문제는 법인과 주주 간에 특수관계가 성립되지 않게 조정함으로써 방지할 수 있으므로 실제 실행하는 경우에는 반드시 사전에 모든 사항을 검토한 후 진행하여야 한다.

법인세법 시행령 제72조 【자산의 취득가액 등】

④ 제2항을 적용할 때 취득가액에는 다음 각 호의 금액을 포함하지 아니하는 것으로 한다. (2010.12.30. 개정)

3. 제88조 제1항 제1호 및 제8호 나목의 규정에 의한 시가초과액(2002.12.30. 개정)

제3자 배정, 주주초과배정, 실권주 재배정 방식으로 신주를 고가발행하는 경우 부당행위계산부인

- **거래요건**
  - 신주를 시가보다 고가로 발행하는 경우일 것
  - 법인은 신주를 시가보다 고가로 인수하고 특수관계인은 신주가 미배정되거나 신주배정·신주인수의 일부 또는 전부를 포기할 것
- **가액요건**: 없음.
- **익금산입액**: 상속세 및 증여세법 시행령 제29조 제1항 제3호, 제5호 준용
- **신주의 취득가액**: (신주인수가액 – 시가초과액)
- **고가증자 여부 판단 시점**: 주금납입일
- **신주발행법인과 신주인수인의 부당행위계산부인 적용 여부**: 미적용

12

❹ 신주의 고가발행 시 지분율에 미달하게 신주를 배정받은 주주가 개인주주인 경우 특수관계가 성립하는 경우에는 증여세가 과세된다

Case 지분율에 미달하게 신주를 배정받거나 미배정받은 주주: 개인주주

증자 전 현황			증자	증자 후 현황		
주주	주식수	주식평가액		주주	주식수	주식평가액
주주 A	5,000주 (50%)	5천만 원	• 발행주식수 10,000주 • 발행가액 300,000원 • 불균등증자	주주 A	15,000주 (75%)	23억2,500만 원
주주 B	5,000주 (50%)	5천만 원		주주 B	5,000주 (25%)	7억7,500만 원
				〈주주 B〉 개인주주 ⇒ 증여세 과세 지분율을 초과하여 신주를 인수한 주주와 상속세 및 증여세법상 특수관계 성립 시 증여세 과세		
* 1주당 평가액: 10,000원				* 1주당 평가액: 155,000원		

해당 사례와 같이 신주의 발행가액이 비상장주식 평가액보다 높은 경우에 특정주주가 주주초과배정방식 또는 제3자 배정방식, 실권주 재배정방식으로 지분율을 초과하여 신주를 배정받은 경우에는 지분율에 미달하게 신주를 배정받거나 신주를 배정받지 않은 주주 B의 경우에는 증자와 동시에 5천만 원이었던 주식평가액이 7억7,500만 원이 되어 이익을 얻게 된다.

신주의 저가발행의 경우 지분율을 초과하여 신주를 저가로 인수한 개인주주에게는 실권주 실권처리방식이 아닌 한 무조건 증여세가 과세되었지만 신주의 고가발행의 경우에는 개인주주가 지분율에 미달하게 신주를 인수하여 증자와 동시에 이익을 얻은 경우라도 지분율을 초과하여 신주를 인수한 주주와 상속세 및 증여세법상 특수관계가 성립하는 경우에 한하여 증여세가 과세된다(실권주가 실권처리 된 경우에는 특수관계가 성립하고 신주 1주당 인수가액에서 증자 후 1주당 평가액을 차감한 가액이 증자 후 평가액의 30% 이상이거나 증여재산가액이 3억 원 이상인 경우에 한하여 과세).

해당 사례에서는 개인주주 B가 주주 A와 상속세 및 증여세법상 특수관계가 성립하는 경우에 한하여 증여세가 과세된다.

주주 B의 증여세

■ **증여재산가액**

- 제3자 배정, 주주초과 배정(1주당 신주 인수가액 – 증자 후 1주당 평가액) × 신주인수 포기주식 중 특수관계인이 인수한 주식수
- 실권주 재배정(1주당 신주 인수가액 – 증자 후 1주당 평가액) × 신주인수를 포기한 주주의 실권주수 중 특수관계인이 인수한 주식수

(300,000 –155,000) × 5,000주 = 725,000,000원

■ **주주 B의 증여세**

725,000,000 × 30% = 157,500,000원

상속세 및 증여세법 제39조【증자에 따른 이익의 증여】

① 법인이 자본금(출자액을 포함한다. 이하 같다)을 증가시키기 위하여 새로운 주식 또는 지분[이하 이 조에서 "신주"(新株)라 한다]을 발행함으로써 다음 각 호의 어느 하나에 해당하는 이익을 얻은 경우에는 주식대금 납입일 등 대통령령으로 정하는 날을 증여일로 하여 그 이익에 상당하는 금액을 그 이익을 얻은 자의 증여재산가액으로 한다(2015.12.15. 개정).

2. 신주를 시가보다 높은 가액으로 발행하는 경우: 다음 각 목의 어느 하나에 해당하는 이익(2015.12.15. 개정)

가. 해당 법인의 주주등이 신주인수권의 전부 또는 일부를 포기한 경우로서 해당 법인이 실권주를 배정하는 경우에는 그 실권주를 배정받은 자가 그 실권주를 인수함으로써 그의 특수관계인에 해당하는 신주 인수 포기자가 얻은 이익(2015.12.15. 개정)

다. 해당 법인의 주주등이 아닌 자가 해당 법인으로부터 신주를 직접 배정받아 인수함으로써 그의 특수관계인인 주주등이 얻은 이익(2015.12.15. 개정)

라. 해당 법인의 주주등이 소유한 주식등의 수에 비례하여 균등한 조건으로 배정받을 수 있는 수를 초과하여 신주를 직접 배정받아 인수함으로써 그의 특수관계인인 주주등이 얻은 이익(2015.12.15. 신설)

제3자 배정, 주주초과배정, 실권주 재배정 방식으로 신주의 고가발행 시 증여세 과세

■ **거래요건**

- 주주가 아닌 자가 신주를 고가로 배정받을 것(제3자 배정 방식)
- 지분율을 초과하여 신주를 배정받을 것(주주초과배정 방식)
- 실권주를 지분율을 초과하여 재배정 받을 것(실권주 재배정 방식)

■ **특수관계인 요건**: 미배정, 신주배정 · 신주인수의 일부 또는 전부를 포기한 주주와 신주를 고가로 인수한 주주가 상속세 및 증여세법상 특수관계가 성립할 것

■ **가액요건**: 없음.

■ **증여자와 수증자**

- 증여자: 지분율을 초과하여 신주를 인수한 주주
- 수증자: 지분율만큼 신주를 인수하지 않은 주주

■ **증여재산가액**

- 제3자 배정, 주주초과 배정(1주당 신주 인수가액 - 증자 후 1주당 평가액) × 신주인수 포기주식 중 특수관계인이 인수한 주식수
- 실권주 재배정(1주당 신주 인수가액 - 증자 후 1주당 평가액) × 신주인수를 포기한 주주의 실권주수 중 특수관계인이 인수한 주식수

■ **증여일**

- 주권상장법인 · 코스닥 상장법인주식: 권리락이 있는 날
- 비상장법인 주식: 주식대금 납입일(납입일 전 신주인수권증서 교부받은 경우에는 교부일)

5 신주의 고가발행 시 지분율에 미달하게 신주를 배정받은 주주가 법인주주인 경우 특수관계가 성립하는 경우에는 증여세가 과세된다

Case 지분율에 미달하게 신주를 배정받거나 미배정받은 주주: 법인주주

<table>
<tr><th colspan="3">증자 전 현황</th><th>증자</th><th colspan="3">증자 후 현황</th></tr>
<tr><td>주주</td><td>주식수</td><td>주식평가액</td><td rowspan="5">• 발행주식수 10,000주
• 발행가액 300,000원
• 불균등증자</td><td>주주</td><td>주식수</td><td>주식평가액</td></tr>
<tr><td>주주 A</td><td>5,000주
(50%)</td><td>5천만 원</td><td>주주 A</td><td>15,000주
(75%)</td><td>23억2,500만 원</td></tr>
<tr><td rowspan="2">주주 B</td><td rowspan="2">5,000주
(50%)</td><td rowspan="2">5천만 원</td><td>주주 B</td><td>5,000주
(25%)</td><td>7억7,500만 원</td></tr>
<tr><td colspan="3">〈주주 B〉 법인주주
⇒ 법인세 과세
지분율을 초과하여 신주를 인수한 주주와 법인세법상 특수관계 성립 시 법인세 과세</td></tr>
<tr><td colspan="3">* 1주당 평가액: 10,000원</td><td colspan="3">* 1주당 평가액: 155,000원</td></tr>
</table>

해당 사례와 같이 신주의 발행가액이 비상장주식 평가액보다 높은 경우에 특정주주가 주주초과배정방식 또는 제3자 배정방식, 실권주 재배정방식으로 지분율을 초과하여 신주를 배정받은 경우에는 지분율에 미달하게 신주를 배정받거나 신주를 배정받지 않은 주주 B의 경우에는 증자와 동시에 5천만 원 이었던 주식평가액이 7억7,500만 원이 되어 이익

을 얻게 된다.

신주의 저가발행의 경우 지분율을 초과하여 신주를 저가로 인수한 법인주주에게는 지분율에 미달하여 신주를 인수한 주주와 법인세법상 특수관계가 성립하는 경우 분여받은 이익에 법인세가 과세된 것과 동일하게 신주의 고가발행의 경우에도 지분율에 미달하게 신주를 인수하여 이익을 분여받은 주주가 법인주주인 경우에는 지분율을 초과하여 신주를 인수한 주주와 법인세법상 특수관계가 성립하는 경우 분여받은 이익에 법인세가 과세된다.

즉, 법인이 자본거래를 통해 분여받은 이익에 해당하므로 법인의 수익으로 보는 것이다.

12

PART 02

특수목적에 맞게 전략적으로 활용가능한 감자 전략

전략가이드

감자거래의 경우 증자거래보다는 거래빈도가 낮지만 증자거래가 특정목적 달성을 위해 전략적 활용이 어려운 반면 감자거래의 경우
첫째, 법정 자본금 요건이 낮아진 경우 법인자금 개인화
둘째, 법인이 폐업하는 경우 불입 자본금 주주 환원
셋째, 특정 주주의 지분을 정리하는 경우
넷째, 주식양수도가 아닌 방식으로 특정주주의 지분율을 높이고자 하는 경우
다섯째, 가지급금과 이익잉여금을 정리하고자 하는 경우
여섯째, 배우자 증여 후 감자를 통해 세부담 최소화 하에 감자대가 수령하고자 하는 경우
일곱 번째, 명의신탁주식 정리 등의 목적으로 전략적으로 활용할 수 있다.

감자거래의 경우도 지분율대로 균등하게 감자하는 경우에는 의제배당 외 과세문제가 없지만 지분율과 달리 불균등하게 감자하는 경우에는 과세문제가 발생하므로 감자 전에는 주식이 소각되는 주주와 잔여주주의 특수관계 성립여부, 감자대가의 적정성을 검토한 후 진행하여야 한다.

I 감자거래의 개요

1 감자의 의의

증자의 경우 법인이 이사회 등 결의로 신주를 발행함에 따라 법인의 발행주식총수와 자본금이 증가되는 것을 의미하는 것인 반면, 감자의 경우 주주총회 특별결의 사항으로 법인의 발행주식총수와 자본금이 감소하는 것을 의미한다.

감자는 주식이 소각된 주주에게 감자대가를 실제 지급하여 법인의 총자산이 감소하는 유상감자와 발행주식총수와 자본금이 감소함에도 주식이 소각된 주주에게 감자대가를 지급하지 않아 법인의 총자산 감소가 없는 무상감자로 구분할 수 있다.

유상감자의 경우 법정자본금 요건이 낮아진 경우, 사업 또는 영업규모가 축소되면서 남는 재산을 주주에게 반환하는 경우, 폐업하면서 가지급금을 정리하는 경우, 특정주주의 지분을 정리하여 잔여주주의 지분율을 높이는 경우, 명의신탁주식을 정리하는 경우 등 다양하게 활용할 수 있으며 주로 비상장법인에서 실행하고 있다.

반면 무상감자의 경우 자본잠식법인이 감자를 통해 감자차익을 발생시켜 해당 감자차익을 결손보전에 사용하기 위한 목적 등으로 활용되며 주로 주가 부양이 필요한 상장법인에서 실행하고 있다.

2 상법상 감자

가. 유상감자

법인이 유상감자를 하는 경우에는 법인의 순자산이 감소하므로 주주의 입장에서는 자본을 위태롭게 하여 주식평가액이 낮아질 수 있고 법인의 채권자의 입장에서는 채권미회수에 대한 리스크가 커질 수 있다.

이러한 이유로 법인이 감자를 하는 경우에는 주주총회 특별결의를 거쳐야 하고 주주총회 결의일부터 2주 내에 1개월 이상의 기간 동안 회사채권자에 대하여 이의가 있으면 제출할 것을 공고하고 알고 있는 채권자에게는 최고하여야 하는 상법상 채권자보호절차를 반드시 준수하여야 한다. 이 경우 공고는 법인정관에 규정되어 있는 공고방법을 준용하여 공고하게 된다.

이러한 상법상 의무를 준수하지 않는 경우에는 감자효력이 없으므로 통상 감자등기가 완료되기까지에는 한 달 5일 이상의 시간이 소요된다.

나. 무상감자

법인의 총자산감소가 없는 무상감자의 경우 법인의 채권자를 해할 염려가 없고 법인의 자본을 위태롭게 하는 사항이 아니므로 주주총회 특별결의가 아닌 주주총회 보통결의사항이며 채권자 보호절차를 밟을 필요가 없다.

상법 제438조(자본금 감소의 결의)
① 자본금의 감소에는 제434조에 따른 결의가 있어야 한다.
② 제1항에도 불구하고 결손의 보전(補塡)을 위한 자본금의 감소는 제368조 제1항의 결의에 의한다.
③ 자본금의 감소에 관한 의안의 주요내용은 제363조에 따른 통지에 적어야 한다.

상법 제439조(자본금 감소의 방법, 절차)

① 자본금 감소의 결의에서는 그 감소의 방법을 정하여야 한다.

② 자본금 감소의 경우에는 제232조를 준용한다. 다만, 결손의 보전을 위하여 자본금을 감소하는 경우에는 그러하지 아니하다.

③ 사채권자가 이의를 제기하려면 사채권자집회의 결의가 있어야 한다. 이 경우에는 법원은 이해관계인의 청구에 의하여 사채권자를 위하여 이의 제기 기간을 연장할 수 있다.

상법 제232조(채권자의 이의)

① 회사는 합병의 결의가 있은 날부터 2주 내에 회사채권자에 대하여 합병에 이의가 있으면 일정한 기간 내에 이를 제출할 것을 공고하고 알고 있는 채권자에 대하여는 따로따로 이를 최고하여야 한다. 이 경우 그 기간은 1월 이상이어야 한다.

② 채권자가 제1항의 기간 내에 이의를 제출하지 아니한 때에는 합병을 승인한 것으로 본다.

③ 이의를 제출한 채권자가 있는 때에는 회사는 그 채권자에 대하여 변제 또는 상당한 담보를 제공하거나 이를 목적으로 하여 상당한 재산을 신탁회사에 신탁하여야 한다.

Ⅱ 법인이 감자거래 전 체크사항

1 불균등감자 진행 시에는 감자실행 전 반드시 주식평가액을 체크하여야 한다

증자의 경우 주주평등의 원칙에 따라 원칙적으로 모든 주주에게 균등하게 신주를 배정하여야 하지만 감자의 경우 모든 주주가 감자에 참여하면 법인 납입자본금 전액이 모두 주주에게 환원되어 법인이 유지될 수 없게 되므로 통상 감자의 경우 일부 주주의 주식만 소각되는 불균등감자로 진행하게 된다.

모든 주주의 보유주식이 균등하게 감자되는 경우에는 감자대가와 관계없이 감자 후에도 지분율이 동일하고 감자를 통해 이익이 이전되는 효과가 발생하지 않지만, 일부 주주의 주식만 시가보다 낮거나 높게 감자대가를 지급하면서 감자가 이루어지는 경우에는 지분율이 변동되면서 주주 간에 이익이 이전되는 효과가 발생한다.

증자의 경우 주식평가액을 신주발행가액으로 하여 진행하는 경우가 많지 않지만, 감자거래의 경우 감자대가가 주주에게 바로 귀속되므로 최대주주 지분 등에 대해 감자하는 경우에는 통상적으로 주식평가액을 감자대가로 하여 진행하게 된다.

반면 명의신탁주식을 정리하거나 특정 주주의 지분을 정리하는 경우 등에 해당하는 경우에는 주식평가액보다 낮은 감자대가를 지급하거나 액면가를 감자대가로 하여 진행하게 된다.

한편 감자대가와 취득가액과의 차액에 대해서는 배당소득세가 과세되므로 주식평가액보다 높은 감자대가를 지급하는 경우는 거의 볼 수 없다.

세법에서는 세법상 주식평가액이 아닌 가액의 감자대가를 지급하면서 진행하는 불균등감자에 대해 과세하고 있으므로 감자진행 시에는 반드시 세법상 주식평가액을 체크한 후 진행하여야 하며, 실무상 주식평가액보다 높은 가액을 감자대가로 지급하는 경우는 거의 없으므로 실무상 감자거래에 대해 과세문제가 발생하는 것은 주식평가액보다 낮은 감자대가를 지급하는 거래라 할 수 있다.

감자거래 전 체크사항 I

STEP I 균등감자인지 여부

- 균등감자 해당: 추가 체크사항 없이 감자진행
- 불균등감자 해당: 주식평가액 체크 필요

STEP II 불균등감자 시 주식평가액 체크

- 감자대가와 주식평가액이 동일한 경우
  ⇒ 추가 체크사항 없이 증자 진행
- 감자대가가 주식평가액보다 낮은 경우
  ⇒ 지분율만큼 주식이 소각되지 않은 주주의 주식평가액 ↑
  ⇒ 과세문제 검토 필요
- 감자대가가 주식평가액보다 높은 경우
  ⇒ 지분율 초과하여 주식이 소각된 주주에게 이익 이전
  ⇒ 과세문제 검토 필요

❷ 불균등감자 전에는 반드시 법인주주, 개인주주 여부와 주주 간 세법상 특수관계 성립여부를 확인한 후 진행하여야 한다

불균등감자하는 경우로서 주식평가액을 감자대가로 지급하지 않는 경우 과세문제는 지분율보다 초과하거나 미달하게 감자된 주주가 개인주주, 법인주주인지 여부 및 주주 간에 특수관계가 성립하는지 여부에 따라 과세문제가 달라진다.

이 경우 특수관계 성립 여부는 법인주주의 경우에는 법인세법상 특수관계인 범위를 준용하여야 하며, 개인주주의 경우에는 상속세 및 증여세법상 특수관계인 범위를 준용하여 판단하여야 한다.

감자거래 전 체크사항 Ⅱ

지분율 초과하여 주식이 소각된 주주	지분율에 미달하게 주식이 소각된 주주
〈개인주주〉 주식평가액보다 높은 감자대가 수령한 경우 ⇒ 상속세 및 증여세법상 주주 간 특수관계 성립 여부 검토필요	〈개인주주〉 타주주가 주식평가액보다 낮은 감자대가를 수령한 경우 ⇒ 상속세 및 증여세법상 특수관계 성립여부 검토필요
〈법인주주〉 주식평가액보다 높거나 낮은 감자대가를 수령한 경우 ⇒ 법인세법상 주주 간 특수관계 성립여부 검토필요	〈법인주주〉 주식평가액보다 높거나 낮은 감자대가를 수령한 경우 ⇒ 법인세법상 주주 간 특수관계 성립여부 검토필요

Ⅲ 주식평가액보다 낮은 감자대가 지급 시 과세리스크

1 주식평가액보다 낮은 가액으로 불균등감자 시 이익의 이전효과

발행주식총수 10,000주, 1주당 주식평가액 300,000원, 주주 2명인 법인(A 50%, B 50%)이 액면가액 10,000원을 감자대가로 하여 5,000주를 감자하는 경우 주주 A와 B의 주식이 동일하게 2,500주씩 소각되는 경우에는 법인의 자본금과 순자산이 감소되는 효과만 있을 뿐 주주 간에 이익이 이전되는 결과가 되지 않는다.

반면 주주 A의 주식만 감자대가 10,000원을 받으면서 모두 소각되고 주주 B는 감자에 참여하지 않은 경우, 주주 A는 1주당 평가액 300,000원인 주식에 대해 감자대가로 1주당 10,000원만을 수령하여 손해를 보지만, 주주 B는 주주 A에게 시가보다 낮은 감자대가를 지급하여 감자와 동시에 주식평가액이 상승하므로 감자와 동시에 이익을 보게 된다.

주식평가액보다 낮은 감자대가를 지급하면서 진행하는 불균등감자는 통상 최대주주 외의 지분이 소각되는 명의신탁주식 정리, 최대주주 외의 지분을 정리하는 경우에 진행하는 방식이라 할 수 있다.

Case

Ⅰ. 시가보다 낮은 가액으로 균등감자 시 주주의 주식가치 변동

감자 전 현황			감자	감자 후 현황		
주주	주식수	주식평가액	• 감자주식수 5,000주 • 감자대가 10,000원 • 균등증자	주주	주식수	주식평가액
주주 A	5,000주	15억 원		주주 A	2,500주	14억7,500만 원
주주 B	5,000주	15억 원		주주 B	2,500주	14억7,500만 원
• 1주당 주식평가액: 300,000원 ⇒ 주주 A, B의 주식평가액 동일				• 1주당 주식평가액: 590,000원 ⇒ 주주 A, B의 주식평가액 동일		

Ⅱ. 시가보다 낮은 가액으로 불균등감자 시 주주의 주식가치 변동

감자 전 현황			감자	감자 후 현황		
주주	주식수	주식평가액		주주	주식수	주식평가액
주주 A	5,000주 (50%)	15억 원		주주 A	0	0
주주 B	5,000주 (50%)	15억 원		주주 B	5,000주 (100%)	29억5천만 원
• 1주당 주식평가액: 300,000원 ⇒ 주주 A, B의 주식평가액 동일			• 감자주식수 5,000주 • 감자대가 10,000원 • 불균등감자 (주주 A만 감자참여)	• 1주당 주식평가액: 590,000원 〈주주 A〉 시가보다 낮은 감자대가를 지급하는 불균등감자를 통해 주식평가액 15억 원 주식에 대해 50,000,000원의 감자대가만 수령하여 14억5천만 원의 손해발생 〈주주 B〉 시가보다 낮은 감자대가를 지급하는 불균등감자 시 감자에 참여하지 않아 감자와 동시에 15억 원의 주식평가액 29억5천만 원으로 상승하고 지분율이 50%에서 100%로 상승		

❷ 지분율만큼 주식이 소각되지 않은 주주가 개인주주인 경우

지분율만큼 주식이 소각되지 않은 주주가 개인주주인 경우에는 대주주로서 주식이 소각된 주주와 특수관계가 있는 경우 증여세가 과세된다.

Case 지분율만큼 주식이 소각되지 않은 주주: 개인주주

<table>
<tr><th colspan="3">감자 전 현황</th><th>감자</th><th colspan="3">감자 후 현황</th></tr>
<tr><td>주주</td><td>주식수</td><td>주식평가액</td><td rowspan="5">• 감자주식수 5,000주
• 감자대가 10,000원
• 불균등감자 (주주A만 감자참여)</td><td>주주</td><td>주식수</td><td>주식평가액</td></tr>
<tr><td>주주 A</td><td>5,000주 (50%)</td><td>15억 원</td><td>주주 A</td><td>0</td><td>0</td></tr>
<tr><td rowspan="2">주주 B</td><td rowspan="2">5,000주 (50%)</td><td rowspan="2">15억 원</td><td>주주 B</td><td>5,000주 (100%)</td><td>29억5천만 원</td></tr>
<tr><td colspan="3">〈주주 B〉 개인주주
대주주 & 주주 A와 상속세 및 증여세법상 특수관계 성립 & 감자거래를 통해 얻은 이익이 일정가액 이상(감자한 주식 등의 평가액의 30% 또는 3억 원 이상) 시 증여세 과세</td></tr>
<tr><td colspan="3">* 1주당 주식평가액: 300,000원</td><td colspan="3">* 1주당 주식평가액: 590,000원</td></tr>
</table>

해당 사례와 같이 시가보다 낮은 감자대가를 지급하는 방식으로 불균등감자 진행 시 지분율만큼 주식이 소각되지 않은 주주 B의 경우 감자에 참여하지 않음으로써 감자와 동시에 주식평가액이 14억5천만 원 상승하여 이익을 얻게 된다.

이 경우 주주 B가 개인주주인 경우에는 대주주 등에 해당하고 지분율을 초과하여 저가로 주식이 소각된 주주 A와 상속세 및 증여세법상 특수관계가 성립하는 경우로서 감자를 통해 얻는 이익이 감자한 주식 등의 평가액의 30% 이상이거나 3억 원 이상인 경우에는 감자를 위한 주주총회결의일을 증여일로 하여 증여세가 과세된다.

(다만 감자거래를 통해 얻은 이익에 대한 증여세는 주식이 소각된 주주와 특수관계가 없는 경우에도 과세될 수 있다.)

여기서 대주주 등이란 주주등의 지분과 특수관계인의 지분을 합하여 발행주식총수의 1% 이상 또는 액면가 3억 원 이상을 의미하는 것으로 비상장법인의 경우 거의 대부분 대주주 등에 해당한다고 할 수 있다.

- 증여재산가액
  = (감자한 주식 등의 1주당 평가액 - 주식 등 소각 시 지급한 1주당 금액)
  × 총 감자주식 등의 수 × 대주주 등의 감자 후 지분비율
  × (대주주 등과 특수관계인의 감자주식 등의 수 ÷ 총 감자주식 등의 수)
- 증여재산가액(14억5천만 원)
  = (300,000원 - 10,000원) × 5,000주 × 100% × (5,000주 ÷ 5,000주)
- 주주 A의 증여세
  1,450,000,000원 × 40% - 1억6천만 원(누진공제) = 420,000,000원

상속세 및 증여세법 제39조의2 【감자에 따른 이익의 증여】

① 법인이 자본금을 감소시키기 위하여 주식 등을 소각(消却)하는 경우로서 일부 주주등의 주식 등을 소각함으로써 다음 각 호의 구분에 따른 이익을 얻은 경우에는 감자(減資)를 위한 주주총회결의일을 증여일로 하여 그 이익에 상당하는 금액을 그 이익을 얻은 자의 증여재산가액으로 한다. 다만, 그 이익에 상당하는 금액이 대통령령으로 정하는 기준금액 미만인 경우는 제외한다(2015.12.15. 개정).

1. 주식 등을 시가보다 낮은 대가로 소각한 경우: 주식 등을 소각한 주주등의 특수관계인에 해당하는 대주주등이 얻은 이익(2015.12.15. 개정)

시가보다 낮은 가액으로 주식을 소각하는 경우 증여세

- **거래요건**
  - 시가보다 낮은 가액으로 일부 주주등의 주식을 소각할 것
- **특수관계인, 대주주 요건 주식이 소각된 주주와 상속세 및 증여세법상 특수관계 있는 대주주 등에 해당할 것**
- **가액요건(① 또는 ②를 충족할 것)**
  ① 30% 요건
  증여재산가액 ≥ 감자한 주식 등의 평가액 × 30%
  ② 3억 원 요건
  증여재산가액 ≥ 3억 원
- **증여자와 수증자**
  - 증여자: 주식이 소각된 주주
  - 수증자: 주식이 소각된 주주와 특수관계 있는 대주주 등

■ **증여재산가액**

(감자한 주식 등 1주당 평가액 − 주식 등 소각 시 지급한 1주당 금액) × 총 감자주식 등의 수 × 대주주 등의 감자 후 지분비율 × (대주주 등과 특수관계인의 감자 주식 등의 수 ÷ 총 감자주식 등의 수)

■ **증여일**

• 감자를 위한 주주총회 결의일

3 지분율만큼 주식이 소각되지 않은 주주가 법인주주인 경우

지분율만큼 주식이 소각되지 않은 주주가 법인주주인 경우에는 주식이 소각된 주주와 법인세법상 특수관계가 있는 경우 법인세가 과세된다.

지분율만큼 주식이 소각되지 않은 주주: 법인주주

<table>
<tr><th colspan="3">감자 전 현황</th><th>감자</th><th colspan="3">감자 후 현황</th></tr>
<tr><td>주주</td><td>주식수</td><td>주식평가액</td><td rowspan="5">• 감자주식수
5,000주
• 감자대가
10,000원
• 불균등감자
(주주A만 감자참여)</td><td>주주</td><td>주식수</td><td>주식평가액</td></tr>
<tr><td>주주 A</td><td>5,000주
(50%)</td><td>15억 원</td><td>주주 A</td><td>0</td><td>0</td></tr>
<tr><td rowspan="2">주주 B</td><td rowspan="2">5,000주
(50%)</td><td rowspan="2">15억 원</td><td>주주 B</td><td>5,000주
(100%)</td><td>29억5천만 원</td></tr>
<tr><td colspan="3">〈주주 B〉 법인주주
주주 A와 법인세법상 특수관계 성립 & 감자거래를 통해 얻은 이익이 일정가액 이상(감자한 주식 등의 평가액의 30% 또는 3억 원 이상) 시 법인세 과세</td></tr>
<tr><td colspan="3">* 1주당 주식평가액: 300,000원</td><td colspan="3">* 1주당 주식평가액: 590,000원</td></tr>
</table>

해당 사례와 같이 시가보다 낮은 감자대가를 지급하는 방식으로 불균등감자 진행 시 지분율만큼 주식이 소각되지 않은 주주 B의 경우 감자에 참여하지 않음으로써 감자와 동시에 주식평가액이 14억5천만 원 상승하여 이익을 얻게 된다.

이 경우 주주 B가 법인주주인 경우에는 지분율을 초과하여 저가로 주식이 소각된 주주 A와 법인세법상 특수관계가 성립하는 경우로서 감자를 통해 얻는 이익이 감자한 주식 등의 평가액의 30% 이상이거나 3억 원 이상인 경우에는 자본거래를 통해 특수관계인으로부터 이익을 분여받은 경우에 해당하므로 주주 A의 주식이 저가로 소각됨으로써 이전받은 이익 14억5천만 원에 대해 법인세가 과세된다(법령 §11 8호).

〈회계처리〉

없음.

〈세무조정〉

익금산입 유가증권 14억5천만 원(유보)

법인세법 시행령 제11조 【수익의 범위】

법 제15조 제1항에 따른 이익 또는 수입[이하 "수익"(收益)이라 한다]은 법 및 이 영에서 달리 정하는 것을 제외하고는 다음 각 호의 것을 포함한다.

8. 제88조 제1항 제8호 각 목의 어느 하나 및 같은 항 제8호의2에 따른 자본거래로 인하여 특수관계인으로부터 분여받은 이익

4 지분율을 초과하여 저가로 주식이 소각된 주주가 개인주주인 경우

지분율을 초과하여 저가로 주식이 소각된 주주가 개인주주인 경우에는 과세문제가 없다.

Case 지분율을 초과하여 저가로 주식이 소각된 주주: 개인주주

<table>
<tr><th colspan="3">감자 전 현황</th><th>감자</th><th colspan="3">감자 후 현황</th></tr>
<tr><td>주주</td><td>주식수</td><td>주식평가액</td><td rowspan="5">• 감자주식수
5,000주
• 감자대가
10,000원
• 불균등감자
(주주 A만 감자참여)</td><td>주주</td><td>주식수</td><td>주식평가액</td></tr>
<tr><td rowspan="2">주주 A</td><td rowspan="2">5,000주
(50%)</td><td rowspan="2">15억 원</td><td>주주 A</td><td>0</td><td>0</td></tr>
<tr><td colspan="3">〈주주 A〉 개인주주
⇒ 개인이 자본거래를 통해 이익을 분여한 경우에 해당하므로 과세문제 없음.</td></tr>
<tr><td>주주 B</td><td>5,000주
(50%)</td><td>15억 원</td><td>주주 B</td><td>5,000주
(100%)</td><td>29억5천만 원</td></tr>
<tr><td colspan="3">* 1주당 주식평가액: 300,000원</td><td colspan="3">* 1주당 주식평가액: 590,000원</td></tr>
</table>

해당 사례와 같이 시가보다 낮은 감자대가를 지급하는 방식으로 불균등감자 진행 시 지분율을 초과하여 보유주식 전액이 소각된 주주 A는 감자대가로 보유한 주식의 평가액 15억 원이 아닌 5천만 원을 수령하여 감자와 동시에 14억5천만 원의 손해를 보게 된다.

이와 같이 개인주주가 자본거래를 통해 손해를 보면서 다른 주주에게 이익을 분여한 때에는 세법상 특수관계가 성립하는 경우에도 과세문제가 발생하지 않으므로 주주 A의 경우 과세문제가 없다.

5 지분율을 초과하여 저가로 주식이 소각된 주주가 법인주주인 경우

지분율을 초과하여 저가로 주식이 소각된 주주가 법인주주인 경우에는 주식이 소각된 주주와 법인세법상 특수관계가 성립하는 경우 자본거래에 대한 부당행위계산부인 대상거래에 해당하여 법인세가 과세된다.

Case 지분율을 초과하여 저가로 주식이 소각된 주주: 법인주주

감자 전 현황			감자	감자 후 현황		
주주	주식수	주식평가액		주주	주식수	주식평가액
주주 A	5,000주 (50%)	15억 원	• 감자주식수 5,000주 • 감자대가 10,000원 • 불균등감자 (주주 A만 감자참여)	주주 A	0	0
				〈주주 A〉 법인주주 ⇒ 주주 B와 법인세법상 특수관계가 성립하고 주주 B에게 분여한 이익이 감자한 주식 등의 평가액의 30% 이상이거나 3억 원 이상인 경우 법인이 자본거래를 통해 이익을 분여한 경우에 해당하므로 법인세 과세		
주주 B	5,000주 (50%)	15억 원		주주 B	5,000주 (100%)	29억5천만 원
* 1주당 주식평가액: 300,000원				* 1주당 주식평가액: 590,000원		

해당 사례와 같이 시가보다 낮은 감자대가를 지급하는 방식으로 불균등감자 진행 시 지분율을 초과하여 보유주식 전액이 소각된 주주 A의 경우 감자대가로 보유한 주식의 평가액 15억 원이 아닌 5천만 원을 수령하여 감자와 동시에 14억5천만 원의 손해를 보게 된다.

이 경우 법인주주가 자본거래를 통해 법인세법상 특수관계인에게 이익을 분여한 경우에는 부당행위계산부인 대상에 해당하므로 분여이익이 감자한 주식 등의 평가액의 30% 이상이거나 3억 원 이상인 경우에는 분여이익에 대해 부당행위계산부인이 적용되어 법인세가 과세된다(법령 §88 8호, 8호의2).

법인세법 시행령 제88조 【부당행위계산의 유형 등】

① 법 제52조 제1항에서 "조세의 부담을 부당하게 감소시킨 것으로 인정되는 경우"란 다음 각 호의 어느 하나에 해당하는 경우를 말한다.

8. 다음 각 목의 어느 하나에 해당하는 자본거래로 인하여 주주등(소액주주 등은 제외한다. 이하 이 조에서 같다)인 법인이 특수관계인인 다른 주주등에게 이익을 분여한 경우(2019.2.12. 개정)

다. 법인의 감자에 있어서 주주 등의 소유주식 등의 비율에 의하지 아니하고 일부 주주등의 주식 등을 소각하는 경우(1998.12.31. 개정)

8의 2. 제8호 외의 경우로서 증자 · 감자, 합병(분할합병을 포함한다) · 분할, 「상속세 및 증여세법」 제40조 제1항에 따른 전환사채 등에 의한 주식의 전환 · 인수 · 교환 등 자본거래를 통해 법인의 이익을 분여하였다고 인정되는 경우. 다만, 제19조 제19호의2 각 목 외의 부분에 해당하는 주식매수선택권 등 중 주식매수선택권의 행사에 따라 주식을 발행하는 경우는 제외한다(2019.2.12. 개정).

Ⅳ 주식평가액보다 높은 감자대가 지급 시 과세리스크

1 주식평가액보다 높은 가액으로 불균등 감자 시 이익의 이전효과

발행주식총수 10,000주, 1주당 주식평가액 5,000원(액면가 10,000원), 주주 2명인 법인(A 50%, B 50%)이 20,000원을 감자대가로 하여 2,000주를 감자하는 경우 주주 A와 B의 주식이 동일하게 1,000주씩 소각되는 경우에는 법인의 자본금과 순자산이 감소되는 효과만 있을 뿐 주주 간에 이익이 이전되는 결과가 되지 않는다.

반면 주주 A의 주식만이 감자대가 20,000원을 받으면서 소각되고 주주 B는 감자에 참여하지 않은 경우 주주 A는 1주당 평가액이 5,000원인 주식에 대해 감자대가로 1주당 20,000원을 수령하여 이익을 보지만 주주 B는 감자와 동시에 주식평가액이 하락하므로 감자와 동시에 손해를 보게 된다.

감자대가와 주식취득가액과의 차액은 의제배당소득이 되어 최고 45%대의 소득세율이 적용되므로 주식평가액이 액면가액보다 높은 경우에는 주식평가액보다 높은 감자대가를 지급하면서 감자를 진행하는 경우가 많지 않다.

실무상으로는 주식평가액이 액면가액보다 낮은 결손법인이 액면가액을 감자대가로 지급하는 경우가 주식평가액보다 높은 감자대가를 지급하는 경우의 대부분이라 할 수 있다.

Case

Ⅰ. 시가보다 높은 가액으로 균등감자 시 주주의 주식가치 변동

<table>
<tr><th colspan="3">감자 전 현황</th><th>감자</th><th colspan="3">감자 후 현황</th></tr>
<tr><td>주주</td><td>주식수</td><td>주식평가액</td><td rowspan="4">• 감자주식수 2,000주
• 감자대가 20,000원
• 균등감자</td><td>주주</td><td>주식수</td><td>주식평가액</td></tr>
<tr><td>주주 A</td><td>5,000주</td><td>2,500만 원</td><td>주주 A</td><td>4,000주</td><td>500만 원</td></tr>
<tr><td>주주 B</td><td>5,000주</td><td>2,500만 원</td><td>주주 B</td><td>4,000주</td><td>500만 원</td></tr>
<tr><td colspan="3">• 1주당 주식평가액: 5,000원
⇒ 주주 A, B의 주식평가액 동일</td><td colspan="3">• 1주당 주식평가액: 1,250원
⇒ 주주 A, B의 주식평가액 동일</td></tr>
</table>

Ⅱ. 시가보다 높은 가액으로 불균등감자 시 주주의 주식가치 변동

<table>
<tr><th colspan="3">감자 전 현황</th><th>감자</th><th colspan="3">감자 후 현황</th></tr>
<tr><td>주주</td><td>주식수</td><td>주식평가액</td><td rowspan="6">• 감자주식수 2,000주
• 감자대가 20,000원
• 불균등감자</td><td>주주</td><td>주식수</td><td>주식평가액</td></tr>
<tr><td rowspan="2">주주 A</td><td rowspan="2">5,000주</td><td rowspan="2">2,500만 원</td><td>주주 A</td><td>3,000주</td><td>375만 원</td></tr>
<tr><td colspan="3">2,000주에 대해 주식평가액 5,000원 초과하여 주당 20,000원 감자대가 수령</td></tr>
<tr><td>주주 B</td><td>5,000주</td><td>2,500만 원</td><td>주주 B</td><td>5,000주</td><td>625만 원</td></tr>
<tr><td colspan="3">• 1주당 주식평가액: 5,000원
⇒ 주주 A, B의 주식평가액 동일</td><td colspan="3">• 1주당 주식평가액: 1,250원
〈주주 A〉
주식평가액이 5,000원인 주식에 대해 감자대가로 20,000원을 수령하여 1,875만 원의 이익발생
〈주주 B〉
감자와 동시에 1,875만 원 손해발생</td></tr>
</table>

2 지분율을 초과하여 주식이 소각된 주주가 개인주주인 경우

해당 사례와 같이 시가보다 높은 감자대가를 지급하는 방식으로 불균등감자 진행 시 지분율을 초과하여 보유주식 전액이 소각된 주주 A의 경우 주식평가액보다 높은 감자대가를 수령하여 이익을 보는 반면, 지분율만큼 주식이 소각되지 않은 주주 B의 경우 감자와 동시에 주식평가액이 하락하여 손해를 보게 된다.

시가보다 높은 감자대가를 지급하는 경우에 지분율을 초과하여 주식이 소각된 주주가 대주주 등과 상속세 및 증여세법상 특수관계가 성립하는 경우로서 분여받은 이익이 감자한 주식 등의 평가액의 30% 이상이거나 3억 원 이상인 경우에는 증여세가 과세된다(상증법 §39의2 ① 2호).

이 경우 주식취득가액(액면가액)과 감자대가와의 차액에 대해서는 소득세법상 의제배당금액에 해당하여 배당소득세가 과세되므로 분여받은 이익에서 의제배당금액을 차감한 가액에 대해서만 증여세가 과세된다. 따라서 실무상 시가보다 높은 감자대가를 지급받는 경우 증여세는 저가소각의 경우보다 훨씬 낮은 금액이 된다.

Case 지분율을 초과하여 시가보다 높은 가액으로 주식이 소각된 주주: 개인주주

<table>
<tr><th colspan="3">감자 전 현황</th><th>감자</th><th colspan="3">감자 후 현황</th></tr>
<tr><td>주주</td><td>주식수</td><td>주식평가액</td><td rowspan="5">• 감자주식수 2,000주
• 감자대가 20,000원
• 불균등감자</td><td>주주</td><td>주식수</td><td>주식평가액</td></tr>
<tr><td>주주 A</td><td>5,000주</td><td>2,500만 원</td><td>주주 A</td><td>3,000주</td><td>375만 원</td></tr>
<tr><td></td><td></td><td></td><td colspan="3">2,000주에 대해 주식평가액 5,000원 초과하여 주당 20,000원 감자대가 수령
〈주주 A〉 개인주주
주주 B와 상속세 및 증여세법상 특수관계 성립 & 분여받은 이익이 감자한 주식 등의 평가액의 30% 또는 3억 원 이상
⇒ 분여받은 이익에 대해 증여세 과세
• 증여세
분여받은 이익 − 의제배당 소득세
• 의제배당 소득세
(감자대가 20,000원 − 액면가액 10,000원)에 대해 과세</td></tr>
<tr><td>주주 B</td><td>5,000주</td><td>2,500만 원</td><td>주주 B</td><td>5,000주</td><td>625만 원</td></tr>
<tr><td colspan="3">• 1주당 주식평가액: 5,000원
⇒ 주주 A, B의 주식평가액 동일</td><td colspan="3">* 1주당 주식평가액: 1,250원</td></tr>
</table>

상속세 및 증여세법 제39조의2【감자에 따른 이익의 증여】

① 법인이 자본금을 감소시키기 위하여 주식 등을 소각(消却)하는 경우로서 일부 주주등의 주식 등을 소각함으로써 다음 각 호의 구분에 따른 이익을 얻은 경우에는 감자(減資)를 위한 주주총회결의일을 증여일로 하여 그 이익에 상당하는 금액을 그 이익을 얻은 자의 증여재산가액으로 한다. 다만, 그 이익에 상당하는 금액이 대통령령으로 정하는 기준금액 미만인 경우는 제외한다(2015.12.15. 개정).

2. 주식 등을 시가보다 높은 대가로 소각한 경우: 대주주등의 특수관계인에 해당하는 주식 등을 소각한 주주등이 얻은 이익

시가보다 높은 가액으로 주식을 소각하는 경우 증여세 과세

■ **거래요건**

- 시가보다 높은 가액으로 일부 주주등의 주식을 소각할 것

■ **주식 등의 평가액 요건**

감자한 주식 등의 평가액 < 액면가액
또는 감자한 주식 등의 평가액 < 1주당 감자대가(감자대가 < 액면가액)

■ **특수관계인, 대주주 요건**

대주주 등과 특수관계 있는 주주의 주식이 고가로 소각될 것

■ **가액요건(① 또는 ②를 충족할 것)**

① 30% 요건
증여재산가액 ≥ 감자한 주식 등의 평가액의 30%
② 3억 원 요건
증여재산가액 ≥ 3억 원

■ **증여자와 수증자**

- 증여자: 주식이 소각되지 않은 대주주 등
- 수증자: 주식이 소각된 대주주 등의 특수관계인

■ **증여재산가액**

[(1주당 감자대가 − 감자한 주식 등의 1주당 평가액) × 대주주 등의 특수관계인의 감자주식수] − [(감자한 주식 등의 1주당 평가액 − 감자 후 주식 등의 1주당 평가액) × 감자 후 보유주식수] − 의제배당금액

■ **증여일**

- 감자를 위한 주주총회 결의일

❸ 지분율을 초과하여 주식이 소각된 주주가 법인주주인 경우

해당 사례와 같이 시가보다 높은 감자대가를 지급하는 방식으로 불균등감자 진행 시 지분율을 초과하여 보유주식 일부가 소각된 주주 A의 경우 주식평가액보다 높은 감자대가를 수령하여 이익을 보는 반면, 지분율만큼 주식이 소각되지 않은 주주 B의 경우 감자와 동시에 주식평가액이 하락하여 손해를 보게 된다.

시가보다 높은 감자대가를 지급하는 경우에 지분율을 초과하여 주식이 소각된 주주가 법인주주로서 지분율에 미달하게 주식이 소각된 주주와 법인세법상 특수관계가 성립하면 자본거래를 통해 이익을 분여받은 경우에 해당하므로 분여받은 이익에 대해 법인세가 과세된다(법령 §11 8호).

이 경우 주식취득가액(액면가액)과 감자대가와의 차액에 대해서는 법인세법상 의제배당금액에 해당하여 법인세가 과세되므로 분여받은 이익에서 의제배당금액을 차감한 가액에 대해서만 법인세가 과세된다.

Case 지분율을 초과하여 시가보다 높은 가액으로 주식이 소각된 주주: 법인주주

감자 전 현황			감자	감자 후 현황		
주주	주식수	주식평가액		주주	주식수	주식평가액
주주 A	5,000주	2,500만 원	• 감자주식수 2,000주 • 감자대가 20,000원 • 불균등감자	주주 A	3,000주	375만 원
				2,000주에 대해 주식평가액 5,000원 초과하여 주당 20,000원 감자대가 수령 〈주주 A〉 법인주주 주주 B와 법인세법상 특수관계 성립 & 분여받은 이익이 감자한 주식 등의 평가액의 30% 또는 3억 원 이상 ⇒ 분여받은 이익에 대해 법인세 과세 • 자본거래로 분여받은 이익에 대한 법인세 분여받은 이익 – 의제배당 소득세 • 의제배당 법인세 (감자대가 20,000원 – 액면가액 10,000원)에 대해 과세		
주주 B	5,000주	2,500만 원		주주 B	5,000주	625만 원
• 1주당 주식평가액: 5,000원 ⇒ 주주 A, B의 주식평가액 동일				* 1주당 주식평가액: 1,250원		

4 지분율만큼 주식이 소각되지 않은 주주가 개인주주인 경우

해당 사례와 같이 시가보다 높은 감자대가를 지급하는 방식으로 불균등감자 진행 시 지분율을 초과하여 보유주식 일부가 소각된 주주 A의 경우 주식평가액보다 높은 감자대가를 수령하여 이익을 보는 반면, 지분율만큼 주식이 소각되지 않은 주주 B의 경우 감자와 동시에 주식평가액이 하락하여 손해를 보게 된다.

시가보다 높은 감자대가를 지급하는 경우에 지분율만큼 주식이 소각되지 않아 지분율을 초과하여 주식이 소각된 주주에게 이익을 분여한 주주가 개인주주인 경우에는 개인이 자본거래를 통해 이익을 분여한 경우에 해당하므로 과세문제가 없다.

Case 지분율만큼 주식이 소각되지 않은 주주: 개인주주

감자 전 현황			감자	감자 후 현황		
주주	주식수	주식평가액	• 감자주식수 2,000주 • 감자대가 20,000원 • 불균등감자	주주	주식수	주식평가액
주주 A	5,000주	2,500만 원		주주 A	3,000주	375만 원
				2,000주에 대해 주식평가액 5,000원 초과하여 주당 20,000원 감자대가 수령		
주주 B	5,000주	2,500만 원		주주 B	5,000주	625만 원
• 1주당 주식평가액: 5,000원 ⇒ 주주 A, B의 주식평가액 동일				〈주주 B〉 개인주주 주주 A와 특수관계 성립하는 경우에도 개인이 자본거래를 통해 이익을 분여한 경우에 해당하므로 과세문제 없음 * 1주당 주식평가액: 1,250원		

5 지분율만큼 주식이 소각되지 않은 주주가 법인주주인 경우

해당 사례와 같이 시가보다 높은 감자대가를 지급하는 방식으로 불균등감자 진행 시 지분율을 초과하여 보유주식 일부가 소각된 주주 A의 경우 주식평가액보다 높은 감자대가를 수령하여 이익을 보는 반면, 지분율만큼 주식이 소각되지 않은 주주 B의 경우 감자와 동시에 주식평가액이 하락하여 손해를 보게 된다.

시가보다 높은 감자대가를 지급하는 경우에 지분율만큼 주식이 소각되지 않아 지분율을 초과하여 주식이 소각된 주주에게 이익을 분여한 주주가 법인주주인 경우로서 지분율을 초과하여 주식이 소각된 주주와 법인세법상 특수관계가 성립하는 경우에는 자본거래를 통해 이익을 분여한 경우에 해당하므로 법인세법상 부당행위계산부인 대상거래에 해당하여 법인세가 과세된다(법령 §88 8호, 8호의2).

Case 지분율만큼 주식이 소각되지 않은 주주: 법인주주

<table>
<tr><th colspan="3">감자 전 현황</th><th>감자</th><th colspan="3">감자 후 현황</th></tr>
<tr><td>주주</td><td>주식수</td><td>주식평가액</td><td rowspan="5">• 감자주식수 2,000주
• 감자대가 20,000원
• 불균등감자</td><td>주주</td><td>주식수</td><td>주식평가액</td></tr>
<tr><td>주주 A</td><td>5,000주</td><td>2,500만 원</td><td>주주 A</td><td>3,000주</td><td>375만 원</td></tr>
<tr><td></td><td></td><td></td><td colspan="3">2,000주에 대해 주식평가액 5,000원 초과하여 주당 20,000원 감자대가 수령</td></tr>
<tr><td>주주 B</td><td>5,000주</td><td>2,500만 원</td><td>주주 B</td><td>5,000주</td><td>625만 원</td></tr>
<tr><td colspan="3">• 1주당 주식평가액: 5,000원
⇒ 주주 A, B의 주식평가액 동일</td><td colspan="3">〈주주 B 법인주주〉
주주 A와 법인세법상 특수관계가 성립하고 주주 B에게 분여한 이익이 감자한 주식 등의 평가액의 30% 이상이거나 3억 원 이상인 경우 법인이 자본거래를 통해 이익을 분여한 경우에 해당하므로 법인세 과세
* 1주당 주식평가액: 1,250원</td></tr>
</table>

12

13

CEO가 꼭 알아야 할 명의신탁주식 정리 전략

PART 01

명의신탁주식이 발생하는 원인과 명의신탁주식의 문제점

전략가이드

아직도 상당수 많은 법인들이 명의신탁주식 정리 때문에 고민하는 경우를 많이 볼 수 있다. 명의신탁주식 실명전환은 명의신탁을 한 원인에 따라 실명전환 플랜이 달라질 수 있고 명의신탁 주식이 있는 경우에 대한 문제점에 있어서도 큰 차이가 있을 수 있으므로 명의신탁 원인을 먼저 검토할 필요가 있다.
실무에서 명의신탁주식 실명전환 컨설팅을 해보면, 명의신탁을 한 이유 중 가장 많은 비중을 차지하는 경우는 설립 시 특별한 목적 없이 최대주주 지분율을 낮추기 위해 명의신탁한 경우라고 할 수 있는데 이러한 경우에는 조세회피 목적이 없는 점에 대한 입증이 어려워서 과세리스크가 크고 명의신탁 실명전환 작업도 까다로운 특징이 있다.
반면 명의신탁 이유가 사업상 목적 또는 신탁자의 신용불량등인 경우에는 상대적으로 과세리스크가 낮고 실명전환 작업이 용이할 수 있는 측면이 있다.
명의신탁주식을 실명전환 하기 전에는 우선 명의신탁주식이 발생한 원인과 문제점을 명확하게 파악하고 진행할 필요가 있다.

I 명의신탁주식의 개요

1 정의

명의신탁주식이란, 여러 가지 사유로 인해 주금납입 또는 주식양수도 대금을 지급한 주식의 실질 소유자가 타인을 주주명부상 주주로 등재시킨 것, 즉, 실질 소유자와 주주명부에 등재된 주주의 명의가 다른 주식을 말하는 것으로 '차명주식'으로 통칭되기도 한다.

2 신탁법상 신탁과의 차이점

일반적인 신탁법상 신탁의 경우 위탁자가 수탁자로 하여금 수익자의 이익 또는 특정목적 달성을 위하여 신탁재산을 관리 · 처분할 수 있게 하는 반면, 명의신탁주식에 있어 수탁자의 지위는 본인 명의로 주식이 명의개서 되어 있을 뿐 해당 주식을 관리, 처분할 권리와 의무를 가지고 있지 않는 차이가 있다.

3 명의신탁주식의 종류

일반적인 명의신탁주식은 신탁자가 실제 대가(주금대금, 양수도 대가)를 지불하고 취득한 주식을 주주명부에 수탁자 명의로 등재하는 것을 의미하지만 이외에도 타인으로부터 주식을 양수하면서 대가를 지불하고 양수자 명의로 명의개서를 하지 않은 것, 즉 "장기 미명의개서 주식"도 명의신탁주식에 해당한다.

명의신탁주식의 종류

- 일반적인 명의신탁주식
  신탁자: 주금 납입 또는 취득 → 주주명부상 명의: 수탁자 등재
- 장기 미명의개서 주식
  양도자 → 양수자 취득, 주주명부상 명의: 양도자(주주명부에 양수자 미등재)

13

Ⅱ 명의신탁주식이 발생하는 원인과 원인별 특징

1 상법상 발기인 요건 충족하기 위한 명의신탁(2001.7.23. 이전)

일반적으로 비상장법인은 대표이사 1인 또는 가족들을 주주로 해서 설립하는 경우가 대부분이지만 2001.7.23. 이전에는 발기인 수 요건이 있어서 부득이하게 명의신탁을 할 수 밖에 없었다.

법인 설립 시 발기인 수 요건의 경우 2001.7.24. 이후에는 상법이 개정되어 1인 주주 법인 설립도 가능해졌지만 상법상 1996.9.30.까지는 7인 이상의 발기인 수를 반드시 충족하여야 했고, 1996.10.1.부터 2001.7.23.까지는 3인 이상의 발기인 수를 반드시 충족하여야 법인 설립이 가능했으므로 해당 시기에 법인 설립 시에는 부득이하게 명의신탁을 할

수밖에 없는 법적제한이 있었다.

이러한 경우에는 통상적으로 임직원을 수탁자로 하여 임직원 퇴사 시마다 재차 명의신탁을 하거나 유상증자를 실시한 경우가 많으며 수탁자의 행방이 확인되지 않는 경우도 있다.

상법상 발기인 요건을 충족하기 위해 부득이하게 명의 신탁한 경우에 대해서는 "명의신탁 실소유자 확인제도"를 통해 실명전환이 가능할 수 있으므로 요건 충족여부를 검토할 필요가 있다.

상법상 발기인 수 제한

- 1996.9.30.: 7인 이상
- 1996.10.1. ~ 2001.7.23.까지: 3인 이상

⇒ 2001.7.23. 이전 설립한 비상장법인의 경우 발기인 수 요건을 충족하기 위해 부득이하게 명의신탁하는 사례 다수

2 설립 시 목적 없는 임의적 지분분산

명의신탁주식 실명전환 컨설팅을 해보면, 큰 고민 없이 법인 설립 시 최대주주의 지분율이 높아 과점주주가 되는 경우에는 많은 불이익이 있는 것으로 인식하거나 상법상 발기인 수에 대한 요건이 없어졌음에도 관행적으로 지분을 분산하여야 하는 것으로 인식하여 명의신탁한 경우를 볼 수 있다.

이러한 경우에는 통상 명의신탁 약정서를 작성한 경우가 많지 않고, 설립 이후 유상증자를 실행한 경우가 많으며, 재차 명의신탁이 이루어진 경우도 많을 뿐만 아니라 주식평가액이 상승한 경우가 많고 명의신탁사실에 대한 입증이 어려워서 명의신탁주식 실명전환 작업 시 많은 점을 고려하여야 하고 과세리스크가 큰 특징이 있다.

3 설립 후 명의신탁주식 있는 상태에서 균등 유상증자

법인 설립 시 명의신탁을 한 후 주식평가액이 상승한 상태에서 법인이 자본금 증액이 필요하여 액면가로 유상증자를 실시하면서 명의신탁주식에 대해서만 신주를 배정하지 않는 경우에는 증자에 참여한 주주에게 증여세(신주배정 후 실권처리된 경우 제외)가 과세되므로 세법상 주식평가액을 신주발행가액으로 하여 주금을 납입하여야 한다.

따라서 주식평가액이 상승한 상태에서 액면가 유상증자를 하는 경우에는 통상적으로 균등 유상증자 또는 신주배정 후 실권처리하는 방식으로 진행하여야 하는데 실무적으로는

이러한 과세문제를 인지해서가 아니라 법인의 자본금 증액 시 별다른 검토 없이 균등 액면가 유상증자를 실행하는 경우가 대부분이라 할 수 있다.

이처럼 명의신탁주식이 있는 상태에서 해당 명의신탁주식의 지분율만큼 신주가 배정되어 유상증자를 실시하는 경우는 새로운 명의신탁주식이 발생하는 원인이 된다.

이러한 경우에는 유상증자 시점의 주식평가액이 커서 명의신탁 증여의제 증여세로 과세되는 금액이 크므로 명의신탁 사실이 입증되는 경우라 하더라도 명의신탁 실명전환이 아닌 다른 방법으로 명의신탁주식 정리를 검토할 필요가 있다.

4 사업상 목적에 의한 명의신탁

사업의 특성상 최대주주 지분율이 일정 비율 미만이 되어야 하거나 자격증이 있는 사람이 주주로 구성되어야 하는 등 뚜렷한 사업상 목적에 의해 명의신탁을 하는 경우는 자주 볼 수 있는 사례는 아니다.

이러한 경우에는 통상적으로 명의신탁 약정서를 작성하는 등 명의신탁 사실이 명확하게 입증되는 경우도 있으며, 조세회피 목적이 없는 것에 대한 입증을 통해 명의신탁주식을 실명전환 하는 것이 최선의 전략이 될 수 있다.

5 신용불량, 체납 등의 사유에 의한 명의신탁

신탁자가 신용불량자 또는 체납세금이 많은 경우에는 불가피하게 명의신탁을 할 수밖에 없다.

이러한 경우에는 통상적으로 타인이 아닌 친족에게 명의신탁을 하는 경우가 많은 것이 특징이며, 신용불량을 사유로 명의신탁하는 경우에는 조세회피목적이 없는 것에 대한 입증이 가능할 수 있지만 체납을 사유로 하는 경우에는 조세회피목적이 없는 것에 대한 입증이 불가능하다.

신용불량 또는 체납 등의 사유에 따라 과세리스크가 달라지며 다른 전략을 세울 필요가 있다.

Ⅲ 명의신탁주식의 문제점

1 법인 부동산 가치 상승 시 수탁자의 실질적인 부동산 소유 결과

법인에 명의신탁주식이 있는 경우로서 과세리스크 및 실명전환에 가장 크게 문제가 발생하는 경우는 명의신탁주식이 있는 상태에서 법인소유 부동산 가치가 급격하게 상승한 경우라 할 수 있다.

예컨대 명의신탁사실에 대한 입증이 불가능한 경우에 손익가치가 높아서 실명전환을 하지 못하는 경우에는 최후의 수단으로 신규법인을 설립해서 신규법인에서 실적을 내는 방식으로 명의신탁주식에 대한 리스크를 헤지할 수 있다.

반면 부동산 가격이 많이 상승한 경우로서 명의신탁사실에 대한 입증이 불가능한 경우에는 신탁자 명의로 찾지 못한 주식에 대한 리스크를 헤지할 방법이 없고 수탁자가 수탁자의 지분율만큼 법인의 부동산을 소유하게 되는 결과가 될 수 있다.

2 수탁자에게 압류 등 사유 발생 시 명의신탁주식 소유권 상실

여러 가지 사유로 신탁자 소유 주식을 수탁자에게 명의신탁한 경우라도 명의신탁을 이유로 신탁자가 수탁자의 재산 현황 및 채무 · 체납현황을 파악하거나 관리, 통제하는 것은 불가능하다.

법인의 실질자산이 많고 주식평가액이 상승한 경우에 명의신탁사실에 대한 입증이 어려워 실명전환하지 못한 상태에서 신탁자가 파악하지 못하고 있는 수탁자의 채무 때문에 수탁자의 재산이 압류되거나 강제집행 등으로 처분되는 경우에는 명의신탁주식에 대한 소유권 자체가 상실될 수 있다.

3 수탁자 사망 시 상속으로 인한 소유권 상실

통상적으로 명의수탁자는 일상생활에서는 명의수탁사실을 잊고 생활하는 경우가 많고 신탁자의 주식을 명의수탁하고 있는 것에 대해 자녀 또는 배우자에게 얘기하는 경우는 많지 않다.

명의신탁사실에 대한 입증이 어려워서 실명전환하지 못한 채 수탁자가 사망한 경우에 민법상 상속은 상속인이 상속포기를 하지 않는 한 피상속인의 모든 적극적 재산 및 소극적 재산을 포괄승계하는 것으로서 수탁자 명의주식은 당연히 상속인에게 상속된다.

이러한 경우에 명의신탁사실이 입증되지 않는 상태에서 상속인이 명의신탁주식에 대해 소유권을 주장하는 경우에는 명의신탁주식에 대한 소유권 자체가 상실될 수 있다.

4 수탁자의 상법상 주주권 행사로 인한 경영상 리스크

상법상 지분율 3% 이상(발행주식총수의 3%)의 주주는 회계의 장부나 서류를 열람할 수 있는 회계장부열람권을 행사할 수 있다.

또한 이사의 해임은 주주총회 특별결의로만 가능하지만 이사가 정관 또는 법령을 위배한 중대한 사유가 있음에도 주주총회 특별결의에서 해임이 부결된 경우에는 지분율 3% 이상의 주주가 법원에 이사의 해임을 청구할 수 있으며, 지분율 1% 이상의 주주는 회사에 대하여 이사의 책임을 추궁할 소를 제기할 수 있다.

명의신탁 사실에 대한 입증이 불가능하여 명의신탁하고 있는 상태에서 수탁자가 악의적으로 회계장부열람권을 청구하거나 대표이사 또는 이사로 재임 중인 명의신탁자에 대하여 이사 해임권, 주주 대표소송을 제기하는 경우에는 법인 경영상 리스크가 발생할 수 있다.

상법 제466조(주주의 회계장부열람권)

① 발행주식의 총수의 100분의 3 이상에 해당하는 주식을 가진 주주는 이유를 붙인 서면으로 회계의 장부와 서류의 열람 또는 등사를 청구할 수 있다.

② 회사는 제1항의 주주의 청구가 부당함을 증명하지 아니하면 이를 거부하지 못한다.

상법 제385조(해임)

① 이사는 언제든지 제434조의 규정에 의한 주주총회의 결의로 이를 해임할 수 있다. 그러나 이사의 임기를 정한 경우에 정당한 이유 없이 그 임기만료 전에 이를 해임한 때에는 그 이사는 회사에 대하여 해임으로 인한 손해의 배상을 청구할 수 있다.

② 이사가 그 직무에 관하여 부정행위 또는 법령이나 정관에 위반한 중대한 사실이 있음에도 불구하고 주주총회에서 그 해임을 부결한 때에는 발행주식의 총수의 100분의 3 이상에 해당하는 주식을 가진 주주는 총회의 결의가 있은 날부터 1월내에 그 이사의 해임을 법원에 청구할 수 있다.

상법 제403조(주주의 대표소송)

① 발행주식의 총수의 100분의 1 이상에 해당하는 주식을 가진 주주는 회사에 대하여 이사의 책임을 추궁할 소의 제기를 청구할 수 있다.

5 수탁자의 변심에 따른 리스크

통상적으로 명의신탁자와 명의수탁자의 관계를 보면, 신탁자가 어느 정도 영향력을 행사할 수 있는 대표이사와 임직원 관계, 편하게 부탁할 수 있는 친구관계, 수탁자의 소유권 주장에 대한 리스크가 낮은 친족관계가 가장 많은 비중을 차지한다.

본인 재산을 타인명의로 하는 것은 신탁자 입장에서는 명의를 넘겨도 믿을 수 있는 사람이라는 믿음을 전제로 하는 것이고, 수탁자 입장에서는 타인의 재산을 본인 명의로 하는 것에 대한 부담이 있을 수 있지만 신탁자와의 관계를 고려하여 수락하는 경우가 많다.

문제는 명의신탁 당시에는 서로 좋은 관계였지만 여러 사유로 관계가 악화되어 수탁자가 변심을 하는 경우에는 악의적으로 명의신탁 실명전환을 방해하거나 주주로서 각종 권리를 행사하여 경영상에 위협을 가하고 법인의 부동산 등의 가치가 높은 경우에는 실제 소유임을 주장할 수 있는 리스크가 항상 존재한다.

PART **02**

명의신탁주식이 있는 경우 주의점 및 필수 관리사항

전략가이드

명의신탁주식이 있는 경우에는 법인의 부동산 구입전략, 증자전략, 배당전략 등에 있어 차별화된 관리를 하여야 함에도 불구하고 이러한 부분에 대한 관리가 되지 않아 실명전환이 어렵거나 과세문제가 크게 발생하는 경우를 볼 수 있다.
또한 명의신탁 후 수탁자 관리가 되지 않는 경우에는 소유권 자체를 빼앗길 수 있는 상황에 처할 수도 있다.
따라서 명의신탁주식이 있는 경우에는 부동산 구입전략, 증자전략, 배당전략 등을 전략적으로 수립하여야 하며 이와 별도로 지속적으로 수탁자를 관리할 필요가 있다.

I 지속적으로 수탁자의 건강상태, 재정상태를 파악할 필요가 있다

명의신탁사실에 대한 입증이 어려워서 실명전환을 하지 못하고 수탁자에게 명의신탁한 상태에서 수탁자가 사망하거나 수탁자의 재산이 압류되어 처분되는 경우에는 명의신탁주식의 소유권 자체를 잃을 수도 있다.

간혹 명의신탁주식이 있음에도 불구하고 수탁자와 아무런 연락을 하지 않은 채 장기간 지내는 경우를 볼 수 있는데, 명의신탁주식이 있는 경우에는 지속적으로 수탁자의 건강상태, 채무가 과다하지 않는지 여부를 파악하여 문제가 있는 경우에는 빠른 시일 내에 대응책을 세울 필요가 있으므로 지속적으로 연락하며 지낼 필요가 있다.

Ⅱ 가치상승이 예상되는 부동산 구입 시에는 실명전환을 서둘러야 한다

명의신탁주식이 있는 상태에서 법인이 구입한 부동산 가치가 크게 상승한 경우에는 수탁자의 입장에서는 지분율만큼 부동산을 소유하고 있는 결과가 되므로 수탁자가 변심할 수 있는 유인이 될 수도 있고 신탁자의 불안감이 극도로 커질 수 있다.

따라서 명의신탁주식이 있는 상태에서 법인이 가치상승이 예상되는 거액의 부동산을 구입하는 경우에는 서둘러서 명의신탁주식에 대한 실명전환 절차를 마무리한 후 구입하는 것을 권유한다.

Ⅲ 명의신탁주식 실명전환 목적에 맞는 맞춤 배당정책을 수립하여야 한다

명의신탁주식이 있는 경우에 적절한 배당정책 실행은 선택이 아닌 필수라 할 수 있다.

구체적으로 명의신탁사실이 입증되지 않는 경우에 수탁자 명의로 배당금 수령 후 수령한 배당금을 신탁자에게 돌려주는 금융증빙을 남기는 것은 명의신탁주식 실명전환 시 명의신탁사실을 입증할 수 있는 가장 좋은 증빙이 될 수 있으므로 지속적으로 배당을 실시하면서 수탁자가 배당금 수령 후 신탁자에게 반환한 근거가 남도록 지속적으로 배당을 실시할 필요가 있다.

이 경우 통상적으로 신탁자의 소득금액은 수탁자의 소득금액보다 높은 경우가 대부분인데 명의신탁 실명전환 시 수탁자의 경우 기신고한 배당소득금액이 소득금액에서 차감되어 환급받는 반면, 신탁자의 경우 수탁자 명의로 신고한 배당소득금액에 대해 추가로 소득세와 가산세까지 납부하여야 하므로 수탁자 수령 배당금은 너무 크지 않은 금액으로 진행할 필요가 있다.

Ⅳ 명의신탁사실이 입증될 수 있도록 지속적으로 근거를 만들 필요가 있다

명의신탁한 시점부터 장기간이 지난 경우에는 명의신탁 당시에 명의신탁 사실이 명확하게 입증될 수 있는 증빙이 없는 경우가 많다.

이처럼 명의신탁 당시에 명의신탁사실이 명확하게 입증되지 않는 경우에는 언제든지 수탁자의 변심 또는 수탁자의 사망, 신용불량 등에 따른 소유권 상실에 대한 리스크가 있고, 실명전환 자체가 어려울 수 있으므로 지속적으로 근거를 만드는 작업을 할 필요가 있다.

1 명의신탁 확인 약정서 작성

명의신탁 당시 명의신탁 약정서를 작성하지 않은 경우에는 현재 시점에라도 명의신탁 사실과 빠른 시일 내에 실명전환 할 것임을 확약하는 것에 대한 확인서를 작성하면서 공증이나 확정일자를 받고 문자나 카톡으로 명의신탁사실이 입증되는 내용을 남기는 것이 좋다.

이러한 부분이 가능하기 위해서는 수탁자와 관계를 유지하며 언제든지 대화가 될 수 있도록 관리하는 것이 필수적이라 할 수 있다.

주식 명의신탁약정서

〈명의 신탁자〉 주　　　소:
성　　　명:　　　　　　　(인)
주민등록번호:

〈명의 수탁자〉 주　　　소:
성　　　명:　　　　　　　(인)
주민등록번호:

1. 명의신탁자와 명의수탁자는 다음의 주식을 명의신탁하기 위하여 본 주식명의신탁약정서를 작성한다.

2. 명의신탁자가 수탁자에게 명의신탁하는 주식은 다음과 같으며, 형식상 주주는 수탁자로하나, 실질상 주주는 명의신탁자이다.

   주식발행회사명:
   주식의 종류:
   1주의 금액:
   주식의 수:
   주권번호(주식이 발행된 경우)

3. 명의신탁한 위 주식에 대한 신주인수권, 배당청구권, 잔여재산분재청구권, 주주총회에 참석하여 투표할 권리 등 주주로서의 일체의 권리는 명의신탁자에게 있다. 발행회사가 주권을 발행하는 경우 수탁자는 이를 명의신탁자에게 무상으로 양도하여야 한다.

4. 발행회사의 주주총회에는 명의신탁자가 주주로 참석한다. 수탁자는 필요한 경우 수탁자가 발행회사나 그 명의대리인으로부터 통지를 받은 주주총회소집통지서 등은 즉시 명의신탁자에게 재통지해야 하며, 필요한 경우 명의신탁자가 주주총회에 참석하기 위하여 주주총회대리인 참석 위임장을 작성하여 신탁자에게 교부하여야 한다.

5. 수탁자는 명의신탁한 주식에 대하여 명의신탁자의 허락 없이 명의신탁한 주식에 대하여 임의로 주식의 양도, 질권의 설정, 신탁을 할 수 없다.

6. 명의신탁한 주식에 대하여 명의신탁자가 그 반환을 요청하는 경우에, 수탁자는 무상으로 이를 명의신탁자에게 반환해 주어야 하며, 해당 주식의 명의개서를 즉시 이행하여야 한다. 다만, 주식의 명의신탁과 관련하여 발생하는 제세공과금은 명의신탁자가 이를 납부하여야 한다.

ㅇㅇㅇㅇ년 ㅇㅇ월 ㅇㅇ일

명의신탁자: 성명 (인)
명의수탁자: 성명 (인)

별 첨: 1. 인감증명서 1부.

13

▌주식 명의신탁 사실확인서▐

주식 명의신탁 사실확인서

〈명의 신탁자〉 주　　　소:
성　　　명:　　　　　　(인)
주민등록번호:

〈명의 수탁자〉 주　　　소:
성　　　명:　　　　　　(인)
주민등록번호:

명의신탁자와 수탁자는 다음의 주식을 명의신탁 하였음을 확인한다.

주식발행회사명:
주식의 종류:
1주의 금액:
주식의 수:
주권번호(주식이 발행된 경우)

○○○○년 ○○월 ○○일

명의신탁자: 성명　　　　　(인)
명의수탁자: 성명　　　　　(인)

별 첨: 1. 인감증명서 1부.

2 수탁자가 명의신탁을 인정하지 않는 경우 증거자료 확보

수탁자가 명의신탁사실을 인정하지 않거나 명의신탁 실명전환에 협조하지 않는 경우에는 지속적으로 통화내용, 문자, 카톡 내용으로 명의신탁 사실에 대한 내용(불법이 되지 않도록 주의하면서 진행)을 남기면서 명의신탁사실을 부인하지 못하도록 하여야 한다.

PART 03

전략적인 명의신탁주식 실명전환 전략

전략가이드

모든 거래문제에 대한 가장 좋은 솔루션은 거래의 사실관계에 따라 정리하는 것이라 할 수 있다.
명의신탁주식 정리의 경우에도 실제 사실관계가 신탁자 본인이 설립·증자 시 주금납입 또는 주식 양수도 대금을 지급하여 실질 소유자임에도 불구하고 여러 가지 사유로 명의상 주주만 수탁자로 등재시킨 것이므로 명의신탁 약정을 해지 후 실질소유자인 신탁자 명의로 환원하는 것, 즉 명의신탁을 해지하는 것이 사실관계에 따른 정리방법이라 할 수 있다.
다만 명의신탁주식을 실명으로 전환 시에는 부수하여 발생하는 세금이 있으므로 반드시 발생하는 모든 과세문제를 검토한 후 진행하여야 한다. 명의신탁사실이 명확하게 입증되지 않는 경우에 실명전환을 하면 주식을 되찾은 신탁자에게 막대한 증여세가 과세되므로 이러한 경우에는 우회적인 방법으로 명의신탁주식을 정리하여야 한다.
이 경우 명의신탁사실에 대한 입증의 정도 및 준비과정과 전환시기에 따라 발생하는 세금과 실명전환에 따른 리스크가 달라지므로 체계적인 준비 후 전략적으로 시기를 선택하여 진행할 필요가 있다.

I 명의신탁주식 실명전환 시 발생하는 세금

1 명의신탁시점의 주식평가액에 대해 신탁자에게 증여세가 과세된다

가. 명의신탁 증여의제 증여세

명의신탁을 해지하고 신탁자 명의로 실명전환 하는 경우에는 원칙적으로 명의신탁시점의 주식평가액만큼을 명의신탁시점에 수탁자에게 증여한 것으로 보아 증여세가 과세된다(상증법 §4의2 ②).

2018년까지는 해당 증여세에 대한 납세의무가 수탁자에게 있어 불합리한 부분이 있었지만 2019년부터는 명의신탁자가 해당 증여세를 납부하여야 하는 것으로 개정되었다(상증법 §4의2 ②, §45의2).

신탁자가 증여받은 재산이 없음에도 신탁자에게 증여세를 과세한다는 것은 상식적으로 이해할 수 없는 부분이지만, 조세회피 목적으로 명의신탁하는 경우 통상적으로는 이슈가 발생하기 전 국세청에서 파악하기가 어려우므로 조세회피 목적으로 명의신탁하는 것을 강하게 막기 위한 대표적인 징벌적 과세라 할 수 있다.

상속세 및 증여세법 제45조의2【명의신탁재산의 증여 의제】

① 권리의 이전이나 그 행사에 등기 등이 필요한 재산(토지와 건물은 제외한다. 이하 이 조에서 같다)의 실제소유자와 명의자가 다른 경우에는 「국세기본법」 제14조에도 불구하고 그 명의자로 등기 등을 한 날(그 재산이 명의개서를 하여야 하는 재산인 경우에는 소유권취득일이 속하는 해의 다음 해 말일의 다음 날을 말한다)에 그 재산의 가액(그 재산이 명의개서를 하여야 하는 재산인 경우에는 소유권취득일을 기준으로 평가한 가액을 말한다)을 실제소유자가 명의자에게 증여한 것으로 본다. 다만, 다음 각 호의 어느 하나에 해당하는 경우에는 그러하지 아니하다.

1. 조세 회피의 목적 없이 타인의 명의로 재산의 등기 등을 하거나 소유권을 취득한 실제소유자 명의로 명의개서를 하지 아니한 경우(2010.1.1. 개정)
2. (삭제, 2015.12.15.)
3. 「자본시장과 금융투자업에 관한 법률」에 따른 신탁재산인 사실의 등기 등을 한 경우 (2015.12.15. 신설)
4. 비거주자가 법정대리인 또는 재산관리인의 명의로 등기 등을 한 경우

상속세 및 증여세법 제4조의2【증여세 납부의무】

① 수증자는 다음 각 호의 구분에 따른 증여재산에 대하여 증여세를 납부할 의무가 있다. (2015.12.15. 개정)

1. 수증자가 거주자(본점이나 주된 사무소의 소재지가 국내에 있는 비영리법인을 포함한다. 이하 이 항에서 같다)인 경우: 제4조에 따라 증여세 과세대상이 되는 모든 증여재산(2015.12.15. 개정)
2. 수증자가 비거주자(본점이나 주된 사무소의 소재지가 외국에 있는 비영리법인을 포함한다. 이하 제6항과 제6조 제2항 및 제3항에서 같다)인 경우: 제4조에 따라 증여세 과세대상이 되는 국내에 있는 모든 증여재산(2018.12.31. 개정)

② 제1항에도 불구하고 제45조의2에 따라 재산을 증여한 것으로 보는 경우(명의자가 영리법인인 경우를 포함한다)에는 실제소유자가 해당 재산에 대하여 증여세를 납부할 의무가 있다.

나. 명의신탁을 한 날의 말일부터 15년 3개월이 경과한 경우 과세제외

증여세를 신고하지 않은 경우 증여세의 부과제척기간(증여세를 부과할 수 있는 기간)은 15년이다.

이 경우 주식을 명의신탁하는 경우 증여일(증여의제 시기)은 주주명부에 기재된 시점(장기미명의개서 주식의 경우 소유권 이전일이 속하는 해의 다음 해 말일의 다음 날)으로 판단한다.

부과제척기간의 기산일은 증여세 신고기한인 증여일이 속하는 달의 말일부터 3개월이므로 수탁자 명의로 주주명부에 기재된 날이 속하는 달의 말일부터 15년 3개월이 경과하면 명의신탁자에게 증여세를 과세할 수 없다.

다. 명의신탁자가 명의수탁자의 명의를 도용한 경우 과세제외

명의신탁은 형태를 불문하고 신탁자와 수탁자 간에 명시적, 묵시적 합의가 있어야 성립할 수 있다.

즉, 신탁자가 수탁자의 명의를 도용한 경우에는 명의신탁이 성립할 수 없는 것으로 수탁자의 동의 없이 신탁자가 수탁자의 명의를 도용한 경우에는 명의신탁 증여의제에 대한 증여세 과세가 불가능하다.

이 경우 명의신탁 도용에 대한 입증책임은 수탁자에게 있지만 실무적으로 명의신탁 시에는 수탁자가 수탁자 본인의 도장, 인감증명서를 전달하게 되는데 이러한 서류전달만으로 명시적 · 묵시적으로 합의한 것으로 보고 있다.

또한 양도소득세, 증여세 등을 신고하는 경우가 대부분이어서 명의도용으로 인정받는 사례는 거의 없다고 할 수 있다.

만일 실제 명의도용을 당한 것에 해당하는 경우라면 명의신탁자를 상대로 사문서위조부분에 대한 형사고소를 하여 소송과정에서 명의도용사실이 명확하게 밝혀지도록 하는 방법이 최선일 수 있지만 명의신탁자의 사법적 처리문제가 있어 실무적으로 한계가 있다고 할 수 있다.

13

수원지방법원2021구합67733, 2022.04.28.
명의신탁자의 의사가 없었다는 것에 대한 입증책임은 명의수탁자에게 있고 이 사건 명의신탁에 있어 원고의 명의가 도용되었다는 점에 대해 원고가 입증하였다고 보기 어려우므로 이 사건 처분은 적법함

서울고등법원2021누56710, 2022.03.30.
원고의 친척이면서 자신의 행위로 인해 원고가 거액의 증여세를 부담할 처지에 놓이게 되었으므로 원고 이익에 부합하는 진술을 할 가능성이 높고, 처분 이후에 제기한 형사고소에 기소중지 통보를 받은 점만으로는 명의를 도용당한 것으로 볼 수 없음

이의-서울청-2023-0080, 2023.07.06.
AAA는 FFF에게 스스로 인감도장과 인감증명서를 전달하는 등 쟁점주식 명의신탁에 명시적 · 묵시적 합의를 하였다고 봄이 상당하고, 신청법인은 쟁점주식 양수도계약 및 대금지급의 주체이므로 쟁점주식의 실소유주는 신청법인으로 봄이 타당함

라. 조세회피목적이 없는 경우 과세제외

명의신탁주식에 증여세를 과세하는 취지는 조세회피 목적으로 명의신탁하는 경우에 대해 징벌적으로 과세하는 것으로서 조세회피 목적이 없는 것으로 입증이 되면 증여세를 과세하지 않으며 입증책임은 주장하는 자에게 있다.

문제는 조세회피 목적 여부를 판단 시 명의신탁 후 실제 조세를 회피한 사실이 있는지 여부가 아닌 명의신탁 당시를 기준으로 조세회피의 개연성이 있는지 여부로 판단하므로 실무적으로 조세회피 목적이 없는 것으로 인정받는 것은 매우 어려운 측면이 있다(서울고법 2009누38635, 2010.10.6.).

다만 회피가능한 조세가 소액인 경우에는 조세회피목적이 없는 것으로 인정하여 주는 사례가 있다. 이 경우 회피가능한 조세가 소액인지 여부는 명의신탁한 주식의 평가액과 비교해서 판단하고 있으며 가액과 관계없이 통상 300만 원 정도 미만의 조세는 소액의 조세로 보고 있다.

조세회피 개연성이 있는지 여부에 대한 판단기준(2004헌바40, 2005.6.30.)

아래 3), 4), 5), 6)의 판단기준은 친족이 아닌 타인에게 명의신탁한 경우에는 무조건 적용될 수 있으며, 1), 2)에 해당하는 판단기준은 친족에게 명의신탁한 경우에도 적용될 수 있음.

1) 명의신탁으로 재산이 없는 것으로 결손처분을 받아 조세를 회피하는 경우
   ⇒ 거의 모든 경우에 적용 가능
2) 명의신탁으로 주식의 소유를 분산하여 배당소득세 합산과세를 회피하는 경우
   ⇒ 계속적인 결손법인으로서 배당을 실시한 적이 없는 경우 조세회피 목적이 없는 것으로 예외적으로 인정한 사례 있음
3) 특정법인(부동산 가액이 50% 이상, 주식 50% 이상 양도, 지분율 50% 이상)에 해당하지 않게 하여 주식양도에 대한 누진세 회피하는 경우
   ⇒ 특수관계인에게 명의신탁한 경우 조세회피 목적이 없는 것으로 인정가능
4) 51% 이상 과점주주에 미해당하여 제2차 납세의무 또는 간주취득세 납세의무를 회피하는 경우
   ⇒ 특수관계인에게 명의신탁한 경우 조세회피 목적이 없는 것으로 인정가능
5) 명의신탁으로 특수관계인 범위에 벗어나 특수관계인에게 적용되는 과세문제 회피하는 경우
   ⇒ 특수관계인에게 명의신탁한 경우 조세회피 목적이 없는 것으로 인정가능
6) 명의신탁주식이 상속재산에 합산되어 과세되는 상속세 회피하는 경우(서울행정법원2021구합53948, 2022.11.10.)
   ⇒ 거의 모든 경우에 적용가능하지만 명의신탁자가 무재산자인 경우 인정가능

※ 입증책임: 주장하는 자에게 있음.

대법원2010두23569, 2011.02.24.(전심 서울고법2009누38635, 2010.10.06.)
명의신탁으로 인하여 실제 회피된 조세가 전혀 없었다는 사실만 주장할 뿐 명의신탁에 있어 조세회피의 목적이 없었다고 인정될 아무런 입증이 없음

서울고법2009누38635, 2010.10.06.
조세회피 목적이 없었는지 판단은 명의신탁 할 당시를 기준으로 할 것이며, 그 이후 실제 조세포탈 등을 하였는지 여부로 판단할 일은 아니다.

2 명의신탁 후 유상증자한 경우 유상증자 시점의 주식평가액에 대해 신탁자에게 증여세가 과세된다

명의신탁주식 증여의제에 대한 증여세는 명의신탁 당시의 주식평가액을 기준으로 과세한다.

이 경우 통상 최초 명의신탁시점의 주식평가액은 액면가 수준이거나 낮은 경우가 많아 최초 명의신탁시점의 주식평가액에 대해 과세되는 증여세는 그리 크지 않거나 제척기간(15년 3개월)이 지난 경우가 많으므로 최초 명의신탁시점의 주식평가액에 대해 과세되는 증여세는 큰 문제가 되지 않는다.

문제는 최초 명의신탁 후 유상증자를 한 경우인데, 최초 명의신탁 이후 유상증자를 한 경우에는 유상증자 시점의 주식평가액에 대해 증여세가 과세되면서 해당 증여세에 대한 제척기간도 유상증자시점부터 기산된다.

통상 유상증자 시에는 주식평가액이 상승한 경우가 많고 최초 명의신탁시점이 제척기간이 경과한 경우라도 유상증자시점은 제척기간이 경과하지 않은 경우가 대부분이어서 최초 명의신탁 후 유상증자를 한 경우에는 과세문제가 커지게 된다.

따라서 최초 명의신탁 후 유상증자한 경우는 명의신탁주식 실명전환의 가장 큰 걸림돌이라 할 수 있다.

Case 최초 명의신탁 후 유상증자한 경우 명의신탁주식 증여의제 증여세

– 명의신탁자 (갑), 명의수탁자 (을)

1. 법인설립 시(부과제척기간 경과)
   갑 → 을에게 A법인 주식 10,000주(20%) 명의신탁
   (A법인 주식 액면가액: 5,000원)
2. 명의신탁 5년 후
   A법인 유상증자(부과제척기간 이내)

A법인이 50,000주 신주발행하여 유상증자 시 을은 10,000주 신주배정
(A법인 주식평가액: 100,000원)

3. 6년 후
회사가 급성장할 것으로 예상되어 명의신탁 해지 후 갑 명의로 실명전환

4. 갑에게 과세되는 증여세
- 증여재산가액: 1,000,000,000원*

* 설립과 유상증자의 시기가 10년 이내라도 2019년 이후 증여의제분부터 명의신탁주식 증의의제에 대한 증여세는 합산배제 과세대상이므로 설립 시 명의신탁주식가액 미합산(상증법 §47 ①)

- 총 증여세 과세표준: 970,000,000원(3천만 원 무조건 공제)
- 유상증자시점에 과세되는 증여세
증여세 = (1,000,000,000 − 30,000,000) × 30% − 60,000,000원(누진공제)
= 2억3,100만 원
- 가산세: 무신고 가산세 4,620만 원, 납부지연 가산세 별도 부과
⇒ 주식평가액이 높고 명의신탁주식이 있는 상태에서의 유상증자는 매우 위험함.

3 명의신탁자의 배당소득세 수정신고

과거 수탁자 명의로 배당금을 지급한 후 수탁자가 수령한 배당금을 신탁자에게 반환한 경우 명의신탁자는 과거 5년간 배당소득금액에 대해 수정신고를 함으로써 5년간 종합소득세와 가산세(무신고 20%, 납부지연)를 추가로 납부하여야 한다.

통상 명의신탁자의 경우 명의수탁자에 비해 종합소득금액이 높은 경우가 많으므로 명의신탁주식 실명전환을 계획하고 있는 경우로서 명의신탁사실을 입증하기 위해 배당하는 경우에는 최소한의 금액으로 배당하는 전략이 필요하다.

명의신탁자가 실명전환 시 배당소득금액을 수정신고하여 소득세를 추가납부하는 것과 달리 수탁자 명의로 납부한 과거 5년간 종합소득세는 경정청구를 통해 환급받게 된다.

4 신탁자가 법인의 주식을 저가양수한 경우 증여세 과세

법인의 지분율이 30% 이상인 주주는 법인의 임직원과 상속세 및 증여세법상 특수관계가 성립하며, 임직원으로부터 시가의 30% 또는 3억 원보다 낮은 가액으로 재산을 양수한 경우에는 저가양수에 따른 이익의 증여로 증여세가 과세된다.

주주명부상 명의신탁자의 지분율이 30% 미만이지만 명의신탁주식을 포함하는 경우 신탁자의 지분율이 30% 이상인 경우로서 과거 15년간 신탁자가 법인의 주식을 법인의 임직

원으로부터 저가로 취득한 적이 있는 경우에는 과거 저가로 양수한 주식에 대해 증여세가 과세될 수 있다.

명의신탁주식 실명전환 시에는 반드시 명의신탁주식을 미포함 시 특수관계가 성립하지 않지만 명의신탁주식을 포함 시 특수관계가 성립하는 경우 발생할 수 있는 과세문제를 검토할 필요가 있다.

5 과점주주 간주취득세

법인에 부동산 등이 있는 상태에서 50%를 초과하는 주식의 취득으로 과점주주가 되거나 이미 과점주주인 상태에서 주식의 취득으로 지분율이 증가한 경우에는 법인의 부동산 등 장부가액에 대해 새롭게 과점주주가 된 당시 총지분율 또는 증가된 과점주주 지분율을 곱한 가액에 대해 2.2% 취득세율이 적용되어 취득세가 과세된다.

명의신탁자가 명의신탁한 주식 미포함 시 51% 미만이지만 명의신탁한 주식 포함 시 51% 이상이거나 이미 과점주주인 상태로서 명의신탁주식 실명전환으로 인해 지분율이 증가한 경우라도 명의신탁주식 실명전환으로 지분율이 증가한 것은 주식의 취득으로 보지 않으므로 과점주주 간주취득세 과세대상에 해당하지 않는다.

13

지방세법 시행령 제11조【과점주주의 취득 등】

① 법인의 과점주주(제10조의2에 따른 과점주주를 말한다. 이하 이 조에서 같다)가 아닌 주주 또는 유한책임사원이 다른 주주 또는 유한책임사원의 주식 또는 지분(이하 "주식 등"이라 한다)을 취득하거나 증자 등으로 최초로 과점주주가 된 경우에는 최초로 과점주주가 된 날 현재 해당 과점주주가 소유하고 있는 법인의 주식 등을 모두 취득한 것으로 보아 법 제7조 제5항에 따라 취득세를 부과한다.

② 이미 과점주주가 된 주주 또는 유한책임사원이 해당 법인의 주식 등을 취득하여 해당 법인의 주식 등의 총액에 대한 과점주주가 가진 주식 등의 비율(이하 이 조에서 "주식 등의 비율"이라 한다)이 증가된 경우에는 그 증가분을 취득으로 보아 법 제7조 제5항에 따라 취득세를 부과한다. 다만, 증가된 후의 주식 등의 비율이 해당 과점주주가 이전에 가지고 있던 주식 등의 최고비율보다 증가되지 아니한 경우에는 취득세를 부과하지 아니한다.

서울세제-7751, 2014.06.11.

명의신탁해지로 인해 주주 甲이 A법인의 과점주주가 되는 경우라면, '주식을 제3자에게 명의신탁하였다가 신탁을 해지하고 신탁자 명의로 원상회복하는 과정에서 형식상 새로운 과점주주가 된 경우에는 간주취득 납세의무가 없다고 할 것임

Ⅱ 전략적인 명의신탁주식 실명전환 전략 가이드

1 2001.7.23. 이전 설립법인은 명의신탁주식 실제소유자 확인제도를 활용할 수 있다

2001.7.23. 이전 설립법인으로서 설립 당시 발기인 요건 충족 때문에 명의신탁한 경우에는 세무조사 등의 복잡한 절차 없이 간소화된 절차인 명의신탁주식 실제소유자 확인제도를 활용할 수 있다.

가. 명의신탁주식 실제소유자 확인제도 신청 요건

① 법인요건

2001.7.23. 이전에 설립된 법인으로서 중소기업에 해당할 것

(1996.9.30.까지 7인 인상 발기인 요건, 1996.10.1.부터 2001.7.23.까지 3인 이상 발기인 요건을 충족하면서 설립)

② 실제소유자와 수탁자 요건

- 명의수탁자는 거주자일 것
- 실제소유자와 수탁자 모두 설립 당시 발기인인 사실이 입증될 것
- 설립 당시 명의신탁한 주식을 실제 소유자에게 환원하는 경우일 것

③ 명의신탁주식 요건

- 설립 당시 명의신탁한 주식일 것
- 설립 당시 명의신탁한 주식을 기초로 균등증자(무상증자, 주식배당 포함) 방식으로 배정 받은 신주일 것

  (제외 - 2001.7.23. 이전 타인으로부터 양수 후 명의신탁한 주식, 2001.7.23. 이전 명의신탁 후 주주배정방식 유상증자 시 다른 주주가 실권하여 실권처리되는 방식의 증자로 취득한 주식)

④ 실명전환주식 가액요건: 없음

나. 명의신탁주식 실제소유자 확인 신청절차 및 첨부서류

(1) 명의신탁자 명의로 명의개서

명의신탁주식 실제소유자 확인을 신청하기 위해서는 우선 명의수탁자 명의로 명의개서 되어 있는 주식을 명의신탁자 명의로 명의개서 하여야 한다.

주의 명의신탁자 명의로 명의개서 후 명의신탁사실이 입증되지 않는 경우에는 명의신탁자에게 증여세가 과세되므로 전략적으로 증여취소가 가능하도록 진행하여야 한다.

(2) 실제소유자 확인 신청

명의신탁자 명의로 명의개서 후 다음의 서류를 첨부하여 명의신탁 실제소유자 확인을 신청하여야 한다.

아래 5., 6.의 입증서류는 상속세 및 증여세법 사무처리 규정에서 규정하고 있는 서류는 아니지만 실제소유자와 수탁자가 설립 당시 발기인이라는 사실을 입증하기 위해서는 반드시 제출하여야 하는 서류이다.

그러나 2001.7.23. 이전 설립된 법인이 해당 서류를 구비하고 있는 경우는 거의 없어 실무적으로 명의신탁주식 실제소유자 환원 제도를 활용하여 명의신탁주식을 실명전환 하는 데에는 한계가 있다.

1. 명의신탁주식 실제소유자 확인신청서
2. 중소기업 등 기준검토표
3. 주식발행법인이 당초 명의자와 실제소유자 인적사항, 실명전환(명의개서)일, 실명전환 주식수 등을 확인하여 발행한 주식 명의개서 확인서
4. 주식 등을 명의신탁한 사유·경위 등에 관한 실제소유자와 명의수탁자의 확인서 또는 진술서 및 명의수탁자의 신분증 사본
5. 실제소유자와 수탁자가 설립 당시 발기인인 사실 입증서류
   법인 설립등기 신청 시 정관, 발기인의 주식인수증, 발기인 총회 의사록, 주금납입보관 증명서, 법인등기부등본
6. 실제 소유자 확인 가능한 입증서류
   주식대금납입 또는 배당금 수령에 관한 금융증빙

다. 명의신탁주식 실명전환 자문위원회

실명전환 대상 명의신탁주식가액이 20억 원 이상이거나 신청서 및 제출서류만으로 실제소유자 여부가 불분명한 경우에는 명의신탁주식 실명전환 자문위원회의 자문을 받아 실제소유자 여부를 결정하여야 한다.

이 경우 명의신탁주식가액이 20억 원 이상인지 여부는 상장주식의 경우 실명전환일 전후 2개월간 최종시세가액의 평균액으로 판단하며, 비상장주식의 경우 상속세 및 증여세법상 비상장주식 보충적 평가방법에 의한 평가액으로 판단한다.

라. 명의신탁실제 소유자 확인신청 시 주의점

(1) 명의신탁주식으로 인정되지 않는 경우

① 명의신탁자에게 일반 증여세 과세

등기대상이 아닌 주식의 경우 주주명부에 등재하거나 주주로 명의개서하는 방식으로 유효하게 소유권을 취득하게 된다.

명의신탁주식 실제 소유자 확인제도를 활용하는 경우에는 명의신탁자 명의로 명의개서 후 신청하여야 하는 것으로 실제 소유자 확인처리 과정에서 명의신탁사실에 대한 입증이 부족하여 명의신탁주식이 아닌 것으로 보는 경우에는 신탁자 명의로 주주명부에 명의개서한 시점의 주식평가액을 신탁자가 수탁자로부터 증여받은 것으로 보아 증여세가 과세될 수 있다.

따라서 실제소유자 확인 신청 시에는 최대한 신청한 날이 속하는 달의 말일부터 3개월 내에 실제소유자 여부에 대한 처리결과를 통지받을 수 있도록 한 후 명의신탁주식으로 인정받지 못하는 경우에는 증여세 신고기한 내에 수탁자에게 반환할 수 있도록 하여야 한다.

이 경우 실명전환 대상 명의신탁주식가액이 20억 원 이상이거나 명의신탁사실이 명확하게 입증되지 않아 자문위원회 자문을 받아야 하는 경우에는 증여세 신고기한을 경과할 수 있으므로 실제소유자 확인신청 시 실명전환주식가액 요건이 없더라도 실명전환 대상 명의신탁주식가액이 20억 원 이상인 경우에는 신중하게 명의신탁실명전환제도를 활용할지 여부를 검토한 후 진행하여야 한다.

② 과점주주 간주취득세 과세

지방세법상 취득은 매매, 교환, 상속, 증여, 기부, 법인에 대한 현물출자, 건축, 개수, 공유수면의 매립, 간척에 의한 토지의 조성 등과 그 밖에 이와 유사한 취득으로서 원시취득, 승계취득 또는 유상·무상의 모든 취득을 의미하는 것이다. 법인이 부동산이 있는 상태에서 신탁자가 이미 과점주주에 해당하는 경우 또는 실명전환으로 새롭게 과점주주에 해당하는 경우로서 신탁자 명의로 실명전환 하였지만 명의신탁주식으로 인정받지 못하는 경우에는 과점주주 간주취득세 과세대상에 해당할 수 있으므로 주의하여야 한다.

(2) 명의신탁주식으로 인정되는 경우 증여세, 소득세 등 과세

① 명의신탁주식 증여의제 증여세

명의신탁주식으로 인정되는 경우에는 명의신탁시점, 명의신탁 주식이 있는 상태에서 유상증자가 있는 경우에는 유상증자 시점의 주식평가액에 대해 증여세가 과세된다.

따라서 최초 명의신탁시점이 부과제척기간이 경과하였는지 여부, 최초 명의신탁 후 유상증자가 있는 경우에는 유상증자 시 주식평가액 및 부과제척기간 경과 여부 등을 검토한 후 명의신탁증여의제로 과세되는 증여세를 정확하게 계산한 후 진행하여야 한다.

② 배당소득금액에 대한 소득세

명의신탁실명전환 전 법인이 배당을 실시하여 수탁자 명의로 수령한 배당금이 있는 경우에는 신탁자의 경우 해당 배당금에 대해 수정신고를 하면서 소득세를 추가로 납부하여야 한다.

【상속세 및 증여세 사무처리규정 별지 제24호 서식】 (2018.7.10. 개정) (제1장 앞쪽)

접수번호	명의신탁주식 실제소유자 확인신청서					
신 청 인 (실제소유자)	① 성 명		② 생년월일		가족관계	
	③ 주 소			연락처	☎ (H.P)	

■ 실명전환한 주식 또는 출자지분에 관한 사항

(주, 백만 원)

명의수탁자(명의자)			⑦ 실제 소유자와의 관계	⑧ 명의신탁일	⑨ 실명전환일	⑩ 실명전환 주식수
④ 성 명 (법인명)	⑤ 생년월일 (사업자등록번호)	⑥ 주 소 (본점소재지)				
합계						

■ 주식발행법인 또는 출자법인에 관한 사항

⑪ 법인명	⑫ 사업자등록번호	⑬ 대표자	⑭ 설립일	⑮ 중소기업여부	⑯ 주권상장 법인여부

■ 대리인이 신청하는 경우에는 아래의 **위임장을 작성하시기 바랍니다.** ※ 본인 신분증사본 첨부

위임장	본인은 명의신탁주식 실제소유자 확인신청과 관련한 모든 사항을 아래의 대리인에게 위임합니다. 본인: (서명 또는 인)			
대리인 인적사항	성명(법인명)	생년월일(사업자등록번호)	전화번호	신청인과의 관계

「상속세 및 증여세 사무처리규정」 제12조제1항 및 제2항의 규정에 의하여 명의신탁주식 실제소유자 확인을 신청합니다.

년 월 일

신청인 (서명 또는 인)

위 대리인 (서명 또는 인)

세무서장 귀하

※ 제출할 서류: 1. 중소기업 등 기준검토표(「법인세법 시행규칙」 별지 제51호 서식)

2. 주식발행법인이 발행한 "주식 명의개서 확인서"

3. 신청인(실제소유자) 및 명의수탁자의 명의신탁 확인서 또는 진술서(신분증사본 첨부)

4. 그 밖에 당초 명의신탁 및 실제소유자를 입증할 수 있는 증빙서류

(※ 주식대금납입 또는 배당금 수령에 관한 금융증빙, 신탁약정서, 법인설립 당시 정관 및 주주명부, 법인등기부등본 등)

※ 신청서는 본인(또는 대리인) 신분증을 지참하여 신청인(실제소유자)의 주소지 관할세무서장에게 제출하시기 바랍니다.

※ 신청서는 주식발행법인 또는 출자법인별로 각각 작성하고, 명의수탁자가 많은 경우에는 명세를 별지로 첨부합니다.

〈 절 취 선 〉

접수증	접수번호		접수일	
	신청인 (또는 대리인)		접수자	(소속) (성명) ☎
	■ 위와 같이 「명의신탁주식 실제소유자 확인신청서」를 접수하였습니다.			

「명의신탁주식 실제소유자 확인신청서」 작성요령

1. 신청인 사항 (①~③)
   ①~③ 실명전환한 명의신탁주식의 실제소유자 성명, 생년월일, 주소지 등을 기재합니다.

2. 실명전환한 주식 또는 출자지분에 관한 사항 (④~⑩)
   ④~⑥ 명의수탁자(명의자) 사항: 명의신탁 당시 주주명부 또는 사원명부에 주주 또는 출자자로 기재된 자가 개인일 경우에는 성명, 생년월일, 주소지를 기재하고, 법인일 경우에는 법인명, 사업자등록번호, 본점소재지를 기재합니다.
   ⑦ 실제소유자와의 관계: 실제소유자와 명의수탁자 간의 인적·사회적 관계를 기재합니다.

〈예시〉

실제소유자	본인	친족	대표이사	대표이사
명의수탁자	친족	본인	임직원	기타 지인 등
기재요령	친족	친족	사용인	지인

   ⑧ 명의신탁일: 실명전환한 주식에 대하여 주주명부 또는 사원명부에 실제소유자가 아닌 명의수탁자를 주주로 등재하거나 명의수탁자 명의로 명의개서한 날을 기재합니다.
   ⑨ 실명전환일: 명의신탁주식에 대해서 주주명부 또는 사원명부에 실제소유자 명의로 개서한 날을 기재합니다(주식발행법인 확인서류의 주주명부 등재일을 기재합니다).
   ⑩ 실명전환주식수: 실명전환한 주식수(출자지분의 경우에는 소유지분비율을 말한다)를 기재합니다.

3. 주식발행법인 또는 출자법인에 관한 사항 (⑪~⑯)
   ⑪~⑭ 주식발행법인 기본사항: 법인명, 사업자등록번호, 대표자 성명, 설립일자 등을 기재합니다.
   ⑮~⑯ 중소기업 및 주권상장법인 여부: 「조세특례제한법 시행령」 제2조에서 정하는 중소기업 요건을 충족하는지 및 유가증권시장 또는 코스닥시장에 주권을 상장한 법인인지를 기재합니다.
   ※ 중소기업 여부를 확인할 수 있도록 「법인세법 시행규칙」 제82조 제1항 제49호에 의한 "중소기업 등 기준검토표(별지 제51호 서식)"를 반드시 작성 후 첨부하여 제출하여야 합니다.

4. 제출할 서류 및 부표 작성요령
   - 제출할 서류 중 1. 중소기업 등 기준검토표, 2. 주식 명의개서 확인서, 3. 실제소유자와 명의수탁자 확인서(신분증사본 첨부) 등의 서류는 반드시 제출하셔야 합니다.
   - 제출할 서류 중 4. 그 밖에 당초 명의신탁 및 실제소유자를 입증할 수 있는 증빙서류는 반드시 제출하여야 하는 것은 아니지만, 제출하시면 사실관계를 규명하는 데 도움이 되어 확인처리기간이 단축될 수 있습니다.
   - 「명의신탁주식 실제소유자에 관한 보충확인서(부표)」 중 1번~4번 항목은 반드시 기재하시고, 5번과 6번 항목은 해당사항이 없으면 기재하지 않으셔도 무방합니다.

※ 안내말씀: 이 신청서는 당초 명의신탁에 대한 증여세 감면 또는 면제를 신청하는 것이 아니며, 귀하의 명의신탁주식 실명전환에 따른 실제소유자 여부를 확인하기 위한 것임을 알려드립니다.
또한, 신청 시 제출한 자료를 검토하는 과정에서 명의환원을 가장하여 허위 신청한 사실이 확인될 경우 세무조사 등을 통해 조세범으로 고발될 수 있음을 유의하시기 바랍니다.

【별지 제24호 서식의 부표】 (제2장)

명의신탁주식 실제소유자에 관한 보충 확인서

■ 명의신탁주식 실제소유자 확인에 필요한 자료이므로 신청인이 사실대로 작성하여 주시기 바랍니다.

확 인 할 사 항	신청인 답변내용
1. 최초 명의신탁하게 된 사유와 경위를 기재해 주십시오. (간단히 요약 기재) ※ 간단하게 요약 기재하고, 신청인과 명의수탁자의 진술서 또는 확인서를 첨부해 주십시오.	
2. 주식발행법인의 설립 당시의 발기인별현황과 현직책 등을 기재해 주십시오. (인원이 많을 경우 별지로 작성하고, 설립 당시 명의자 기준으로 작성합니다) ※ 설립 당시의 주주명부, 정관 또는 발기인총회회의록 사본을 첨부하시고, 해당법인으로부터 원본대조필을 받아 제출하시기 바랍니다.	
3. 신청인(실제소유자)이 주식발행법인에서 담당하는 업무와 직책을 기재해 주십시오. ※ 법인등기부등본상 직위를 함께 기재합니다.	
4. 신청인이 법인 설립 이후 임원의 임면 등 경영에 참여한 사실을 기재하여 주십시오. (내부결재, 경영방침 수립, 이사회 참석, 회사행사 참여 등 실제 회사운영에 관여한 내용) ※ 본 문항은 실질적 경영권행사 여부에 관한 것이므로 법인등기부등본, 업무집행서류 등을 함께 제출해 주시기 바랍니다.	
5. 신청인이 실명전환일까지 다른 법인의 경영 또는 사업체 운영, 타회사 근무한 사실 등이 있으면 기재하여 주십시오.	
6. 기타 참고사항 (당초 명의신탁 및 실제소유자를 확인할 수 있는 추가적 사실이나 내용 또는 증빙 등을 기재)	

성명	생년월일	인수한 주식수	현직책

구분	연령	직위	직책	담당업무
명의신탁 당시				
실명전환 당시				

❷ 조세회피목적이 없는 것에 대한 입증준비 후 진행하는 것이 유리하다

명의신탁주식 실명전환의 가장 어려운 점은 모든 과세문제와 리스크를 검토하여 명의신탁자 명의로 실명전환 하는 방식으로 명의신탁주식을 정리하는 경우라도 국세청으로부터 명의신탁주식으로 인정받을지 여부가 불확실한 상태에서 진행하는 것이라 할 수 있다.

명의신탁주식 인정 여부는 다소 주관적인 판단이 있을 수 있는 부분으로 신탁자 명의로 실명전환하였지만 국세청에서 명의신탁주식으로 인정하지 않는 경우에는 실명전환 시점의 주식평가액에 대해 신탁자에게 증여세가 과세된다.

따라서 명의신탁 주식 정리 시에는 이러한 과세에 대비한 제2 대안을 미리 준비할 필요가 있으며 유일한 제2 대안은 조세회피목적이 없는 것으로 주장하는 것이라 할 수 있다.

조세회피목적이 없는 것으로 인정되기 위해서는 조세회피 목적 외에 명의신탁을 할 수밖에 없는 불가피한 상황에서 조세회피 목적 외로 명의신탁한 뚜렷한 목적이 입증되어야 하며 입증책임은 명의자에게 있다.

조세회피목적이 없는 것으로 인정한 사례

1. 발기인수 충족 목적인 경우
   2001.7.23. 이전 설립법인으로서 상법상 발기인수를 충족하기 위해 명의신탁한 경우 (조심 2017중4415, 2018.5.24.)
2. 법인 목적사업 영위 또는 타법률 요건 충족하기 위해 명의신탁한 경우
   ① 법인의 인허가 사업요건에 자격증 소지자 일정수 이상 요건이 있는 경우로서 자격증소지자 영입 및 목적사업위해 명의신탁한 경우(조심2022광5632, 2022.09.06.)
   ② 방문판매 등에 관한 법률에 의한 등록요건을 충족하기 위해 명의신탁한 경우(조심2018중3171, 2019.06.20.)
   ③ 겸업금지 의무를 준수하기 위하여 명의신탁한 경우(대법원2018두32477, 2018.4.26.)
3. 명의신탁자의 신용불량 또는 보증채무에 따른 압류회피 목적으로 명의신탁한 경우
   신탁자의 신용불량 또는 보증채무로 인해 신탁자 명의로 재산을 등재 시 압류가 불가피한 상황에서 압류를 피할 목적으로 명의신탁한 경우(조심 2015중0075, 2016.04.07.; 조심 2015부0500, 2015.10.16.)
   ※ 국세 체납으로 인한 압류회피목적은 안됨.
4. 코스닥 상장 및 투자유치를 위해 명의신탁한 경우
   코스닥 상장 시 소액주주 지분율 요건을 충족하기 위해 명의신탁한 경우(조심2015구3881, 2016.01.21.)
   투자유치 및 코스닥 상장과정에서 명의신탁한 경우(서울행정법원2020구합58359, 2021.10.14.)
5. 자금조달 목적으로 명의신탁한 경우
   ① 주식담보대출 한도 증액목적으로 명의신탁한 경우(조심2023서0202, 2023.03.15.)

13

② 주거래은행의 사업자금 대출과 여신사후관리를 위하여 명의신탁한 경우(조심2017중4208, 2018.01.09.)

3 주식평가액이 낮은 시기는 명의신탁주식 실명전환의 적기이다

명의신탁주식 실명전환의 가장 큰 리스크는 명의신탁사실이 입증되지 않아 명의신탁자 명의로 명의개서한 신탁주식에 대해 증여세가 과세되는 것이라 할 수 있다.

이 경우 주식평가액이 높은 시기에 명의신탁 하는 것은 국세청 집중 점검의 대상이 될 수 있을 뿐 아니라 명의신탁사실이 입증되지 않는 것으로 판단 시 거액의 증여세가 과세될 수 있다.

따라서 명의신탁주식 실명전환은 주식평가액이 낮은 시기에 실명전환하는 것이 유리하다.

4 수탁자가 실제 일부 주식을 보유하고 있는 경우에는 의결권 불통일 행사제도를 활용하는 것이 유리하다

수탁자가 신탁자의 주식을 수탁함과 동시에 일부주식을 실제 소유하고 있는 경우에는 배당금 반환 등을 통한 명의신탁사실 입증이 어려워서 명의신탁주식 실명전환이 더 어려울 수도 있다.

이러한 경우에는 주주총회 의결권 행사 시 명의신탁 주식과 실제 소유주식에 대한 의결권을 다르게 행사하는 의결권 불통일 행사를 활용하여 명의신탁사실에 대한 근거를 남기는 것이 유리하다.

의결권 불통일행사는 주주총회일 3일 전에 회사에 의결권 불통일 행사 이유와 다르게 의결권을 행사하는 사실을 통지함으로써 행사할 수 있다.

이 경우 3일 전은 발송이 아닌 회사 도달을 의미하는 것이고 상법은 기간계산에 관한 규정이 없어 민법을 준용하여야 하는데 민법상 기간계산은 초일불산입이 원칙이므로 주주총회결의일 4일 전에 회사에 도달하게 하여야 하는 점을 주의하여야 한다.

의결권 불통일 행사를 통지받은 회사는 이를 거부할 수 있지만 명의신탁주식에 대해 의결권 불통일 행사를 하는 경우에는 거부가 불가능하다.

> **상법 제368조의2(의결권의 불통일행사)**
> ① 주주가 2 이상의 의결권을 가지고 있는 때에는 이를 통일하지 아니하고 행사할 수 있다. 이 경우 주주총회일의 3일 전에 회사에 대하여 서면 또는 전자문서로 그 뜻과 이유를 통지하여야 한다.
> ② 주주가 주식의 신탁을 인수하였거나 기타 타인을 위하여 주식을 가지고 있는 경우 외에 회사는 주주의 의결권의 불통일행사를 거부할 수 있다.

5 가치상승이 예상되는 부동산 구입 전에 실명전환 하는 것이 유리하다

명의신탁주식이 있는 상태에서 법인이 구입한 부동산 가치가 크게 상승한 경우 수탁자의 입장에서는 지분율만큼 부동산을 소유하고 있는 결과가 되므로 수탁자가 변심할 수 있는 유인이 될 수도 있고 신탁자의 불안감이 극도로 커질 수 있다.

또한 명의신탁한 사실 입증이 되지 않아 명의신탁주식 실명전환 이외의 방법으로 실제 소유자 명의로 소유권을 회복하는 경우에는 과점주주 간주취득세 과세문제도 발생할 수 있다.

따라서 가치상승이 예상되는 부동산 구입을 하는 경우에는 가능하다면 구입 전 명의신탁주식 실명전환을 하는 것이 유리하다.

13

6 수탁자 수령 배당금을 신탁자에게 반환하는 등 명의신탁사실이 입증되도록 충분한 준비를 거친 후 실명전환 하여야 한다

실무에서 보면 명의신탁 당시 명의신탁사실이 명확하게 입증되도록 신탁자가 실제 수탁자의 주식에 대해 주금 등을 납입하고 명의신탁약정서까지 작성한 경우는 많지 않다.

명의신탁 당시 명의신탁사실이 명확하게 입증되지 않는 경우에는 명의신탁주식임이 입증되도록 법인이 배당금 지급 시 수탁자가 배당금 수령 후 신탁자에게 반환한 근거, 주주권 확인의 소송 등 제기를 통하여 명의신탁사실이 충분히 입증되도록 한 후 실명전환 하여야 한다.

【배당금 반환 사실 확인서】

배당금 반환 사실 확인서

명의상 주주

성 명		주민등록번호	
주 소		연락처	

실제 주주

성 명		주민등록번호	
주 소		연락처	

거래내역

순번	거래일자	배당 금액	원천징수	실수령액	배당금 반환액
1					
2					
3					

위와 같이 배당금 반환 사실을 확인합니다.

확 인 자: (인)

○○○○년 ○○월 ○○일

7 명의신탁자가 고령인 경우에는 상속 시 상속인 명의로 명의개서하는 방법으로 실명전환하는 것이 유리할 수 있다

명의신탁주식을 실명전환 시 국세청 사후검증대상에 해당하여 소명요구 시에는 신탁자와 수탁자 모두 힘든 소명과정을 거쳐야 한다.

명의신탁자가 고령인 경우로서 명의수탁자와 상속인이 모두 명의신탁사실을 인지하고 있고 수탁자가 명의신탁주식 실명전환에 협조적인 경우라면 명의신탁자 생존 시 실명전환하는 것보다 사망 시 상속재산에 합산하면서 상속세를 납부하는 방식으로 실명전환하는 경우 명의신탁주식인지 여부에 대한 사후검증이 좀 더 가벼울 수 있으므로 상속 시 상속재산에 합산하는 방식으로 실명전환하는 것이 유리할 수 있다.

이 경우 상속 시 상속재산에 합산하는 것은 추가적인 명의신탁으로 보지 않는다.

상속세 및 증여세법 제45조의2【명의신탁재산의 증여 의제】

③ 타인의 명의로 재산의 등기 등을 한 경우 및 실제소유자 명의로 명의개서를 하지 아니한 경우에는 조세 회피 목적이 있는 것으로 추정한다. 다만, 실제소유자 명의로 명의개서를 하지 아니한 경우로서 다음 각 호의 어느 하나에 해당하는 경우에는 조세 회피 목적이 있는 것으로 추정하지 아니한다.

1. 매매로 소유권을 취득한 경우로서 종전 소유자가 「소득세법」 제105조 및 제110조에 따른 양도소득 과세표준신고 또는 「증권거래세법」 제10조에 따른 신고와 함께 소유권 변경 내용을 신고하는 경우
2. 상속으로 소유권을 취득한 경우로서 상속인이 다음 각 목의 어느 하나에 해당하는 신고와 함께 해당 재산을 상속세 과세가액에 포함하여 신고한 경우. 다만, 상속세 과세표준과 세액을 결정 또는 경정할 것을 미리 알고 수정신고하거나 기한 후 신고를 하는 경우는 제외한다.
   가. 제67조에 따른 상속세 과세표준신고
   나. 「국세기본법」 제45조에 따른 수정신고
   다. 「국세기본법」 제45조의3에 따른 기한 후 신고

부산고등법원2012누2702, 2013.01.30.

명의수탁받은 자가 사망함에 따라 그 상속인들에게 상속을 원인으로 명의개서하는 것이 불가피하였고 상속이라는 형식을 취하는 이상 서류의 작성 · 제출은 반드시 수반되는 것일 뿐이어서 이를 새로운 명의신탁에 관한 의사의 합치가 있었다고 보기는 어려움

8 명의신탁주식 실명전환 시 명의신탁계약 해지약정서를 작성하는 것이 유리하다

의신탁주식 실명전환 시 다음의 양식에 따라 명의신탁해지약정서를 작성하는 경우에는 명의신탁주식이라는 것에 대한 추가 입증서류로 제출할 수 있으므로 반드시 명의신탁계약 해지약정서를 작성할 필요가 있다.

【주식 명의신탁 해지약정서】

주식명의신탁계약 해지약정서

〈명의 신탁자〉 주　　　소:
성　　　명:　　　　(인)
주민등록번호:

〈명의 수탁자〉 주　　　소:
성　　　명:　　　　(인)
주민등록번호:

1. 명의신탁자와 수탁자는 다음의 주식에 대한 명의신탁약정을 해지하고 이에 신탁계약해지약정서를 작성한다.
   주식발행회사명:
   주식의 종류:
   1주의 금액:
   주식의 수:
   주권번호(주식이 발행된 경우)
2. 본 계약에 따라 명의신탁주식의 명의개서를 즉시 이행하기로 하며, 수탁자는 이에 협력하여야 한다.
3. 수탁자는 명의신탁한 주식에 대하여 본 계약일 이후 어떠한 권리도 주장할 수 없으며, 이를 위반한 경우 모든 책임은 수탁자가 부담하기로 한다.
4. 수탁자가 본 계약일 이전에 신탁자의 허락 없이 명의신탁한 주식에 대하여 임의로 주식의 양도, 질권의 설정, 신탁을 하였다면 이는 무효인 것으로 하며, 이로 인하여 명의신탁자에게 손해가 발생한 경우 수탁자는 그에 대한 손해배상책임을 부담하기로 한다.
5. 본 주식의 명의신탁해지와 관련하여 발생하는 모든 제세공과금은 명의신탁자가 이를 납부하여야 한다.

위 내용을 잘 이해하고 약정서를 작성하며, 후일을 증하기 위하여 신탁계약해지약정서 2통을 작성하여 "명의신탁자"와 "수탁자"가 각각 1통씩 보관하기로 한다.

○○○○년 ○○월 ○○일

명의신탁자: 성명　　　(인)
명의수탁자: 성명　　　(인)

별 첨: 1. 인감증명서 1부.

PART 04

명의신탁주식 실명전환 외 명의신탁주식 정리 전략

전략가이드

명의신탁사실이 명확하게 입증되고 주식평가액이 높은 상태에서 명의신탁주식을 기초로 유상증자 시 배정받은 주식이 없는 경우에는 명의신탁주식 실명전환을 통해 명의신탁주식을 정리하는 것이 최선이 될 수 있다.
하지만 실무에서는 명의신탁사실이 명확하게 입증되지 않거나 명의신탁사실이 입증된다고 하더라도 주식평가액이 높은 상태에서 명의신탁주식을 기초로 유상증자 시 신주를 배정받은 경우가 더 많은 것이 현실이다.
명의신탁주식을 신탁자 명의로 실명전환 하는 것이 아닌 다른 방식으로 정리하는 경우에는 명의신탁주식 실명전환보다 여러 가지 과세문제가 발생할 수 있으며, 의결권 등 행사의 기초가 되는 지분율에 변경이 발생할 수 있으므로 명의신탁주식 실명전환하는 것보다 더 많은 문제를 고려한 후 진행하여야 한다.
아래 나열하는 명의신탁주식 정리방법은 명의신탁 실명전환 외 방식으로 명의신탁주식을 정리하면서 발생하는 리스크를 정확하게 인지하지 못한 채 진행되는 경우가 많아 전체 실행플랜 개요와 과세문제를 설명한 것이니 각각의 방법으로 실명전환을 고려하고 있는 경우에는 전체 사항을 체크한 후 진행하기를 권유한다.

I 명의수탁자로부터 저가양수를 통한 명의신탁주식 정리

1 실행플랜 개요

명의신탁자가 세법상 주식평가액보다 낮은 양도대가를 지급하는 방식으로 명의수탁자로부터 명의신탁주식을 양수하는 경우 저가의 양도대가를 지급하는 것 외에는 명의신탁 실명전환과 동일한 결과가 된다.

즉 명의신탁자 명의로 주식이 명의개서되어 명의신탁자가 외관상 지분율과 의결권을 획득하게 된다.

명의수탁자로부터 신탁자가 유상으로 명의신탁한 주식을 저가로 양수하는 방식으로 명의신탁주식을 정리하는 것은 절차상 가장 간단하게 명의신탁주식을 정리하는 것이라 할 수 있다.

이 경우 명의신탁자가 아닌 자녀명의로 저가양수를 진행 시에는 증여세 절세효과를 누릴 수 있는 측면도 있다.

명의신탁주식 정리 실행플랜 개요

- 명의신탁자 ⇒ 낮은 주식양수대금 지급 ⇒ 명의수탁자
- 명의신탁자 ⇐ 양수 ⇐ 명의수탁자
- 명의신탁자 정리효과
  명의신탁자 또는 가족 명의로 소유권 회복하여 대외적으로 지분율 확보 및 의결권 행사가능

2 저가양수를 통한 명의신탁주식 정리 시 발생하는 과세문제

가. 저가로 양수하는 명의신탁자의 증여세

상속세 및 증여세법상 증여세 과세대상이 되는 증여는 무상으로 재산을 수증받는 것뿐만 아니라 저가로 재산을 취득하여 이익을 이전받은 것까지 과세대상 증여로 보고 있다(상증법 §2 6호).

저가로 재산을 취득하여 이익을 이전받은 것에 대한 과세는 양수자가 양도자와 상속세 및 증여세법상 특수관계가 성립하는 경우에는 시가와 대가와의 차액이 30% 이상이거나 시가와 대가와의 차액이 3억 원 이상인 경우에 대가와 시가와의 차액에서 시가의 30% 또는 3억 원 중 적은 금액을 차감한 금액에 대해 증여세가 과세된다(상증법 §35 ①). 즉, 정당한 사유가 있는지 여부를 불문하고 요건을 충족하는 경우 무조건 증여세가 과세된다.

또한 양수자가 양도자와 상속세 및 증여세법상 특수관계가 없는 경우에는 정당한 사유 없이 시가와 대가와의 차액이 시가의 30% 이상인 경우 시가와 대가와의 차액에서 3억 원을 차감한 금액에 대해 증여세가 과세된다(상증법 §35 ②). 즉, 저가양수에 정당한 사유가 있으면 증여세가 과세되지 않으며, 시가와 양수대가와의 차액이 3억 원 이내이면 정당한 사유가 없어도 증여세가 과세되지 않는다.

저가양수에 따른 증여세 과세문제를 피하면서 전략적으로 저가양수를 통해 명의신탁주식을 정리하기 위해서는 양수자를 가족 전체로 분산하여 취득하는 것이 유리하다.

나. 저가로 양수하는 명의신탁자의 간주취득세

법인이 부동산이 있는 상태로서 명의수탁자로부터 저가로 신탁주식을 양수하는 경우에는 명의신탁자가 이미 과점주주에 해당하는 경우 또는 명의신탁주식 취득으로 인해 새롭게 과점주주에 해당하는 경우 모두 과점주주 간주취득세 과세문제가 발생한다.

따라서 법인에 부동산이 있는 상태에서 명의신탁주식을 저가로 양수하는 경우에는 과점주주 간주취득세 과세문제를 명확하게 검토 후 진행하여야 한다.

다. 저가로 양도하는 명의수탁자의 양도소득세, 증권거래세

저가로 양도하는 명의수탁자는 취득가액과 양도가액과의 차액에 대해 양도소득세가 과세되며, 양도가액에 대해 증권거래세가 과세된다.

또한 저가로 양도하는 명의수탁자가 명의신탁자와 소득세법상 특수관계가 성립하는 경우로서 시가와 양도가액과의 차액이 시가의 5% 또는 3억 원 이상인 경우에는 실제 양도가액이 아닌 시가를 기준으로 양도소득세와 증권거래세가 과세된다.

하지만 통상 친족관계 또는 수탁자가 개인사업자인 명의신탁자의 직원(또는 신탁자가 개인사업자인 수탁자의 직원)이 아닌 한 명의수탁자가 명의신탁자와 소득세법상 특수관계가 성립하는 경우는 거의 없다.

13

라. 명의신탁자에게 전체 주식가액에 대해 증여세

실무에서 보면 저가양수방식으로 명의신탁주식을 정리하는 경우에 저가로 양수하는 금액을 수탁자에게 실제 양수도 대가로 지급하는 경우는 많지 않다.

저가 양수도 거래에 대해 소명하는 과정에서 대금지급에 대한 사실이 전혀 입증되지 않은 경우에는 저가양수로 얻은 이익이 아닌 전체 주식평가액에 증여세가 과세될 수 있으므로 반드시 저가양수대금에 대한 대금지급 증빙을 남기는 것이 좋다.

저가양수를 통한 명의신탁주식 정리 시 발생하는 세금

■ **저가로 양수하는 명의신탁자의 증여세**

- 명의수탁자와 상속세 및 증여세법상 특수관계 성립
  - 과세요건: (시가 − 대가) ≥ 시가의 30% 또는 3억 원
  - 과세금액: (시가 − 대가) − min(시가의 30%, 3억 원)
- 명의수탁자와 상속세 및 증여세법상 특수관계 불성립
  - 과세요건: (시가 − 대가) ≥ 시가의 30% & 정당한 사유 없음
  - 과세금액: (시가 − 대가) − 3억 원

※ 최대한 양수자를 가족 전체로 분산하는 것이 유리

- **저가로 양수하는 명의신탁자의 간주취득세**
  - 과세요건: 법인 부동산 보유
    & 명의신탁자 이미 과점주주 또는 저가양수를 통해 과점주주 해당
  - 과세금액
    - 이미 과점주주: 증가된 지분율 × 부동산 장부가액 × 2.2%
    - 새롭게 과점주주 해당: 부동산 장부가액 × 주식양수 후 지분율 × 2.2%
- **저가로 양도하는 명의수탁자의 양도세, 증권거래세**
  - 과세요건: (시가 - 대가) ≥ 시가의 5% 또는 3억 원
    & 소득세법상 특수관계 성립
  - 과세금액: 수령한 주식양도대가가 아닌 시가를 기준으로 양도소득세, 증권거래세 과세
- **명의신탁자에게 전체 주식평가액에 대해 증여세**
  - 과세요건: 저가양수대금 지급사실 미입증
  - 과세금액: 세법상 주식평가액 × 증여세율

❸ 저가양수를 통한 명의신탁주식 정리 전제조건

저가양수 방식을 통한 명의신탁주식 정리의 경우 특수관계 성립여부를 불문하고 주식평가액이 높은 경우에는 양수자에게 거액의 증여세가 과세되므로 실행이 불가능하다.

주식평가액이 높지 않은 경우라도 상속세 및 증여세법상 특수관계가 성립하는 경우에는 무조건 증여세가 과세되므로 주식평가액이 낮고 양수자가 양도자와 상속세 및 증여세법상 특수관계가 성립하지 않으며 시가와 대가와의 차액이 3억 원 정도인 경우 가장 효율적인 전략이다.

이 경우 상속세 및 증여세법상 특수관계 성립의 경우 명의신탁자와 수탁자가 친족관계가 아닌 경우라도 명의신탁자가 특수관계인 포함 30% 이상 지분을 가지고 있는 경우로서 명의수탁자가 임직원인 경우, 명의신탁자가 임직원인 경우로서 명의수탁자가 특수관계인 포함 30% 이상 지분을 보유하고 있는 경우에는 특수관계가 성립하는 점을 주의하여야 한다.

이러한 과세문제를 피하기 위해서는 명의신탁자 지분율이 30% 이상이고 명의수탁자 지분율이 30% 미만이면서 임직원에 해당하는 경우라면 명의수탁자가 임직원(임원의 경우 퇴사 후 3년이 지나야 가능할 수 있음)에서 퇴사 후 주식양도를 하여야 하며, 명의신탁자가 임직원인 경우로서 명의수탁자 지분율이 30% 이상인 경우에는 명의수탁자 지분율을 30% 미만으로 한 후 명의신탁주식 저가양수도 거래를 진행하여야 한다.

또한 명의신탁자는 통상 이미 과점주주이거나 명의신탁주식 양수를 통해 새롭게 과점주

주에 해당할 수 있으므로 법인에 부동산이 있는 경우에는 반드시 이러한 과세문제를 검토 후 진행하여야 하며 저가양수대금 지급사실이 입증되지 않는 경우에는 전체 주식평가액에 대해 증여세가 과세될 수 있으므로 저가양수도 대금지급사실이 입증되는 경우에 한하여 진행하여야 한다.

저가양수를 통한 명의신탁주식 정리 전제조건

- 주식평가액이 높지 않을 것
- 신탁자와 수탁자 간에 상속세 및 증여세법상 특수관계가 성립하지 않을 것
  - 명의수탁자가 임,직원인 경우에는 임,직원 퇴사 후 주식양수도
  - 명의수탁자 지분율이 30% 이상인 경우에는 30% 미만으로 한 후 주식양수도
- 시가와 양도대가와의 차액이 3억 원 이내일 것
- 법인에 보유부동산이 없을 것
- 저가양수도 대금 지급사실 입증될 것

II 명의수탁자로부터 수증받는 방식을 통한 명의신탁주식 정리

1 실행플랜 개요

법인의 주식평가액이 높지 않은 경우로서 명의신탁자가 수탁자에게 명의신탁에 대한 대가를 전혀 주지 않기를 원하는 경우에는 수탁자로부터 명의신탁주식을 수증받는 방식으로 명의신탁주식 정리도 가능하다.

해당 방식으로 진행하는 경우에는 수증받는 신탁자의 명의신탁주식에 대한 취득가액이 높아져서 일정 시점에 소각 시 낮은 세금을 부담하면서 법인자금을 인출할 수 있는 부수적인 장점이 있으며, 가족들과 분산하여 수증받는 경우에는 증여세 부담을 낮추면서 명의신탁주식 정리와 법인자금 출구전략이 마련되는 두 가지 효과가 있다.

명의신탁주식 정리 실행플랜 개요

- 명의수탁자 ⇒ 증여 ⇒ 명의신탁자 또는 명의신탁자 가족
- 명의신탁주식 정리효과
  명의신탁자 또는 가족 명의로 소유권 회복하여 대외적으로 지분율 확보 및 의결권 행사가능하고 법인자금 출구전략 마련

❷ 수탁자 증여 통한 명의신탁주식 정리 시 발생하는 과세문제

가. 명의신탁자의 증여세

수탁자로부터 신탁자가 명의신탁주식을 증여받는 경우에는 당연히 명의신탁주식의 세법상 평가액에 대해 증여세가 과세된다. 증여세율은 초과 누진세율이므로 가족들과 분산증여받는 경우에는 증여세 부담을 낮출 수 있다.

신탁자의 경우 증여세는 부담하지만 명의신탁주식에 대해서는 주식평가액이 높아지므로 일정 시점에 소각 시 낮은 세금으로 법인자금을 인출할 수 있는 이점이 있다.

다만 통상적으로 신탁자는 기존에 보유한 주식이 있으므로 주권발행 후 수증받아 수증받는 주식의 취득가액을 특정하는 방식으로 진행하여야 하는 점을 주의하여야 한다.

이 경우 자녀와 분산증여 받는 경우로서 향후 자녀지분을 감자하는 경우에는 부모의 직접적인 증여 없이 낮은 세부담으로 자녀에게 귀속되는 현금을 극대화하는 장점이 있다.

나. 수증받는 명의신탁자의 간주취득세

지방세법상 취득은 증여로 인한 취득도 포함되는 것으로 법인이 부동산이 있는 상태에서 명의수탁자로부터 명의신탁주식을 수증받은 경우에는 명의신탁자가 이미 과점주주에 해당하는 경우 또는 명의신탁주식 수증으로 인해 새롭게 과점주주에 해당하는 경우 모두 과점주주 간주취득세 과세문제가 발생한다.

따라서 법인에 부동산이 있는 상태에서 명의신탁주식을 수증받는 경우에는 과점주주 간주취득세 과세문제를 명확하게 검토 후 진행하여야 한다.

다. 명의신탁증여의제 증여세

친족관계가 아닌 타인에게 무상으로 주식을 증여하는 것은 통상적인 거래가 아닌 것으로 볼 수 있는 여지가 크다.

국세청에서 타인 간 증여거래를 이상거래로 보고 명의신탁주식 환원으로 보는 경우로서 명의수탁자의 실제 소유권 행사사실이 입증되지 않아 주금납입 사실 등을 통해 명의신탁사실이 확인되고, 과거 주식평가액이 높아 명의신탁 증여의제에 대한 증여세가 큰 경우(주식평가액이 유사한 경우에도 가산세 추가 부담 발생)에는 명의신탁 증여의제로 과세될 수 있다.

수탁자로부터 수증받는 방법으로 명의신탁주식 정리 시 발생하는 세금

■ **명의신탁자의 증여세**

- 수증받는 시점의 세법상 평가액에 대해 증여세 과세
  ⇒ 가족 간 분산증여 받는 경우 증여세 부담 ↓
  ⇒ 수증받는 신탁자와 신탁자 가족의 주식취득가액 ↑

■ **명의신탁자의 간주취득세**

- 과세요건: 법인 부동산 보유
  & 명의신탁자 이미 과점주주 또는 저가양수를 통해 과점주주 해당
- 과세금액
  - 이미 과점주주: 증가된 지분율 × 부동산 장부가액 × 2.2%
  - 새롭게 과점주주 해당: 부동산 장부가액 × 주식양수 후 지분율 × 2.2%

■ **명의신탁증여의제에 대한 증여세**

- 과세요건: 명의수탁자의 소유권 행사사실 미입증
  & 명의신탁사실 입증 & 명의신탁 또는 유상증자 당시 주식평가액 높은 경우
- 과세금액: 명의신탁시점 또는 유상증자 시점 주식평가액에 대해 증여세 과세

13

3 수탁자로부터 수증받는 방법 통한 명의신탁주식 정리 전제조건

수탁자로부터 수증받는 방법으로 명의신탁주식 정리 시 신탁자의 증여세가 과도한 경우에는 실행이 불가능하다.

따라서 주식평가액이 높지 않은 경우로서 가족 간 분산증여가 가능한 경우에 한하여 진행이 가능하다.

또한 명의수탁자의 실제 소유권 행사사실(배당금 실제수령)이 입증되는 경우로서 명의신탁 당시 또는 유상증자 시 세부담이 크지 않은 경우에 실행하여야 하며 법인 보유 부동산 가액도 높지 않을 것을 전제조건으로 한다.

수탁자로부터 수증 통한 명의신탁주식 정리 전제조건

- 주식평가액이 높지 않을 것 & 가족 간 분산증여 가능할 것
- 수탁자의 소유권 행사사실 입증될 것
- 법인에 보유부동산이 없을 것

Ⅲ 법인이 저가로 자기주식 취득하는 방식으로 명의신탁주식 정리

1 실행플랜 개요

자기주식은 성격상 의결권, 배당권, 신주배정권이 없으므로 법인이 특정주주로부터 자기주식을 취득하는 경우에는 자기주식을 양도한 주주 외의 지분율이 높아지는 효과가 있다.

주식평가액이 높은 경우로서 신탁자와 수탁자 간 특수관계가 성립하는 경우에는 법인이 수탁자 명의주식을 저가로 자기주식을 취득하는 방식으로 명의신탁주식을 정리할 수 있다.

자기주식으로 명의신탁주식을 정리하는 경우에는 신탁자 명의로 환원되지 않지만 수탁자 외 주주구성이 신탁자와 가족으로 구성된 경우에는 실질적으로 신탁자 명의로 환원된 것과 유사한 실질적 효과가 발생한다.

명의신탁주식 정리 실행플랜 개요

- 법인 ⇒ 낮은 주식양수대금 지급 ⇒ 명의수탁자
- 법인⇐ 양수 ⇐ 명의수탁자
- 명의신탁자 정리효과
  명의수탁주식에 대한 리스크 회피 및 명의신탁자의 실질 지분율 증가

2 저가로 자기주식 취득을 통한 명의신탁주식 정리 시 발생하는 과세문제

가. 저가로 양수하는 법인의 법인세

주주가 법인과 법인세법상 특수관계가 성립하는 지분율은 1% 이상으로서 비상장법인의 거의 모든 주주는 법인과 특수관계가 성립한다.

명의신탁주식을 저가로 자사주 양수방식으로 취득하는 경우에는 특수관계 있는 개인으로부터 유가증권을 저가로 취득한 경우에 해당하여 세법상 평가액과 취득가액과의 차액에 대해 법인세가 과세된다(법법 §15 ②).

즉, 신탁자가 명의신탁주식을 저가로 양수하는 경우에는 신탁자에게 증여세가 과세되지만 법인이 명의신탁주식을 저가로 양수하는 경우에는 법인에게 법인세가 과세되므로 명의신탁주식을 정리하면서 세금을 부담하는 과세주체가 달라지는 효과가 있다.

나. 저가로 양수하는 법인 주주의 증여세

법인이 자사주를 저가로 취득하는 경우에는 다른 주주 주식평가액이 높아지게 되므로 다른 주주에게 이익이 이전되는 효과가 있다.

저가로 양수하는 법인의 지배주주 등 지분율이 30% 이상이고 명의수탁자와 지배주주 간에 상속세 및 증여세법상 특수관계가 성립하는 경우로서 자사주 저가양수(시가의 30% 또는 3억)로 지배주주 등 개인별 얻는 이익이 1억 원 이상인 경우에는 법인의 지배주주 등에게 증여세가 과세된다(상증법 §45의5).

다. 저가로 양도하는 명의수탁자의 양도소득세, 증권거래세

저가로 양도하는 명의수탁자가 법인의 임직원, 임직원의 친족, 특수관계인을 포함하여 법인에 대한 지분율이 30% 이상인 경우에는 법인과 소득세법상 특수관계가 성립한다.

명의수탁자가 법인과 소득세법상 특수관계가 성립하는 경우로서 시가와 양도가액과의 차액이 시가의 5% 또는 3억 원 이상인 경우에는 실제 양도가액이 아닌 시가를 기준으로 양도소득세(법인이 자사주를 계속 보유하거나 일정 시점에 소각 시에는 실제 양도가액을 기준으로 배당소득세)와 증권거래세가 과세된다.

13

법인이 저가로 자사주 취득하는 방법으로 명의신탁주식 정리 시 발생하는 세금

■ **저가로 양수하는 법인의 법인세**
- 명의수탁자와 법인세법상 특수관계 성립
  - 과세요건: 수탁자가 1% 이상 주주
  - 과세금액: (시가 – 실제 양수가액)

■ **저가로 양수하는 법인주주의 증여세**
- 과세요건:
  시가보다 30% 또는 3억 원 낮게 취득 & 지배주주 등 지분율 30% 이상(특정법인)
  & 수탁자와 지배주주 간에 상속세 및 증여세법상 특수관계 성립
  & 지배주주 개인별 증여의제이익 1억 원 이상
- 과세금액
  (특정법인의 이익 – 법인세 상당액) × 지배주주 지분율

■ **저가로 양도하는 명의수탁자의 양도세, 증권거래세**
- 과세요건: (시가 – 대가) ≥ 시가의 5% 또는 3억 원
  & 소득세법상 특수관계 성립
- 과세금액: 수령한 주식양도대가가 아닌 시가를 기준으로 양도소득세, 증권거래세 과세

❸ 자사주 저가 양수를 통한 명의신탁주식 정리 전제조건

자사주 저가 양수방식을 통해 명의신탁주식 정리 시에는 신탁자 개인이 부담할 증여세가 법인이 법인세를 부담하는 방식으로 이전되는 효과가 있지만 법인이 특정법인에 해당하고 수탁자와 법인의 지배주주 간에 특수관계가 성립하는 경우에는 법인세와 증여세를 동시에 부담하여야 하는 과세문제가 발생한다.

한편 신탁자가 직접 명의신탁주식을 저가양수하는 경우에는 신탁자 지분율만 증가하지만 자사주를 저가로 양수하는 경우에는 신탁자 외 타주주의 지분율도 증가하는 효과가 있다.

따라서 자사주 저가양수 방식으로 명의신탁주식을 정리하기 위해서는 수탁자와 법인의 지배주주 간에 특수관계가 성립하지 않아야 하며, 신탁자 외 주주가 가족으로 구성되어 신탁자 외 지분율이 상승하더라도 문제가 없는 경우에 한하여 진행하여야 한다.

자사주 저가양수방식을 통한 명의신탁주식 정리 전제조건

- 수탁자와 신탁자 간에 상속세 및 증여세법상 특수관계가 성립하지 않을 것
  - 명의수탁자가 임, 직원인 경우에는 임, 직원 퇴사 후 자사주 양도
  - 명의수탁자 지분율이 30% 이상인 경우에는 30% 미만으로 한 후 자사주 양도
- 명의신탁자 외 주주가 가족으로 구성되어 신탁자 외 주주 지분율이 증가해도 지분율 유지에 문제 없을 것

Ⅳ 사내근로복지기금에 출연하는 방식으로 명의신탁주식 정리

❶ 실행플랜 개요

수탁자의 지분율이 30% 이상인 경우 또는 수탁자가 임직원인 경우에 위 Ⅰ, Ⅱ 방법으로 명의신탁주식을 정리하는 경우에는 수탁자, 신탁자가 너무 큰 세 부담을 하여야 하는 문제가 있다.

위 Ⅰ, Ⅱ 방법으로 명의신탁주식을 정리하기 어려운 경우 또는 세부담 없이 명의신탁주식을 정리하기를 원하는 경우로서 법인에 사내근로복지기금이 있는 경우에는 수탁자가 사내근로복지기금에 명의신탁주식을 출연하는 방식으로 명의신탁주식을 정리할 수 있다.

또는 저가양수방식으로 취득한 자기주식을 정리하기 위해 사내근로복지기금에 출연하는 경우도 이에 해당한다고 할 수 있다.

사내근로복지기금 출연 통한 명의신탁주식 정리 실행플랜 개요

- 수탁자 ⇒ 명의신탁주식 출연 ⇒ 사내근로복지기금
- 수탁자 ⇒ 자사주 양도 ⇒ 법인 ⇒ 자사주 출연 ⇒ 사내근로복지기금

2 사내근로복지지금 출연 시 발생하는 과세문제

가. 수탁자와 신탁자의 과세문제

명의신탁사실이 입증되지 않는 경우라면 수탁자와 신탁자 모두 과세문제(신탁자의 과점주주 간주취득세 제외)가 없다.

나. 사내근로복지기금의 과세문제

비영리법인이 재산을 출연 받은 경우에는 증여세 납세의무가 있지만 사내근로복지기금이 출연 받은 재산에 대해 증여세를 과세하는 경우 사내근로복지기금 제도의 실효성이 낮아지므로 사내근로복지기금이 출연 받는 재산에 대해서는 증여세가 과세되지 않는다(상증법 §45 6호).

따라서 사내근로복지기금이 명의신탁주식을 출연 받는 경우에도 증여세 과세문제는 없다.

다. 과점주주 간주취득세 과세문제

법인에 부동산이 있는 상태에서 수탁자와 신탁자 간에 지방세기본법상 특수관계가 성립하지 않는 경우로서 수탁자 명의주식을 사내근로복지기금에 출연할 경우 과점주주 간주취득세 과세문제가 성립하는지에 대한 검토가 필요하다.

사내근로복지기금에 명의신탁주식을 출연 시 과점주주 간주취득세 과세문제가 발생하기 위해서는 법인의 주주와 지방세기본법상 특수관계인이 사내근로복지기금 설립 시 이사의 과반수를 차지하거나 사내근로복지지금 설립 시 출연재산의 30% 이상을 출연하고 그 중 1명이 설립자에 해당하여야 한다.

사내근로복지기금 설립 시에는 회사 측 2명, 노사 측 2명 이상이 이사로 구성되어야 하고 회사 측, 노사 측 각 1명이 감사로 구성되어야 하며, 출연은 전액 법인이 출연하는 형태이다.

이 경우 대표이사가 50% 초과 지분율을 보유한 상태에서 법인의 임직원이 전부 이사, 감사로 구성되었다고 하더라도 대표이사와 이사, 감사 간에는 지방세기본법상 특수관계가 성립하는 경우(친족, 개인사업자의 직원)가 거의 없으므로 이사의 과반수를 차지하여 특수관

13

계가 성립하는 경우는 발생하기 어려울 것으로 생각된다.

다만 30% 이상 지분을 보유한 대표이사와 출연법인은 특수관계가 성립하고 대표이사가 설립자 중 1인에 해당하므로 대표이사 입장에서는 사내근로복지기금에 30% 이상 출연하고 그 중 1명이 설립자인 경우에 해당하여 사내근로복지기금과 지방세기본법상 특수관계가 성립할 수 있다.

따라서 명의신탁주식이 수탁자에서 사내근로복지기금 소유로 전환 시에는 과점주주 간주취득세 과세문제가 발생할 수 있으므로 사전에 관련 과세문제를 검토 후 진행할 필요가 있다.

라. 수탁자로부터 자사주 취득 후 사내근로복지기금에 출연 시 법인의 과세문제

법인이 수탁자로부터 자사주 취득하여 보유하고 있다가 사내근로복지기금에 출연하는 경우에는 자사주 취득가액 전액이 자기주식처분손실로 법인세법상 비용으로 인정되어 법인세가 낮아지는 효과가 있다.

사내근로복지기금에 출연하는 방식으로 명의신탁주식 정리 시 발생하는 세금

- **명의수탁자와 명의신탁자의 과세문제**
  없음
- **명의신탁주식을 출연 받는 사내근로복지기금의 과세문제**
  증여세 없음
- **과점주주 간주취득세**
  과세문제 발생가능
- **법인이 자사주 취득 후 사내근로복지기금에 출연**
  전액 비용인정

3 사내근로복지기금이 명의신탁주식을 출연 받는 경우에는 의결권, 배당권, 신주배정권이 부여되는 점을 주의하여야 한다

사내근로복지기금은 법인과 독립된 비영리법인으로서 사내근로복지기금이 명의신탁주식을 출연 받는 경우에는 독립된 주주가 되는 것으로 당연히 의결권, 배당권, 신주배정권이 부여된다.

이 경우 법인이 보유한 자기주식을 출연하는 경우에는 의결권, 배당권, 신주배정권이 없던 자기주식에서 일반 보통주가 되는 것으로서 다른 주주의 지분율이 낮아지는 효과가 있으며 의결권, 배당권, 신주배정권이 부여된다.

가. 사내근로복지기금에게 의결권 부여 시 문제점

사내근로복지기금이 보유한 주식에 대해서는 최대주주가 의결권을 대신 행사하거나 의결권 행사를 제한할 수 없는 것으로 최대주주가 절대 지분율을 확보하지 않은 경우에는 법인 경영 시 걸림돌이 될 수 있다.

따라서 사내근로복지기금에 명의신탁주식을 출연하는 경우에는 의결권만 신탁하거나 의결권 없는 보통주로 전환한 후 출연하는 방식을 고려하여야 한다.

이 경우 의결권 없는 보통주 전환은 전 주주 동의가 필요한 사항으로 전 주주로부터 동의를 받기 어려운 경우에는 진행이 어려운 제약이 있다.

나. 사내근로복지기금에게 배당금 수령권 부여 시 문제점

사내근로복지기금이 직원들의 복지를 위해 고유사업을 하는 경우에는 법인세가 과세되지 않지만 배당금을 수령하는 것은 수익사업에 해당하므로 법인세 과세대상에 해당한다. 다만 고유목적사업에 전입하여 고유목적사업에 사용하는 경우에는 법인세가 과세되지 않을 수 있다.

문제는 배당의 경우 주주평등원칙에 따라 전 주주 모두에게 동일하게 하여야 하는 것이 원칙으로 가족법인으로서 지속적으로 배당을 실시하는 경우라면 사내근로복지기금에도 배당을 하여야 하는 문제에 봉착한다.

사내근로복지기금이 배당을 포기한다는 의사를 하는 경우에만 사내근로복지기금을 제외하고 초과배당 방식으로 배당이 가능한데 이는 사내근로복지기금법에 저촉될 수 있는 문제가 있다.

다. 사내근로복지기금에게 신주배정권 부여 시 문제점

법인이 유상증자 시에는 제3자 배정방식으로 외부투자자로부터 투자금을 유치하지 않는 한 세법상 평가액보다 낮은 가액 또는 액면가를 신주발행가액으로 하여 유상증자를 실시한다.

이렇게 시가보다 낮은 가액을 신주발행가액으로 하는 경우에는 세법상 과세문제 때문에 균등 유상증자를 실시하여야 하는데 사내근로복지기금에도 당연히 신주배정권이 부여된다.

따라서 이러한 경우에는 사내근로복지기금에게 신주를 배정 후 신주인수대금 납입 재원 부족을 이유로 신주인수 포기를 한 후 실권처리 하는 방식으로 진행할 필요가 있다.

이러한 방식으로 유상증자 실행 시에는 사내근로복지기금 지분율이 낮아지는 부수효과가 있다.

4 사내근로복지기금 출연을 통한 명의신탁주식 정리 전제조건

사내근로복지기금 출연을 통해 명의신탁주식 정리 시에는 과세문제는 크지 않지만 사내근로복지기금이 소유하는 주식 수만큼 의결권, 배당금 수령권, 신주배정권이 부여되는 문제점이 있으므로 부득이하게 사내근로복지기금에 출연하는 방법밖에 없는 경우에는 우선주 전환 후 출연하는 것도 검토할 필요가 있다. 이 경우 법인에 부동산이 있는 경우에는 사내근로복지기금도 법인보유부동산을 소유하는 결과가 되는 문제점이 있다.

따라서 사내근로복지기금을 통해 명의신탁주식을 정리하는 경우에는 사내근로복지기금이 의결권을 보유하더라도 의결권 행사에 문제가 없도록 최대주주가 67% 이상 지분율을 보유(주주총회 특별결의 가능)하고 있어야 하며, 법인이 부동산을 보유하고 있지 않은 경우를 전제조건으로 하여 진행할 필요가 있다.

또한 신탁자가 기보유주식이 없는 경우에는 신탁자의 법인에 대한 지배력이 상실되므로 신탁자가 기보유주식이 있는 경우에 한하여 실행하여야 한다.

사내근로복지기금 출연을 통한 명의신탁주식 정리 전제조건

- 최대주주 지분율이 67% 이상일 것
  * 부득이하게 진행하는 경우에는 우선주 전환 후 진행
- 법인에 보유부동산이 없을 것
- 신탁자의 기보유주식이 있을 것

V 명의신탁주식을 감자하는 방식으로 명의신탁주식 정리

1 실행플랜 개요

명의신탁주식을 저가로 양수하는 경우에는 신탁자가 수탁자에게 양수대가를 지급하여야 하는 제약이 있고, 수탁자로부터 수증받는 경우에는 신탁자가 증여세를 부담하여야 하는 제약이 있으므로 신탁자의 개인자금 소요 없이 수탁자의 주식을 감자하면서 법인자금으로 감자대가를 지급하는 방식으로 명의신탁주식을 정리하는 방법이다.

명의신탁주식이 신탁자 명의로 환원되지는 않지만 명의신탁주식이 정리되어 명의신탁주식에 대한 리스크가 헤지되고 발행주식총수가 감소하면서 신탁자의 지분율이 높아지는 효과가 있다.

다만 실무적으로 여러 가지 과세문제가 있을 뿐만 아니라 수탁자에게 실제 감자대가를 지급하지 않으면서 진행하는 경우에는 추가적인 과세문제가 있으므로 굉장히 주의를 요하는 방법이라 할 수 있다.

명의신탁주식 정리 실행플랜 개요

- 법인 ⇒ 감자대가 지급 ⇒ 명의수탁자 주식 소각

❷ 감자를 통한 명의신탁주식 정리 시 발생하는 과세문제

가. 명의수탁자의 의제배당에 대한 소득세

명의수탁자가 수령하는 감자대가가 수탁자의 주식 취득가액보다 높은 경우에는 수탁자에게 의제배당에 대한 소득세가 과세된다.

따라서 통상 주식평가액이 액면가액과 거의 유사한 경우에 진행하여야 하는 플랜이라 할 수 있다.

나. 수탁자 외 주주에게 감자에 따른 이익의 증여에 따른 증여세

통상 명의신탁주식을 정리하기 위해 감자하는 경우에는 주식평가액보다 낮은 가액으로 진행하거나 주식평가액 수준으로 진행하는 경우가 대부분이다.

수탁자에게 지급되는 감자대가가 감자 전 주식평가액보다 30% 또는 3억 원 이상 낮은 경우로서 주식이 감자되지 않은 대주주(1% 이상)와 수탁자가 상속세 및 증여세법상 특수관계가 성립하는 경우에는 감자를 통해 이전받은 이익에 대해 수탁자 외 주주에게 증여세가 과세된다.

감자를 통해 명의신탁주식 정리 시 주의하여야 할 점은 수탁자와 수탁자 외 주주가 상속세 및 증여세법상 특수관계가 성립하지 않는 경우에도 수탁자에게 낮은 감자대가를 지급하면서 명의신탁주식을 정리하는 경우에는 증여세 포괄주의에 의해 과세될 수 있으므로 감자를 통해 명의신탁주식을 정리하는 경우에는 주의하여야 한다.

다. 감자대가 실제 수령자가 다른 경우 증여세

명의신탁주식 정리 목적으로 감자하는 경우 실제 감자대가를 수탁자에게 지급하는 경우는 많지 않다.

법인에서 감자대가로 지급하는 형식을 취하면서 신탁자에게 지급하거나 수탁자 계좌로

입금 후 돌려받는 경우가 있는데 수탁자가 감자대가를 수령하지 않고 신탁자에게 귀속되는 경우에는 신탁자가 수령한 금액에 대해 증여세가 과세되거나 명의신탁주식으로 보아 명의신탁주식에 대한 과세문제가 발생할 수 있다.

수탁자 주식 감자하는 방법으로 명의신탁주식 정리 시 발생하는 세금

■ **수탁자의 배당소득세**
- 과세요건: (감자대가 − 수탁자 취득가액)
- 과세금액: (감자대가 − 수탁자 취득가액)

■ **감자에 따른 이익의 증여 증여세**
- 과세요건: (시가 − 감자대가) ≥ 감자 전 주식평가액의 30% 또는 3억 원
  & 수탁자와 대주주(1% 이상) 간에 상속세 및 증여세법상 특수관계 성립

※ 상속세 및 증여세법상 특수관계 없는 경우에도 과세가능
- 과세금액
  (감자한 주식 등 1주당 평가액 − 1주당 감자지급 대가) × 총감자 주식등의 수 × 대주주등의 감자 후 지분비율 × (대주주등과 특수관계인의 감자 주식등의 수 ÷ 총감자 주식등의 수)

■ **감자대가를 신탁자가 수령 시 증여세**
- 과세요건: 감자대가가 수탁자에게 귀속되지 않고 신탁자가 수령
  (※ 명의신탁주식으로 보아 명의신탁주식에 대한 과세가능)
- 과세금액: 감자대가

3 수탁자 주식 감자 통한 명의신탁주식 정리 전제조건

주식평가액이 높은 경우에 수탁자에게 낮은 감자대가를 지급하면서 감자하는 방식으로 명의신탁주식을 정리하는 경우에는 수탁자 외 주주에게 거액의 증여세 과세문제가 발생하므로 수탁자 주식 감자를 통한 명의신탁주식 정리는 주식평가액이 높지 않은 경우를 전제조건으로 한다.

또한 신탁자가 다른 보유주식이 없는 경우에는 법인에 대한 신탁자 지배력이 없게 되므로 신탁자가 기보유주식이 있는 경우에 실행하여야 하고 수탁자와 상속세 및 증여세법상 특수관계가 성립하지 않는 경우에 실행하여야 한다.

수탁자 주식 감자를 통한 명의신탁주식 정리 전제조건

- 주식평가액이 높지 않을 것
  – 액면가 수준으로 감자 시에도 수탁자 외 주주에게 증여세가 과세되지 않을 것
- 신탁자 기보유주식이 있을 것

Ⅵ 명의신탁주식 수탁료 지급청구 소송을 통한 명의신탁주식 정리

1 실행플랜 개요

명의신탁주식을 실명전환하기 위해 명의신탁자가 명의수탁자를 상대로 주주권 확인의 소를 진행하는 경우를 많이 볼 수 있는데 신탁자가 주주권 확인의 소에서 승소하는 경우에도 궐석재판(원고나 피고가 출석하지 않은 경우 또는 응답서면을 제출하지 않은 경우)으로 진행된 경우나 의제자백(신탁자 주장에 대해 수탁자가 다투지 않거나 출석하지 않음으로써 신탁자가 사실을 자백한 것으로 보는 경우)으로 진행된 경우에는 국세청에서 부인할 가능성이 높다.

이러한 이유로 명의신탁주식의 실명전환을 위한 주주권 확인의 소는 원고와 피고가 실제 법정에 출석하여 다투는 방식으로 진행하게 되는데 주주권 확인의 소를 진행하는 과정에서 명의신탁사실이 명확하게 입증되지 않는 것으로 재판부에서 판결하는 경우에는 실명전환이 어렵게 되며 최근 법원에서는 엄격하게 명의신탁사실이 입증되는 서류가 있는 경우에 한하여 명의신탁주식으로 인정하고 있는 추세이다.

이러한 경우에는 전략적으로 주주권 확인의 소가 아닌 원고와 피고를 바꾸어 수탁자가 신탁자에게 명의신탁주식 수탁료 청구소송을 제기하는 방식으로 명의신탁주식을 정리할 수 있다.

즉, 명의신탁사실에 대해서는 신탁자와 수탁자가 인정한 후 신탁자가 수탁자에게 수탁료를 지급할 것인지를 쟁점으로 삼아 소송을 진행하는 것으로 수탁자가 소송에서 패소하는 경우에도 소송과정에서 명의신탁사실은 입증되는 장점이 있다.

수탁료 지급청구 소송 통한 명의신탁주식 정리 실행플랜 개요

- 신탁자 ⇒ 주주권 확인의 소 ⇒ 수탁자(리스크 존재)
- 수탁자 ⇒ 수탁료 지급청구 ⇒ 신탁자(신탁자와 수탁자 모두 명의신탁 사실 인정)

2 수탁료 지급청구 소송 시 발생하는 과세문제

가. 명의신탁자에게 명의신탁 증여의제 증여세

명의신탁사실에 대해서는 소송과정에서 입증되는 결과가 되므로 명의신탁 당시 또는 유상증자 당시 주식평가액에 대해 신탁자에게 증여세가 과세된다.

나. 수탁자에게 지급한 배당금에 대해 신탁자에게 종합소득세 과세

신탁자가 수령할 배당금을 수탁자 명의로 수령한 후 반환받은 경우에는 신탁자의 배당소득금액으로 보아 과거 5년분에 대해 신탁자에게 종합소득세가 추가 과세된다. 반면 수탁자 명의로 신고한 종합소득세는 환급받게 된다.

다. 수탁자의 기타소득세

수탁자가 승소하여 수탁료를 받는 경우 해당 수탁료는 수탁자의 기타소득금액에 해당하여 종합소득세가 과세된다.

수탁료 지급청구 소송 방식으로 명의신탁주식 정리 시 발생하는 세금

- **명의신탁자에게 명의신탁 증여의제 증여세**
  명의신탁 당시 또는 유상증자 시 주식평가액에 대해 증여세
- **명의신탁자에게 배당소득세 과세**
  제척기간 내에 수탁자 명의로 수령한 배당금에 대해 소득세 과세
- **명의수탁자에게 기타소득세 과세**
  수탁자가 승소하여 수탁료 수령 시 해당 금액에 대해 기타소득세 과세

❸ 수탁료 지급청구 소송을 통한 명의신탁주식 정리 전제조건

수탁료 지급청구 소송을 통한 명의신탁주식 정리 시에는 신탁자에게 명의신탁 당시 또는 유상증자 당시의 주식평가액에 대해 증여세가 과세되므로 유상증자 시 주식평가액이 높은 경우에는 실행이 어려울 수 있다.

또한 과거 일정가액 이상의 배당금을 수탁자 명의로 수령한 경우에는 큰 금액의 종합소득세와 건강 보험료를 추가 납부하여야 하므로 과거 수탁자 명의로 수령한 배당금이 크지 않은 경우에 실행 가능하다.

실무적으로는 급하게 의사결정 후 진행하는 방식이 아닌 일정기간 동안 계획을 세워 진행하는 방식이라 할 수 있다.

수탁료 지급청구 소송 통한 명의신탁주식 정리 전제조건

- 명의신탁 당시 또는 유상증자 시 주식평가액이 높지 않을 것
- 수탁자 명의로 수령한 배당금이 크지 않을 것

13

14

CEO가 꼭 알아야 원활한 직원채용을 위한 전략

PART 01

법인 CEO가 알아야 할 사내근로복지기금 활용전략

전략가이드

중소기업 CEO들의 고민 중 가장 큰 고민은 직원채용의 어려움이라 할 수 있다.
중소기업의 경우 우수한 직원채용이 어려운 것과는 별개로 매스컴의 청년취업난에 대한 기사가 무색할 만큼 젊은 직원채용 자체가 힘든 것이 현실이다.
워라벨을 중요하게 생각하는 요즘 젊은 직원들은 절대 급여도 물론 중요하지만 다양한 복리후생제도 지원에 관심이 있는 경우가 많다.
이런 경우에 법인이 사내근로복지기금을 활용하면 법인은 사내근로복지기금에 출연금 출연 시 전액 비용 인정되고, 해당 출연금은 직원의 체력단력비, 장기근속자 포상금, 생일축하금 등 직원복지에 사용될 수 있어 직원 채용 공고 시 타회사보다 더 유리한 조건을 내세울 수 있으며, 직원의 경우 사내근로복지기금을 통해 수령하는 금전 또는 재산은 세금 없이 수령할 수 있어 일석삼조의 효과를 얻을 수 있다.

I 사내근로복지기금의 개요

1 사내근로복지기금이란

사내근로복지기금이란 기업이익으로 기금을 출연하여 독립된 기금법인을 설립하고, 그 기금을 근로자의 복지를 위해 사용하는 것을 의미한다. 물론 기금설립은 법적 의무사항은 아니며 사업주가 여건을 고려하여 임의적으로 설립가능하다.

사업장의 규모가 작아 자체적으로 사내근로복지기금 운영이 어려운 경우에는 타회사와 공동근로복지기금을 설립하여 운영할 수 있다.

공동근로복지기금이란 복지제도를 운영하고 싶지만 사업장 규모가 작아 단독운영이 어려운 기업, 영세한 여러 협력업체들과 장기간 거래하고 있는 대기업, 동일지역 또는 동종산업을 운영하는 중소기업 간에 함께 복지제도를 운영하려는 경우에 대기업 · 중소기업,

원청 · 하청기업, 중소기업 간 등 다양한 형태로 둘 이상의 기업이 공동으로 기금을 출연하여 운영하는 것을 말한다.

사내근로복지기금	공동근로복지기금
• 하나의 사업장 내 단독으로 근로자들을 위한 맞춤 기금을 운영하려는 경우 • 사업실적이 호전되어 근로자들에게 복리후생비를 지급하고 싶으나, 매년 정기적으로 지급하기 힘든 경우 • 상반기에 큰 실적을 거두어 근로자들에게 특별상여금이나 복리후생비를 지급하고 싶으나, 이에 대한 세금감면 혜택을 받지 못하는 경우	• 복지제도를 운영하고 싶지만, 사업장 규모가 작아 단독운영이 어려운 경우 • 영세한 여러 협력업체들과 장기간 거래하고 있는 대기업의 경우 • 동일지역 또는 동종산업을 운영하는 중소기업 간에 함께 복지제도를 운영하려는 경우

※ 출처 고용노동부, 2022. 사내 및 공동근로복지기금 실무매뉴얼, p.15

❷ 사내근로복지기금의 법적성격

사내근로복지기금은 법인과 별개로 운영되는 비영리법인으로서 공익법인에는 해당하지 않지만 비영리법인에는 해당한다. 법인과 별개로 운영되므로 사업자등록, 회계처리도 모두 별도로 진행된다.

❸ 사내근로복지기금 설립 가능사업장

비영리법인, 외국계 회사, 신설법인을 불문하고 모든 사업과 모든 사업장에서 설립가능하며, 사업장이 다수인 경우에는 주사무소에서 설립하는 것이 바람직하다.

❹ 사내근로복지기금 설립절차

1. 설립합의	▶ 노사협의회 또는 사업주 결정
2. 설립준비위원회 구성	▶ 노사 각 2명 이상 ~ 10명 이하 최소 설립인원 노사 각 이사 2명 이상, 감사 1명 (최소 총 6명 이상)
3. 준비위원회 개최	▶ 정관 및 사업계획서 작성 이사 및 감사선임 출연금 협의 및 결정 기금협의회 등 법정기관 구성

14

※ 구비서류 ※
1. 사업자등록증 및 근로자명부(입사일 확인 가능한 서류로 급여대장 또는 4대보험 가입자 명부 등)
2. 기금위원 6인 선정자 인감증명서 및 초본
3. 계정별 원장, 급여대장
4. 대표자 신분증 사본
5. 임대차 계약서 또는 전대차 계약서

4. 설립인가 신청 ▶ 고용노동부 심사 후 인가여부 결정(20일 이내)

설립인가 신청서, 정관, 준비위원회 회의록, 사업계획서 및 예산서, 기금출연확인서, 취임 승낙서 등

5. 설립인가증 수령
6. 설립등기 ▶ 기금법인 주사무소 소재지
7. 기금법인사무 인수인계 ▶ 기금법인 이사에게
8. 사업자등록신청 ▶ 설립등기 후 20일 이내
9. 기금법인 명의 예금계좌 개설

Ⅱ 사내근로복지기금 설립 후 전략적인 활용 시 법인의 혜택

1 사내근로복지기금 출연금은 전액 비용 인정되므로 법인세 절세효과와 주식평가액 인하효과가 있다

종전에는 법인이 사내근로복지기금에 출연하는 금액이 지정기부금에 해당하여 전액 비용인정 되지 않았지만 세법이 개정되어 2021.1.1. 이후 법인이 사내근로복지기금에 출연하는 경우에는 출연금 전액이 비용으로 인정된다.

따라서 일시에 거액의 이익이 발생한 경우로서 향후 사내근로복지기금을 통한 출연금 사용이 일정액 이상 예상되는 경우에는 일시에 사내근로복지지금에 출연하여 법인세를 절세함과 동시에 법인의 이익성장 그래프가 급증하다가 하락하는 모양새를 방지할 수 있다.

한편 경영여건, 수익금액 변동에 따라 출연금 조정은 가능하므로 법인의 수익이 좋지 않은 경우에는 출연금을 출연하지 않는 것도 물론 가능하다.

기사를 통해 상당수 많은 법인들이 거액을 사내근로복지기금에 출연하는 것을 볼 수 있는데 사내근로복지기금에 출연하는 출연금 전액이 비용 인정되는 것에 기인한 것이라 볼 수 있다.

■ 법인 ⇒ 출연금 ⇒ 사내근로복지기금

☞ 법인의 혜택
출연금 전액 비용인정 ⇒ 최고 20.9% 법인세 절세효과(과세표준 200억 원 이하)

법인세법 시행령 제19조 【손비의 범위】

법 제19조 제1항에 따른 손실 또는 비용[이하 "손비"(損費)라 한다]은 법 및 이 영에서 달리 정하는 것을 제외하고는 다음 각 호의 것을 포함한다.

22. 다음 각 목의 기금에 출연하는 금품
가. 해당 내국법인이 설립한 「근로복지기본법」 제50조에 따른 사내근로복지기금
나. 해당 내국법인과 다른 내국법인 간에 공동으로 설립한 「근로복지기본법」 제86조의2에 따른 공동근로복지기금(2021.2.17. 신설)
다. 해당 내국법인의 「조세특례제한법」 제8조의3 제1항 제1호에 따른 협력중소기업이 설립한 「근로복지기본법」 제50조에 따른 사내근로복지기금(2021.2.17. 신설)
라. 해당 내국법인의 「조세특례제한법」 제8조의3 제1항 제1호에 따른 협력중소기업 간에 공동으로 설립한 「근로복지기본법」 제86조의2에 따른 공동근로복지기금(2021.2.17. 신설)

❷ 급여 인상 없이 근로자에게 복지혜택 제공이 가능하므로 퇴직금, 4대 보험 부담이 없다

법인이 직원에게 복리후생적 성격으로 헬스장비용, 사내동호회 지원비, 생일축하금등을 지원하는 경우에는 직원급여에 합산되어 법인 부담분 4대 보험료 대상에 해당할 뿐만 아니라 퇴직금 산정대상 급여에 합산된다.

하지만 사내근로복지기금에 출연한 후 해당 출연금으로 복리후생적 급여를 지급하는 경우에는 급여 인상 없이 근로자 복지혜택 증진을 할 수 있는 장점이 있다.

따라서 급여로 신고되는 경우 발생하는 퇴직금과 4대보험료 부담이 줄어드는 장점이 있다.

■ 법인 ⇒ 출연금 ⇒ 사내근로복지기금 ⇒ 헬스장비용 등 ⇒ 근로자

☞ 법인의 혜택
근로자 급여에 미해당 ⇒ 4대 보험 미부담, 퇴직금 산정대상 급여 미합산

☞ 근로자에게 600만 원 사내근로복지기금을 통해 지급 시 법인의 혜택

급여로 600만 원 지급 시 추가부담금액	사내근로복지기금을 통해 600만 원 지급
퇴직금 53만 원 + 4대 보험료 47만 원	추가부담 금액 없음
	총 100만 원 정도 법인의 이익 (직원 100명 회사의 경우 1억 원 이익)

❸ 원활한 직원 채용 및 우수 직원의 장기근속을 장려할 수 있다

중소기업의 경우 회사가 직원을 뽑는 것이 아닌 직원이 회사를 선택하고 있는 것이 현실이다.

중소기업들이 원하는 젊은 직원의 경우 회사 선택 시 절대 급여도 중요하게 생각하지만 헬스 및 수영장 이용비 지원, 문화상품권 지급, 사내동호회비 지원, 생일축하금, 장기근속 포상금, 근로자의 날 행사지원 등 복지혜택을 중요하게 생각하는 경우가 많으므로 직원채용 시 채용공고에 사내근로복지기금을 통한 이러한 복지혜택을 주는 사항을 기재하는 경우 조금이나마 원활한 직원채용에 기여될 수 있는 부분이 있다.

또한 우수한 직원이 장기근속 할 수 있도록 사내근로복지기금을 활용하여 장기근속포상금을 지급하는 것도 좋은 활용방법 중 하나이다.

- 법인 ⇒ 출연금 ⇒ 사내근로복지기금 ⇒ 헬스장비용, 장기근속포상금 등 ⇒ 근로자

☞ 법인의 혜택
채용공고 시 사내근로복지기금 통한 복지혜택 공고 ⇒ 원활한 직원채용
사내근로복지기금 통한 장기근속포상금 지급 ⇒ 우수직원 장기근속 장려

❹ 건강보험료, 근로소득세 추징의 리스크를 줄일 수 있다

법인에서 생일축하금, 장기근속 축하금, 명절선물대 등을 지급하는 경우에는 소득세와 4대 보험을 공제하지 않고 지급하는 경우가 많다. 또한 법인에서 중식을 제공하면서 급여 신고 시 식대 비과세 20만 원을 적용하여 신고하는 사례도 많다.

최근 이러한 경우에 대해 건강보험공단에서 사후관리 후 건강보험료를 추징하는 사례가 늘고 있는데 생일축하금, 장기근속 축하금, 명절선물대, 직원 중식제공비 등을 사내근로복지기금에 출연한 후 기금에서 이러한 복리후생적 목적으로 지출하는 경우에는 과세대상 근로소득에 해당하지 않으므로 건강보험료 추징 리스크가 없어지게 된다.

Ⅲ 사내근로복지기금 통해 복지혜택 받는 직원의 혜택

❶ 근로자는 근로소득세 부담 없이 복지혜택 수여가 가능하다

근로자가 소득세가 비과세되는 식대 20만 원, 자가운전부담금 20만 원 등 외에 법인으

로부터 수령하는 각종 수당 등에 대해서는 소득세와 4대 보험을 부담하여야 하므로 실제 수령액이 크게 줄어들게 된다.

하지만 근로자가 사내근로복지기금을 통해 받는 복지혜택은 임금이 아니므로 근로소득에 해당하지 않아 소득세, 4대 보험료 부과대상이 아닌바 공제액 없이 총액을 수령할 수 있는 장점이 있다.

■ 법인 ⇒ 출연금 ⇒ 사내근로복지기금 ⇒ 헬스장비용 등 ⇒ 근로자

☞ 근로자의 혜택
소득세, 4대 보험없이 복지혜택 수혜

☞ 근로자가 사내근로복지기금 통해 600만 원 수령 시 혜택

근로자가 급여로 600만 원 수령	사내근로복지기금을 통해 600만 원 수령
소득세 120만 원 + 4대 보험료 45만 원	근로자 부담하는 금액 없음
	총 165만 원이 근로자의 혜택으로 귀속

14

2 근로자는 증여세 부담 없이 복지혜택 수여가 가능하다

근로자가 사내근로복지기금을 통해 수령하는 금원이 임금이 아닌 경우 증여세 과세대상에 해당할 수도 있는데 근로자가 사내근로복지기금을 통해 수령하는 장학금, 기념품 등 금품은 증여세 과세대상에 해당하지 않는다.

이 경우 장학금 등 학자금은 근로자 아닌 자녀를 위한 학자금도 인정되므로 근로자 가족을 위해 복지혜택을 받는 효과도 있다고 할 수 있다.

■ 법인 ⇒ 출연금 ⇒ 사내근로복지기금 ⇒ 장학금, 기념품 등 ⇒ 근로자

☞ 근로자의 혜택
증여세 없이 복지혜택 수혜

※ 사내근로복지기금으로부터 수령 시 증여세 비과세되는 금품(상증령 §35)

- 이재구호금품, 치료비, 생활비, 교육비
- 학자금 또는 장학금
- 기념품, 축하금, 부의금 기타 이와 유사한 금품
- 무주택근로자가 건물 총 연면적 85㎡ 이하 주택을 취득 또는 임차하기 위하여 증여받는 주택취득보조금 중 주택 취득가액의 5% 이하의 것과 주택임차보조금 중 전세가격의 10% 이하의 것
- 2억1,700만 원 이하를 무상으로 대여받는 경우 이자상당액

Ⅳ 사내근로복지기금으로 사용가능 사업과 요건

법인이 사내근로복지기금에 출연한 기금은 근로자의 복지사업으로만 사용할 수 있는 것으로 아래의 다양한 목적사업을 위한 사용이 허용되지만 근로의 대가로 지급하거나 특정인을 위해 지급하는 것은 허용되지 않는다.

구 분	허용되는 경우	허용되지 않는 경우
근로자 주택 구입 · 임차자금 지원	• 무주택 근로자 대상 & 국민주택규모 이하 주택을 우선, 가급적 직장주택조합과 연계하여 주택구입 · 임차자금 지원 또는 대부	• 주택구입 · 임차 여부에 관계없이 전 근로자에게 일률적으로 주택 구입 · 임차자금 지원
우리사주 구입비 지원	• 우리사주조합을 통한 근로자의 우리사주 구입비를 지원 또는 대부	• 우리사주조합과 관계없이 근로자로 하여금 자사주식을 매입하도록 지원하는 경우 • 우리사주 조합운영비 지원 (기업의 부담)
저소득근로자의 생활안정자금 대부	• 소정 자격요건(부양가족, 세대주 여부 등 자율결정)을 갖춘 저소득 근로자의 신청을 받아 심사 후 생활안정자금을 대부	• 자격요건과 관계없이 전 근로자를 대상으로 생활안정자금 명목으로 자금을 대부
장학금 지급	• 근로자와 그 자녀의 초 · 중 · 고 · 대학교 등의 장학금 지원(대부)	
재난구호금 지급	• 천재지변이나 돌발사고(교통사고 등)를 당한 근로자에게 재난구호금을 지급	• 회사에서 지급할 의무가 있는 재난구호금
모성보호 및 일과 가정 양립을 위한 비용 지급	• 근로자지원프로그램(EAP)의 비용 지원	
근로자의 날 행사지원	• 근로자의 날 행사 운영비, 기념품 지원	
체육 · 문화 활동의 지원	• 연극 · 영화 및 각종 공연 · 스포츠게임 관람료 지원 • 도서 및 문화상품권, 스포츠 · 레저장비 구입비 지원 • 헬스클럽, 수영장 등 체육시설 이용료 지원 • 각종 사내동호회 운영비 지원 등	• 실제 자금용도를 확인하지 않고 "체력단련비" 또는 "복리후생비"등의 명목으로 전 근로자에게 일률적으로 소정의 금품을 지급
근로자 복지시설에 대한 출자 · 출연 또는 구입 · 설치 및 운영	• 기숙사 및 사내구판장, 보육시설(「영유아 보육법」 제14조 제1항에 따라 사업주가 설치 · 운영할 의무가 있는 직장보육시설 제외), 휴양콘도미니엄 등 취득 및 운영 지원 • 사내휴게실, 자판기, 구내식당 운영지원	• 일반인을 대상으로 하는 사내 구판장 자판기, 구내식당 운영 지원

구 분	허용되는 경우	허용되지 않는 경우
	• 「소득세법 시행규칙」 제15조의2 제1항에 따른 사택의 운영 규정	
기타 근로자의 재산형성 및 생활원조를 위한 사업으로 정관이 정하는 사업	• 근로자의 직장 새마을금고 출자금 지원, 직장인 단체보험(보장성 또는 저축성)가입 지원 • 경조사(축의금, 조의금, 재해위로금 등) 지원 • 자녀학원비(속셈, 미술, 피아노 등) 지원 • 근로자의 어학 · 컴퓨터 학원 수강료 지원 • 근로자와 그 가족의 의료비 및 건강진단비 지원 • 휴양콘도미니엄 사용료 지원 • 회사 창립일 기념품 지급, 명절 선물 또는 상품권 지급	• 산재보험료 및 의료보험료, 국민연금 부담금 등 관계법령에 따른 사용자의 부담비용 지원 • 업무수행과 관련된 학원수강료 지원 • 업무수행을 위한 출장 · 연수비 지원 • 통근버스 운영비 등 사업운영을 위한 사용자의 필요경비 지원 • 자가운전자의 차량정비금 지원 등 수혜자가 특정 근로자 계층에 한정된 지원

14

V 전략적인 사내근로복지기금 활용방법

1 콘도회원권을 법인에서 구입하는 경우에는 자산으로 처리되지만 사내근로복지기금을 통해 구입하는 경우에는 전액 비용처리 가능하다

사내근로복지기금을 통해 직원 휴양목적의 콘도회원권 구입도 가능하다.

콘도회원권 구입은 대부분 이익실현 법인이 취득하게 되는데 콘도회원권을 법인에서 구입하는 경우에는 자산으로 계상되지만 사내근로복지기금에 출연하여 구입하는 경우에는 비용처리가 가능하므로 법인세가 과다하고 주식평가액과 이익잉여금을 낮추길 원하는 경우에는 활용 가능하다.

2 직원 전세보증금을 사내근로복지기금을 통해 지원하는 경우에는 전액 비용처리 가능하다

공장 등의 경우 통상 출퇴근이 어려운 지역에 소재해 있어 직원 채용이 어려운 경우가 많아 법인에서 전세보증금을 지원하는 사례가 많은데 이익과다 법인으로서 주식평가액과 이익잉여금을 낮추길 원하는 경우에 사내근로복지기금을 통해 전세보증금을 지원하는 경우에는 전액 비용처리가 가능하므로 법인세가 과다하고 주식평가액과 이익잉여금을 낮추길 원하는 경우에는 활용 가능하다.

❸ 직원기숙사 중 건물 공사비를 사내근로복지기금을 통해 지급하는 경우에는 전액 비용처리 가능하다

법인이 기숙사를 건축하는 경우로서 법인이 공사비를 부담하여 법인의 자산으로 계상하는 경우에는 통합투자세액공제 대상에는 해당하지만 건물의 경우 40년(25% 가감) 동안 감가상각을 통해 비용으로 인정된다.

기숙사 중 향후 자산가치가 상승하는 토지구입 대금의 경우 법인의 부담으로 하되, 향후 감가상각으로 자산가치가 하락하는 건물의 경우 사내근로복지기금에 출연한 후 해당 기금으로 공사비를 지급 시 전액 당기비용으로 처리 가능하므로 법인세가 과다하고 주식평가액과 이익잉여금을 낮추길 원하는 경우에는 활용 가능하다.

❹ 주식양도, 증여거래가 예정된 경우에는 사내근로복지기금 출연을 통해 주식평가액을 낮출 수 있다

법인이 사내근로복지기금에 출연하는 경우 순자산가치와 순손익가치가 동시에 하락하여 주식평가액이 낮아지는 효과가 있다.

주식양도 또는 주식증여가 예정된 경우로서 향후 몇 년간 사내근로복지기금을 통해 복지사업으로 사용할 금액이 확정되어 있는 경우에는 향후 사내근로복지기금에 출연할 금액을 일시에 출연하여 주식평가액을 낮출 수 있으므로 이를 활용할 수 있다.

❺ 법인에 자기주식이 있는 경우로서 자기주식 양도자에게 배당소득으로 과세될 리스크가 있는 경우에는 사내근로복지기금에 출연하는 방법을 고려할 수 있다

자기주식 양도 시 양도소득으로 과세되는 경우에는 당기 양도가 아닌 한 최고 27.5%의 세율이 적용되지만 배당소득으로 과세되는 경우에는 최고 45%(Gross-up반영)의 세율이 적용되므로 자기주식 양도자 입장에서는 배당소득으로 과세되는 리스크를 방어할 필요가 있다.

법인이 주식평가액이 높은 시기에 자기주식을 취득하여 보유하고 있는 경우로서 자기주식을 양도하지 않고 계속 보유하는 경우에는 양도자에게 배당소득으로 과세되는 리스크가 있는 데 이러한 경우 법인이 자기주식을 사내근로복지기금에 출연하는 경우에는 주식평가액이 높은 시기에 취득한 자기주식 취득가액이 전액 비용처리되고 배당소득으로 과세되는 리스크를 줄일 수 있는 측면이 있다.

다만 사내근로복지기금에 자기주식을 출연하는 경우에는 의결권, 배당권, 신주배정권이 부활되고 법인의 부동산을 소유하는 효과가 있으므로 전체적인 사항을 고려하여 의사결정하여야 한다.

Ⅵ 사내근로복지기금 활용 시 주의점

1 사내근로복지기금에 출연한 금액은 다시 법인으로 환원될 수 없으므로 복지사업에 사용가능한 범위 내에서만 출연하여야 한다

사내근로복지기금은 여러 가지 장점이 많은 제도이지만 사내근로복지기금에 출연된 자금은 반드시 직원 복지사업을 위하여서만 사용하여야 하고 해산 시에도 고유목적사업과 유사한 사업을 하는 자로서 정관에 지정된 자 또는 근로복지진흥기금에 귀속된다.

따라서 사내근로복지기금 출연금 결정 시에는 법인세 절세 등의 효과와 함께 향후 몇 년 안에 해당 출연금이 확실하게 복지사업으로 사용될 수 있는 금액만을 출연하여야 하는 점을 주의하여야 한다.

14

2 명의신탁주식 또는 자기주식을 사내근로복지기금에 출연하는 경우에는 의결권, 배당권, 신주배정권이 부여되는 점을 주의하여야 한다

명의신탁주식이 있는 경우로서 명의신탁사실 입증이 어려운 경우에 사내근로복지기금에 출연하는 방식으로 정리하는 사례를 종종 볼 수 있다. 또한 법인이 자기주식을 보유하고 있는 경우 이를 소각하지 않고 사내근로복지기금에 출연하면서 비용처리하는 사례도 종종 볼 수 있다.

사내근로복지기금은 법인과 별개의 독립된 비영리법인으로서 사내근로복지기금이 법인의 주식을 보유하고 있는 경우에는 의결권, 배당권, 신주배정권이 모두 부여된다.

이 경우 사내근로복지기금 임원의 구성은 근로자 측과 회사 측 각 이사 2명 이상, 감사 1인으로 구성되므로 근로자 측도 동일하게 의사결정의 권한이 있는 구조이다.

따라서 사내근로복지기금이 법인주식을 보유하고 있는 경우로서 사내근로복지기금이 의결권 행사하는 경우에는 주요 경영 및 임원선임에 대한 주주총회 결의 시 걸림돌이 될 수 있는 리스크가 있다.

물론 의결권만 신탁하는 방식의 의사결정도 할 수 있겠지만 이 부분에 대한 법률적 안정성은 아직 완벽하게 검토된 상태라 할 수 없으므로 안전한 방법이라고는 생각하지 않는다.

또한 사내근로복지기금 보유주식에만 배당을 하지 않는 경우에는 사내근로복지기금이 최대주주가 아닌 한 초과배당에 대한 과세문제는 발생하지 않겠지만 시가보다 저가로 증자 시 사내근로복지기금에 신주배정을 하지 않고 신주발행(실권주 실권처리하는 경우 제외)을 하는 경우에는 증자에 따른 이익의 증여 과세문제가 발생할 수 있다.

③ 부동산보유법인이 사내근로복지기금에 자기주식을 출연 시에는 신중하게 진행하여야 한다

법인이 부동산을 보유하고 있는 경우에는 당연히 주주도 지분율만큼 부동산을 소유하는 결과가 된다.

법인이 부동산을 보유하고 있는 경우에 해당 부동산을 매각하는 방식으로 매각하는 경우도 있지만 법인에 다른 자산이 없고 사업활동이 없는 경우에는 주식으로 부동산을 매각하는 의사결정을 하는 경우도 있을 수 있다.

물론 주식으로 부동산을 매각하는 경우에는 주식양도소득세율이 아닌 일반 양도소득세율이 적용되지만, 부동산 양도차익에 대해 법인세가 과세되고 해당 매각대금을 개인화하는 과정에서 소득세가 과세되므로 주식으로 양도하는 경우의 세 부담이 훨씬 적게 된다.

부동산보유법인이 사내근로복지기금에 자기주식을 출연하거나 명의신탁주식을 출연하는 경우에는 사내근로복지기금도 법인보유 부동산을 소유하게 되는 결과가 되어 주식을 매각하는 방식으로 부동산 양도 시 걸림돌이 될 수 있으므로 주의하여야 한다.

PART 02

법인 CEO가 알아야 할 사내기숙사, 직원 사택 지원전략

전략가이드

많은 중소기업들이 직원 채용에 어려움을 겪고 있지만 특히 대중교통이 원활하지 않은 곳에 위치하거나 서울 외 수도권 또는 지방소재 기업의 직원채용은 더 힘든 것이 현실이라 할 수 있다.
업종으로 보면 제조시설을 외곽에 설치할 수밖에 없는 제조업이 직원 채용에 가장 어려움이 있다고 볼 수 있다.
통상 대중교통으로 출퇴근이 어려운 지역에 소재하고 있는 경우, 서울 외 수도권에 소재하고 있는 경우에는 법인에서 전세금 지원, 사택지원, 사내기숙사를 지원하고 있는데 이에 대한 세제혜택을 정확하게 파악하지 못하고 진행되는 경우가 많다.
원활한 직원채용을 위해서는 직원 숙소, 사택, 사내기숙사 지원전략을 명확하게 파악하여 전략적으로 활용할 필요가 있다.

I 종업원 기숙사에 대한 세제혜택

1 종업원 기숙사 구입, 신축비용은 통합투자세액공제가 가능하다

외국인 근로자가 있는 경우, 용인 · 남양주 · 오포 외 평택 등 소재 법인, 전체 직원이 대중교통으로 출퇴근이 힘든 지역에 소재하는 경우에는 각 개인별 지원보다는 통상 사내기숙사를 짓는 형태로 지원하는 경우가 많다.

이렇게 종업원 기숙사를 짓는 경우 중소기업의 종업원 기숙사 구입 및 신축비용에 대해 10% 통합투자세액 공제가 가능하다.

통합투자공제세액 = 기본공제 + 추가공제

(1) **기본공제 금액**

공제세액 = 종업원 기숙사 구입 및 신축비용 × 공제율(중소: 10%, 중견: 5%, 대기업: 1%)

(2) **추가공제금액**

Min(①, ②)
① (해당 연도의 투자금액 - 직전 3년간 연평균 투자 또는 취득금액) × 3%
② 기본공제금액 × 2

조세특례제한법 시행령 제21조【통합투자세액공제】

③ 법 제24조 제1항 제1호 나목에서 "가목에 해당하지 않는 유형자산과 무형자산으로서 대통령령으로 정하는 자산"이란 다음 각 호의 자산을 말한다.

1. 연구·시험, 직업훈련, 에너지 절약, 환경보전 또는 **근로자복지 증진 등의 목적으로 사용되는 사업용자산으로서 기획재정부령으로 정하는 자산**

조세특례제한법 시행규칙 제12조【사업용자산의 범위 등】

② 영 제21조 제3항 제1호에서 "사업용자산으로서 기획재정부령으로 정하는 자산"이란 다음 각 호에 해당하는 시설을 말한다.

4. **근로자복지 증진 시설**: 다음 각 목의 어느 하나에 해당하는 시설
   가. **무주택 종업원**(출자자인 임원은 제외한다)**에게 임대하기 위한 「주택법」에 따른 국민주택 규모의 주택**
   나. **종업원용 기숙사**

❷ 종업원 기숙사 중 건물 신축비용을 사내근로복지기금을 통해 출연하여 지출하는 경우에는 신축비용 전액을 당기에 비용처리 가능하다

법인이 종업원 기숙사를 신축하여 자산으로 계상하는 경우에는 30년에서 50년의 기간 동안 감가상각을 통해 비용처리 가능하지만 해당 신축비용을 사내근로복지기금에 출연한 후 사내근로복지기금에서 신축비용을 지출하는 경우에는 신축비용 전액을 당기에 비용처리 가능하다.

국내 부동산 시장을 고려 시 매년 공시지가가 상승하는 토지를 사내근로복지기금에 출연하여 취득하는 의사결정은 문제가 있을 수 있지만, 매년 감가상각으로 가치가 하락하고 크게 건물가치를 인정받을 수 없는 건물의 경우 사내근로복지기금을 통해 출연하여 신축하는 것이 훨씬 유리할 수 있다.

Ⅱ 직원에게 임대하기 위한 직원사택에 대한 세제혜택

1 무주택종업원에게 임대하기 위한 국민주택규모 이하 주택은 통합투자세액공제가 가능하다

종업원의 경우 통상 기숙사 형태의 숙소 지원보다는 아파트 등 법인에서 사택을 구입하여 지원하는 형태를 선호하게 된다.

이 경우 법인이 무주택종업원에게 임대하기 위하여 국민주택규모 이하의 주택을 구입하는 경우 해당 주택의 구입비용은 전액 통합투자세액공제 적용이 가능하다.

통합투자공제세액 = 기본공제 + 추가공제

(1) 기본공제 금액

공제세액 = 국민주택규모 이하 사택 구입비용 × 공제율(중소: 10%, 중견: 5%, 대기업: 1%)

(2) 추가공제금액

Min(①, ②)
① (해당 연도의 투자금액 - 직전 3년간 연평균 투자 또는 취득금액) × 3%
② 기본공제금액 × 2

2 종업원에게 임대할 목적으로 사택을 구입하거나 임차한 후 무상으로 임대하여도 법인세법상 과세문제가 없다

법인이 장거리 거주하여 출퇴근이 어려운 직원 또는 공장 등 소재지 자체가 출퇴근이 어려운 지역에 있는 경우에 종업원에게 임대할 목적으로 사택을 구입한 후 종업원으로부터 임대료를 받지 않고 무상으로 임대하여도 법인세법상 과세문제가 없다.

다만, 소액주주 등 외 주주 또는 출자임원 또는 그 친족이 사택을 사용하는 경우에는 사택의 유지, 관리비, 사용료 등의 비용 전액이 부인된다.

즉, 사택을 구입하여 대표이사가 무상으로 사용하는 경우에는 임대료 시가상당액에 대해 법인세와 소득세가 과세되고, 사택 유지관리비가 전액 비용 부인되지만 직원에게 임대하는 경우에는 과세문제가 없다.

법인세법 시행령 제88조【부당행위계산의 유형 등】

6. 금전, 그 밖의 자산 또는 용역을 무상 또는 시가보다 낮은 이율 · 요율이나 임대료로 대부하거나 제공한 경우. 다만, 다음 각 목의 어느 하나에 해당하는 경우는 제외한다.
   나. 주주 등이나 출연자가 아닌 임원(소액주주 등인 임원을 포함한다) 및 직원에게 사택(기획재정부령으로 정하는 임차사택을 포함한다)을 제공하는 경우

법인세법 시행규칙 제42조의3【임차사택의 범위】

영 제88조 제1항 제6호 나목에서 "기획재정부령으로 정하는 임차사택"이란 법인이 직접 임차하여 임원 또는 직원(이하 이 조에서 "직원 등"이라 한다)에게 무상으로 제공하는 주택으로서 다음 각 호의 경우를 제외하고는 임차기간 동안 직원 등이 거주하고 있는 주택을 말한다.

1. 입주한 직원 등이 전근 · 퇴직 또는 이사한 후에 해당 법인의 직원 등 중에서 입주 희망자가 없는 경우
2. 해당 임차사택의 계약 잔여기간이 1년 이하인 경우로서 주택임대인이 주택 임대차계약의 갱신을 거부하는 경우

❸ 법인이 종업원에게 임대할 목적으로 취득하는 일정규모 이하 주택의 취득에 대해서는 취득세가 중과되지 않는다

법인이 직원에게 임대할 목적으로 1구의 건축물 연면적(전용면적)이 60㎡ 이하인 공동주택을 취득하는 경우에는 취득세가 중과되지 않는다.

다만 특수관계인 지분율 포함 50%를 초과하는 과점주주에게 임대하는 경우, 취득일부터 1년이 경과할 때까지 임대에 사용하지 않는 경우, 직접 임대에 사용기간이 3년 미만인 상태에서 매각 · 증여하거나 다른 용도로 사용하는 경우에는 취득세가 중과된다.

지방세법 시행령 제28조의2【주택 유상거래 취득 중과세의 예외】

12. 사원에 대한 임대용으로 직접 사용할 목적으로 취득하는 주택으로서 1구의 건축물의 연면적(전용면적을 말한다)이 60제곱미터 이하인 공동주택(「건축법 시행령」 별표 1 제1호 다목에 따른 다가구주택으로서 「건축법」 제38조에 따른 건축물대장에 호수별로 전용면적이 구분되어 기재되어 있는 다가구주택을 포함한다). 다만, 다음 각 목의 어느 하나에 해당하는 주택은 제외한다.
    가. 취득하는 자가 개인인 경우로서 「지방세기본법 시행령」 제2조 제1항 각 호의 어느 하나에 해당하는 관계인 사람에게 제공하는 주택
    나. 취득하는 자가 법인인 경우로서 「지방세기본법」 제46조 제2호에 따른 과점주주에게 제공하는 주택
    다. 정당한 사유 없이 그 취득일부터 1년이 경과할 때까지 해당 용도에 직접 사용하지 않거나 해당 용도로 직접 사용한 기간이 3년 미만인 상태에서 매각 · 증여하거나 다른 용도로 사용하는 주택

4 법인이 사택을 취득하여 종업원에게 임대하는 일정규모 이하 주택은 종합부동산세 과세대상 주택으로 보지 않는다

법인이 사택을 구입하여 종업원에게 무상 또는 저가로 제공하는 주택으로서 국민주택규모 이하이거나 공시가격이 6억 원 이하인 주택은 종합부동산세 과세대상 주택으로 보지 않는다.

다만, 법인이 지분율 50% 초과하는 과점주주(국세기본법 §39의2)에게 임대하는 경우에는 종합부동산세 과세대상 주택으로 본다.

종합부동산세법 제8조【과세표준】

① 주택에 대한 종합부동산세의 과세표준은 납세의무자별로 주택의 공시가격을 합산한 금액 [과세기준일 현재 세대원 중 1인이 해당 주택을 단독으로 소유한 경우로서 대통령령으로 정하는 1세대 1주택자(이하 "1세대 1주택자"라 한다)의 경우에는 그 합산한 금액에서 5억 원을 공제한 금액] 에서 6억 원을 공제(납세의무자가 법인 또는 법인으로 보는 단체로서 제9조 제2항 각 호의 세율이 적용되는 경우는 제외한다)한 금액에 부동산 시장의 동향과 재정 여건 등을 고려하여 100분의 60부터 100분의 100까지의 범위에서 대통령령으로 정하는 공정시장가액비율을 곱한 금액으로 한다. 다만, 그 금액이 영보다 작은 경우에는 영으로 본다.

② 다음 각 호의 어느 하나에 해당하는 주택은 제1항에 따른 **과세표준 합산의 대상이 되는 주택의 범위에 포함되지 아니하는 것으로 본다.**

1. 「민간임대주택에 관한 특별법」에 따른 민간임대주택, 「공공주택 특별법」에 따른 공공임대주택 또는 대통령령으로 정하는 다가구 임대주택으로서 임대기간, 주택의 수, 가격, 규모 등을 고려하여 대통령령으로 정하는 주택
2. 제1호의 주택 외에 **종업원의 주거에 제공하기 위한 기숙사 및 사원용 주택**, 주택건설사업자가 건축하여 소유하고 있는 미분양주택, 가정어린이집용 주택, 「수도권정비계획법」 제2조 제1호에 따른 수도권 외 지역에 소재하는 1주택 등 종합부동산세를 부과하는 목적에 적합하지 아니한 것으로서 **대통령령으로 정하는 주택**. 이 경우 수도권 외 지역에 소재하는 1주택의 경우에는 2009년 1월 1일부터 2011년 12월 31일까지의 기간 중 납세의무가 성립하는 분에 한정한다.

종합부동산세법 시행령 제4조【합산배제 사원용주택 등】

① 법 제8조 제2항 제2호 전단에서 "대통령령으로 정하는 주택"이란 다음 각 호의 주택(이하 "합산배제 사원용주택 등"이라 한다)을 말한다.

1. 종업원에게 무상이나 저가로 제공하는 사용자 소유의 주택으로서 **국민주택규모 이하**이거나 **과세기준일 현재 공시가격이 6억 원 이하인 주택**. 다만, 다음 각목의 어느 하나에 해당하는 종업원에게 제공하는 주택을 제외한다.
   가. 사용자가 개인인 경우에는 그 사용자와의 관계에 있어서 「국세기본법 시행령」 제1조의2 제1항 제1호부터 제4호까지의 규정에 해당하는 자
   나. 사용자가 **법인인 경우에는 「국세기본법」 제39조 제2호에 따른 과점주주**

14

Ⅲ 중소기업은 직원의 주택구입자금 또는 전세금마련 자금을 무상으로 대여해도 된다

1 중소기업은 직원의 주택구입자금 또는 전세금마련 자금을 무상으로 대여하는 경우에도 세법상 과세문제가 없다

중소기업 직원들 평균연봉 고려 시 근무연수가 짧은 직원의 경우 서울 또는 수도권에 자가로 집을 구입하거나 자가구입이 아니더라도 회사와 가까운 곳에 전셋집을 마련하는 것도 어려울 수 있다. 또한 주택마련자금 또는 전세금 마련자금 목적으로 대출 시에도 LTI(소득대비대출비율) 비율 때문에 일정가액 이상 대출이 어려운 것이 현실이다.

따라서 종업원 입장에서 최고의 복지는 내집마련, 전세금 마련이 가능할 수 있도록 회사가 자금을 대여해 주는 것이라 할 수 있다.

법인이 특수관계자인 종업원에게 금전을 대여하는 경우에는 세법상 적정이자율을 수령하여야 하고 지급이자 손금불산입 대상에 해당하지만, 중소기업이 2021년 이후 직원(지배주주 등인 직원 제외) 주택마련자금, 전세금 마련자금을 무상으로 대여하는 경우에는 세법상 과세문제가 없으며 직원이 법인으로부터 무상으로 자금을 차입한 경우에는 자연스럽게 장기근속으로 이어지는 효과가 있다.

무상으로 대여 시 과세문제가 발생하지 않는 주택마련자금 판단 시 주택의 규모에는 제한이 없으며, 무주택 직원을 조건으로 하지 않고 있는 특이점이 있다.

이익이 과다하고 가업승계 증여세 과세특례를 적용받을 계획이 있는 경우에 직원주택마련자금 또는 전세금마련자금을 대여하는 경우에는 법인에서 대여하는 것이 아닌 사내근로복지기금에 출연하여 복지기금에서 복지사업으로 지출하여 전액 비용처리함으로써 세무상 이익을 낮추어 주식평가액을 낮추고 사업무관자산에 해당하는 대여금을 줄이는 전략을 고려할 수 있다.

법인세법 시행규칙 제44조【인정이자 계산의 특례】

영 제89조 제5항 단서에서 "기획재정부령이 정하는 금전의 대여"란 다음 각 호의 어느 하나에 해당하는 것을 말한다.

1. 「조세특례제한법 시행령」 제2조에 따른 중소기업에 근무하는 직원(지배주주 등인 직원은 제외한다)에 대한 주택구입 또는 전세자금의 대여액
2. 법인이 사내근로복지기금에 출연하여 직원주택마련자금 또는 전세금 마련자금을 대여하는 경우에는 전액 비용처리 가능하다.

PART 03

법인 CEO가 알아야 할 성과공유 중소기업 인증 활용전략

전략가이드

중소기업이 근로자와 상의하여 경영목표를 설정하고 목표 달성 시 성과급 지급에 관한 사항을 사전에 합의한 후 설정한 경영목표 이상의 성과가 달성되는 경우 법인은 경영목표보다 높은 성과달성을 하는 장점이 있고, 근로자는 추가 성과급을 수령하여 임금 및 복지수준이 향상되는 장점이 있으므로 법인, 근로자 모두 win win 하는 전략이 될 수 있다.
또한 이러한 방식으로 성과급을 지급하는 경우에는 지급하는 법인과 성과급을 수령하는 근로자 모두에게 세제혜택을 부여하고 있으므로 전략적으로 활용할 필요가 있다.

14

I 성과공유 중소기업이 근로자에게 경영성과급 지급 시에는 경영성과급의 15% 세액공제가 가능하다

1 경영성과급의 15% 세액공제 적용

사업주와 근로자 간에 근로계약, 취업규칙, 단체협약, 미래성과 공유협약 등을 통해 매출액, 영업이익 등의 경영목표와 목표달성에 따른 성과급 지급기준을 사전에 서면으로 약정하고 약정에 따른 경영성과급을 지급하면서 법인세 세액공제를 신청하는 경우에는 2024년까지 경영성과급의 15%에 대해 세액공제가 가능하다.

다만, 최저한세 적용을 받지 않고 다른 세액공제 감면과 중복적용도 가능하지만 상시근로자가 감소한 경우에는 세액공제가 배제되며, 20% 농어촌특별세가 과세된다.

예컨대 법인이 근로자와 특정 경영목표 달성 시 성과급을 지급하는 것으로 합의하고 사전약정한 후 목표를 달성하여 성과급지급기준에 따라 지급할 금액이 3억 원인 경우에는 4,500만 원의 법인세 절세가 가능하지만 농어촌특별세 20%가 과세되므로 3,600만 원의 절세가 가능하다.

조세특례제한법 제19조 【성과공유 중소기업의 경영성과급에 대한 세액공제 등】

① 「중소기업 인력지원 특별법」 제27조의2 제1항에 따른 중소기업(이하 이 조에서 "성과공유 중소기업"이라 한다)이 대통령령으로 정하는 상시근로자(이하 이 조에서 "상시근로자"라 한다)에게 2024년 12월 31일까지 대통령령으로 정하는 경영성과급(이하 이 조에서 "경영성과급"이라 한다)을 지급하는 경우 그 경영성과급의 100분의 15에 상당하는 금액을 해당 과세연도의 소득세(사업소득에 대한 소득세만 해당한다) 또는 법인세에서 공제한다. 다만, 성과공유 중소기업의 해당 과세연도의 상시근로자 수가 직전 과세연도의 상시근로자 수보다 감소한 경우에는 공제하지 아니한다.

2 세액공제 대상 경영성과급 요건

세액공제 대상 경영성과급이란 다음 요건을 **모두 충족**하는 성과급을 말한다.

① 「중소기업 인력지원 특별법 시행령」 제26조의2 제1항 제1호에 따른 성과급일 것

② 영업이익(제1호의 성과급 지급을 약정한 과세연도의 기업회계기준에 따른 영업이익을 말한다)이 발생한 기업이 지급하는 성과급일 것

중소기업 인력지원 특별법 제27조의2 【중소기업과 근로자 간의 성과 공유 촉진】

① 정부는 중소기업에 근무하는 근로자의 임금 또는 복지 수준을 향상시키기 위하여 대통령령으로 정하는 성과공유 유형 중 어느 하나에 해당하는 방법으로 **근로자와 성과를 공유하고 있거나 공유하기로 약정한 중소기업(이하 "성과공유기업"이라 한다)**을 우대하여 지원할 수 있다.

1. 중소기업과 근로자가 경영목표 설정 및 그 목표 달성에 따른 성과급 지급에 관한 사항을 사전에 서면으로 약정하고 이에 따라 근로자에게 지급하는 성과급(우리사주조합을 통하여 성과급으로서 근로자에게 지급하는 우리사주를 포함한다) 제도의 운영
2. 법 제35조의5 제1호에 따른 중소기업 청년근로자 및 핵심인력에 대한 성과보상공제사업의 가입
3. 다음 각 목의 어느 하나의 요건에 해당하는 임금수준의 상승
   가. 근로자의 해당 연도 평균임금 증가율이 직전 3개 연도 평균임금 증가율의 평균보다 클 것
   나. 근로자의 해당 연도 평균임금 증가율이 전체 중소기업의 임금증가율을 고려하여 중소벤처기업부장관이 정하여 고시하는 비율보다 클 것
4. 「근로복지기본법」 제32조 · 제50조 또는 제86조의2에 따른 우리사주제도 · 사내근로복지기금 또는 공동근로복지기금의 운영
5. 「상법」 제340조의2 · 제542조의3 또는 「벤처기업 육성에 관한 특별조치법」 제16조의3에 따른 주식매수선택권의 부여
6. 그 밖에 성과공유 활성화를 위하여 중소벤처기업부장관이 정하여 고시하는 유형

중소기업 인력지원 특별법 시행령 제26조의2 【성과공유 유형 및 성과공유기업의 확인】
① 법 제27조의2 제1항에서 "대통령령으로 정하는 성과공유 유형"이란 다음 각 호의 유형을 말한다.
1. **중소기업과 근로자가 경영목표 설정 및 그 목표 달성에 따른 성과급 지급에 관한 사항을 사전에 서면으로 약정하고 이에 따라 근로자에게 지급하는 성과급(우리사주조합을 통하여 성과급으로서 근로자에게 지급하는 우리사주를 포함**한다) 제도의 운영

Ⅱ 성과공유 중소기업의 근로자가 경영성과급을 지급받는 경우 경영성과급에 대한 소득세의 50% 감면이 가능하다

성과공유 중소기업의 근로자가 회사와 약정한 목표성과를 달성하여 성과급 지급기준에 따라 경영성과급을 지급받는 경우에는 수령한 경영성과급에 대한 소득세의 50% 감면이 가능하다.

다만 다음에 해당하는 자는 제외된다.

① 해당 과세기간의 총급여액이 7천만 원을 초과하는 사람
② 해당 기업의 최대주주 또는 최대출자자(개인사업자의 경우에는 대표자를 말함)와 그 배우자
③ 위 ②에 해당하는 자의 직계존비속(그 배우자를 포함함) 또는 위 ②에 해당하는 사람과 친족관계에 있는 사람
④ 근로계약기간이 1년 미만인 근로자 및 「근로기준법」에 다른 단시간근로자

14

Ⅲ 성과공유 중소기업 등록신청절차와 혜택

1 온라인신청

중소기업인력지원사업 종합관리시스템 홈페이지 접속(www.smes.go.kr)

2 성과공유제도 유형

① 성과급
② 성과보상공제
③ 임금상승
④ 우리사주
⑤ 복지기금
⑥ 주식매수선택권
⑦ 기타
- 미래성과공유기업: ①~⑥ 중 미래에 도입하기로 협약
- 성과공유도입기업: ①~⑦ 중 한 개 이상을 이미 도입

3 성과공유도입기업 지정요건 및 제출서류

(1) 미래성과공유기업: 성과공유협약서 온라인 등록 제출
(2) 성과공유도입기업: 도입증빙자료 제출 및 아래 요건 충족
- **상시근로자 1인당 성과급을 제외한 연간 임금총액이 전년보다 감소하지 아니할 것**(해당 유형: ①, ②, ④, ⑤, ⑥)
- **사업주가 성과공유를 위하여 지급 또는 출연한 금액이 성과공유 대상 근로자 1인당 연간 35만 원 이상일 것**(해당 유형: ①, ②, ⑥)

4 성과공유중소기업 등록 시 혜택

(1) 중기부 사업우대

– 중소기업지원사업(R&D, 수출) 선정 평가 시 '일자리평가' 항목에 최대 30점 반영

* 해당유형: 미래성과공유기업 협약, 성과공유도입 등

– 인재육성형 중소기업 지정평가 시 점수 반영

– 병역지정업체 선정평가 점수 반영

(2) 홍보

– 매년 선정 TV 등 대중매체를 통해 기업 홍보

* (1회) 12명 (2회) 14명 (3회) 10명 (4회) 11명

– 성과공유 모범기업 우수사례집 수록

(3) 세제

– (기업) 성과급의 15%를 법인세(소득세)에서 공제

– (근로자 세제지원) 성과급 수령에 따른 근로소득세 증가분의 50% 세액 공제

* 적용대상: 2019.1.1 이후 '성과공유도입' 중 '성과급' 유형으로 변경으로 '성과공유기업' 확인서를 받은 중소기업 및 근로자
2019년도 영업이익이 있는 중소기업만 해당

* 관련법률: 조세특례제한법 제19조 및 동법 시행령 제26조의2

5 신청 확인 절차

확인신청 및 서류제출 (신청일 기준 1년 이내)	⇨	요건검토 (승인/반려)	⇨	확인서 발급
중소기업		중소벤처기업진흥공단		중소기업

15

CEO가 꼭 알아야 성공적인 가업승계 전략

PART 01

법인 CEO가 알아야 할 가업승계 증여세 과세특례 활용전략

전략가이드

가업승계 증여세 과세특례는 증여자 연령이 60세 이상인 경우에 가능하다.
흔히 베이비 붐 세대라 불리는 60세 이상의 대표이사의 경우 급변하는 경제성장과 사회에 적응하면서 막대한 책임감 하나로 치열하고 성실하게 헌신적으로 회사를 일군 경우가 대부분이라 할 수 있다.
이렇게 그야말로 청춘을 바쳐 가업을 성공적으로 일군 후 법인 Life Cycle 중 성숙기에 있는 대표이사의 가장 큰 고민은 2세인 자녀에게 성공적으로 가업을 승계하는 것이라 할 수 있다.
가업승계는 대표이사 생전에 가업을 승계하면서 세제혜택을 받는 가업승계 증여세 과세특례와 대표이사 사후에 가업을 승계하면서 세제혜택을 받는 가업상속공제로 구분할 수 있는데, 정부의 세제완화 방향을 보면 생전에 가업을 물려주는 가업승계 증여세 과세특례에 대해 더 파격적으로 세제를 완화하고 있으며 많은 중소기업 CEO들의 바람도 생전에 가업을 승계하여 2세가 성공적으로 가업을 경영할 수 있도록 지원하는 쪽을 더 선호하고 있다.
즉, 대세는 생전에 가업을 물려주는 가업승계 증여세 과세특례 활용이라 할 수 있다.
급변하는 경제환경, 산업환경 하에 가업의 영속성에 대한 가능성은 더 낮아지는 추세인데 가업승계 증여세 과세특례의 경우 사후관리 준수 후 가업이 영속되지 않는 경우에도 활용 포인트가 많은바 그야말로 특례 신청 시부터 완벽한 전략 하에 실행하여야 하는 점이 가장 중요하다고 할 수 있다.

I CEO가 알아야 할 가업승계 증여세 과세특례 요건

가업승계 증여세 과세특례 적용요건은 대표이사 재직 요건이 없으며 증여일 전 수증자 가업종사 요건이 없어 가업상속공제보다 완화된 요건이 적용된다. 즉, 대표이사 재직요건을 충족하지 못하여 가업상속공제가 불가능하더라도 가업승계 증여세 과세특례 적용은 가능하므로 이런 경우에 전략적인 방법이 될 수 있다.

다만 가업승계 증여세 과세특례는 개인기업은 불가능하고 법인사업자만 가능하므로 개인기업인 경우에는 전략적인 법인전환 후 적용받는 것을 고려하여야 한다.

1 가업요건

1. 10년 이상 계속 경영한 기업에 해당할 것
2. 가업상속공제 대상 중소기업 또는 중견기업에 해당할 것
3. 가업상속공제 가능업종을 주된 사업으로 영위할 것
4. 가업상속공제 가능업종을 증여일 전 10년 이상 계속 유지할 것

2 가업재산 요건

1. 주식 및 출자지분에 해당할 것(법인만 가능)
2. 주식 및 출자지분 중 사업관련 자산가액에 상당하는 가액일 것

3 증여자 요건

1. 60세 이상의 부모에 해당할 것
2. 10년 이상 최대주주로서 40% 이상 지분율을 유지하면서 계속하여 경영할 것
3. 최대주주 등이 2인 이상인 경우 최초로 가업승계 증여세 과세특례 적용받는 자에 해당할 것

4 수증자 요건

1. 증여일 현재 만 18세 이상인 거주자일 것
2. 증여세 신고기한까지 가업에 종사하고, 증여일로부터 3년 이내에 대표이사에 취임할 것
3. 증여세 신고기한까지 가업승계 증여세 과세특례를 신청할 것
4. 창업자금에 대한 증여세 과세특례를 적용받지 않았을 것

Ⅱ 가업승계 증여세 과세특례 신청 시 적용되는 세제혜택

1 일반 증여세 증여세율

일반적으로 부모가 성인 자녀에게 증여 시에는 기증여재산이 없는 경우 5천만 원을 차감한 가액에 대해 최저 10%에서 최고 50%의 세율이 적용된다.

과세표준	증여세율	증여재산공제
1억 원 이하	10%	10년간 5천만 원 (미성년자 2천만 원)
1억 원 초과 5억 원 이하	20%(누진공제 1천만 원)	
5억 원 초과 10억 원 이하	30%(누진공제 6천만 원)	
10억 원 초과 30억 원 이하	40%(누진공제 1억6천만 원)	
30억 원 초과	50%(누진공제 4억6천만 원)	

2 가업승계 증여세 과세특례 적용 시 증여세율

가업승계 증여세 과세특례를 적용받는 경우 전체 증여주식 가액 중 사업무관자산이 차지하는 비율을 차감한 가액에서 10억 원을 공제한 후 120억 원까지는 10%의 세율이 적용되고 120억 원에서 한도액까지는 20%의 세율이 적용된다.

즉 가업자산상당액 10억 원까지에 대해서는 세금이 없으며 과세표준이 30억 원을 초과하는 경우 30% ~ 40% 낮은 세율이 적용된다.

가업자산상당액 = 증여한 주식가액 × (1 – 사업무관자산가액 / 총자산가액)

과세표준(증여주식가액)		증여세율*
2023년까지 증여분	2024년 이후 증여분	
10억 원 이하	10억 원 이하	증여세 없음
60억 원(70억 원) 이하	120억 원(130억 원) 이하	10%
60억 원(70억 원) 초과	120억 원(130억 원) 초과	20%

* 사업무관자산에 해당하는 비율만큼은 일반적인 증여세율 적용

③ 사업무관자산

구 분	비고
① 주택, 별장, 조합원입주권, 분양권, 비사업용 토지 등	
② 법인의 업무에 사용하지 않는 자산 및 타인에게 임대하는 부동산	
③ 법인의 모든 대여금(가지급금이 있는 경우 정리 후 실행필요)	
④ 과다보유현금 증여일 현재 만기 3개월 이하 예금 등 > 증여일 직전 5개 사업연도말 평균현금액 × 150%	
⑤ 법인의 영업활동과 관련 없이 보유하는 주식, 채권, 금융상품 등 ⇒ 만기 3개월 초과 금융상품도 해당	

→ 가업승계 증여세 과세특례 검토 후 사업무관자산비율이 높은 경우 Target시점 설정 후 사업무관자산 비율 최소화 작업 후 진행

15

④ 가업승계 증여세 과세특례 적용한도

증여자 가업영위기간	공제한도
계속하여 10년 이상	300억 원
계속하여 20년 이상	400억 원
계속하여 30년 이상	600억 원

Ⅲ 가업승계 증여세 과세특례 적용 시 절세효과 및 납부특례

가업승계 증여세 과세특례를 적용받는 경우 2024년 이후 증여분부터 100억 원을 증여하는 경우 9억 원의 증여세만 부담하면 되므로 33억4천만 원의 절세효과가 있다.

① 2023년까지 증여분

증여 주식가액	가업승계 증여세	일반 증여세*	절세액
10억 원	0원	2억4천만 원	2억4천만 원
70억 원	6억 원	30억4천만 원	24억4천만 원
100억 원	12억 원**	45억4천만 원	33억4천만 원
130억 원	18억 원	60억4천만 원	42억4천만 원
200억 원	32억 원	95억4천만 원	63억4천만 원

* 5천만 원 증여재산공제, 신고세액공제 미적용

** 100억 원 주식 증여 시 12억 원 세금으로 증여가능

❷ 2024년 이후 증여분

증여 주식가액	가업승계 증여세	일반 증여세*	절세액
10억 원	0원	2억4천만 원	2억4천만 원
70억 원	6억 원	30억4천만 원	24억4천만 원
100억 원	9억 원**	45억4천만 원	36억4천만 원
130억 원	12억 원	60억4천만 원	48억4천만 원
200억 원	26억 원	95억4천만 원	69억4천만 원

* 5천만 원 증여재산공제, 신고세액공제 미적용

** 100억 원 주식 증여 시 9억 원 세금으로 증여가능

❸ 가업승계 증여세 과세특례 적용 시 납부특례

10억 원 이상의 주식에 대해 가업승계 증여세 과세특례를 신청하는 경우에는 납부세액이 발생하는 구조로서 해당 증여세는 2024년 이후 가업승계 증여세 과세특례 신청하는 분부터 15년간 연부연납이 가능하다.

예컨대 100억 원에 대해 가업승계 증여세 과세특례를 신청한 경우 증여세 신고납부 시 5,625만 원을 납부한 후 15년간 5,625만 원(3.5% 연부연납가산금 별도 부담)을 납부하면 된다.

즉, 초기 증여세 납부금액 5,625만 원만 있으면 향후 법인에서 배당금 수령 후 배당금으로 증여세를 납부하면 되므로 증여세 납부문제가 가업승계 증여세 과세특례 적용의 큰 걸림돌은 되지 않을 것으로 생각된다.

또한 중소기업의 경우 향후 양도, 증여, 상속발생 시까지 아예 증여세를 납부하지 않는 납부유예 신청도 가능하다.

2023년까지 증여분	2024년 이후 증여분
5년	15년 1. 승계특례 적용 신청 시 증여세 납부세액 가업승계 목적 증여일이 속하는 달의 말일부터 3개월 이내 1/16 납부 2. 이후 15년간 매년 1/15씩 납부

Ⅳ 가업승계 증여세 과세특례 적용 후 사후관리

가업승계 증여세 과세특례 적용의 가장 큰 장점은 사후관리의 용이성이라 할 수 있다.

가업상속공제를 적용받는 경우 가장 준수하기 어려운 고용유지 요건과 자산처분 제한 요건이 있지만 가업승계 증여세 과세특례의 경우 5년간 수증자가 가업에 종사하고 수증자의 지분만 유지하면 된다.

주의하여야 할 점은 지분유지 요건 판단 시 자녀 등 특수관계인에게 증여 또는 양도하는 것도 지분유지 요건을 위배한 것으로 보므로 자녀에게 지분증여 또는 지분구조 조정이 필요한 경우에는 가업승계 증여세 과세특례 진행 전 미리 지분이동을 마무리한 후 진행하여야 한다.

또한 향후 가업상속공제 적용을 예정하고 있는 경우에는 사후관리기간 경과 후에도 수증자가 계속 대표이사로 재직하면서 가업에 종사하고 지분이 감소되면 안되는 점을 주의하여야 한다.

구 분	사후관리 내용
사후관리 기간	5년
수증자의 가업종사	증여받는 자는 증여일로부터 3년 이내 대표이사 취임하고 5년간 대표이사직 유지
수증자 지분유지	수증자의 수증받은 지분이 감소하지 않을 것(증여도 안됨)
※ 수증자가 가업에 종사하고 지분만 유지하면 됨.	

Ⅴ 성공적인 가업승계 활용전략

1 사업무관자산비율을 최소화할 수 있는 target시점 설정 후 실행할 필요가 있다

가업상속공제와 달리 생전에 가업을 물려주는 가업승계 증여세 과세특례의 경우 사전에 치밀한 계획 하에 target시점 설정 후 실행가능한 장점이 있다.

가업승계 증여세 과세특례 적용 시 사전에 치밀한 계획이 필요한 부분은 사업무관자산비율이 높은 경우 사업무관자산비율을 최소화하는 것이라 할 수 있다.

따라서 현재 가업승계 증여세 과세특례 적용 시 사업무관자산비율이 높은 경우에는 각 사업무관자산별로 정리계획을 수립하고 사업무관자산비율이 최소화되는 시점을 target시점으로 설정한 후 치밀하게 사업무관자산을 정리하고 진행할 필요가 있다.

2 세 가지 type에 맞추어 전략적으로 실행플랜을 세워야 한다

가업승계제도가 처음 도입되었던 당시에는 부모가 하던 사업을 2세가 물려받아 계속 가업을 영위하는 구도만을 가정하였지만 최근에는 부모의 기대여명 증가, 산업환경의 급격한 변화 등으로 부모의 가업을 물려받아 계속 영위하는 것에 일정 한계가 있는 상황이라 할 수 있다.

가업승계 증여세 과세특례를 적용받은 후에는 세 가지 type으로 나누어 전략을 세울 필요가 있다.

첫째, 부모 유고 시까지 가업에 계속 종사하다가 가업을 물려받을 계획이 있는 경우에는 가업상속공제 요건을 충족하고 사업무관자산비율을 최소화하는 데에 초점을 맞추어 관리할 필요가 있다.

둘째, 가업승계 증여세 과세특례 사후관리 요건 충족 후 좋은 M&A가 있을 때 회사를 매각할 계획이 있는 경우에는 우선 사후관리 요건을 충족한 후 높은 주식취득가액을 활용하여 낮은 양도소득세를 부담하고 주식을 양도하는 방식으로 법인을 매각하는 전략을 세울 필요가 있다.

셋째, 가업을 지속할 의지가 있음에도 불구하고 사업환경의 변화로 업종을 유지할 수 없는 경우에는 사후관리 요건 충족 후 현금성 자산을 극대화하여 청산하는 전략을 수립할 필요가 있다. 자산이 있는 법인의 경우 청산 시 주주들에게 의제배당으로 과세되는 금액이 크지만 가업승계 증여세 과세특례를 적용받은 경우에는 주식취득가액이 높아져서 낮은 세 부담을 하고 법인자산을 분여받을 수 있는 장점이 있다.

PART 02

법인 CEO가 꼭 알아야 할 가업상속공제 활용전략

15

전략가이드

가업을 경영하고 있는 상태에서 유고가 발생하여 가업을 물려주는 과정은 법인 경영의 마지막 종지부와 같은 일이다.
하지만 상속세 과세표준 30억 원 초과 시 50% 세율이 적용되는 우리나라에서 가업을 물려주는 데 있어 가장 큰 장애물은 결국 상속세라 할 수 있으므로 유고 시 가업을 물려주는 경우 가업상속공제는 선택이 아닌 필수라 할 수 있다.
유고 시 가업상속공제를 적용받으면서 가업을 물려주는 것의 핵심은 상속 전 최소 10년 이상 계속하여 가업상속공제 요건을 충족하는 것뿐만 아니라 용이하게 사후관리를 준수할 수 있도록 체계적으로 준비하는 것과 유류분청구를 대비한 사전증여 전략이라 할 수 있다.

I CEO가 알아야 할 중소기업의 가업상속공제 필요성

1 비상장주식은 상속세 과세되는 평가액을 양도가액으로 현금화가 불가능하다

비상장법인 주식은 상장주식과 달리 일반인 간에 통상적으로 거래되는 가격인 시가가 형성되어 있지 않고 환가성이 없는 특징이 있으므로 상속세 과세 시에는 상속세 및 증여세 법상 비상장주식 평가방법에 따라 평가하여 상속세가 과세된다.

문제는 세법상 평가액의 경우 최근 3년 가중평균손익이 10년간 지속되는 것을 가정하여 순손익가치에 10배를 적용하여 평가하는 구조(PER을 10으로 보아 평가하는 구조)이고 손익가치가 낮은 경우에는 순자산가치의 80%를 평가 하한선으로 하고 있어 고기술주 외 상장법인(krx 자동차 평균 PER 7.9, PBR 0.67)보다 높게 평가된다고도 할 수 있다.

따라서 일반적인 비상장법인 주식의 세법상 평가액은 굉장히 높게 평가되는 구조인바 세법상 평가액을 기준으로 상속세를 납부하지만 세법상 평가액을 양도가액으로 하여 현금화하는 것은 어려운 구조라고 할 수 있으므로 비상장법인이 가업상속공제가 반드시 필요한 가장 큰 이유는 이 때문이라고 할 수 있다.

- 일반적인 법인의 비상장주식의 평가: Max(①, ②)
  상장계획하고 있는 경우등 제외하고는 평가액으로 양도 불가능

① 1주당 가중평균액 = $\frac{\text{1주당 순손익가치}^{*} \times 3 + \text{1주당 순자산가치} \times 2}{5}$

* 1주당 순손익가치
: 최근 3년간 손익액의 가중평균액의 10배(PER을 10으로 보아 평가하는 구조, 고평가 되는 결과)

② 1주당 순자산가치의 80%(2018.4.1. 이후부터)

2 비상장주식은 부동산 등 재산으로 상속세 납부하고 부족한 경우에 한하여 물납이 가능하다

중소기업 대표이사가 예금, 부동산, 비상장주식을 보유한 상태에서 상속이 이루어진 경우에 가업상속공제를 받지 않은 경우에는 우선 알짜배기 재산인 부동산(상속개시일 현재 상속인이 거주하는 주택 및 부수토지 제외), 예금 등으로 먼저 상속세를 납부하여야 하고 해당 재산으로 상속세 납부가 부족한 경우에 한하여 비상장주식으로 상속세 납부가 가능하다.

즉, 중소기업을 경영하던 대표이사가 상속세에 대한 준비 없이 사망한 경우에는 높게 평가된 비상장주식에 대한 상속세를 납부하는 과정에서 부동산, 예금 등 재산을 모두 상속세로 납부하고 비상장주식만 남게 되는 결과가 될 수 있다.

Ⅱ 가업상속공제 대상 재산 및 한도액

1 가업상속공제 대상 재산

가업상속공제 대상 재산은 법인기업의 경우 가업의 주식 및 출자지분, 개인기업의 경우 가업에 사용하는 사업용 고정자산 가액에서 담보된 채무를 차감한 가액으로서 생전에 재산을 물려주는 가업승계 증여세 과세특례와 달리 개인기업을 물려받는 경우에도 가업상속공제를 적용받을 수 있다.

이 경우 법인기업의 가업상속공제 대상 재산은 가업상속공제대상 재산의 가액 중 사업무관자산이 차지하는 비율을 차감한 가액만이 이에 해당하므로 법인기업의 가업승계에서는 사업무관자산비율을 낮추는 것이 핵심이라 할 수 있다.

■ **가업상속공제대상 재산가액**

- 법인기업주식 등 가액 × (1 – 사업무관자산비율)
- 개인기업[가업에 직접 사용하는 토지, 건축물, 기계장치등 가액(사업용 고정자산) – 사업용 자산에 담보된 채무]

■ **일반 상속세 과세대상 재산가액**

- 법인기업주식 등 가액 × 사업무관자산비율
- 개인기업[가업에 직접 사용하는 토지, 건축물, 기계장치등 가액(사업용 고정자산) – 사업용 자산에 담보된 채무] 외의 재산*

* 개인기업: 사업무관자산비율과 관계없이 적용됨

15

❷ 가업상속공제 한도액

2023년 이후 상속받는 분부터 가업상속공제 한도가 증액되어 피상속인의 계속 경영기간이 10년 이상 20년 미만인 경우 300억 원, 20년 이상 30년 미만인 경우 400억 원, 30년 이상인 경우 최고 600억 원까지 가업상속공제가 가능하다.

피상속인 "계속 경영"기간	가업상속공제 한도액 (2023년 이후 상속분)	가업상속공제 한도액 (2018년부터 2022년까지 상속분)
피상속인이 10년 이상 20년 미만 "계속 경영"한 경우	300억 원	200억 원
피상속인이 20년 이상 30년 미만 "계속 경영"한 경우	400억 원	300억 원
피상속인이 30년 이상 "계속 경영"한 경우	600억 원	500억 원

Ⅲ 가업상속공제 요건

우선 가업상속공제 측면에서 "가업"이란 피상속인이 10년 이상 계속 경영한 기업만을 의미하는 것으로 10년 미만 경영한 기업은 가업상속공제 대상 가업에 해당하지 않는다.

가업상속공제를 받기 위해서는 다음 가업요건, 피상속인 요건, 상속인 요건, 영농상속공제 미적용 요건을 충족하여야 한다.

통상적으로 20년 이상 경영한 법인을 컨설팅해보면, 당연히 요건을 충족한 것으로 생각하고 요건을 간과하고 있는 경우를 많이 볼 수 있는데 실제 컨설팅을 해보면 요건을 충족하지 못하고 있는 경우가 상당수 있으므로 꼼꼼하게 매년 요건을 정비하는 것은 성공적인 가업승계를 하는데 있어 가장 기본적이며 중요한 사항이라 할 수 있다.

첫째, 피상속인이 10년 이상 계속 경영한 가업상속공제 대상 중소기업 또는 직전 3년 평균매출액 5천억 원 미만의 중견기업으로서 상속개시일 현재 가업상속공제 가능한 업종을 10년 이상 계속 유지하여야 하는 세 가지 가업 요건을 충족하여야 한다.

둘째, 거주자인 피상속인이 최대주주 지분율 40%(상장법인 20%) 이상을 10년 이상 유지하면서, 대표이사 재직요건을 충족하면서 10년 이상 계속 가업을 경영하여야 하고, 상속개시 전 10년 이내 탈세나 회계부정으로 벌금 또는 징역형을 선고받지 않아야 하며, 최대출자자가 2인 이상인 경우 최초 가업상속공제를 받는 주주 등에 해당하여야 하는 네 가지 피상속인 요건을 충족하여야 한다.

셋째, 상속인이 18세 이상으로서 상속개시일 전 2년 이상 가업에 종사하고 상속세 신고기한까지 임원 취임한 후 상속세 신고기한부터 2년 이내 대표이사에 취임하여야 하며, 상속개시 전 10년 이내와 상속개시 후 5년 이내 탈세나 회계부정으로 벌금 또는 징역형을 선고받지 않아야 하고, 중견기업의 경우 상속세 납부능력요건을 충족하여야 하는 다섯 가지 상속인 요건을 충족하여야 한다.

넷째, 영농상속공제와 가업상속공제는 중복적용이 되지 않으므로 영농상속공제를 적용받지 않아야 한다.

가업상속공제를 받기 위해 지켜야 할 네 가지 요건

■ **가업의 정의: 피상속인이 10년 이상 계속하여 경영한 기업**

Ⅰ. 네 가지 가업요건(①&②&③&④)

① 10년 이상 계속 경영한 기업(가업) 해당

② 가업상속공제대상 중소기업 또는 중견기업 해당(중견기업: 직전 3개 소득세 과세기간 또는 법인세 사업연도의 사업연도 평균매출액 5천억 원 미만)

③ 가업상속공제 가능업종을 주된 사업으로 영위

④ 가업상속공제 가능업종을 상속개시일 전 10년 이상 계속 유지

Ⅱ. 네 가지 피상속인 요건(①&②&③&④)

① 10년 이상 최대주주로서 40%(상장법인 20%) 이상 지분율 유지하면서 계속 경영

② 일정기간 동안 대표이사 재직: (다음 3가지 중 1가지 충족)

- 가업 영위기간의 50% 이상 재직
- 10년 이상의 기간(상속인이 피상속인의 대표이사등의 직을 승계하여 승계한 날부터 상속개시일까지 계속 재직한 경우)
- 상속개시일부터 소급하여 10년 중 5년 이상의 기간

③ 최대출자자가 2인 이상인 경우 최초 가업상속공제 적용신청 피상속인 해당

④ 상속개시 전 10년 이내 탈세나 회계부정으로 벌금 또는 징역형 미선고

Ⅲ. 다섯 가지 상속인 요건(①&②&③&④&⑤)

① 상속개시일 현재 18세 이상

② 상속개시일 전 2년 이상 가업에 종사

③ 상속세 신고기한 내 임원취임, 신고기한부터 2년 이내 대표이사 취임

④ 상속개시 전 10년 이내 및 상속개시 후 5년 이내 조세포탈 또는 회계부정으로 벌금 또는 징역형 미선고

⑤ 중견기업의 경우 상속세 납부능력요건가업상속재산 외의 상속재산가액 ≥ 가업상속공제 미적용 시 상속세의 2배

Ⅳ. 영농상속공제 미적용 요건피상속인과 상속인이 농업인인 경우로서 영농상속공제를 받지 않을 것

Ⅳ 가업상속공제에 따른 절세효과

피상속인 주식가액이 300억 원, 400억 원, 600억 원인 경우로서 각각 300억 원, 400억 원, 600억 원의 한도가 적용되고 사업무관자산비율이 0%인 경우를 가정 시 가업상속공제를 적용받는 경우에는 최고 284억1,130만 원의 절세가 가능하므로 가업상속공제를 받는 경우에는 상속세 납부에 대한 걱정 없이 온전하게 가업을 물려받을 수 있게 된다.

구 분	상속재산가액 300억 원(= 한도)		상속재산가액 400억 원(= 한도)		상속재산가액 600억 원(= 한도)	
	가업상속공제 미적용*	가업상속 공제 적용**	가업상속 공제 미적용*	가업상속 공제 적용**	가업상속 공제 미적용*	가업상속공제 적용**
① 상속재산가액	300억 원		400억 원		600억 원	
② 가업상속 공제액	없음	300억 원	없음	400억 원	없음	600억 원
③ 일괄공제	(5억 원)	–	(5억 원)	–	(5억 원)	–
④ 상속세 과세표준	295억 원	0	395억 원	0	595억 원	0
⑤ 세율	50% (누진공제 4.6억 원)		50% (누진공제 4.6억 원)		50% (누진공제 4.6억 원)	
⑥ 산출세액	142억 9,000만 원	0	192억 9,000만 원	0	292억 9,000만 원	0
⑦ 신고세액 공제	(4억 2,870만 원)	–	(5억 7,870만 원)	–	(8억 7,870만 원)	–
■ 자진납부세액	138억 6,130만 원	0	187억 1,130만 원	0	284억 1,130만 원	0

* 일반상속세: 일괄공제 5억 원, 신고세액공제 3% 적용

** 사업무관자산비율: 0%

V 가업상속공제 사후관리

가업상속공제를 받은 경우에는 상속개시일부터 5년간 다섯 가지의 사후관리 사항을 준수하여야 한다.

가업상속공제를 받은 경우 다섯 가지 사후관리사항은

첫째, 가업용 자산의 40% 이상을 처분하지 않아야 하는 자산처분요건

둘째, 상속인이 가업에 계속 종사하여야 하는 상속인 가업종사요건

셋째, 상속인이 상속받은 지분이 감소하지 않아야 하는 상속인 지분감소요건

넷째, 상속 후 5년 평균 정규직 근로자수 또는 총급여가 상속 직전 2년 평균의 90% 이상이어야 하는 근로자수, 총급여액 요건

다섯째, 상속개시일부터 5년 이내 회계부정 또는 탈세로 벌금형 또는 징역형을 선고받지 않아야 하는 요건이다.

15

가업상속공제 사후관리 기간 및 다섯 가지 사후관리 사항

■ 가업상속공제 사후관리기간

적용시기	사후관리 기간
2019년까지 상속분	10년
2020년부터 2022년까지 상속분	7년
2023년 이후 상속분	5년

■ 상속개시 후 5년간 지켜야 할 다섯 가지 사후관리 사항

구 분	사후관리 사항
가업용 자산처분 요건	가업용 자산의 40% 이상을 처분하지 말 것
상속인 가업종사 요건	상속인이 가업에 종사할 것, 휴·폐업하지 말 것
상속인 지분유지 요건	상속인의 지분이 감소하지 말 것
고용유지 요건	5년간 정규직 근로자수 또는 총급여액 평균 ≥ 상속개시 2년 전 평균의 90%
조세포탈 또는 회계부정 요건	상속개시 후 5년 이내 상속인이 조세포탈 또는 회계부정으로 벌금 또는 징역형 미선고

2024 법인경영과 절세전략

저 자	**안성희**
발 행 인	**서원진**
책임편집	**방영미**
책임교정	**김영림**
편집 · 교정	**류현수, 김영림, 박가온**
편집디자인	**방영미, 이은희, 황자애**
발 행 처	**㈜조세통람**
펴 낸 날	**2024년 7월 19일 초판 발행**
주 소	서울특별시 중구 동호로 14길 5-6(신당동)
등 록	1976. 11. 5. 제9-81호
대표전화	02) 2231-7027
F A X	02) 2234-1754
구입문의	02) 2231-7027~9
I S B N	979-11-6064-316-9 13320
정 가	**45,000원**

저자와의
협의하에
인지생략

(주)조세통람은 좋은 책을 만들기 위해 독자 여러분의 의견을 기다립니다.

• 독자 의견 및 도서 문의 메일 josetop@inaus.co.kr